［編著］
福岡まどか／福岡正太

［著］
井上さゆり／ウィンダ・スチ・プラティウィ／金悠進／小池誠
坂川直也／鈴木勉／竹下愛／竹村嘉晃／津村文彦／馬場雄司
平田晶子／平松秀樹／丸橋基／盛田茂／山本博之

# 東南アジアのポピュラーカルチャー

## アイデンティティ・国家・グローバル化

Stylenote

# もくじ

## 第２部　メディアに描かれる自画像

## 第3部　近代化・グローバル化社会における文化実践

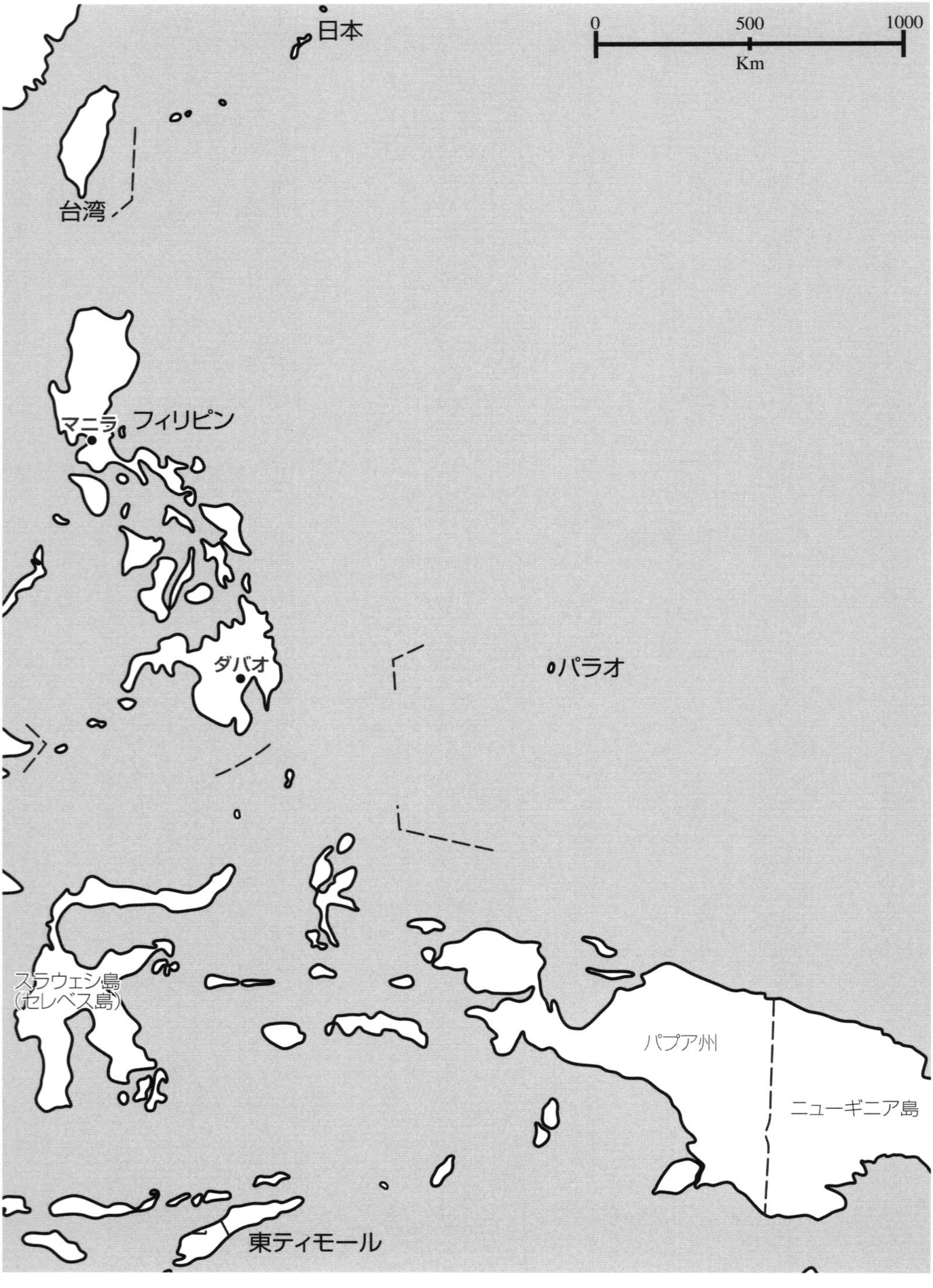

日本
0
500
1000
Km
台湾
マニラ
フィリピン
ダバオ
パラオ
スラウェシ島
(セレベス島)
パプア州
ニューギニア島
東ティモール

中華人民共和国
ミャンマー
マンダレー
ネーピードー
ヤンゴン
(ラングーン)
ラオス
ハノイ
チーン
チェンマイ
ヴィエンチャン
タイ
バンコク
カンボジア
ベトナム
ホーチミン(サイゴン)
ブルネイ
ダルサラーム
マレーシア
メダン
クアラルンプール
シンガポール
マレーシア
カリマンタン島
(ボルネオ島)
スマトラ島
インドネシア
ジャカルタ
バンドン
スラバヤ
バリ島
ジャワ島

# はじめに

福岡まどか

本書は、東南アジアの人々が文化に関わる多様な価値観とどのように向き合っているのか、文化実践を通して自分をどのような存在として位置づけていくのか、という問題を人類学・地域研究の立場から考察した論文集である。対象として東南アジアのポピュラーカルチャーを取り上げた。17名の執筆者はそれぞれの専門分野の立場からフィールドへ長年にわたって通い続けてきた。その経験を通じて知り得た東南アジア文化を取り巻く現状について多くの人々に伝えたいと考え、一冊の本にまとめることにした。

論文集ではあるが、東南アジアに関心があり実際に現地を訪れてみたいと考えている人や東南アジアの言語や文化についてこれから学んでみたいと考えている人にも読んでもらえるような記述を心がけたつもりである。

東南アジアという地域名は現在アセアン10カ国と2002年に独立した東ティモールを合わせた地域を指して用いられる。この地域はアジアの東南部に位置し太平洋、インド洋とオーストラリアにはさまれた広大な領域を持っている。生態系や言語などの面では中国南部、インド、オセアニアなどとの連続性が見られ、また歴史的には中華文明、インド文明、イスラーム文明をはじめとする世界各地の文化的影響を受けてきた地域である。このように多様な要素がさまざまな形で混ざり合っていることは、東南アジア文化の顕著な特徴とされてきた。多くの地域が16−17世紀以降に欧米列強国による植民地支配を経験し、20世紀中頃以降の独立と国民国家の模索を経て民主化を遂げてきた。こうした経緯の中では、欧米諸国の文化的影響を長期にわたって強く受けた地域も見られる。また植民地支配や国家建設のプロセスの中では、多くの地域で近代化が推進されてきた。そして世界的に見られるメディアの発展や情報のグローバル化の影響により、東南アジアにおいても文化に関わる人々の考え方は変化しつつある。

このような変遷の中で文化をめぐる価値観は、国家統合の言説に方向づけられていた時を経て、人々の多様なアイデンティティが模索されていく方向へと向かいつつある。特に経済発展にともない1980年代以降に中間層の人々が増加したこと、メディアの発達によって情報の急速な行き来が見られること、東南アジアの各地に多様なアートスペースが作られてきたこと、そして1970年代に生まれた新たな世代のアーティストの活躍がめざましいことなどは、文化の消費と文化の価値について考える上で顕著な要因となっている。

こうした背景の中でポピュラーカルチャーについて考えることは、東南アジア文化の現状を知る上できわめて重要であると言えるだろう。本書では、ポピュラーカルチャーに注目して、今日のグローバルな資本主義を生きる人々が日常的に経験する文化についてさまざまな角度から検討を行う。

人々が日常的に経験する文化は、メディアを通して「商品化」されるものからインディーズの文化実践などにいたるまで多様なケースがあり、また必ずしも実体としてとらえきれない人々の語りや価値体系として広まっていくこともある。したがって本書の中ではポピュラーカルチャーを特定のジャンルとして設定するのではなく、文化の生産・流通・消費のあり方としてとらえることに主眼を置く。論考の中ではダンスや音楽などの上演芸術、映画やテレビなどの各種メディアにおける表現、ファッションなどの身体表象、また人形などのモノを含めた多様なトピックが取り上げられるが、それらの文化表現や身体表象をめぐる人々の語りや社会における論争なども視野に入れている。多様な事象を通して見られる人々の文化実践の現状を考察することによって、東南アジアのポピュラーカルチャーとは何かという課題についても各執筆者がそれぞれの専門分野の立場から考察している。

時代設定としては、いわゆる現代文化のみではなく、「伝統的」とされる文化も含めて人々が実際に経験する文化の現状について考えた。また、現代文化を対象とする際にもその発展の系譜や歴史的変遷について考慮するよう心がけた。さらにポピュラーカルチャーの発展に影響を及ぼした要因のひとつとして19世紀から20世紀初頭にかけて発明された録音技術に始まるメディアの変遷プロセスも取り扱った。したがって本書は20世紀初頭以降現在までという比較的長い時代設定を視野に入れている。構成は、序論に続いて「せめぎあう価値観の中で」、「メディアに描かれる自画像」、「近代化・グローバル化社会における文化実践」という3つの部分からなっている。序論では東南アジアのポピュラーカルチャーに関する諸課題をインドネシアの事例を通して検討し、同時に総合的な考察のための視点を提示した。

各論考は上記の3つの部分のいずれかに位置づけられているが、他の部分とも関連を持っており、またそれぞれが独立したトピックを扱っている。かならずしも順番に沿って読む必要はなく、関心のあるものからランダムに読んでいただけたらと思う。

なおこの論文集の中では東南アジアのさまざまな地域の事例を扱うが、メンバー構成や専門とする研究分野などの関係でそのすべての地域は取り上げられなかった。現在の国名に沿って言えばカンボジア、ブルネイ、東ティモールなどの地域については、本書の中で触れていないことをご了承いただきたい。

本書を通して、多くの人々に東南アジア文化を取り巻く現状を伝えたいと願うとともに、日本を含む世界各地の文化を取り巻く現状について考えるきっかけやヒントも提示することができるならば、執筆者一同大変嬉しく思う。

# 序　章　東南アジアのポピュラーカルチャー

## ――アイデンティティ・国家・グローバル化

福岡まどか

### 1　研究の背景と目的

本書は東南アジアのポピュラーカルチャーに焦点を当て、文化表現をめぐる人々のアイデンティティの模索について人類学・地域研究の立場から考察することを目的としている。文化的な多様性や混成性が特徴とされる東南アジアを対象地域として、植民地支配からの独立や近代化、国民国家の模索を経て民主化を遂げていくプロセスの中で、文化をめぐる価値観が、国家統合のための言説に方向づけられていた時代を経て多様な方向性へ向かいつつある現状を、ポピュラーカルチャーを通して考えてみたい。

以下に東南アジアのポピュラーカルチャーについて考察するための背景を概観する。

1980年代以降の東南アジア文化に関する研究の多くは国民国家の建設と近代化を主要なテーマとしてきた。そこでは国民文化の代表的リストとして生産・流通・消費がなされる文化が対象とされてきた。宮廷文化や古典芸術などのいわゆるハイカルチャー、あるいは「伝統的」とされる各地の民俗文化の多様性やその変化についての研究が主流であった。[1] 民族、地域、国家を代表し得るような文化・芸術の特徴や変容が論じられる中で重要視されてきたのは、国家やその構成要素である民族集団といった集合的アイデンティティと文化との関係であった。国民国家の言説における文化表現は、アイデンティティという概念に国家あるいは民族集団あるいは職能集団などの実体的な枠組みを付与しその同質性を強調するために重要なものとして位置づけられてきた。

一方でグローバル化、新自由主義経済の台頭、テクノロジーの発展の時代において、東南アジア各地の社会は多様な価値観の揺らぎを抱えている。さまざまな面で文化の商品化が進みつつある中で文化表現や文化実践をめぐる議論は価値観の相克の場ともなり得る。「伝統的」とされてきた文化と現代文化、国民文化として位置づけられてきた文化と対抗的な周縁文化、地域共同体を基盤とする文化と国境を越えて流通する文化、などをめぐるさまざまな相克は、国民文化論やグローバル化の研究の中でも言及されてきた主要なテーマである。[2]

これらのテーマに加えてこの研究では、人々の多層的なアイデンティティが文化表現の価値をめぐるせめぎ合いの中で形成され、さまざまな形で立ち現れていく現状に注目してみたい。[3] 東南アジアのポピュラーカルチャー研究において重要なテーマとして浮かび上がってくるのは、人々が文化をめぐる多様な価値と折り合いをつけながら社会における位置づけを見出していくプロセスである。東南アジアにおいて、文化の価値をめぐる権力関係は、国家の政策に代表されるような明確で強力なパワーによって支配されていた状況から多様な価値観が相互に交渉し合う状況へと変化している。この変化に着目することは、今日の東南アジア文化を考える上で重要な点である。その背景には、東南アジアの経済発展とそれにともなう都市部中間層の形成、インターネットをはじめとする多様なメディアの浸透、各地における独自のアートスペースや劇場の建設、などの要因を見ることができる。特に中間層の人々が文化の主要な担い手や消費者であることからは、個々人の複合的な帰属意識や多様な経験が文化をめぐるアイデンティティの模索に大きな影響を及ぼしていることが示される。

1 国民文化研究の代表的論文には（**Hooker and Howard 1995 [1993]**）がある。また、マレーシアの民族音楽学者タンは、東南アジアの芸術に関する特集の序文において、宮廷芸術や伝統芸術などのハイ・カルチャーの研究がこれまでの主流であったことを指摘している（Tan 2012）。

2 たとえばインドネシアの芸術を対象とした国民文化論の中では各地方の文化の特性と、地方の文化の位置づけについての先行研究が多く見られる。民族音楽学者のサットンやカルトミによる研究成果（**Sutton 1991, Kartomi 1995**）などが音楽学の立場からの代表的な研究として位置づけられる。また関本によるジャワ島の影絵芝居の研究（関本 1994）は国民文化の人類学的な研究成果として位置づけられる。

3 ここでは、アイデンティティを所与の実体としてではなく、人々の文化実践の中で構築され、再編されていくものとしてとらえる。このような視点は、カルチュラル・スタディーズの研究者であるスチュアート・ホールによる定義と共通するものである。ホールは、「アイデンティティ現在の東南アジアでは、「伝統的」とされる規範や宗教的敬虔さに関する価値観が重視される一方で、民主化による表現活動への規制緩和、情報へのアクセスの容易さ、教育の普及や経済水準の高まりなどの要因のゆえに、従来の規範や価値観について疑義が提示されるケースもある。また欧米をはじめとする外部からの文化的影響を強く受けて育ってきた世代の人々の活躍もめざましい。多くの人々が多様なソーシャルメディアを駆使して情報取得や情報発信を行う現状も顕著に見られる。このように人々の多様な価値観が交錯する状況は、文化表現に関わる論争などをはじめとする闘争的な場を生み出している。したがってポピュラーカルチャーに焦点を当てることは、東南アジアにおける文化政治の現状を考える上できわめて重要であると言えるだろう。

以下に文化の価値観がぶつかり合う事例として、映画におけるジェンダーやセクシュアリティの表現を例に挙げてみたい。近年の東南アジア映画にはジェンダーやセクシュアリティの多様性に焦点を当てたものが見られる。[4] 筆者の研究対象地域であるインドネシアでは2000年以降、ポリガミー、異性装者、同性愛などを扱った多くの作品が作られてきた。作品の中には「男らしさ」や「女らしさ」をめぐるジェンダーの規範や結婚・生殖を含む家族のあり方などに関して、従来の価値観を継承する要素が示されるとともにそこから脱却するような新たな表現も見られる。これらの表現の是非をめぐる評価は、検閲によって制限されてきた時代とは異なり、社会の人々による賛否両論の中で社会的論争に発展していくことも多い。ここで見られる賛否両論は、人々がよりどころとする伝統的道徳観や家族観、宗教的敬虔さ、現代的ライフスタイルへの志向、欧米由来のジェンダー観などの多様な価値観を含む。このような価値観のぶつかり合いが見られるのは、国家による検閲の緩和に加えて、欧米をはじめ世界各地のジェンダーやセクシュアリティをめぐる多様な現状を人々が知り、自らの社会における矛盾について考え、社会に向けて自分なりの意見を表明することが活発化している現状の現れである。

また、ポピュラーカルチャーと人々の価値観の変化との関連を考える上で重要な要因となるのが各種の音声・画像メディアの発展と普及である。世界の他地域と同様に東南アジアにおいても20世紀初

は言説的実践がわれわれのために構築する主体の位置への暫定的な接着点である。アイデンティティは言説の流れの中に主体をうまく節合もしくは『連鎖化』させた結果である」と述べている（ホール 2001: 15）。ここでも文化をめぐる多様な価値観が存在する中で、人々が自らの位置づけを見出し、多様な価値観と交渉しながらそれらを変化させていくプロセスとしてとらえてみたい。

4 インドネシア映画におけるジェンダー・セクシュアリティ表現については拙稿（福岡 2016）を参照されたい。ここではゲイの男性を主要登場人物として都市で生活する人々の友情を描いた映画「アリサン！」について考察がなされている。本書のコラム11もこれらの映画について触れている。また本書の第5章における鈴木によるフィリピンの映画祭シネマラヤに見られる作品分析にも多様なジェンダー表現が見られる。ジェンダーと家族との関連については、本書の第7章における山本によるフィリピンのコメディ映画の論考において分析されている。またジェンダーと宗教との関連については第6章における小池によるインドネシア映画の分析を参照されたい。

頭における録音技術の普及以降、多様なメディアが発展を遂げてきた。19世紀終わりに発明された録音技術は蠟管から始まり20世紀初頭にはレコードとして普及する。植民地下の状況において上からの近代化が強力に推し進められた影響もあいまって１９２０年代から１９３０年代頃にかけて各地でラジオ放送が広まり、音声メディアはレコードとラジオを通して発展していく。[5]本書の第９章における井上の論考と第8章の福岡（正）の論考においても、それぞれミャンマーのレコード産業とインドネシア・西ジャワのラジオ放送に関する記述が見られる。一方で写真から動画へと画像メディアが発達し、動画は無声から音声の入った映画へと発展を遂げる。東南アジアでは20世紀前半に映画製作がなされるようになり、その後20世紀半ば頃から国産映画産業が発展していく。[6]これらの映画あるいは映画上映の手法は、テレビが普及していなかった時代に多くの人々に新たな世界観をもたらした一方で、国家のプロパガンダを広く人々に浸透させることにも用いられた。本書第13章の竹下による論考にもこうした状況が記されている。

録音メディアで見れば、１９７０年代にはカセットテープ産業が発展し、ラジカセの普及と安価なカセットテープの流通により各地の音楽産業は１９８０年代に新たな局面を迎える。そして１９７０年代から１９８０年代にはテレビが普及し、動画のメディアも劇的な変化を遂げる。国営テレビに代表されるような国家による文化統制の時代を経て、多くの民放や衛星放送の受容などを通して、人々の価値観は画像イメージを伴いながら変化していった。その後、ＣＤ、ビデオＣＤ（ＶＣＤ）、ＤＶＤなどの各種ソフトの普及を経て、インターネットを通した音声と画像の普及が見られた。現在ではフェイスブックやツイッターなどをはじめとする多様なソーシャル・ネットワーキング・サービスの目覚ましい普及やインターネットの浸透が見られる。

印刷され出版される新聞や書籍や雑誌などに加えてこれらの各種メディアは、人々が音声や画像にアクセスする機会を物理的に増大させたのみならず、その表象を通して人々の価値観に多大な影響を与えてきた。国家が情報の統制をしていた時代とは異なり、現在では情報通信ネットワークの発展に

5 インドネシアのメディアに関する研究の中で、センとヒルは植民地下のオランダ領東インドにおいて、１９１１年に海軍のラジオを通した通信がスマトラ島北端のサバンで始まり、第一次世界大戦後の１９２５年にバタビア・ラジオ局が定期放送を開始したと述べている（Sen and Hill 2007: 80-81）。またその後の１９３４年に蘭印ラジオ局NIROMが政府の許可を得てジャワ島での放送を開始した一方で、１９３７年には最初の現地の人々によるラジオ放送（PPRK 東方ラジオ連合）が始まったと記述している（Sen and Hill 2007: 81）。

6 インドネシア映画の研究を行ったハイダーはインドネシア映画の歴史を①オランダ植民地時代（１９４２年まで）②日本占領期（１９４５年まで）③独立闘争期（１９４５-１９４９）④１９５０年代から現在まで（１９６５-６７年のスカルノ時代からスハルト時代への移行によって特徴づけられる）としている。ハイダーの研究によると、植民地時代にはヨーロッパ人あるいは華人が映画製作を担っており、現地の題材を用いた最初の映画としては１９２６年と推定される西ジャワの民話に基づく「ルトゥン・カサルン」が挙げられている（Heider 1991: 14-15）。

より各種のメディアが文化表現を拡散し、人々が膨大な情報の中から多様な価値観を選び取っていく可能性が広がっている。

文化表現に関する研究においては、その内容分析や社会における論争の検討に加えて、表現者の文化的経験の軌跡にせまる考察や人々の文化に関する日常経験についての検討が必要となる。新聞記事や権威ある文化人が記した論評などを分析してその文化表現の反響や評価を論じることに加えて、文化人やアーティストがいかなる文化的経験の軌跡を経てきたのか、あるいは人々が日常的に経験する文化についていかなる嗜好の追及や価値観のせめぎ合いが見られるのか、という点に注目することが必要である。現代世界を取り巻く情報のグローバル化やメディア環境の発展によってこうした研究は、さらなる可能性が開かれつつあると同時に、多岐にわたる調査が要求される困難な仕事になってきたとも言える。人々が受け取り発信する情報はインターネットの発展とともに劇的に増加し、その情報交流のプロセスには、従来の民族集団や地域共同体や国家という枠組みにおさまらない個人の存在の多面性や人々の新たなつながりも含めて、多様な価値観の揺らぎが見出される。国営のラジオやテレビ、新聞などのナショナル・メディアを多くの人々が同じように受け取っていた時代の前提自体が大きく揺らいでいる。

文化表現を生み出す人々やメディア表象にかかわる人々の発信力が多様化し高まりつつあることも今日の顕著な傾向である。人類学、地域研究の調査において得られる現地の創作者たちの言説は、従来のインタビューや対話の成果、著作物の分析をはじめとして、メディアを通した彼らの表現活動や発言の分析を含む多岐にわたるものになっている。そして作品や表現活動に関する批評や反響も対面的討論、新聞やテレビでの報道をはじめとして、SNS上の論争や意見交換などに広がっている。文化表現をめぐる闘争的な場について考える方法は多様化していると言えるだろう。

ポストコロニアル、民主化の時代を経て表現の自由度が高まるとともに情報のグローバル化が劇的に進む現状の中で、人々は文化表現の中に集団や個人の多様な帰属に関わる多層的アイデンティティを求め、また見出していく。民族、ジェンダー、社会階層、世代、居住地、信仰する宗教などの帰属のみならず、教育環境や経済状況などに影響される人々の文化的経験は多様化している。文化に関わる政策、伝統的とされる社会規範、情報のグローバル化、などが交錯する現状の中で人々は多様な価値観との交渉を行いながら自らの位置づけを模索している。そしてまた人々が模索するアイデンティティは時間的にも変化する流動的なものである。社会状況や文化政策の変化、トレンドとなる様式の流行現象、また人やモノの移動や交流の軌跡などによって、人々が模索するアイデンティティは次第に変化を遂げていく。[7] 文化表現や身体表象の分析とともにそれが生み出される過程や社会に広まっていく状況の検討を通して、人々のアイデンティティの多層性と流動性の側面について探究する必要があるだろう。

この研究では以上のような現状をふまえた上で、国民文化のリストを構成するとされてきた「伝統的」な文化あるいは各地域の民俗文化を取り巻く変化も含めて、人々が日常的に経験する文化に着目する。東南アジアの人々がどのような音や画像や情報に接し、いかなる文体の言語に親しんでいるのか、またそれらの表現を発信する側の人々は自己表現の模索をいかに行っているのか、という点に着目し人々のアイデンティティや価値観の揺らぎについて考察してみたい。

7 たとえば華人系住民に対する強硬な同化政策が行われてきたスハルト時代のインドネシアでは、華人系芸術家がその活動の中で自らの華人としてのアイデンティティを表現することは困難であった。だが2000年代以降、徐々に自らの文化的出自をアピールするような活動にシフトする傾向も見られる。こうした事例については福岡（2014）を参照。

## 2　国民文化探求の時代から現在に至る変化

東南アジアは歴史の流れの中でさまざまな地域の文化的影響を受け外来の要素の内在化と変容を経て独自の文化が形成されてきた地域として知られている。中国、インド、西アジア、アラブ世界などの影響に加えて、西洋諸国の文化的影響も受けてきた。宗教の面でもイスラーム化した地域が見られる一方で、仏教が人々の宗教的生活の基盤に見られる地域もある。またキリスト教化した地域も多く見られる。多民族、多言語、多宗教を擁する多文化社会であることは東南アジアの国々に共通して見られる要素であり、それらの「多様性」や「混成性」といった要素は、現在に至るまで東南アジア文化を特徴づけている。これらの従来の文化的特徴に加えてグローバル化を背景とした文化の交流もまた「多様性」や「混成性」に影響を与えてきた。

その一方で「東南アジア」としての政治的・経済的なまとまりも形成されてきた。東南アジア研究者の加藤剛は以下の諸点を指摘している。冷戦終結後、１９９０年代初頭から中国の開放政策が本格化し、東南アジアと中国との間に政治的・経済的関係が築かれるようになったこと。同時に現在では観光に代表されるように一般の人々が国の枠を越えて関わりを持つ民際的な交流も盛んになっていること。また当初５カ国で出発したアセアンも１９９９年には10カ国となり、自由主義陣営と社会主義陣営に分断していた関係から、東南アジアは外の世界と多様な関係を結ぶようになったこと。加えて域内の諸国家・諸地域間の交流も活発化していること、の諸点が指摘されている（加藤 2004: 9-10）。

東南アジアの国々はその多くが20世紀中頃以降に植民地支配からの独立を果たした国民国家であり、独立後の国家としてのアイデンティティが模索されてきた。だが国家と文化との関係が重視される状況はさまざまな面で変化を遂げつつある。これは同時に個人のあり方の変化でもあり、文化を取り巻く世界的状況の変化とも呼応している。この変化のプロセスを筆者の研究対象地域であるインドネシアの事例に即して以下に記述する。

＊　＊　＊

東南アジアの多くの国々と同様にインドネシアは20世紀半ばに植民地からの独立を経て成立した。20世紀初頭に芽生えた民族主義運動は、初代大統領となったスカルノをはじめとする高等教育を受けたエリート青年たちを中心に発展し、１９４５年の独立宣言、独立闘争を経て、１９４９年に独立が遂げられた。独立宣言から70年余りを経た現在のインドネシアは植民地時代の枠組みを継承しつつ成立した比較的新しい国民国家であり、多様な民族を擁する広大な国家の統一は常に重要な課題であった。インドネシアをフィールドの一つとして研究をおこなった政治学者ベネディクト・アンダーソンは、ナショナリズムの醸成に出版資本主義が重要な役割を果たしたことを指摘し、小説や新聞などの同じ媒体を読むことを通して人々の間に共同体意識や愛国心が形成されていくプロセスについて指摘した（アンダーソン 1987: 44-87）。また各地の青年たちが高等教育を受けるために首都への「教育の巡礼」を行ったプロセスの重要性についても考察した（アンダーソン 1987: 194-240）。インドネシア思想史の研究者である土屋健治は、インドネシアという国民国家が成立する上で決定的であったのは旧オランダ領東インド（東インド植民地国家）の領域をそのまま継承して成立したこと、国民国家の創出をめざす運動（ナショナリズム）が、当初からインドネシア・ナショナリズムとして成立し展開していったことの2点を挙げ、インドネシアは植民地支配とナショナリズムを両親として誕生したのであり、植民地ナショナリズムの典型的な型を示していることを指摘する（土屋 1986: 247）。

国家統合が模索されていた時代には国民国家の構成要素としての民族集団、地域共同体などをはじめとする集団のアイデンティティが重視されてきた。そして文化もその集団的帰属を表象するための指標として位置づけられ、古典的な王宮文化、各地域に根差す「伝統的」な文化、民俗芸能などの文化が国民文化の豊富なリストを構成してきた。国家統合を目指す中で価値を与えられた文化を人々が受け取っていく状況は、共同体の行事や儀礼、メディア報道、教育、日々の社会活動に至るさまざまな面で顕著に見られた。文化は国家統一を象徴する重要な意味を与えられ、特に目に触れやすい文化表現である芸術（音楽、舞踊、演劇、建築物、染織、絵画、彫刻など）、民族衣装、家屋や寺院などの建造物や遺跡群は、国家あるいはその構成単位である「地方」を代表する文化遺産、または国民が共有し得る歴史的遺産として位置づけられてきた。

ポストコロニアル時代の国民国家は民族や言語や宗教の違い、地域間の格差に加えて、社会階級やジェンダーの格差などの違いを抱えており、個々の人々もまた各自の文化的経験に基づく多様な帰属意識を持っていたと考えられる。だが国家統一を重視する原理においては個々人の多層的な帰属は国家や民族などの集団の特性に読み替えられる傾向が強かった。インドネシアで32年間にわたって中央集権的な体制を維持したスハルト（１９６６－１９９８）による文化政策の中では「民族」や「種族」という概念を「地方」に置き換え各地に伝承される地方文化を集積しつつ国民文化創成が指向されてきたことがこれまでの研究の中でも指摘されてきた（Hooker and Howard 1995［1993］: 4, 加藤 1996: 32, 福岡 2002: 18-21）。またそれに加えて、社会的地位に関わる共同体の役割も重視されてきた。たとえば国家機構の官僚制度の中に形成された「ＮＩＰ共同体（国家公務員共同体）」は職業や社会階級に関わる事例であり（土屋 1988: 152）、公務員の妻たちの組織ダルマ・ワニタなどの共同体は社会的地位とジェンダーの役割分担を促進してきた事例である（中谷 2007: 22-25）。インドネシアをフィールドとして調査を行った人類学者の関本照夫は、公務員の妻の組織が夫たちの官僚機構内での序列と重なっており、彼女たちがそろいのジャワ風衣装を身につけさまざまな儀式・集会・公式行事に参加することを指摘し、上記の「ＮＩＰ共同体」が公務員という職能上の地位に関わるものだけでなく私生活を含めたトータルな共同体であると述べている（関本 1999: 147）[8]。このように国家の構成単位となり得る集団のアイデンティティが重視されてきたことは国民国家時代の特徴的要素であると考えられる。

文化表現を制限する強権的政策はさまざまな方法で表現活動、メディア報道、身体表象を統制してきた。こうした事例は国家による検閲制度に顕著に見ることができる（Sen and Hill 2007, Lindsay 2011）。開発を国是として経済発展を目指したスハルト大統領の体制期（１９６６－１９９８）には報道や表現活動の規制、宗教活動や女性運動などの規制が見られ、文化表現の中で国民統合や社会秩序への脅威となりうるものは排除されてきた。各種のメディア報道やポピュラー音楽などの表現は国民の意識や士気に影響を与えるものとして情報省、また検閲委員会などの組織によって規制を受けてきた[9]（Sen and Hill 2007, Lindsay 2011, Yampolsky 1989）。映画などの画像メディアも検閲がなされ、社会的な影響力を持つ表現や人々を扇動する表現は内容、タイトル、描写にわたって規制を受けてきた（Aartsen 2011: 14）。文化規制は宗教やジェンダーに関しても見ることができる。宗教的に敬虔な生き方は奨

8 関本は、また同じく官製のより草の根の女性組織であるＰＫＫ（家政教育会）の存在についても記述している。この組織は地方組織ごとに制服を制定し、生活、環境、保健衛生などの日常的キャンペーンに草の根の女性たちを巻き込むことによって近代的な国家に統制された「国民」を作りだすことに貢献していると指摘する（関本 1999: 147-148）。

9 情報省は１９４５年に設立され、スカルノ時代とその後のスハルト体制期においてイデオロギー的な舵取りの中心となってきたが、１９９９年10月に当時のアブドゥラフマン・ワヒド大統領によって閉じられた（Sen and Hill 2007: 8）。

励された一方で、宗教が政治的運動に発展することは規制された(見市 2006: 120, 倉沢 2006: 122-134)。家庭内や社会における女性の役割は重視されてきたが、社会運動としての女性運動は規制されてきた。文化的な表現活動の中でも宗教やジェンダーの要素をアピールすることは制限された。また国家を構成する民族集団の枠外に置かれてきた華人系住民の文化的活動は、国民文化の発展に大きな貢献を果たした一方でその「華人らしさ」が常に排除されてきたことが指摘されている(Heryanto 2008: 133-164)。以上のようなさまざまな規制は、文化表現、身体表象、メディア表象を抑圧したと同時に、対抗文化としての表現活動が現れる強い原動力になったという側面もある。

上記のような文化統制は、1998年のスハルト退陣後に徐々に見られた出版物、メディア表現、芸術表現などに対する規制緩和にともなって変化を遂げてきた。民主化へ向かい、さまざまな面で文化の商品化が進みつつある状況の中で、集団的アイデンティティに覆われていた個人の多層的アイデンティティが顕在化する傾向も見られる。居住する地域、育った時代の状況、家庭環境、教育環境、経済状況なども含めた個々人の文化的経験に起因する多層的アイデンティティが文化の生産・流通・消費のプロセスにおいて重視されつつある。

たとえば現在のインドネシアでは、都市部中間層の人々を中心にイスラーム意識の高まりの現象が見られ、それがイスラーム・ファッションの流行などの消費活動や現代的ライフスタイルと密接に結びつく状況が指摘されている(青山 2014: 164-165, Heryanto 2014: 47)。こうした現状の中では、宗教上の思想が現代性や社会階層に関する価値観とも結びついている。そして教養が高く、経済的に余裕があり、トレンドとなる生き方を追及する「都市部中間層ムスリム」という多層的アイデンティティが、都市での社会生活を通して、あるいは消費活動を通して模索されている。

前述のようにジェンダーやセクシュアリティの多様な表現も見られるようになってきた。ジェンダーやセクシュアリティの「伝統的」カテゴリーの存在が指摘されるとともに、それらのカテゴリーと欧米由来の概念との間に重なり合いや差異が見られることも指摘されている(Oetomo 1996: 259-269)。

一方で欧米由来の概念に影響を受けた人々による社会に対する運動や表現活動が活発化しつつある。これらの多様な表現に対しては、肯定的見解とともに批判的規制力も働いている。特に宗教的価値観や道徳的な観点から論争が起こり、国家による従来の規制とは異なる社会的規制力が働いている状況も指摘されてきた。[10]

対抗的な表現活動に限らず、日常的に楽しみを求めて人々が行う表現活動も多様化している。インドネシア各地に見られるコスプレ文化の浸透やK-popダンスの流行などはアジアの他地域の文化産業の影響を受け入れながら人々が追及する自己表現の例である。[11] 特に都市部に住む高学歴のムスリム女性たちが韓国をはじめアジアの現代文化産業の主要な消費者となっていることも顕著な例として指摘されている（Heryanto 2014: 165-188）。

一方で人々が模索する多層的アイデンティティは表現活動を通して変化していく側面も見られる。筆者が調査を行ってきたインドネシアの女形ダンサーは、民族的マイノリティとされていた華人系インドネシア人の一人であった。彼はジェンダー表現に関しても民族的な表現に関しても、単一の本質主義的なステレオタイプを避け、人間の多様性を表現するための活動を行ってきた。だがそうした活動にもいくつかの変化が見られる。近年では、華人系の人々とのネットワークが拡大しつつあり、中国寺院や華人の新年の行事などでの上演機会が格段に増えている。上演の中では中国の仮面劇の上演や昆劇役者との共同制作作品も見られるようになってきた。新たな上演機会の増加を通して、従来とは異なる表現内容や表現方法を模索していくアーティストの姿を見ることができる（福岡 2014: 80-90）。この事例は、人々のアイデンティティの多層性がさまざまな変化を遂げるということを示している。

また後述するように開発と西寄りの政策が重視された１９７０年代以降に生まれた若い世代の人々は欧米文化をはじめとする外来の文化表現やメディア表象を体験しながら育ってきた。彼らの追及する文化表現は、マス・メディアを通して体得した欧米文化を表現活動の出発点に置いている点で、国民文化創成期における伝統や地域の固有性を重視するやり方とは大きく異なっている。[12] たとえば、現

10 人類学者ブルストーフはインドネシアのトランスジェンダーの研究において、女装者やゲイの人々に対する攻撃や暴力などが見られる状況を「政治的ホモフォビア」と呼んでいる（Boellstorff 2004）。

11 コスプレ文化についてはエフェンディによる研究（Effendi 2012）を参照。また、本書のウィンダによるコラム1を参照。

12 これらの新世代のアーティストについてはさまざまな分野での活躍が見られる。たとえば１９７０年代生まれのヒップホップのダンサーが新たなジャンルを創作した事例については（福岡 2017）を参照。

在インドネシアを代表する映画監督であるリリ・リザ監督（１９７０年生まれ）は、日本でのシンポジウムにおいて、ハリウッド映画やロック音楽に浸りながら過ごした自らの文化的経験について言及し、友人と共同監督を行った最初の作品においては従来の映画人による伝統的な表現手法からの解放を試みたことを述懐している[13]（２０１５年９月20日福岡国際映画祭シンポジウムにて）。その後リリ・リザ監督はさまざまな作品を通して広大なインドネシアの多様性を示す映画の可能性を追及している。このように自らの文化的経験の中で内在化した欧米文化の概念や手法を用いて「伝統的」価値観からの脱却を目指しつつ新たな自画像を求めていく世代の活躍も著しい。

*　*　*

以上、東南アジアにおける文化表現の変化に関して、国民国家探究の時代以降におけるインドネシアを例に検討し述べたが、この事例が東南アジアという地域全体を包括する特性に沿っているかどうかという点については検討すべき課題も残されている。前述の土屋の指摘に見られるように、インドネシアは植民地ナショナリズムの典型とされている。だがこのような軌跡が当てはまらないケースも多く見られる。

アジア研究で知られる人類学者の鶴見良行は、10世紀以前の東南アジアは焼畑、狩猟採集、漁業、交易など移動を特徴とする生業が主流であり、暮らしのスタイルに共通性があるものの大きなまとまりの意識は育ってこない地域であることを指摘する。そして東南アジアでは植民地主義からの離脱の過程でナショナリズムが叫ばれたために「国家」や「国民」を考えてしまいがちであるが、より小さなまとまりの単位に目を配らないと東南アジアは見えてこないと指摘する（鶴見・山口 1986: 52-54, 166）。このような指摘は文化表現に関して考察する際にも重要であるだろう。国民国家の模索の時代には、国家を代表し得る文化や、国民としての文化的なまとまりが重視される語り方は主流であった。しかし実際にはこうした文化的なまとまりの実在を再考すべきでもある。

13 この映画はリリ・リザ、ミラ・レスマナ、ナン・T・アハナス、リザル・マントファニの４人の若手監督によって１９９８年にリリースされた『クルドゥサック』という作品である。ここでは都市に生きる若者たちの行き詰った姿がオムニバス形式で描かれる。この映画に登場するコンビニやファストフード店などの都市の風景とともに銃や暴力、孤独や閉そく感、などの諸要素は従来の映画表現からの解放の表れとしてとらえることもできるだろう。リリ・リザ監督はアメリカや欧米の映画など、これまで自分が見てきた映像を用いてインドネシアの姿を表現したと語っている（２０１５年９月20日福岡国際映画祭シンポジウムにて）。

上記の点もふまえた上で、この研究の中では東南アジアのさまざまな地域の事例が検討される。国家という枠組みの前提自体を問い直す地域のとらえ方も必要となるだろう。文化が生み出され広がっていく地域は必ずしも国家の枠組みと一致せず、むしろ国家の枠組みを超えた流通や消費が伝統的に見られたケースも多い。島嶼部の離島なども含めた辺境地域には教育の普及や情報の流通が及びにくかった一方で、現在では地域開発、出稼ぎ労働、携帯電話の普及などによってさまざまな形でグローバル化の影響が見られつつある。[14]本書第３章の馬場による北タイ農村の文化に関する論考で記述されているように、農村開発などによって地域の芸術活動が変化を遂げていく事例も見られる。さらに移民、出稼ぎ、留学、観光などによる人々の移動は、後述するように特定の文化と特定の地理的空間が対応しない状況を生み出している。[15]

また東南アジアにはベトナムやカンボジアのように１９７０年代半ばあるいはそれ以降も「戦時下」の状況を経験してきた地域もあり、東ティモールのように２０００年代になってから独立した新しい国もある。経済が発展し民主化を遂げていくプロセスのありかたは今日「東南アジア」と区分される地域においてもさまざまな違いが見られる。この研究では東南アジア各地の多様な対象に焦点を当てて、文化の生産・流通・消費について着目していきたい。

## 3　グローバル化の文化的側面

以下にグローバル化の文化的側面について考察する。この研究で前提とする基本的姿勢は、対象地域の事例や現状を出発点としてグローバル化の文化的側面を考えていくことである。地域的な枠組みを越える文化の流通、メディアを通した文化の発展や変化、文化表現に関して繰り広げられる価値観の相克や論争などの諸課題を、それぞれのフィールドの現状に着目して検討していきたい。そしてグ

14 人類学者の清水展は、フィリピン、ルソン島のイフガオを対象として、先住民の側からのグローバル化への対峙を検討している（清水 2013）。ここでは上からあるいは中心からのグローバル化の波に積極的に対峙する住民の側からの対応が描かれている。

15 山本は、アジアにおけるグローバル化に関して、出稼ぎ労働をはじめとする人々の移動が顕著に見られ、こうした状況下でテロ・災害・感染症などの国境を越えた新たな脅威が見られるとともに、従来の枠を超えて人や情報が行き交うようになったことをはじめとするさまざまな要因により文化のオリジナリティや価値が問われるようになっている現状を指摘している（山本 2013: 8-9）。

ローバル化を文化の生産・流通・消費に関する物理的変化としてとらえるのみならず、文化実践に関与する人々の知識や価値観の変化として位置づけたい。

一般にグローバル化はヒト、モノ、情報、イメージなどが地球規模で移動し、それによって異なる地域の人々が互いに密接に結びつく状況を指す（Appadurai 1996, Inda J. X. and R. Rosaldo eds. 2002, Steger 2009）。特にその文化的側面について考えると、メディアの発展による情報のグローバル化、消費文化の増大、観光化や地域開発の影響、教育の近代化などを背景として、文化表現と地域との結びつきは自明のものでなくなり、それらの文化表現は「断片化」や「商品化」を遂げ、しばしば既存の文化的境界を越えて流通し読み替えられていく状況が見られる。人類学者のアルジュン・アパデュライはこうした状況を「文化のグローバルなフロー global cultural flow」と呼んだ。そして文化の地景が分裂し錯綜する状況を「脱領域化（deterritorialization）」と呼びこれをグローバル化の主要な傾向として位置づけた（Appadurai 1996: 32-43）。こうした状況下では人や情報の交流によって地域あるいは空間的な枠組みを超えて文化が流入し拡散していく。[16]

このような状況下で、文化の真正性や画一化に関する議論などを背景として、支配的力を持つ主流文化産業が周辺地域の文化を侵略していく文化帝国主義をめぐる議論が展開されてきた（Steger 2009: 72-78）。しかし文化帝国主義をめぐる議論に関しては、「グローバル対ローカル」あるいは「欧米対第三世界」という図式にとどまらないより複雑で多層的な様相が指摘されている。

グローバリゼーションの人類学に関する論文集を編纂したインダとロザルドは文化帝国主義の言説では世界の多様な現状をとらえきれないことを指摘し、その理由として以下の3つの疑義を提示した（Inda and Rosaldo 2002: 15-26）。第一の指摘はいわゆる第3世界の人々は外部からのテクストや画像などの情報を通して欧米を基盤とする消費システムに受動的に結びつけられていくのみではないという点である。テクストや画像などの情報を解釈または翻訳し自らの意味を見出して馴化することに人々が積極的に関与する状況も見られる。メディアを通して流入する外部からの文化は影響力を持

16 人類学者のエリクセンは、文化のグローバル化によって、人類学の従来の調査方法であるフィールドワークの方法も変化を遂げていく必要があることを指摘し、ある対象（クウェートの油田）の生産現場、市場、埋め立て地までを追跡する調査方法を紹介している（Erksen 2015: 384-385）。このように、グローバル化に関する研究は、その調査方法の再考も求められている。

つことは確かであるがそこにはより複雑な受容と流用のプロセスが見られる(Inda and Rosaldo 2002: 15-18)。第二の指摘は文化のグローバルなフローの道筋が欧米から周辺地域へ発信されるという道筋には限られない点である。欧米各地に多様な移民の人々が存在し彼らのトランスナショナルな生活様式を確立している事例からは、「欧米から周辺」という図式自体が覆されており中央の周縁化の状況も指摘される(Inda and Rosaldo 2002: 15-18)。第三の指摘は、文化帝国主義は欧米文化が周縁世界を侵略するものとは限らない点である。周縁世界の内部でも支配的影響力を持つ文化のフローが見られ、こうした状況は文化の周縁的フローとされる。たとえば上海におけるメディア研究の中ではアメリカ文化の影響よりも香港や台湾文化の方が深刻な文化的侵略の影響をもたらす事例も報告されている(Yang 2002: 325-349)。一方でナイジェリアにおけるインド映画の事例研究からはこうした文化の周縁的なフローが必ずしも脅威でなく欧米文化以外の選択肢として受け入れられていく状況も指摘される(Larkin 2002: 350-378)。このように現代世界の文化的状況は文化帝国主義の図式ではとらえきれない複雑に行き交う様相を呈している(Inda and Rosaldo 2002: 15-26)。

ここで指摘されているように、情報のグローバル化や発展しつつあるメディア環境を生きる人々は、文化のグローバルなフローに影響を受けている一方で周縁的フローを含む複合的状況の中で自らの知識や価値観を変化させている。

多文化の混成する東南アジアにおいては、上述したような文化のグローバルなフローや周縁的フローは歴史的に見られた。たとえば多様な民族の混住する都市の中でハイブリットな芸術ジャンルが誕生し上演やメディアを通してそれらが地域の枠組みを越えて共有される、といった事例を挙げることができる。東南アジアの文化史を考える上では、これらの事例が必ずしも現代に特有の現象でなく歴史的に見られた現象であることを認識する必要もあるだろう。[17]

一方で今日の東南アジア文化を考える上で特有であると考えられる現象は、多様なメディアの発展やモノや情報の急速なフロー、また経済発展や教育水準の高まりなどによって、文化表現に関する画

17 スティーガーによるグローバリゼーションの研究においては、第2章「グローバリゼーションと歴史：グローバリゼーションは新しい現象なのか?」において、新しい現象としてではなく歴史的に存在していた現象としてグローバリゼーションをとらえる可能性についての考察がなされている(Steger 2009: 17-37)。こうしたグローバルヒストリーに関する研究についての考察は(三尾・床呂 2012)においてもなされている(三尾・床呂 2012: 8-19)。

一化された価値観やスタンダードが形成されて広まっていく点である。これらの画一化された価値観やスタンダードは、東南アジア文化を世界に広めていく活動を後押しする一方で、土着の文化表現を変えていく影響をもたらすこともある。その是非を問うのではなく、人々がそれらの価値観やスタンダードと対峙する現状を考察する必要があるだろう。文化表現の担い手や受け手が、さまざまなレベルで普及する価値観やスタンダードと向き合いつつ、東南アジア文化の独自性について考え、文化表現のあるべきかたちを模索している状況を視野に入れることが重要である。

　東南アジア文化の発展には、20世紀初頭以降のレコード産業や映画産業などに代表されるメディアの発展に加えて多様な文化の交流が重要な影響力を持っていた。たとえば20世紀前半以降、華人企業家による映画産業やインド映画産業は、各地の映画産業と音楽産業の発展に多大な影響をもたらしてきた（山下・岡光 2010、田子内 2012、篠崎 2013）。国産映画を生み出していくプロセスの中で、これらの外部からの文化的影響は表現内容にとどまらず産業のしくみや人材の面でも常に影響力を持っていた。また音楽をはじめとする上演芸術においては東アジア、南アジア、アラブ世界、西アジアの文化的影響力が大きく、東南アジア芸術が多くの地域から影響を受けてきたことが示される。20世紀以降の交通網や情報通信技術の発展により、各地で多様な音楽文化の興隆が見られ、欧米から輸入されたロックをはじめジャズ、ラテンなどの音楽は東南アジアの音楽産業や映画産業に大きな影響を与えてきた。[18] 近年では、多くの新世代ミュージシャンがサウンドや歌詞の面で欧米音楽、ラテン音楽、日本のポピュラー音楽をはじめとする多様な要素を積極的に取り入れてオリジナルの表現を追求している。インターネット配信などを通してそれらの音楽は世界の多くの地域で愛好されている。本書第10章の金による論考の中では、世界的に人気を博すインディーズバンドの事例が扱われている。外来の文化的要素の積極的な摂取は、各地の「伝統的」とされる芸術の存続とも並行し、折衷的な多くの表現形態を生み出してきた。これらの営みの中には、文化表現を生み出す主体であるアーティストや文化人、そしてそれらを受け取る人々の知識や価値観の変化を見ることができる。人々が外部からの文化的影

18　ここでは取り上げていないが、インドネシアには16世紀に香料貿易を行ったポルトガル人の末裔によってもたらされ、その後、植民地都市で大衆演劇を通して広まっていったクロンチョンと呼ばれる音楽ジャンルがある。これは現在に至るまでインドネシアの重要な音楽ジャンルの一つとして位置づけられる（中村 1995: 54-74）。この音楽ジャンルは、1930年代以降はラジオを通して流行し、独立闘争期にはナショナリズムを歌うジャンルとして位置づけられた。

響を受動的に受け取るだけでなく、内在化させせつつ発展させてきたことが示されている。

アジアのカルチュラル・スタディーズに関する論文集の中で編者の岩崎稔は、脱冷戦、ポストコロニアルの状況に加えて新自由主義経済の台頭が見られる状況に言及し、文化の商品化という現状が顕著であることを指摘する（岩崎 2011: 8）。文化の商品化はしばしば「伝統的」な文化実践あるいは「民族性」を持つとされる文化実践のあり方を劇的に変化させて価値観の相克を引き起こす。特定の民族と文化の結びつき、特定の地理的空間としての地域と文化との結びつきという図式も現在は揺らぎつつある。

文化の商品化によって起こる闘争的な場において東南アジアの人々のレスポンスはどのようなものなのか、またそのプロセスの中に東南アジアらしさの特徴を読み取ることはできるだろうか。文化的に多様であり、統一した共通性を見出しにくいことが東南アジア文化に見られる特徴でもある。だが前述のように外来の影響を内在化させて新たな文化を形成していく傾向は顕著に見られ、そうした柔軟な受容の力が東南アジアに共通する特徴であるとも考えられる。

一方で、政治・経済的なまとまりとしてのアセアンにおいて文化的な共通性を探し出し創り出す動きも見られる。近年まで各地でさかんに行われているアセアン各国参加のラーマーヤナ・フェスティバルなどはこのような状況を表す顕著な事例のひとつであるだろう。[19] 古代インドの叙事詩ラーマーヤナは9世紀以降に東南アジアに伝わり長い時間をかけて各地に広まり多様な芸術表現の源泉となってきた。ラーマーヤナ・フェスティバルは共通の歴史的遺産でもある文化的要素を、政治や経済の統合のシンボルとして機能させていこうとするひとつの事例である。またイスラーム教圏やキリスト教圏など宗教的価値観を共有するつながりや、華人の人々が共有するメディアなど、国や地域の境界を越えたゆるやかな文化的まとまりを指向する動きも見え始めている。イスラーム・ファッションの流行とその生産・流通・消費がソーシャルメディアを通して行われ、ムスリム女性たちの間で新たなネットワークを形成しているケースを含めて、各地の若者たちがソーシャルメディアを通して共通の趣味を追及していく現状も見られる。若い世代を中心に広がるコスプレ文化の浸透やＫ-ｐｏｐの流行な

19 本書コラム16において平松が記述しているように、こうしたイベントの中では伝統的にはラーマーヤナに基づく芸能が存在しなかった地域においても各国の特徴を活かした独自のラーマーヤナの演劇が創り出される。各国のグループが集まってともに上演を披露し合い、最後の場面では各国のラーマ王子が協力し合って戦いに勝利するという演出が行われる。ラーマーヤナは、王子の率いる軍勢が協力し合って魔物から姫を助け出すという筋書きをはじめとして、見応えのある演出が可能である点も相俟って、アセアン各国の結束を象徴するにふさわしい演目として捉えられていると言えるだろう。

ども、同質の趣味や関心を共有する人々がメディアを通してライフスタイルも含めた新たなトレンドを共有していく事例であるだろう。

これらの動きの中では文化表現や身体表象の規制と多様化をめぐる価値観の相違も見られる。こうした価値観のせめぎ合いや論争などは現代東南アジアの人々の揺れ動く価値観を知るための興味深いテーマである。これらは時として大きな文化政治の動きに関わっていくこともあり、また一方で個人の私的な領域における楽しみの享受にもつながっている。多様な文化表現や身体表象を視野に入れながら、変化を遂げていく東南アジア文化の現状を描いていきたい。

## 4　考察のための視点

東南アジアの文化に関する従来の研究の中では、村落社会と都市あるいは伝統文化と現代文化、伝統文化や宮廷文化などのハイカルチャーと民俗文化や大衆文化といった二項対立の図式が主流であった。文化の担い手や受け手に関しても経済的・政治的エリートとそれに対置される一般大衆という対立図式が見られ、ハイカルチャーを担うエリートと対抗文化あるいは民俗文化を担う大衆という構図が主流であった。都市化や経済開発が進み人々の移動や経験が多様化していく現代の東南アジア社会では地域の枠組み、村落共同体のあり方、都市の文化などが変化を遂げている。社会階級のあり方にも変化が見られ文化表現の主体や受け手もエリート対大衆という二項対立の図式ではとらえにくい状況にある。

ここでは現代東南アジアにおけるポピュラーカルチャーについて考える際に前提となる顕著な変化として以下の三つの点について考えてみたい。第一はメディアや情報通信ネットワークの発展と変化、第二は富裕層や中間層の人々が消費活動によってアイデンティティを表現する主要な存在となりつつあること、そして第三は1970年代以降に生まれた新世代アーティストや文化人が現在の文化表現やメディア表象の主要な担い手であること、である。

第一のメディアと情報通信ネットワークの発展と変化について以下に考察する。1において記述したように、20世紀初頭のレコードの普及、1920-30年代に始まるラジオ放送、20世紀前半以降に発展する国産映画産業、1970-80年代に始まるテレビ放送とカセットテープ産業などを経て、各種の多様なメディアが発展してきた。近年ではインターネットを通じたソーシャルメディアの発展も著しい。インドネシアの現代文化に関する論考の中で人類学者のアリエル・ヘルヤントは、2010年のインドネシアにおけるフェイスブックのユーザー人口が世界第4位であることを指摘した。また2013年の時点で商業的テレビのネットワークが415に達しており、国民の90パーセントが主要な社会的文化的活動としてテレビの視聴を挙げ、さらにそのうち15パーセントが衛星放送のネットワークを享受していることを挙げた。これらのことから、多くの人々の関心がメディア特にテレビに向いていることを抜きにして現代インドネシアに関する研究は難しいと述べている (Heryanto 2014: 9-11)。

またインドネシアのメディアに関する研究を行った政治学者クリシュナ・センは数千の出版社と数百のラジオ局と数十のテレビ局があり、それらは現地で用いられるほぼすべての言語を用いた出版や放送を担っていることを指摘する。これらは小規模なコミュニティラジオ局のようなものから大規模なものまでに至る。そして推定2000に達する非合法のラジオ局やテレビ局が放送を定期的に行っていることも指摘する (Sen 2011: 6)。これらの記述からは多様なメディアが多数出現している現状が示される。

またメタ・アストゥティはインドネシアの人々の消費活動に関する論考の中で、年齢や社会階層に関係なくあらゆる層にフェイスブックが普及していることを指摘する。フェイスブックは町中の景観に関する議論を引き起こし、また選挙に際してもツイッターやYouTubeに投稿されたビデオメッセージなどとともに活用される。フェイスブックを用いたビジネスを行う人も多く、扱われる商品の多くは洋服、靴、ムスリム女性のヴェール、鞄、アクセサリーなどのライフスタイルに関わる商品であると指摘する（アストゥティ 2013: 196-204）。

現在、多くの人々はパーソナルメディアの普及、小型化、低廉化によってさまざまな情報にアクセスすることができる。新聞や国営テレビ局のニュースなどが文化表現に影響を与える主たるメディアであった時代とは異なり、人々はメディアへの多様なアクセスを通して多くの情報を受け取るとともに自らの情報を発信していく双方向の活動を行い、自らの価値観に基づいた選択によって消費活動を行っている。

近年のメディアの発展がもたらしたものは、同質の趣味、関心、経済状況を持つ人々を、地域的枠組みを越えたところで結びつけたことである。特に若い世代の人々がメディアを通して自らの文化的なアイデンティティを希求するプロセスには、地域や民族や国家といった従来の枠組みを越えてつながっていく現状を見ることができる。また前述したように必ずしも影響力のあるメディアが欧米発のものに限られないという点も重要である。東南アジアのポピュラーカルチャーの発展にはインド映画産業や華人による映画産業がテクスト内容とともに人材などの面で影響を与えてきた。そして本書の坂川によるコラム14で指摘されているように、近年では韓国のポピュラーカルチャー産業の影響も顕著に見られる。

第二の都市部中間層の人々のアイデンティティについて以下に記述する。現在の東南アジアにおける文化表現や身体表象の発信と生産、受容と消費に関しては、経済的に裕福な新興富裕層の出現という現象が指摘されている（Young 1999: 56）。ジャカルタの新興住宅地に焦点を当てて消費、ライフスタイル、社会的差異化との結びつきを考察したケン・ヤングは家、職場、学校、モスク、映画、ショッピングモールなどのさまざまな場で彼らが富裕層としてのライフスタイルの行動コードを提示し自分たちの価値観、社会的指向を他の人々と区別していることを指摘する（Young 1999: 56）。この指摘で重要な点は消費活動が新興富裕層のアイデンティティを形成するという点である。ヤングは「グローバルな影響と都市の複雑な環境が富裕層を他の共同体的なアイデンティティからある程度まで分離している。彼らはよりインターナショナルな指向性を持ち、彼ら自身と世界における彼らの位置について新しいナラティブを形成する。（中略）民族性はしばしばエリートにとって重要性に欠けるものと位置付けられる」と述べている（Young 1999: 56）。

また東南アジアの社会史研究者である倉沢愛子はインドネシアの人々の消費活動に関する書籍の中で、上記のような富裕層に加えて住環境や経済力に見合わないライフスタイルや消費行動をとる人々で親世代より高い教育を受け上昇志向を持つ人々を「疑似中間層」と位置づけ、彼らもまた消費を行う主要な人々であることを指摘する（倉沢 2013: 6-7）。

ヘルヤントは都市部の新興富裕層について、彼らにとって日常生活で現代的であることは伝統的なネイティブ（たとえば伝統的な信仰や価値観に基づくライフスタイルを持つ人々で彼らは近代にとっての他者と位置づけられる）と自らを区別し、植民地時代の後進性に対しても自らを差異化することにつながると指摘する（Heryanto 2014: 18-19）。都市部の新興富裕層の人々が、村落部の伝統的価値観に根ざす生き方をする人々や、同じ都市部でも経済水準の低い貧困層の人々と自らを差異化していく現象も指摘される（Heryanto 2014: 19, Young 1999: 56）。

文化実践の価値や表現の是非をめぐる議論においては、こうした中間層の人々の多層的アイデンティティが複雑に関与し合っている現状も見られる。たとえば前述したように現在のインドネシアでは都市部中間層の人々にイスラーム意識の高まりの現象が見られるが、この動きは上記の消費活動との結びつきも顕著に見られる。人々のイスラーム意識の高まりに呼応して資本主義経済の中で多様な商品が生み出され、またイスラーム関連商品の購入や消費を通して人々のイスラーム意識が高まっていく、という相互関係が見られる。これらの消費活動を含むさまざまな情報はソーシャルメディアなどを通して共有され、ネットワークが形成されていく。さらに中間層のムスリムの人々が自らを「現代性」やトレンドとなり得る存在として意識して、「伝統性」や「後進性」を批判し排除していく状況も見られる。たとえば、「伝統的」とされる芸術表現や衣装、神秘主義の宗教実践などに対してイスラーム的な価値観から批判的まなざしが向けられることが多く見られる。その背景には「現代性」の対立項である「伝統」や「後進性」へのネガティブなまなざし、またトレンドとなるライフスタイルの対極にある村落部の人々の伝統的な生活や価値観に対する侮蔑や軽視が見られることが多い。こうした事例からは、特に都市部中間層の人々の宗教的価値観が先進・後進の価値観や社会階層の差異化に関する認識と密接に結びついている現状を知ることができる。

本書の第11章における津村による論考の中では、タイにおいて都市の中間層の人々が幸運を呼ぶ人形ルークテープを購入し、ソーシャルメディアを通してそのブームを作りだしていったプロセスが述べられている。また本書の第13章における竹下の論考の中では、インドネシアで近年リバイバルしつつある野外映画上映の場が、都市部の人々の対面的コミュニケーションの中で消費活動を通した文化的なアイデンティティ表現の場としても機能している現状が指摘されている。このように特定の社会階層の人々が消費活動を通してライフスタイルや宗教的な価値観に関わる自らのアイデンティティを表現していく現象も見られる。

第三に新世代アーティスト・文化人について考察する。東南アジアの多くの地域において、開発や欧米文化の流入がさかんであった時代に生まれ育ったアーティストや文化人は現在の文化の主要な担い手となっている。地域による差異があるものの、おおむね、１９７０年代以降に生まれた比較的新しい世代の人々をここでは新世代アーティスト・文化人として位置づけてみたい。前述したインドネシアの映画監督の事例のように彼らの文化的経験に共通しているのは、その基盤にあるものが伝統文化であるよりはむしろマス・メディアを通して流通した欧米文化であるという点である。ここで新世代として位置づけた人々は、外来の思想や外部の視点を内在化して自文化を対象化するという点では植民地時代に宗主国の言語や思想による教育を受けて育ってきた人々との共通性も見られる。一方で、新世代アーティスト・文化人たちは国民国家の枠組みの中に生きながら文化的にはマス・メディアを通して流通した欧米文化を自らの文化的経験として内在化させてきたという点で特徴的でもあるだろう。彼らはその文化的経験を基盤としながら表現活動を行う中で、先人たちが探究してきた伝統からの脱却を試み、その一方で自らのアイデンティティを問い直し再び伝統的表現を探求している（福岡 2017）。

彼らはまたメディアを通して文化を摂取し発信することにも長けている世代である。多様なソーシャルメディアを駆使しながら社会の矛盾を指摘する作品を生み出し、トレンドとなるような活動を行ないながら自らの意見を表明している（坂川 2016: 25-36）。海外での留学や研修の経験があるケースも多く、それらの経験を活かしながら前の世代の文化的活動の遺産を継承しつつもそこからの脱却も含めた新たな方向性を模索している人々が現在の東南アジアの文化実践の主要な担い手となりつつある。こうした現状は、本書の第4章における坂川の論考の中でも、ベトナム映画のニュー・ウェイブを担う監督による従来の映画表現の継承と脱却という視点から示されている。

## 5　ポピュラーカルチャー

以下にこの研究におけるポピュラーカルチャーの定義について考えてみたい。東南アジアの文化、特に芸術に関するこれまでの研究蓄積の中ではハイカルチャーの主要なジャンルについて詳細な調査を行いその芸術的特徴を分析的に明らかにすることに主眼が置かれてきた。東南アジアの芸術表現とアイデンティティとの関係に関する論考の中で民族音楽学者のスイベン・タンは、伝統的とされる文化、あるいは特定の地域と結びついた芸術の諸ジャンルが東南アジア芸術研究における従来の対象であったことを指摘する（Tan 2012: 2-3）。国民国家の文化を対象とする学問的伝統の中でも伝統文化や各地域の文化の集積としての国民文化、近代化のプロセスが主要なテーマとされてきた。伝統的な芸術ジャンル、特に王宮文化などと結びついた芸術ジャンルはこうした国家形成の歴史の中でも主要な研究対象とされてきた。タンは特に宮廷文化の伝統と結びついた芸術ジャンルの研究が１９７０年代頃まで続き、民俗芸術やポピュラーアートの研究は１９７０－８０年代頃にようやく始まったと指摘する（Tan 2012: 3）。

また１９８０年代以降に始まったポピュラーカルチャー研究の中では「伝統芸術」として位置づけられるジャンルが欧米文化をはじめとするさまざまな文化的要素とのハイブリッドを経て現代的ジャンルへつながっていく事例が主要な関心事であった。たとえばポピュラー音楽研究においては音楽学者ピーター・マニュエルによるベトナムのカイ・ルオンやヴォン・コ、タイのサーゴーンやルークトゥン、インドネシアのクロンチョンやダンドゥットに関する研究などがその代表的な成果として知られている（マニュエル 1992）。また日本におけるポピュラー音楽の研究と啓蒙活動を牽引してきた中村とようもこれらのポピュラー音楽の考察を行っている（中村 1995）。

一方でいわゆる「伝統的」とされる文化においてもその生産・流通・消費のプロセスの中で大衆性、対抗性、行為遂行性の要素を多く見ることができることも忘れてはならないだろう。さらにさまざまな文化表現が、移民や出稼ぎや観光文化の発展などの影響を受けて地域的枠組みを超え拡散していく現状も見られる。

人類学者ヘルヤントは、従来の文化に関する研究の中では宗教、経済、戦争、汚職などのテーマが重視され文化の「私的」で「ドメスティック」な側面が重要視されてこなかったことを指摘する（Heryanto 2014: 18）。ヘルヤントはインドネシアのポピュラーカルチャーが研究されてこなかった理由として（１）ポピュラーカルチャーの多くは産業化社会の生産物であり、その研究は近年になるまで注目されてこなかった、（２）国民国家建設と近代化が長い間主要な研究テーマであった、（３）男性中心主義の影響によりプライベートでドメスティックな領域についての注目がなされてこなかったことを挙げている（Heryanto 2008: 6-7）。発展途上国の伝統文化とその変化という視点からの研究は注目されたが、産業化社会の産物である各種メディアの研究は近年になって関心が高まっている分野であると言える。ここで指摘されているように公定の文化、いわゆるハイカルチャーを取り巻く変化も含めて、人々が日常的に触れる文化に着目することは、人々の重層的で流動的なアイデンティティのあり方についての考察を行う可能性を広げていくだろう。

ポピュラーカルチャー研究はアイデンティティの諸側面に関わる価値観のせめぎ合いや社会におけるさまざまな格差を主たるテーマとしてカルチュラル・スタディーズの研究分野で発展してきた。ポピュラーカルチャーは「大衆文化」とされることが多く、また「サブカルチャー（下位文化）」と呼ばれることもある。これらの名称はその対立項としてのハイカルチャー（高文化）の存在を想定した名称である。また社会体制や階級格差などに対する文化実践のスタイルとして「対抗文化」や「若者文化」などの視点からとらえられ、それらの名称で呼ばれることも多い。

社会学者の吉見俊哉はカルチュラル・スタディーズにおけるポピュラーカルチャーの位置づけについて以下のように述べている。

> CS（カルチュラル・スタディーズ）が問題化するのは何よりも文化、それもわたしたちが日常的に経験している大衆的《ポピュラー》な文化である（吉見 2001：8）（中略）
>
> CSは、このような状況のもとで、支配や差別の構造を固定化するのではなく、諸々の矛盾を孕んで重層する境界の政治が、テクストをめぐるさまざまな解釈や人々の日常的慣習《ハビトゥス》、日常的コミュニケーションの具体的な場においてどのように織りなされていくのかを明らかにしようとしてきた（吉見 2001：10-11）。
>
> CSの焦点は、知的エリートのための文学作品や思想、芸術的表現ではなく、あきらかにもっと大衆的で通俗的な文化テクストとその受容に置かれている。（中略）
>
> これらはいずれも一種の文化テクストとして生産され、集合的に消費されていくのだが、その担い手は、けっしていわゆる教養豊かな知的エリートではなく（あるいはそうとは限らず）、むしろ今日のグロー

バルな資本主義に巻き込まれている膨大な大衆である。そのような人々によって文化がいかに経験され、またそうした経験のなかで彼らの日常意識とアイデンティティがどう編制されていくのかをCSは問題にする（吉見2001：19）。

ここで述べられているように、ポピュラーカルチャー研究において重要なことは文化の経験を通して日常意識とアイデンティティが編制されていくプロセスに着目することである。カルチュラル・スタディーズが主としていわゆる「ポピュラーカルチャー（大衆文化）」と呼ばれるものを対象としてきた背景には、その定義づけ自体が文化と権力との関係あるいは文化の上位と下位の境界線の政治学を問い直していくという学問的な成立プロセスがある。こうしたカルチュラル・スタディーズの問題関心は多様な価値観をめぐって揺らぎつつある東南アジアの文化表現の生産・流通・消費を考える際に有効な視点を提供する。「ポピュラーカルチャー」とされるものの定義は地域や時代によって異なっている。文化の価値をめぐって多様な議論が見られるのが現在の東南アジアの状況であり、そこでは何が「ポピュラーカルチャー」であるのかという点も論争の焦点である。したがってポピュラーカルチャーをジャンルとして定義するのは難しいだろう。この研究では文化の生産・流通・消費のあり方に着目してポピュラーカルチャーを考察する。

以下に現代東南アジア社会におけるポピュラーカルチャーをいかに設定できるのかということを考えてみたい。インドネシアのポピュラーカルチャーに関する研究の中でヘルヤントは以下のような定義を行っている（Heryanto 2014: 15）。

第1に、ここでのポピュラーカルチャーは商業的な大量生産の音声、画像、メッセージ（音楽、映画、ファッション、テレビなどを含む）の主体（主催者）として理解され、可能な限り多くの消費者に向けて主に娯楽として提示される実践に関連する。つまり、それはトップダウンで利益志向によって消費者としての人々のために供給される産物である。

第2の意味では、非商業的で比較的独立性が高いコミュニケーション実践で、さまざまな手段（公共イベント、パレード、フェスティバル）を用いて流通する実践を承認する。これはしばしば、常にではないが、上記の第1の意味の対立項としてまた別の選択肢となる。それは人々によって創られ流通するポピュラーカルチャーである（Heryanto 2014: 15）。

上記の定義の中で興味深い点は、非商業的実践を商業的なものの対立項あるいはオルターナティヴとして位置づけた点である。特にライブの上演などを含む人々の文化実践をとらえる際にこうした視点は必要である。上記の視点を考慮しつつこの研究の対象について考えてみたい。

上記の第1の定義における商業的に大量生産されて商品として消費されるものとしては、新聞・雑誌、テレビドラマ、映画、ポピュラー音楽、コミック、アニメ、テレビゲーム、などのマス・メディアを通し流通する文化が挙げられてきた。これらは従来のカルチュラル・スタディーズの中で主要な研究対象として言及される（吉見2001:19）。だが商業的に大量生産されて商品として消費されるもの、またマス・メディアを通して流通するもののあり方も時代や社会状況によって変化している。大量生産された「文化」や商品となって消費される「文化」の範囲が変化しつつあるのは近年のインターネットの発展によってメディア環境が変化したことによる影響も大きい。フェイスブックやツイッター、YouTubeなどを通して、画像、音声、文字などに容易にアクセスできるようになっており、受け取った文化テクストの加工も容易になされ急速に広まっていく。こうした状況下ではどこまでが「商品となった文化」であり、どこからが「消費される文化」となるのかという境界が曖昧になっていく状況も見られる。さらに文化の送り手と受け手の境界も曖昧になりつつある。ソーシャルメディアの活用によって文化の受け手とされてきた人々も文化テクストに対する意見交換や批評を比較的容易に行うことができるようになっている。本書の第12章における平田の論考においては、東北タイやラオスで歌い継がれてきたモーラム歌謡が今日ではオンライン・コミュニティにおいて消費され、人々がインターネットを通して批評や情報交換を行う現状が指摘される。

またポピュラーカルチャーに対置されるハイカルチャーあるいは「伝統的」とされる芸術や民俗的な芸術においても、大量生産されマス・メディアを通して次第に商品化されるケースも見られる。たとえばインドネシアの演劇ワヤンは伝統芸術の代表的ジャンルとして広く知られているが、常に人々の人気をつかむためにその時代に合わせたメディアを通して多様な流通と消費が行われてきた[20]。上演の中に体制批判が織り込まれることもあり、またその時代にトレンドとなっている文化的な様式が効果的に提示されてきた。儀礼などの際に演じられる演劇が政党の集会などの政治的な場や観光客向けの舞台において上演され広く流行していく事例も見られる。上演はビデオCD、カセット、DVD、ラジオ、テレビなどのマス・メディア、さらにYouTubeなどインターネットを通しても親しまれる。その上演内容も従来のレパートリーに忠実なものもあれば創作もあり、上演の中で流行歌や流行のテレビ番組の一部が挿入されることも多い。このように一般的にはポピュラーカルチャーに位置づけられないジャンルにおいても「大衆性」や「対抗性」、またメディアを通した発展を見ることができる。

上記のヘルヤントの第2の定義に見られるように文化表現の実践活動に焦点を当てることも必要となる。これらの文化実践には大量生産されず商品化されない場合もあり、一方で社会に広まって何らかの影響力を持つ場合がある。特にこの研究で取り上げる音楽、ダンス、演劇などのライブの上演や、ファッションなどの身体表象を通したパフォーマンスを研究対象とする際にはこうした視点は重要である。ここにはいわゆる「インディーズ」の文化実践も含まれる。これらの文化実践は多くの場合、資本主義システムにおける大量生産・流通・消費とは異なる形で行われる。だが大規模な商業的文化実践とつながりをもつケースも見られる。路上でのパフォーマンス、小劇場での実験的芸術上演、インディペンデント映画の自主上映会、インフォーマルな集会での音楽演奏などは、広い会場で多数の観客を動員する大規模コンサートや社会のエリートに参加が限定される演奏会などとは異なっている

20 ワヤンの多様なメディアを通した大衆化の側面については、拙著（福岡 2016）を参照。

が、人々に影響を与える活動にもつながっていく。本書第5章の鈴木による論考が示すように、インディペンデント映画の映画祭が人々の探求する自画像を通して広く社会に影響を与えていく状況を見ることができる。また第10章の金によるインディーズロックの活動に関する論考も、社会にさまざまな形で影響を与えていくインディーズの活動について記述している。

　インターネットを通した上演が特定の地理的空間に限定されず広く受け入れられていく現象も見られる。インディーズの文化実践は常に大衆文化の対極にあるわけではない。人々によって楽しみのために消費されることもあれば、時にはこれらの文化実践が街づくりや地域コミュニティ再生に役割を果たすケース、また政治的な場に大きな影響を及ぼすケースも見られる。インディーズの文化実践が大規模な商業的流通と関連をもって広まっていくことも見られ、パフォーマンスを通してあるいはマス・メディアを通して広まり消費されていく場合も多い。

　さらに文化表現や身体表象を必ずしも何らかの対抗や主張を行うための強い欲求や目的意識を根底とするものとしてのみとらえずに、文化を人々の日常的な実践として考えていく視点も重要である。[21] 日常的な実践としての文化は社会に対抗するための強い目的意識に常に基づくわけではなく、そこに見られるのはしばしばトレンドや楽しみを希求する人々の意識である。一方でトレンドや楽しみを指向する表現活動が文化表現をめぐる抗争的な場と関連を持つこともある。こうした日常的実践の中で差異や同質性を見出していく人々がどのようにして価値観の揺らぎを体験していくのか、という点を人々の言説や流行現象の分析を通して考えてみたい。

　以上のような点をふまえてここではライブの芸術上演をはじめとする人々の多様な表現活動を含む文化的実践や身体表象を視野に入れつつ、これらが発信され人々に受け入れられていくプロセスに焦点を当てる。雑誌、新聞、書籍、テレビ、映画、各種の音響・画像メディアなどを通して流通する文化表現やメディア表象に加えて音楽・演劇・ダンスの創作・上演活動、コスプレやタトゥーなどを含む身体表象やパフォーマンスについても着目し、これらの表現の生産・流通・消費のプロセスを検討

21 人々の日常的文化実践については吉見による論考を参照（吉見 2001:14-48）。

の対象としたい。そして従来「伝統的」とされてきたジャンルに関してもその「大衆性」や「対抗性」に着目し、また従来ポピュラーカルチャーを代表するジャンルとされてきた映画や音楽に関してもインディーズの手法で制作され上映や上演がなされる現状やメディアを通して流通がなされていく現状を視野に入れていきたい。

## 6　各論考について

この研究の元にある関心は人類学あるいは地域研究の調査の過程で見えてくる人々の文化実践の多様な現状を描くことである。人類学者や地域研究者はフィールド調査の現場で人々の独自の文化に触れるとともに、資本主義的な商業システムの中で流通する文化事象や人々が社会生活を営む中で創られ、広まり、時に論争を引き起こし、社会的インパクトを持つような文化実践の多様な側面を実際に体験する。

ここに見られる論考の数々は、長期にわたって芸術活動や表象文化を調査し現地の人々との対話を重ねることを通して、アイデンティティ形成をめぐる批評や論争を分析し価値観の相克や規範の揺らぎが起こるプロセスに分け入った成果である。文化表現や身体表象が生み出され社会に広まって受け入れられていくプロセスに着目し、人々の文化実践や価値観の葛藤や論争など通して現代東南アジア社会におけるアイデンティティ形成の多様なプロセスをとらえることを目指している。地域的には東南アジアの事例を主とするが、地域横断的なトピックとして東南アジアにおける華人文化の歴史や華人の文化人の活動、東南アジアにおけるインド文化を中心とする南アジアの文化の普及、東南アジアにおける韓国を中心とする東アジア文化の流行などの現象も含めて考察を行う。

以下にこの論文集の論考について概略的に解説し、全体の構成の中に位置づける。

第一部「せめぎあう価値観の中で」においては、文化表現をめぐって人々が多様な価値観と交渉しつつ自らの位置づけを模索し変化させていく状況を取り上げた。社会に根強く偏在する道徳規範、国家による規制、居住地域や世代による価値観の違いをめぐって、人々が文化表現を通して自らを位置づけていく現状を視野に入れた。

平松によるタイ映画、テレビドラマ、CMに見られる報恩の規範に関する論考は、「親孝行」の描き方に焦点を当てて、タイ社会における伝統的な規範がこれらのメディア表現の中に提示される現状を考察したものである。外部の視点から見ると時に社会的規範の強制ともとられがちなこれらの「親孝行」について、映画、テレビドラマ、CM、MVなどを題材にして考察している。この論考で扱われる報恩の規範は、国や行政が人々に押しつける政策とは異なったかたちで、日常的な行動規範や言説や教育などを通して人々に働きかける力の一つの形でもある。そしてメディア表象もまた、この規範を人々に強く印象づける重要な役割を持っている。

盛田によるシンガポール映画に関する論考は、国家の文化統制とその中で多様な表現を希求する映画人たちの模索の現状を取り上げている。この論考では映画の作品分析や監督などの映画人の言説分析を社会歴史的背景も合わせて考察することによって、映画人たちが作品の中で展開している彼らの主張、また国によるメディア規制との「交渉のダイナミズム」を展開する映画人たちの肉声を考察している。筆者は、シンガポール映画についての考察は従来の「抑圧的政策」対「自由を希求する映画人」という二項対立図式ではなく水面化に覆い隠されている政治・経済的背景を含めて体系的に行われる必要がある、と指摘する。この論考は映画産業の歴史を辿るとともに、映画人たちによる規制とのせめぎ合いの現状、また海外との共同制作を本格化させていく新潮流の映画人たちの活動について分析している。これらの考察を通して、分離・独立後50年間の間に物質的豊かさを享受する先進国としてのシンガポールが失ってきた「異論を許容する多様性」の再評価への動きが指摘される。国家による文化規制と人々の多様な価値との絶え間ないせめぎ合いのプロセスが検討されている。

馬場による北タイ農村の文化実践に関する論考は、今日のポピュラー文化が都市と農村の連続性のうえに成り立っており、そこではマス・メディアや地域開発の影響も受けながらグローバルな動きの中に身を置いて伝統文化の見直しが行われていることを指摘している。都市と農村、伝統と現代との二分法的な対立的図式ではなく、両者の連続性の上に見られる人びとの文化実践が取り上げられている。この論考では、グローバル化あるいは都市の文化との連続性を持ちつつ新たな発展を遂げていく北タイ農村部における芸能実践の変化と、地域の将来を担う芸術研究者の活動が分析される。これらの事例を通して、地方の伝統文化、都市文化、グローバル化とのそれぞれをめぐる人々の価値観の揺らぎが見られる状況が指摘される。

坂川論文に見られるベトナム映画に関する論考は、新世代映画人たちの活動に焦点を当て、ベトナム映画に新たな表現と価値観をもたらす新潮流のあり方を考察したものである。坂川は越僑を含む新世代の映画人の作品分析から、旧来の価値観の継承とそうした価値観からの脱却の現状について考察している。1975年生まれの越僑であるヴィクター・ヴー監督の作品に焦点を当てて、戦争、男女関係、故郷の描き方から新しい表現や価値観を考察している。特にリミックス、リメイク、コラボレーションという手法に着目し、新世代映画人の旧来の映画表現の継承の側面を検討している。

第二部「メディアに描かれる自画像」においては、メディアを通して模索される自画像を取り上げた。音楽や映画などを通して、文化表現・表象に対する新たな価値観を生み出そうと試みる人々の姿に焦点を当てた。

鈴木によるフィリピン映画祭シネマラヤの歩みに関する論考では、開催以降10年あまりをむかえる映画祭の現状が分析される。シネマラヤの歩みを辿るとともに、この映画祭において模索されるフィリピンの人々の自画像のあり方の変遷が描かれる。鈴木は、400年近くにわたる植民地時代と1970年代以降の政治的混乱と経済的混迷の歴史の中でフィリピンの人々の中に横たわる自信喪失と自虐について指摘し、そこからの脱却としての「自分探し」はフィリピン人アーティストの根本課題であると位置づける。そして2005年に始まったシネマラヤの設立経緯、フィリピン映画史におけるインディペンデント映画の系譜、創造産業（クリエイティブ・インダストリー）の運動などについての考察を行い、主要な作品に見られる拡張する自画像、フィリピンの自画像におけるミンダナオという地域の描き方、新たな潮流を生み出す監督たちについての記述を通して、12年をむかえたシネマラヤの活動に見られるフィリピンの自画像の揺らぎについて考察している。

小池によるインドネシア映画に関する論考は、宗教間結婚に焦点を当てて宗教特にイスラームが映画の中でいかに表象されているのかを検討した論考である。2000年代以降にインドネシアで人気を博すイスラームを主要なテーマとした映画を取り上げて、イスラーム的価値の大衆化を背景としつつこれらの映画の中で宗教間結婚がどのように描かれているのかという点を考察した論考である。これらの論考の中では監督や製作者の言説分析を検討することによって、映画というメディアが宗教や結婚に関して多くの議論を引き起こす現状も分析される。映画の表現とそれをめぐる議論のプロセスを考察することによって、映画というメディアが閉じられたテクストではなく人々の宗教的な価値観の揺らぎに関与していく現状が指摘される。

山本によるフィリピンのゲイ・コメディに関する論考は、2011年以降フィリピンで興行成績首位を独占しているウェン・デマラス監督、ヴァイス・ガンダ主演のコンビによる作品群に焦点を当てている。ゲイ・コメディ映画は植民地時代の舞台芸能であるコメディアの形式を継承しつつもそうした伝統演劇の価値観からの逸脱も見出されると山本は指摘する。こうした逸脱は特にジェンダー、家族のあり方に顕著に見出される。ゲイが主人公のコメディというユニークな設定を持つだけでなく、これらの作品群は、夫婦がこどもを育て世代を継承するという従来の異性間結婚を基盤とする家族観に対する疑義を提示する。ここで描かれる家族のあり方は、人々が活躍する場を守り発展させるという共通の目的のために力を合わせ同志としての結びつきを重視しているという点で特徴的である。山本はこの作品群のヒットの背景には、家族を養うために家族と離れて都会や海外で働く人々の苦労が当該家族に十分に受け止められていないという思いと重なっている可能性を指摘する。この論考は、植民地時代の演劇の表現形態を踏襲しつつも「伝統的」とされるジェンダー観や家族観からの逸脱を描く映画が人々に受け入れられていく現状を、現在のフィリピン社会が抱える出稼ぎや家族とのつながりの問題を背景に置きつつ論じている。変容しつつある人々のジェンダーや家族に関する価値観の交錯した状況を描きだしていると言えるだろう。

福岡（正）によるインドネシアのスンダ（西ジャワ）地方の音楽に関する論考は、1930年代以降に登場したラジオとレコードというメディアに焦点を当てたものである。これらのメディアの発展とともに形成されたスンダ音楽における「近代modern」の概念に着目し、メディアの誕生とともに音楽の世界にどのような変化が見られたのかを明らかにしている。ラジオとその放送に重要な素材を提供したレコードの発展によって、放送プログラムを構成するための新たな音楽ジャンルが生み出され、それらは商業的流通においても、また唱歌を通して学校教育の中でも共有されていった。メディアの発展によってさまざまな社会活動の中で人々が同じ音楽を共有するという状況が生み出され、そこでは従来の伝統的な価値観からの離脱による娯楽への傾斜の現象が見られることをこの論考は指摘する。

第三部「近代化・グローバル化社会における文化実践」においては、植民地化や国民国家の成立、資本主義の影響などを背景としたメディアの発展や社会の変化、進みつつある情報のグローバル化に焦点を当てた。また文化が地域的枠組みを越えて拡散していく状況にも着目し、人々の文化実践の多様化について考察した。

井上によるミャンマー歌謡のメディアを通した発展に関する論考は、1900年から1970年代後半にかけてミャンマーで発展したレコード産業と、「カーラボー」と呼ばれるポピュラー歌謡のジャンルが生まれたプロセスを辿ったものである。レコード産業は流行歌謡を生み出し新たな聴衆を獲得するとともに、映画歌謡、ラジオ放送とも結びつき流行歌謡を広範に普及させていった。レコード産業が新たな音楽ジャンルを生み出し、当時の音楽家たちの活動に影響を与えて、多くの聴衆を獲得していったプロセスが歴史資料の詳細な分析から描き出される。

金によるインドネシアのインディーズロックに関する論考は、1990年代をインディーズの以前・以後と位置付け、インドネシアにおけるポピュラー音楽の構造的変容を、1970年代から2010年代を射程に論じたものである。金は、1990年代のインディーズ音楽は、①1970年代ロック対ダンドゥットの社会的分断、②1980年代におけるポピュラー音楽の大衆消費志向・商業主義化を乗り越えるかたちで台頭してきたとする。1990年代のインディーズ第一世代による非商業主義と反体制的なアンダーグラウンド音楽に加えて、2000年代のインディーズ・レーベルなどの制度化は第二世代の成功物語を創出し、2010年代の成熟へと至る過程を描く。

津村によるタイのルークテープ人形の流行現象に関する論考は、人形とそのイメージのメディアによる流布を通して宗教のハイブリッド化のプロセスと人々の消費活動と密接に結びつく宗教実践のあり方を論じたものである。津村は宗教の領域における「商品化」、タイ仏教の「ハイブリッド化」の議論を踏まえつつ、伝統的な要素の再解釈が連続的に繰り返されるプロセスの中で宗教文化の新しいかたちが生成されることを指摘する。こうしたプロセスをルークテープと呼ばれる天使の人形の流行現象とそれをめぐる人々の議論についてマス・メディアの報道を追いながら分析し、「商品化」や「世俗化」にとどまらず、宗教的価値観をめぐる転換や人々の価値観の揺らぎが見出される状況を分析する。

平田は、文化のフローとして地域芸能を捉える視覚でタイとラオスの二国間で歌い継がれてきた芸能モーラムに注目する。モーラム歌謡の担い手たちが商品化の過程を通して旋律や民族表象を戦略的に利用していることや、グローバル状況下において、村落社会や国民国家の枠組みを越えて、オンライン・コミュニティへとモーラム歌謡が脱領域化している状況を描写する。その上で、そこに集まる人々がタイやラオスだけでなく、むしろ既に国外に居住するディアスポラの人々をも含みながら、グローバル化の状況のもとで、歌謡の旋律や民族性に関わるローカリティが再び浮上してくる消費や流通の環流を考察する。

竹下によるインドネシアにおける野外映画上映の流行に関する論考は、インドネシアで１９５０年代以降に行われていた野外映画上映会が近年再び流行している現象を描いている。結婚式や割礼などの祝い事、地域コミュニティの親睦行事、選挙活動や商業的イベントなどにおいて空地や広場に多人数を集客することで実施されてきた野外映画上映は、映画館のない村落や都市部低所得層の居住区を中心に行われ、無料で楽しめる庶民の娯楽であった。この論考は、その社会史を辿るとともに近年みられるリバイバルの動きを紐解いていく。大規模なシネコンやメディアの発展によって映画を個人的に楽しむことが一般化している現代において、野外映画上映会は近年ふたたび流行している。昔の映画を楽しみながら記憶を共有し、ファッションや持ち物を見せ合いながら自らの消費活動を通した文化的アイデンティティを表現し、人々との新たなつながりを築いていく現状が分析される。時間と空間が絶えず流動するデジタル化の時代における、人々の対面的コミュニケーションへの志向性とリアルな「場」の持つ力についての考察がなされている。

以上のような論考に加えて、各部分のテーマをより補足し、また発展性をもたせるために多くのコラムを掲載した。各メンバーがフィールドで体験したユニークな現象や、今後の研究のアイデアとして想定するトピックなどを中心にコラムを執筆している。さらにジャカルタの音楽業界に精通した丸橋氏による音源メディア販売店の訪問記も掲載した。

本書の記述を通して見えてくるものは、多様な価値観と向き合いつつ社会における自らの位置づけを模索し続ける東南アジアの人々の姿である。そしてその姿からは、文化的表現が社会におけるさまざまな問題と決して無関係ではないということが示される。人々が日常的に経験する文化は、生活の中に深く入り込み、価値観や思想に多大な影響を与え、社会における多様な論争に何らかの展望やカタルシスをもたらすものでもある。
東南アジアの人々に対して多くの人々が抱くイメージは、自然と共存し伝統文化を守り深い信仰心に支えられた生活をする人々というものが一般的かもしれない。だがその一方で東南アジアの人々はまた、メディアを駆使し、物質文化を謳歌し、論争に参加し、多様な面で創造性を発揮していく人々でもある。文化の持つ力がどのように、人々に、社会に、そして世界に影響を及ぼしていくのかという問題に、現代東南アジアのポピュラーカルチャーをめぐる研究は一つの鮮明なイメージをもたらしてくれるのではないだろうか。

**引用文献**


Aartsen, Josscy
2011 Film World Indonesia: The Rise after Fall. M.A. Thesis in University of Utrecht.
アンダーソン、ベネディクト
1987『想像の共同体　ナショナリズムの起源と流行』白石隆、白石さや訳、リブロポート。
青山亨
2014「世界宗教の地域性――東南アジアのイスラーム」『東南アジアを知るための50章』今井昭夫（編集代表）、東京外国語大学東南アジア課程（編）、pp. 158-164、世界思想社。
Appadurai. Arjun
1996 *Modernity at Large: Cultural Dimensions of Globalization.* University of Minnesota Press.
アストゥティ、メタ
2013「Column インドネシアにおけるフェイブック現象」『消費するインドネシア』倉沢愛

子編著、pp. 196-204、慶應義塾大学出版会。
Boellstorff, Tom
2004 The Emergence of Political Homophobia in Indonesia: Masculinity and National Belonging. *Ethnos* 69 (4): 465-486.
Effendi, Tonny Dian
2012 K-pop and J-pop Influences to University Students in Malang, East Java-Indonesia: A Comparative Public Diplomacy Studies. *Andalas Journal of International Studies*. 1 (2): 182-198.
Eriksen, Thomas Hylland
2015 *Small Places, Large Issues: An Introduction on Social and Cultural Anthropology*. Pluto Press.
福岡まどか
２０１４『性を超えるダンサー　ディディ・ニニ・トウォ』めこん。
２０１６「映画」におけるジェンダー・セクシュアリティの表象を考える――インドネシアの２０００年以降の作品を事例として」『大阪大学大学院人間科学研究科紀要』42:19-42。
２０１６『ジャワの芸能ワヤン――その物語世界』スタイルノート。
２０１７「インドネシアの現代舞踊におけるアイデンティティの模索」『大阪大学大学院人間科学研究科紀要』43: 141-160。
Heider, Karl G.
1991 *Indonesian Cinema: National Culture on Screen*. University of Hawaii Press.
Heryanto, Ariel
2008 Pop Culture and Competing Identities. In *Popular Culture in Indonesia: Fluid Identities in Post-Authoritarian Politics*. Ariel Heryanto (ed.), pp. 1-36. Routledge.

2014 *Identity and Pleasure: The Politics of Indonesian Screen Culture*. NUS Press in association with Kyoto University Press.

ホール、スチュアート

２００１「誰がアイデンティティを必要とするのか?」宇波彰訳、『カルチュラル・アイデンティティの諸問題　誰がアイデンティティを必要とするのか?』スチュアート・ホール、ポール・ドゥ・ゲイ（編）、宇波彰、柿沼敏江、佐復秀樹、林完枝、松畑強訳、pp. 1-35、大村書店。

Hooker, V. M. and D. Howard

1995 (1993) Introduction. In *Culture and Society in New Order Indonesia*. V. M. Hooker (ed.), pp.1-23. Oxford University Press.

岩崎稔

２０１１「本書を編むにあたって」『カルチュラル・スタディーズで読み解くアジア』岩崎稔、陳光興、吉見俊哉（編）、pp. 8-15、せりか書房。

Inda, Jonathan Xavier and Renato Rosaldo

2002 Introducton: A World in Motion. In *The Anthropology of Globalization: A Reader*. J.X. Inda and R. Rosaldo (eds.) pp.1-34. Blackwell publishers.

Kartomi, Margaret J.

1995 "Traditional Music Weeps" and Other Themes in the Discourse on Music, Dance and Theatre of Indonesia, Malaysia and Thailand. *Journal of Southeast Asian Studies* 26 (2):366-400.

加藤剛

１９９６「『多様性の中の統一』への道――多民族国家」『暮らしがわかるアジア読本　インドネシア』宮崎恒二、山下晋司、伊藤眞（編）、pp. 25-34、河出書房新社。

２００４「序　民族・宗教・文化の動態的理解を目指して――東南アジアのフィールドから」『変

容する東南アジア社会——民族・宗教・文化の動態』加藤剛（編）、pp. 7-18、めこん。
Larkin, Brian
2002 Indian Films and Nigerian Lovers: Media and the Creation of Parallel Modernities. In *The Anthropology of Globalization: A Reader.* J. X. Inda and R. Rosaldo (eds.), pp. 350-378. Blackwell publishers.
倉沢愛子
２００６『インドネシア　イスラームの覚醒』洋泉社。
倉沢愛子（編著）
２０１３『消費するインドネシア』慶応義塾大学出版会。
Lindsay, Jennifer
2011 Media and Morality: Pornography Post Suharto. In *Politics and the Media in Twenty-first Century Indonesia: Decade of Democracy.* Krishna Sen and David T. Hill (eds.), pp.172-195. Routledge.
マニュエル、ピーター
１９９２『非西欧世界のポピュラー音楽』中村とうよう訳、ミュージックマガジン。
見市建
２００６「イスラームの商品化とメディア」『ジャカルタのいまを読む』（アジア遊学90）、pp. 117-127、勉誠出版。
三尾裕子、床呂郁哉（編）
２０１２『グローバリゼーションズ——人類学、歴史学、地域研究の現場から』弘文堂。
中谷文美
２００７「国家が規定するジェンダー役割とローカルな実践——インドネシア」『ジェンダー人

類学を読む――地域別・テーマ別基本文献レヴュー』宇多川妙子、中谷文美（編）、pp. 20-46、世界思想社。
中村とうよう
1995『大衆音楽の真実』ミュージックマガジン。
Oetomo, Dede
1996 Gender and Sexual Orientation in Indonesia. In *Fantasizing the Feminine in Indonesia.* Laurie J. Sears (ed.), pp. 259-269, Duke University Press.
坂川直也
2016「サイゴン新世代がつくる『英雄』たち――現代ベトナムにおけるヒーローアクション映画をめぐって」『たたかうヒロイン――混成アジア映画研究2015』山本博之・篠崎香織（編著）、pp. 25-36 京都大学地域研究統合情報センター。
関本照夫
1994「影絵芝居と国民社会の伝統」『国民文化が生まれる時』関本照夫・船曳健夫編、pp. 68-93、リブロポート。
1999「『伝統文化』概念が周縁化するもの――現代インドネシアの文化状況」『〈総合的地域研究〉を求めて――東南アジア像を手がかりに』坪内良博（編）、pp. 135-161、京都大学出版会。
Sen, Krishna and David T. Hill
2007 *Media, Culture and Politics in Indonesia.* Equinox publishing.
Sen, Krishna
2011 Introduction: Re-forming Media in Indonesia's Transition to Democracy. In *Politics and the Media in Twenty-first Century Indonesia.* Krishna Sen and David T. Hill (eds.), pp. 1-12. Routledge.

清水展
２０１３『草の根グローバリゼーション――世界遺産棚田村の文化実践と生活戦略』京都大学学術出版会。
篠崎香織
２０１３「(シンガポール)『成功』を支えるさまざまな思いを掬い採る」『地域研究』13(2): 323-329
Steger, Manfred B.
2009 *Globalization: A Very Short Introduction*. Oxford University Press.
Sutton, R. Anderson
1991 *Traditions of Gamelan Music in Java: Musical Pluralism and Regional Identity*. Cambridge University Press.
田子内進
２０１２『インドネシアのポピュラー音楽　ダンドゥットの歴史――模倣から創造へ』福村出版。
Tan, Sooi Beng
2012 Introduction: Representations in the Creative Arts in Southeast Asia, Negotiating Meanings and Identities. *Wacana Seni Journal of Arts Discourse* 11: 1-17.
土屋健治
１９８６「『ジャワ』から『インドネシア』へ――インドネシア・ナショナリズム再論」『東南アジア世界の構造と変容』(東南アジア研究叢書20)石井米雄(編)、pp. 247-280、創文社。
１９８８「インドネシアの社会統合――フロンティア空間についての覚え書き」『アジアにおける国民統合：歴史・文化・国際関係』平野健一郎、山影進、岡部達味、土屋健治、pp. 143-188、東京大学出版会。
鶴見良行、山口文憲

１９８６『越境する東南アジア』平凡社。
山本博之
２０１３「混成アジア映画の海——時代と世界を映す鏡」『地域研究』13(2): 8-22。
山下博司、岡光信子
２０１０『アジアのハリウッド　グローバリゼーションとインド映画』東京堂出版。
Yampolsky, Philip
1989 "Hati Yang Luka", An Indonesian Hit. *Indonesia* (47): 1-17.
Yang, Mayfair Mei-hui
2002 Mass Media and Transnational Subjectivity in Shanghai: Notes on (Re)cosmopolitanism in a Chinese Metropolis. In *The Anthropology of Globalization: A Reader*. J.X. Inda and R. Rosaldo (eds.) pp.325-349. Blackwell publishers.
吉見俊哉
２００１「カルチュラル・スタディーズは大衆文化《ポピュラー・カルチャー》を語る」『知の教科書　カルチュラル・スタディーズ』吉見俊哉（編）、pp. 14-50、講談社選書メチエ。
Young, Ken
1999 Consumption, Social Differentiation and Self-definition of the New Rich in Industrializing Southeast Asia. In *Culture and Privilege in Capitalist Asia*. M. Pinches (ed.), pp. 56-85. Routledge.

# 第1部

# せめぎあう価値観の中で

# 第1章　タイ映画・テレビドラマ・CM・MVにみる報恩の規範

## ――美徳か抑圧か、「親孝行」という名のもとに

平松秀樹

### 1. はじめに

タイ社会を研究すればするほど、あるいは映画やテレビドラマに触れれば触れるほど、タイの社会では「報恩」とくに「親孝行」という徳目が最高善（summum bonum）の一つでないかと、筆者は考えるようになった。

田舎の娘はたとえ親に売られて売春しなければならない境遇に陥っても、親を敬う気持ちは廃れず、毎月給料の一部を送金するものも多い。逆に、金持ちは徹底的に子供を甘やかす場合があり、親から金をねだるだけの都会のどら息子・娘もいるが、そんなどら息子でも、親に向かって「くそばばあ、くそじじい」などとは通常いわない。親を敬う気持ちは、日本の何十倍も強いように思われるが、そうした社会の基底には親（親戚等の年長者を含む）に従順であるべきという規範があるのであろう。同

時に、親を敬わないことは、社会の規範を大きく逸脱することに等しいともいえる。タイも高齢化社会へと進んでいるといわれるが、はたして我が国のように子が親を見捨て老人を蔑ろにする時代が来るのだろうか。いまのところ、バスや電車などでは飛び退いて自分の席を老人にゆずる社会ではあるが。

逆に、子にとっては、親から「親不孝（アガタンユー）」[1]（ここでは儒教的な概念ではなく、きわめて仏教的な徳目）と言われるのが、一番辛い。「この親不孝もの。親不孝でいたくないなら、ぼーっとせず酒をもってこい」と病気でアルコール中毒の母親に言われて、悩んだあげく泥棒してでも酒を用達する子供を、社会は一方的に責めないであろう（あるテレビドラマの一場面）。また、テレビドラマや映画では、ゲイに生まれてきたことを周りには打ち明けても、最後に「親不孝な子」として親に打ち明けなければならない瞬間が一番つらいものとして描かれる。

一方、親子の絆は非常に強く、成長した大人の息子が母親に抱擁したり、娘が父親の頬にキスするシーンも、日常的に違和感なくみられる。また、子にとっては他人に親の悪口をいわれるのが、最大級の侮蔑である。「ポー・ムン・ターイ」「メー・ムン・ターイ」（直訳：おまえのおやじ・死ぬ（死んだ）、おまえのおかん・死ぬ（死んだ））は相手が激怒する汚い罵り言葉である。ある西洋人に対して怒ったタイの若者が、'Your father is dead!'と罵倒したら、その年配の西洋人は、'Yes, my father has long been dead.'といって、侮蔑の意味がわからず平然としていたという笑い話もある。

写真１　『父母のご恩』
（プラ・ラーチャタンマワーティー著）表紙

以前、バンコクのある名刹寺院で行ったアンケートでは、[2]出家の動機として、親孝行のため（報恩）、かつ、プミポン国王へのた

1「ガタンユー」กตัญญู（Kataññū）は、報恩とくには親孝行を指す言葉。「アガタンユー」อกตัญญู（Akataññū）はその逆で、恩知らず、親不孝となる。両者ともパーリ語であるが、タイ語としても一般に使われる。

2 知人である毎日新聞社記者の棚部秀行氏の短期出家に筆者も同行した（２０１５年３月の約２週間）。棚部氏の僧院生活の模様は、毎日新聞大阪夕刊版の記事「タイ出家日記」（２０１５年６月～２０１６年５月）でうかがえる。

め（病気快癒、功徳の回向。子としての国民から父としての国王への報恩が強調される）という回答が、ほぼすべてであった。同寺院でまだ若いあるお坊さんが、出家前は、結構やんちゃをする不良息子だったが、得度後はパーリ語九段という最高峰の試験に合格して僧侶としての高位尊称もいただき、母親が近所の人々に称揚されて喜んでくれて、親孝行できたのが一番うれしい、と新米僧のための授業で語っていた。映画を地で行くような話である。

こうした「親孝行」は、このお坊さんの場合はあくまで自発的なものであったが、半ば社会の規範の強制とも外国人には映る事例もある。本章では、こういった報恩、親孝行の諸相が、映画、テレビドラマ、ＣＭ、ＭＶではどのように描かれているか、具体的な作品に沿ってみていきたい。[3]

## 2. テレビドラマ、ＣＭ・ＭＶにみる「ガタンユー」[4]（「報恩」「親孝行」）

『トーン・ヌア・ガオ～純金～』

まず、先に少し触れたテレビドラマ『トーン・ヌア・ガオ～純金～』[5]（邦題）について考察してみよう。アル中の母親と、善良な息子の話で、男の子は二度出家する。この作品は、タイ本国でも最優秀ドラマ賞を獲得したほか、日本の「東京ドラマアウォード２０１４」で海外ドラマ特別賞を受賞している。ただし日本で放映はされていない。原作は、ＳＥＡＴＯ文学賞を受賞（１９６９年度）している著名な女性作家ボータンであり、邦訳出版されている『タイからの手紙』（勁草書房）もタイ社会を上手く描いているとの定評を得ている。またチャンネル３のゴールデンタイムに放映されるドラマは概ね人気が高く、ヒット作が多い。その時間はバンコクの小さなレストランや美容店などでは人々がテレビにかじりついて鑑賞している様子がよく目撃される。[6] あるサイトによれば本作品は、２０１３年

3 81ページ参照。

4 仏教用語としての正確さをもっていえば「ガタンユー・ガタウェーティー」กตัญญูกตเวทีで、前者は恩を知る人、後者は恩に報いる人を指す。一般的には「ガタンユー」にその両者の意味を包含させて使用する。

5 原題：ทองเนื้อเก้า、２０１３年、ch３。原題は『トーン・ヌア・ガオ』で、まさしく「純金」の意味。『トーン・ヌア・ガオ～純金～』は東京ドラマアウォード受賞時の邦題。

6 81ページ参照。

写真1　『トーン・ヌア・ガオ』

放映のテレビドラマの中での最高視聴率20・6%を獲得している。[7] CMと並んで、こうしたテレビドラマの一般への影響力は非常に強いといえる。[8]

このテレビドラマで特徴的なのは何といっても主人公の女性である。不運な人生ではあるが、存在が「かっ飛んで」いる。タイ社会から浮き上がっているのである。息子が少年僧(沙弥)として出家する得度式でも、家族の無病息災を祈るわけでもなく、息子の将来の繁栄の祈願でもなく、「ヘン、ヘン、ヘン(興、興、興)」と自分が賭博などで金が儲かることを願う。彼女にとって興味があるのは、アルコールと賭博と金である。妊娠中も酒は止めようとせず、アル中になって心身を壊し始めても、反省するどころかわがままが加速していく。清純派ではあるが悪女あるいは日本風に言うと「毒婦」役がうまい人気女優が、本作でも名演技を披露している。そんな母親に似つかわしくない、(最初の)夫に似たのか真面目な息子は、次々と違う男性たちとの間にできた妹弟たちの面倒をしっかりとよくみる万事に気が利く出来のいい子である。しかし、男の子が母の理不尽な言いつけにことごとく従がっているのをみて、妻に耐え切れずに別れた夫の両親(男の子の父方祖父母)は、孫が心配で気が気ではないが、元「嫁」が怖くて口出しできない。黙って見守りながらも、可能な限り必要に応じて援助している。先ほど紹介したサイトの解説に「純金は溶かしても、その価値と輝きを失わない。同様に、意志の固い人は、どん

7 放映期間は2013年10月8日〜11月25日、時間は毎週月曜・火曜20時25分〜22時30分で全14回(「タイランドハイパーリンクス」参照)。筆者もその一時期バンコクに滞在しており、一部をリアルタイムでみた。のちDVDを購入し全話視聴完了した。

8 2016年もch3のあるドラマがヒットした(นาคี『竜女』または『蛇女王』)、以前は殆ど無名であったドラマの舞台であるウドンタニーの遺跡に詣でるツアーが大量に発生し、新たな観光スポットとして賑わっている。

な試練にも耐えられる」とあるが、この息子のことである。息子は父親側の祖父の遺言で沙弥として第一回目の出家をする。しかし、ほどなくして病の悪化した母の面倒をみるために還俗する。そして二回目は、皆の心配をよそに誰の言うことにも耳を貸さず死んでしまった母に、徳を捧げるために再度出家し修行に励み、インドの仏教聖地にまで出かけていく。[9]

さらに先述のサイトには、「実母から十分な愛情を受けることなく過酷な幼少時代を送ったにもかかわらず、純粋で美しい慈しみの心を持ち続けたワンチャラムは、後にアメリカに留学。その地で生涯の伴侶となる同郷の女性との運命的な出会いをする」[10]との梗概《こうがい》が載せられている。映画と違い、テレビ番組は概ね最後はハッピーエンドとなることが多いが、この場合は親孝行、報恩をした結果ということであろうか。少なくともタイの人々の一般的な解釈ではそうなるであろう。親孝行は善徳である。積徳をすれば、来世はもちろん、今生においてもよき果を結ぶ。いや結んでほしい、いな結ばなければいけない。少なくとも映像媒体上ではそう期待される。特にテレビドラマではそうである。俗にいう「善行善果・悪行悪果」[11]であろう。テレビドラマには、その善行の果報は来世まで待ちきれない、今生で幸せを掴まなければいけないという視聴者の声が、スポンサーを通して届いているだろう。

じっと座っているしかない映画館での映画鑑賞とは異なり、つまらなければすぐにでもチャンネルを変えられることを恐れ通常過度の演出がなされる傾向があるテレビドラマでは、女性同士が男を取り合い派手な喧嘩などをするシーンなどが好まれる。[12]日本のテレビドラマ的な辛気臭い話をあまり好まないタイの視聴者にとって、[13]『トーン・ヌア・ガオ〜純金〜』の主人公女性の性格の派手さは、格好のキャラクターであろう。とはいえ、この女性は最後は死ななければならない。夫の両親に悪態をつくなどタイ社会での「離れ技」をいとも簡単にする彼女が、そのまま生き続けてはいけないのである。自分の親、夫の親に暴言を吐き、そしてわが子に暴力を振るうこの女性主人公が生きて幸せになっては、都合が悪い。少なくとも、特にテレビドラマでは視聴者は納得しないであろう。対極的に、どんなに親に罵られ、暴力を振るわれようと、息子は親孝行の心を決して忘れることはないのである。

9 タイの人は、出家在家を問わず、インドでの仏陀の足跡を巡ることを好む。筆者もタイ人のお坊さんや在家の人たちと八大聖地の巡礼に出かけたことがある。二週間ほどであったが、お坊さんはいうまでもなく、在家の人たちも長距離バスでの移動中もずっと朝の4時からお経を唱えたり、日々八戒を守るなど、極めて真面目な旅であった。まして期間中、坊さんが「般若湯」を呑む日本からの巡礼ツアーと異なり、酒など口にする者のいないのはいうまでもない。

10 ただし、ワンチャラムはワンチャルームとする方が原語の発音に近い表記である。

11 本来的には、「善行楽果・悪行苦果」で、よいことをすれば即物的な結果はともあれ、こころが楽(スック)に満たされ、逆は苦(トック)が満ちるのである。

12 81ページ参照。

13 81ページ参照。

『トーン・ヌア・ガオ～純金～』では主として少年と若い母親の関係であったが、青年となった息子とやや年老いた母親の関係を探るための、よい一例を提示するテレビドラマがある。

**『ラック・クン・タオファー』**

『ラック・クン・タオファー』[14]とは「君（クン）を空のように限りなく愛する」という意味だが、そこからの予想は、見事に裏切られる。最後にタイトルが「ラック・クン（メー）・タオファー」と変わるのである。「クン」は君だが、「クン・メー」だとお母さんとなる。空の如く限りなく愛するのは、彼女やフィアンセの女性ではなく、母なのである。主人公パイロットの4名の彼女やフィアンセがことごとく、男性の母親による直接間接の妨害や男性の母親の入院などにより去っていくこととなる。

タイ社会の価値観ではというと表現が大きくなり過ぎるかもしれないが、筆者がタイの人々に接する範囲では、彼女を取るか親を取るかという最後の決断を迫られれば、まずもって親を取るであろう。彼を取るか親を取るかの選択でも同様である。相手が単なるガールフレンドやボーイフレンドではなく、正式に結婚した妻や夫であっても事情は同じであろう。親の意思に逆らうことで、意図はなくても結果的に親を苦しめ不幸に追い込む「親不孝」は、子にとっては最も貼られたくない不本意なレッテルである。そこから親に逆らう「反逆」という行動に至るハードルは高い。ドラマ『ラック・クン・タオファー』の主人公のような態度を取る男性は、なにも絵空事の中だけに住んでいるのではない。日本だと、かつて流行ったテレビドラマの登場人物「冬彦さん」のように極度のマザコンと揶揄されそうだが、母を最も愛するのはタイでは決して否定すべきことではない。老いたる母や病気がちの母ならなおさらである。

14 原題：รักคุณเท่าฟ้า、2012年、ch3。『ラック・クン・タオファー』はタイ国際航空のキャッチコピーでもある。ちなみに、同社は英語のキャッチコピーには'smooth as silk'を使っている。

『ナーン・シップソーン』『プラロット メーリー』

別の例を挙げよう。民話「12人姉妹」は主に東南アジア大陸部に伝わる伝承であるが、タイでは、『ナーン・シップソーン』(12人の女性)あるいは『プラロット メーリー』(プラロットとメーリー)[15]として人々に広く知られている。物語の前半に焦点をあてれば前者、後半に焦点をあてれば後者のタイトルとなるが、同一の話である。現在に至るまでタイでは『12人姉妹』は映画、テレビドラマ、アニメ、シット・コム、MV、はたまたリケー(下町芝居)など多岐にわたり再生産され続けている。

12姉妹は困窮した元長者の両親に捨てられ森を彷徨っていたとき、姿を変えた女夜叉に出逢い養女として大切に育てられる。ある時12姉妹は夜叉の正体を知り逃亡するが、途中で運よく王様に見出され全員その妻となる。12姉妹は捨てられたとはいうものの、実の親への恩を忘れず、恩返しとして親元に財宝を届けさす。しかし、わが子同然に大切に接してきたにもかかわらず、逃げだし恩を裏切ったことに怒った女夜叉の策略で、12姉妹は洞窟に閉じ込められ目玉を抉り取られる。12姉妹は洞窟で生まれてきた自分たちの子をひもじさのあまり次々に食べるが、末娘の子だけは助かる。成長した末娘の息子プラロットは再び女夜叉の策略で夜叉国に出立するが、そこでメーリー王女に出逢い恋におち結婚しロマンスの日々を送る。あるときプラロットは保管されている母や伯母たちの目玉とそれを治癒する薬を発見する。王子プラロットは薬等々を盗み、妻を捨て、天翔ける馬で親元に還るのである。その際、

写真2 『プラロット メーリー』(1981) VCDジャケット

15 原題:นางสิบสอง または พระรถ เมรี。テレビドラマとしては、近年でもThaiTV(2015)やch7(2001)などで複数回放映されている。2017年も『プラロット メーリー2017』というタイトルでch3のシット・コムとして放映されている。また、日本に映画留学し円谷英二のもとで学んだソムポート・セーンドゥアンチャイ率いる、チャイヨー・映画(プロダクション)製作の特撮映画『プラロット メーリー』(1981)などといったものもある。この映画ではトランスジェンダーの夜叉が活躍するといった様々な独創がなされている。また、直近でもテレビドラマの歌のMVが単独で流行り(歌手:กระแต - กระต่าย อาร์สยาม (Kratae - Kratay R siam))、そのダンスを学生がカバーして新入生歓迎会などの催しで披露するのが流行したりした(平松 2018参照)。

日本民話にある、あとを追ってくる山姥に投げつける「三枚のお札」のように、様々な秘薬（または魔法の木の実）を妻に投げつけ傷つける。

母親や伯母たちを救うためとはいえ、薄情な夫である。妻メーリーは夫に従順で、夫に尽くし、「妻の鑑」といってもいいくらいであった。主人公王子は母や伯母を助けたあと、再びメーリーのところへ戻ってみるが、悲しみの余り既に死んでいる。[16] 王子がとった行動、すなわち妻より母を選ぶ行為はどう解釈すべきであろう。少なくとも筆者には大変不義理で、許しがたい行為にも映る。しかし、タイ人ならば、不満は覚えても、母を助ける王子の決断・選択を真っ向から非難する人はいないかもしれない。さきの『トーン・ヌア・ガオ〜純金〜』での、母のために泥棒してでも酒を調達してくる息子の行動を一方的に非難する者がいないのと同じである。いや非難の声を挙げたい者はいるかもしれないが、国外居住の覚悟がない限りその勇気は今のところ表へは出せないだろう。そうした意思表明に対して決してセンサー（検閲）や社会的な罰が課されるわけではない。しかしながら、親の恩は、万人の口を噤ますほど、偉大なのである。[17]

こうした報恩の価値観が親に対して向けられるのは当然であるが、その対象は決して両親や親族の年長者だけではなく。恩を受けた他の人にも向けられる事例を示そう。

CMおよびMV

ある会社のCM[18]を紹介したい。貧しい子供が病を患う母親のために仕方なく薬を泥棒する。捕まってひどい目にあうところだったが、近くで小さなごはん屋（カーオ・ラオ店）を営む男性がそれを見かけ、代わりに薬代を払ってくれる。しかもその少年に店のご飯を持たせてやる。その後30年の長い年月が過ぎた。その店主は自分もそれほど裕福ではないはずなのに日ごろから物乞いに食べ物の施しを与えるなど善行を行っていたが、仕事中に昏倒し、即入院する。命は助かった様子だが、重篤な状

16 後を追う妻メーリーに秘薬を投げつけた際に殺してしまうバージョンも存在する。

17 女夜叉もレッキとした養母であり、愛情さえも注いでくれている。その愛情に対する忘恩は禁忌の筈だが、それを簡単に裏切るのは、「夜叉」という理由によるものか。

18 True Corporation傘下のThru Move Hという携帯電話会社のCM "Giving"

態は続き治療費が驚くほど高額になる。娘はお金を用意できず途方に暮れ、父親の店を売りに出す。しかし、病院の特別室のベッドで寝ている父親の横で彼女が目を覚ますと、治療代0バーツと記された請求書が置かれていた。そこには「30年前に支払い済み」と書かれていた。

子どもの頃に助けてもらった恩をずっと忘れず、大人になって医者になり、病に倒れたその人の高額な治療費を陰ながら支払う話である。泣かせるCMとして海外でも有名になっている。医者は地方での医療ボランティアなどの人助けも行っていることが、机に置いた写真からうかがわれる。短い時間で描かれた、美しい報恩の話である。短くはあるが、映画一本分くらいの価値があるかもしれない。タイでは才能のある若手がCM作品などで活躍し、のち優秀な映画監督になることも珍しくなく、一般にCM作品には質の高いものが多い。

親子の関係のテーマに戻るが、さらにMVを一つ紹介したい。メタル・バンドのMV[19]で、親不孝もするが、最後に後悔して改心する姿が描かれる。母が亡くなり（自殺）、娘がぐれて不良の仲間と付き合い始める。娘は母の死の原因は父親にあると考え不満を持ち反発する。逆に、自分を受け入れてくれる不良と距離を縮めていく。孤独感から不良の一人と体の関係をもった高校生の娘は、処女を捧げたのにその男には他に女がいたことがわかり、絶望する。父ともうまくいかず男性にも裏切られた彼女は、追い詰められ自殺を決意する。母と同じ場所で飛び降り自殺をしようとしたまさにその時、父親が現れる。父は妻の姿に重なった娘を今度は何とか引き留めて助ける。妻の時にはできなかったのである。

歌詞から暗示されるのは、娘は助けられた父親の腕のなかで、幼いころから父親より受けてきた愛情を回想し、いままでの行為を反省し、父に対するこころのわだかまりがとれていく。そして、父親が自分の人生の中で最もかけがえのないものであり、以後たとえ父のもとを離れることがあっても、決してその恩を忘れず、孝心（チョンラック）を尽くして人生を送っていくことが示唆される。

メタル・バンドのMVとしては、こうした「親の恩」というテーマが描かれる事例は、他の国の例

19 กล้วยไทย（Kluaythai）というバンドのOfficial Music Video "เท่าชีวิต"

と比較してみると、異色であるかもしれない。一見、親への「反逆」ともとれるが、それは母を殺したのは父親であるという娘の誤解に基づくものであり、誤解が解けた後は、父親への親孝行を誓うのである。ちなみにこのMVではドラマが演じられるのみで、曲を演奏するシーンは一度も出てこない。

## 3. 映画に描かれる「ガタンユー」の様相

『レベル・サーティーン』

次に、映画ではこうした「ガタンユー」の諸相がどう描かれているかみてみたい。まず取りあげたいのが『レベル・サーティーン』[20]（邦題）である。この映画はハリウッドでリメイクもされている。[21]主人公は、子供のころに自分を虐待した父親（母親の後夫で西洋人）から受けたわずかな恩を最後に思い出し、13段階の最終ゲームの勝利を目前にして親殺しを躊躇する。すると、突然目を覚ましたその父親に逆に瞬時に殺されてしまう。目の前に意識なくぐったりと横たわり、ゲームの主催者により簡単に手を下せるようにお膳立てされているにもかかわらず、どんなに残忍な虐待をした養父であっても危害を加えることをためらうのは、こころの奥底に何かが強く根をはっているからであろう。たとえそれが血のつながらない鬼のように残虐な外国人の「養父」であっても、親孝行や親の恩という価値観の前では、燃えあがる復讐心であろうが喉から手が出るほどの金銭欲であろうが吹き消され、無力となるのである。「親の恩」を思い出したがために、いままでの常軌を逸した超人的な努力の全てが無駄となり、一瞬にして大金が空に消える。それだけでなく、自分の命まで失ってしまうのである。既成の価値観に抗う方向へ至る行動（親への「反逆」）を起こすよりも、従容として死んでいく方を選ぶのだ。

20 原題：13 เกมสยอง、英題：13 Beloved、2006年。失業してお金の必要なビジネスマンの主人公が、全てクリアすれば莫大な賞金が手に入る13のゲームにいつのまにか挑戦するはめになる。目に見えない者からの携帯電話の指令により、不条理な要求が次々と出されるなか、主人公はやがて狂気の沙汰となりゲームから降りられなくなる。その様子が全てリアルタイムにオンラインで秘密の視聴者会員に放映されているという設定。日本でDVD販売がされている。

21 13 Sins、2014年。邦題は『13の選択』。リメイク版では、親の恩は描かれない。

『サラシン橋心中』

往年の名作映画とされる『サラシン橋心中』[22]（邦題）では、主人公のより複雑な感情が交差する。邦題では「心中」という言葉が加えられているが、あくまで一緒に死ぬだけであって、いわゆる「心中立て」をするわけではなく、近松作品的に来世で結ばれることを誓い合うといったことはしない。それどころか、白昼堂々、布をお互いの腰に巻きつけて一緒に大きな鉄橋から飛び降りるのではあるが、日本であれば来世で必ず会いましょうと相手の男性に告げて死ぬ場面もない。ヒロインは、生まれ変わってもっとお母さんの役にたちたい、今生の親不孝を来世では償いたい、と書置きして死ぬのである。この場合、父親は二人の交際に反対したので、言及されない。しかしそうだからといって父親を非難するような言葉はない。父が悪いからとは考えないのである。父のせいで不幸になったという考えもない。胸中奥深くではそういう思いも少しはあるのかもしれないが、外には出てこないのでわからない。

一般にタイの人なら、今生でわが身に起こる不幸や不運は、前世（過去世）での行いの結果と考える。それを洗う（ラーン・カム）ためには、今生で善徳を行うか、悪業の結果生じる出来事を、耐えてやり過ごすしかない。多くのテレビドラマでしばしば耳にするセリフは、「起こることは、どうあっても起こるので、そうであるならば、はやく生じて終わってほしい」、「終わってしまえば、その業の表出は（一応は）完了したので、人生が楽になる」といったものである。こうした考えは現実社会のタイ人からもしばしば耳にする。勿論浅い付き合いの人に言う簡単な台詞ではないので、近所付き合い程度の関係では耳にすることはないかもしれないが。誰しもが、過去の業を償うことから逃れることができないと考えている。

話を戻せば、『サラシン橋心中』で主人公が今生で結ばれないのは、父親が反対したせいでも誰のせいでもなく、自分たちの過去の業のためなのである。ヒロイン自身が、今生ではブン（徳）が少なかったので悲運であり、お母さんに尽くすことができなかったと、胸中を吐露している。こうした場合

22 原題：สะพานรักสารสิน、英題：Bridge of Love、1987年。原題の『サパーン・ラック・サーラシン』の意味は「サーラシン、愛の橋」。日本版VHSのタイトルは『サラシン橋心中』であるが、NHKでの放映時のタイトルは『悲恋の橋』。プーケット島が舞台で、実話に基づく。地主の娘である女子学生と小型トラックを改良した乗り合いバス（ソンテオ）の貧しい運転手という、階級差のある男女の悲恋物語。駆け落ちして橋から一緒に飛び降りるという出来事は、タイでは異質で衝撃的だったために、語り伝えられるのだろう。

たいていは、諦めるか、先ほど述べたように業果が過ぎ去り事態が好転するのを耐えて待つであろう。しかしこの映画では、駆け落ちという選択をする。駆け落ちはタイ社会ではかなり珍しい選択といえよう。この点では、ある意味で（父）親への「反逆」とも捉えることができるかもしれない。父親が、自分の子と階級差のある相手の娘または息子との交際に強硬に反対する図は、往年の映画では定番である。[23] さらに、本映画では主人公のお腹に子が宿っていることも注目すべきである。自分の命だけでなく子どもも殺すことになってしまう。仏教的にいえば、殺生は悪業が大きい。かつ仏教の教えでは、自分の命であろうが人の命であろうが、同様に奪ってはいけない。自分の命とお腹の子の命を奪ってまで「業果」に抗おうとする主人公ではあるものの、今生で親不孝をしてしまい申し訳ないという慙愧の念には堪えない。たとえ生まれ変わっても来世では同じ母親のもとで今度は親孝行したいというのが最大にして最後の願いである。相手の男性のことはどこへいったのであろうか。一緒に橋から飛び降りはするものの、男性の存在は女性の意識から飛んでいってしまっているようにも、筆者には映る。

### 『メナムの残照』

筆者の他の論考でも述べたが、『メナムの残照』[24]（邦題）の主人公コボリは、タイで最も普及した日本人の名称である（平松 2013aほか）。日本人男性の知名度としては「一休さん」[25]と双璧をなす。それに次ぐのは「のび太」であろうか。本作は、映画のみならずテレビドラマとしても何回も製作されている。原題の『クーカム』は「宿業の二人」といった意味だが、ここではコボリの相手のタイ女性ヒロインに注目したい。この物語のヒロインはとても親思いである。祖母・母親との三人暮らしだが、母親だけでなく祖母思いでもある。コボリに出逢う前から親しく付き合ってきた幼馴染のタイ人男性から求愛（求婚）された時も、母や祖母のことを思い遣って、まだ早いと返事を保留する。このヒロインの行動基準に着目してみると、年長者に拠っていることがわかる。既にいくつかの例でみてきた

23 往年の映画では父親が反対し母親が見守るパターンが多かったが、近年の映画では、母親が強烈に反対・妨害し父が陰で応援することが多いのは、実社会において母親のプレゼンスが大きくなったためであろうか。

24 原題：คู่กรรม、英題：Sunset at Chaophraya。最新映画は2013年。原作はトムヤンティの『メナムの残照』（初刊は1969年、邦訳出版もされている）。何回もの映画化・テレビドラマ化のほか、ミュージカルとしても上演されている。先の『サラシン橋心中』ヒロインと同じ国際派女優チンタラー・スカパット（『グッドモーニング，ベトナム』にも出演）が主演した1988年版の映画作品は、日本でVHS販売されている。詳しくは平松近刊参照。

25 現在、一休さんというリングネームを持つタイ人ムエタイ・ボクサーがいる。また先に挙げたバンコクの名刹寺にも、一休さんというニックネームを親がつけ、こどものころから周りにずっとその名で呼ばれているお坊さんがいた。

ように、男性よりも母・祖母のほうが大切なのか、と思ってしまう言動がしばしばみられる。[26]

この物語では注目すべき点がもう一つ存在する。父親はヒロインの家にはいない。彼はまだ若いころ、妻とお腹にいるヒロインを捨て、親族の薦める金持ちの息女と結婚する。はたからみると全く責任感というものがみられない父親であるが、やむをえない事情があったとして誰も彼を責めようとはしない。やむをえない事情と言うのは、親族（年長者）のお膳立てする結婚は拒否できないということである。先述の恋人に近い幼馴染の男性もヒロインにお父さんを責めてはいけないと言うし、母や祖母もこころのなかに忸怩たる思いはあるかもしれないが口に出すことは差し控えて黙々としている。ヒロイン自身もなにか言いたげではあるが、決して非難の言葉は向けない。まるで親を断罪してはいけないという暗黙の社会コードがそこに存在するかの如くである。「親孝行」でなければならないという価値観の下では、男性の浮気性さえもが免罪されてしまうのであろうか。親族の薦めで女性を捨てることは、社会の断罪の対象から外れてしまうのである。さらにここでは二重の免罪がみられる。親に楯突いてはいけないという不文律のため、娘からの非難も免れているのである。親を含めた年長者（プーヤイ）が屹立する地点は、サンクチュアリ（不可侵な領域）なのであろうか。

## 『ミウの歌～Love of Siam～』『ジェリーフィッシュの恋』『Saving Private Tootsie』

親に反対できない子の姿は、何も異性愛の場合に限り描かれるものではない。[27]

『ミウの歌～Love of Siam～』[28]（邦題）は、前述の『レベル・サーティーン』と同じ監督の作品ある。ＬＧＢＴが作品全体のテーマではないが、高校生男子同士のほのかな恋が描かれている。一方の母親が関係に気づいて強烈に妨害し、子供はそれに逆らえない。行方不明になっていた姉の帰還を祝うホームパティーが終わったあと、庭の片隅で初めてキスをした際に母親が偶然目撃したのである。自分の息子に内緒で相手の高校生を呼び出し、将来のことを考え付き合うなと、二人の関係に介入して威圧

26 映画では言動がはっきりしない場合があるが、ここでは補助資料として原作小説も視野に入れて論じることとする。

27 以下の記述の詳細は平松2017c参照。

28 原題：รักแห่งสยาม、英題：Love of Siam、２００７年。原題の意味は、英題と同じで「サイアムの恋」。日本で上映かつＤＶＤ販売されている。映画の舞台となっているSiam Squareは、は、タイの原宿あるいは渋谷といわれる。かつて「やおい」本の地下販売やメイドカフェなどもあって賑わった。とくに原宿を模して造られたといわれる「センターポイント」エリアは流行の最先端地区で、Ｊカルチャーのタイでの受容の中心地であった（平松 2010：22、パッタナー 2003：110）。

する。一方、強圧的な母親の息子も親に逆らってまで恋を実らせようとはしない。親の言うことに黙って従うのである。

一方、『ジェリーフィッシュの恋』[29]（邦題）は、女子大生同士の恋がテーマである。大学の寮で部屋が偶然同じになったトム（Tom、タイではショートヘアの男性的女性を指す）とディー（Lady の略）のさわやかで軽快なのりの恋愛物語である。トレンディ映画として若者に人気を博した。この映画と前後して、街中でショートヘアのかっこいいトムを多くみかけるようになった。[30] 女の子にとって格好いいトムと付き合うのが一番のおしゃれといった風潮さえ社会に巻き起こり、その存在は男性にとっての脅威ともなった。映画では、二人の揺れ動く気持ちが描かれ、ディーの方が反発しながらも、やがて優しく包容力のあるトムに魅かれていくのである。しかし、ここでも理解を示さない親の反対が描かれる。特にディーの側の家族は同性愛に対して偏見があり、親の影響か娘本人も元々はそうであった。主人公たちは、一方では本人たちがお互いに反発しながら、もう一方では親に申し訳ないと思いながら、やがて恋を実らせていくのである。

二作品にみられるようにゲイの関係であれレズの関係であれ、結局は親の同意が得られなければ事態は進行できない。『ミウの歌～Love of Siam～』は、親の反対のため関係を断念。『ジェリーフィッシュの恋』では、親が最後には折れて容認した格好となる。

『Saving Private Tootsie』[31]（英題）は、タイ・ミャンマー国境近くの山岳地帯での飛行機墜落による遭難劇である。生存者はみなLGBTという設定である。救助にきた兵士の一人が遭難者たちを徹底的に嫌う。自分の息子が「ガトゥーイ」（この場合は、なよなよとしたゲイ）であり普段から失望しているゆえにいっそう嫌うのである。遭難者たちは救出後のインタビューで、人々による偏見が遭難中に一番辛く、不幸なのは飛行機が墜落したことよりも間違った体で生まれてきたことだと語る。一方、兵士の息子は最後には、お父さんが望むなら軍人にもなります、危険なところにはもう行かないでくださいと語り、親子は和解する。ゲイに生まれてきてお父さんに申し訳なく、今後はいい子供で

29 原題：Yes or No อยากรัก ก็รักเลย、英題：Yes or No、2010年。日本でも第3回アジアンクィア映画祭で上映されたが、DVD化はされていない。

30 広く社会に認知されたトムとディーのカップルは、堂々と街中を歩く姿をみかける。反面、ともに女性っぽい格好をしたレズビアンカップルは、今のところ社会的に表だって目立つことはない。

31 原題：พรางชมพู กะเทยประจัญบาน、2002年。日本での上映、DVD販売はされていない。

あるようにできるだけ努力することを誓うのである。こうした、ＬＧＢＴをめぐる子と親の間の葛藤は、映画に限らず映し出される。たとえば、あるテレビドラマではゲイのスチュワードが、親に言えず苦悩する姿が描かれている。[32]

以上の３作と異なり、親と対立しそれに逆らえないといったような深刻さが描かれているわけではないが、親の教えをずっと信じてきたため、恋に恵まれなかった女性が描写されている映画作品がある。

## 『BTS-Bangkok Traffic (Love) Story』

『BTS-Bangkok Traffic (Love) Story』[33]（邦題）は、タイ映画がしっとりとした大人のロマンティック・コメディ全盛の流れに入っていく契機となる重要な作品である（平松 2017b：59）。大学を卒業して日系企業に勤める都会女性の等身大のライフスタイルを描き、幅広い層の支持を得た。影響も大きく、ヒロインのもっているブランドのバッグが、映画をみた同世代の女性によく売れた。

ヒロインは三十歳過ぎ、容姿は月並みで、酒を飲んで嘔吐さえする。[34] ＢＴＳと呼ばれるバンコクのスカイトレインを舞台に、ふとしたきっかけから出逢った男性に接近しようと試みはするものの、悪戦苦闘する。親友の結婚式の二次会帰りに、泥酔して運転する車での事故が出逢いのきっかけだが、周りの友人たちが次々と結婚していくなかで寂しさを感じて酒を飲み過ぎたのだ。ともあれ、素敵な男性との出逢いによって、都会の生活に疲れたタイ版ＯＬ（タイ語で「サーオ・オフィス」）にとってのバンコクの情景が一変する。しかし、ヒロインは自分から男性に声をかけることなど今までしたことがないので、アプローチは功を奏さないのである。

ヒロインは、中学生の時に、壁に貼ったロックバンドのポスターの前で、かつて樹木希林が「ジュリー」と叫んでいたようなことをしていたら、母親にひどく叱責される。それ以来、「男にうつつを抜かすと家がつぶれる」との母の教訓を、17年間ずっと守って生きてきた。そのせいで、30歳にもなっ

32 81ページ参照。

33 原　題：รถไฟฟ้า มาหานะเธอ、英　題：Bangkok Traffic Love Story、２００９年。日本では沖縄国際映画祭で上映されたが、ＤＶＤ化販売はされていない。

34 ちなみに泥酔して嘔吐するヒロイン描写は、この映画の後に増えていく。往年の映画では、わき役ではなくヒロインが飲み過ぎて嘔吐する姿をわざわざ挿入することは、よほどの特殊な事情がない限り珍しい。こうした描写は、近年では女性一般が酒を飲んで酔っ払うことに対して、社会的に抵抗がなくなってきた証左であろうか。

ところでタイ古典文学において酔っ払うヒロインは、先述の『12人姉妹』のメーリーだけだそうである。メーリーは秘薬を盗みたい王子の策で酔わされるにもかかわらず、酔っ払うヒロインという不名誉なレッテルも貼られていて、ますます気の毒である。

て彼氏の一人もいないと、周りの親戚たちに責められる次第である。しかしあるとき母親と話していると、「そんなこといったっけ」と言われ、私の17年間が……、という「オチ」がつく（平松 2013b：290）。

ストーリー自体はまだまだ展開していき、今までボーイフレンドを持ったこともない奥手の彼女も、「小悪魔」的な近所の年下の子からアドバイスを得るなどして、色々と策略を練り勇気をだして実行する。とはいうものの、なにせ付け焼刃的でうまくいかない。今まで育ってきた躾けの影響は大きいのである。

ただし、この作品で描かれる母親は決して『ミウの歌』でのように強圧的ではなく、飄々とした風でコミカルに描かれている。タイでのロマンティック・コメディ路線を確立した映画であるので、当然なのであるが。また、この作品では「アーマー」[35]（阿媽）たる中国系のおばあさんも描かれ、ヒロインの祖母として淡々とした可笑しみのある言動をしてコメディの雰囲気に花を添えている。

## 『ギフト』『突然20歳 タイの怪しい彼女』

最後に、最近の映画に表現される新しい動きを考察してみたい。２０１７年3月3日～12日に開催された「第12回大阪アジアン映画祭」に日タイ修好１３０周年記念特集として出品されたタイ映画5作品のうちの2作品に注目したい。

『ギフト』[36]（邦題）は音楽をテーマとした3作オムニバス映画であるが、真ん中二つ目の作品は、認知症の父親と娘の話である。認知症のミュージック・セラピーを扱っている。妻が死にショックで認知症の度が進む父親との関係がギクシャクし始めた娘は、その修復を半ばあきらめる。決して父を厭うわけではないが、認知症を発症した父との関係の構築に戸惑い、やがて疲弊していく娘。しかし最後に、音楽による記憶の回復そして音楽の癒しの力が効力を発揮し、壊れそうになった親子の絆を回

35 「アーマー」（阿媽）の淡々とした面白い言動は定番で、シット・コムでもストーリー進行のまとめ役のような感じで、阿媽たるおばあさんが登場する。ただし、次に述べる『突然20歳 タイの怪しい彼女』と違って、決して老婆の言動を冷かしているわけでない。

36 原題：พรจากฟ้า、英題：A Gift（New Year's Gift）、２０１６年。原題の『ポーン・チャーク・ファー』は「天からの祝福」という意味。プミポン国王（ラーマ9世）作曲の音楽をテーマにした3作オムニバス。ยามเย็น（夕べ）、Still on My Mind、พรปีใหม่（新年の祝福）の3話から成る。第2話では、２０１６年の大阪アジアン映画祭のＡＢＣ賞受賞作『フリーランス』でも主演した男優サニーが、父と娘をつなぐ役で登場し、いつものようにいい味をだしている。

復する。本作で注目すべきは、妻に相談しないとなどといいながら、うまいこと逃げて父親をヒロイン一人に押し付ける兄弟の存在であろう。経済的に逼迫《ひっぱく》しているわけでもないのに、いとも簡単に責任を回避し親の面倒をみようとしない息子たちはタイでは「新人類」といえるかもしれない。

『突然20歳 タイの怪しい彼女』[37](邦題)では、「嫌老」がもっと直截的に描かれている。口うるさく家族の邪魔者として養護施設に押し込まれそうになった老女が突然20歳に若返り、歌が好きだった青春を再び謳歌するという話である。こうした「捨」老以外にも、この映画では老人という存在を茶化すような場面が随所にみられる。[38] 公共の場で老人をからかうのが厳禁ともいえるタイで、老人を無条件に必ずしも敬わないという描写は異色ともいえる。もっとも最終的には、母親がまだ若いころ苦労して自分を育ててくれた恩を息子が思い出すなど、「ガタンユー」の価値観や「敬老」の社会的価値観に復帰し、それに伴い老人も捨てられることなく家族のハッピーエンドとなる。必ずしも「ガタンユー」の価値観に逆らうといったストーリーではない。

今挙げた二作品は、山の頂にいち早く曙光がかかるように、ひたひたと迫りくるタイの高齢化社会に起こりうる問題の先取りとなるであろうか。[39]

## 4. おわりに

親孝行の規範に反逆する記事は、新聞でも殆どみかけることはないし、映像媒体でも、今のところは顕著に描かれることはない。今後どうなるのであろうか。親への「反逆」や、親殺しなどは、将来はタイ社会の問題となるであろうか。仏教の教えでも親殺しは、阿羅漢(悟った人)や師を殺すこととともに、より重い悪徳を積むこととなるが、果たしてそれと関係あるであろうか。

あるいは、これまで考察してきた映画やテレビドラマのように、親や「プーヤイ」(年長者、ある

37 原　題：20 ใหม่ ยูเทิร์นวัยหัวใจรีเทิร์น、英題：Suddenly twenty、2016年。韓国映画『怪しい彼女』のタイでのリメイク。映画会場のその後の談話で、今回の映画祭では本作に一番感動し涙をながした年配の日本人男性が多かったことを筆者は耳にした。

38 ベトナム版『怪しい彼女』が自国でヒットしたのに対し、タイ版が自国で格別ヒットしたとはいえないのはこうした「嫌老」描写が多かったせいであろうか。あるいは20歳に若返った主人公の身に着けるオードリー・ヘップバーン風ファッションや時代性に、タイでは違和感があるせいであろうか。1950年代にタイでオードリー風ファッションが流行ったかは疑問である。

39 有吉佐和子原作で映画化された『恍惚の人』が果たしたような役目となるか。タイでも文学作品では、チャート・コープチッティの『時』(1993年、邦訳出版あり)といった老人問題を扱った作品がある。

いは目上の人）が屹立する地点は、子や目下のものが容易に侵食すべからざる、聖域（サンクチュアリ）として存在し続けるだろうか。

＊日本の読者がアクセスしやすいように、映画・テレビドラマ等のタイトルで邦題、英題があるものはそれで示した。

## 引用文献

平松秀樹

２０１０「タイにおける日本文学・文化及びポップ・カルチャー受容の現状と研究――『ミカド』『蝶々夫人』から‘ブライス’人形まで」『立命館言語文化研究』21(3):17-28。

２０１３a「日本におけるタイ表象／タイにおける日本表象――異文化受容の前提となる相互認識を目指して」『比較日本文化研究』16:130-146。

２０１３b「［タイ］新しいヒロイン像――日本・韓国表象とともに」『地域研究［総特集］混成アジア映画の海』13(2):289-298。

２０１７a「タイと海賊」『海賊史観から見た世界史の再構築』稲賀繁美（編）、pp.431-442、思文閣出版。

２０１７b「タイのヒット映画に見る地域性と時代性」『不在の父　混成アジア映画研究２０１６』山本博之、篠崎香織（編）、pp.57-63、京都大学東南アジア地域研究研究所（CIRAS Discussion Paper 67）。

２０１７c「タイの男色とＬＧＢＴ」『男色を描く：西鶴のＢＬコミカライズとアジアの〈性〉』

染谷智幸、畑中千晶（編）、pp.167-177、勉誠出版。

２０１８「タイの「12人姉妹」伝承と映画『プラロット メーリー』」『母の願い――混成アジア映画研究２０１７』山本博之（編）、pp. 80-87、京都大学東南アジア地域研究研究所。

近刊「トムヤンティの『メナムの残照』にみるコボリの表象――ポストコロニアルな山田長政？」『帝国主義対アジア主義――もうひとつの日タイ交流史』橋本順光（編）、ミネルバ書房。

Barmé, Scott

2002 *Woman, Man, Bangkok : Love, Sex, and Popular Culture in Thailand*. Rowman & Littlefield.

Fuhrmann, Arnika

2016 *Ghostly Desires: Queer Sexuality and Vernacular Buddhism in Contemporary Thai Cinema*. Duke University Press Books.

Harrison, Rachel V., Peter A. Jackson and Dipesh Chakrabarty (eds.)

2010 *The Ambiguous Allure of the West: Traces of the Colonial in Thailand*. Southeast Asia Program Publications.

**กาญจนา แก้วเทพ**（カーンチャナー・ケーオテープ）

2000 **ความเรียงว่าด้วยสตรีกับสื่อมวลชน. สำนักพิมพ์มหาวิทยาลัยธรรมศาสตร์.**（『女性とマスメディアに関する論集』タマサート大学出版）

**ทมยันตี**（トムヤンティ）

2001 **คู่กรรม. สำนักพิมพ์ ณ บ้านวรรณกรรม.**（『クーカム』ナ・バーンワンナカム出版）

**พัฒนา กิติอาษา**（パッタナー・キティアーサー）

2003 **คนพันธุ์ป๊อป: ตัวตนคนไทยในวัฒนธรรมสมัยนิยม. ศูนย์มานุษยวิทยาสิรินธร.**（『ポップ族』シリントーン人類学センター）

Webサイト

「タイランドハイパーリンクス」http://www.thaich.net/news/20141023b.htm、『トーン・ヌア・ガオ～純金～』の紹介記事が掲載されている（２０１７年４月30日最終閲覧）。

・本章で考察した映像作品リスト（記載順。註のみで言及したものは含まない）

テレビドラマ

『トーン・ヌア・ガオ～純金～』（邦題）ทองเนื้อเก้า

『ラック・クン・タオファー』（原題）รักคุณเท่าฟ้า

『ナーン・シップソーン』『プラロット メーリー』（原題）นางสิบสอง、พระรถ เมรี

CM

"Giving"

MV

"เท่าชีวิต"

映画

『レベル・サーティーン』（邦題）13 เกมสยอง

『サラシン橋心中』（邦題）สะพานรักสารสิน

『メナムの残照』（邦題）คู่กรรม

『ミウの歌～Love of Siam～』（邦題）รักแห่งสยาม

『ジェリーフィッシュの恋』（邦題）Yes or No อยากรักก็รักเลย

『Saving Private Tootsie』（英題）พรางชมพู กะเทยประจัญบาน

『BTS-Bangkok Traffic (Love) Story』（邦題）รถไฟฟ้า มาหานะเธอ

『ギフト』（邦題）พรจากฟ้า

『突然20歳 タイの怪しい彼女』（邦題）20 ใหม่ ยูเทิร์นวัย หัวใจรีเทิร์น

## 注釈

3 本章に直接関係する参考文献ではないものの、研究に役立つ一般文献として、タイ映画と社会の関係ならばHarrison 2010所収の一部論文、女性論の切り口からテレビドラマとタイ社会の関係を取り扱った文献にはカーンチャナー2000、映画を含めたポピュラーカルチャーとタイ社会ではBarmé 2002などが挙げられる。近年出版されたFuhrmann 2016は本格的にタイ映画を扱ってはいるものの、社会との関係分析においてあまり優れているとはいえないのが残念である。

6 ただ、地方にいくと、メロドラマ的展開や荒唐無稽なヒーローものを得意とするチャンネル7の人気が高く、バンコクと少し事情が異なる。タイ全土での統計で年間視聴率ナンバーワンの栄誉に輝くのはいつもch7である。さらにch7所属の俳優が男女ともに投票では例年人気ナンバーワンを獲得する。田舎のメードさんたちにはch7しかみない熱狂的ファンが多い。ただch7放送は、周波数が脆弱なためか雨が降るとすぐに映像が乱れたり消えるので、楽しみにしていた好物の番組がみられなくなり、悪態をつき地団駄を踏んでいるメードさんを何回もみかけた。

12 例えば、『サミー・ティートラ～夫の証～』(邦題)では、女性同士が男を奪い合い、流血にいたるバトルを繰り広げる(原題：สามีตีตรา、2014年、ch3。東京ドラマアウォード2015海外ドラマ特別賞受賞)。タイ語原題は『サーミー・ティー・タラー』であり、「夫の証」という邦題が付されているが、「刻印された夫」といった感じのほうがいいであろう。この男はすでに自分のものであると、「夫」(サーミー)を「刻印」(ティー・タラー)するのである。

視聴者にとっては楽しめるが、こうした内容に懸念を示す声もある。一人の男性に複数の愛人、女性が肌を露出、女性が殴り合いをする、などの描写がタイのドラマでは多く、いつも見ている視聴者にとってはそれがたとえ実社会で起こったとしても普通のことと感じるようになる、とある女性識者がテレビ番組でコメントしていた(TNN Art News 2017、2017年5月3日14：00～15：00放送)。

13 ただし「おしん」くらい過酷な人生になると受け入れられる。他のアジアの国々と同様に、タイでも『おしん』(1984年初回放映。2017年度も放映された)は大ヒットした。『ドラえもん』(1982年初回放映)や『窓ぎわのトットちゃん』(1983年翻訳出版)とともに、80年代の日本のポップ・カルチャーの移入として大きな足跡を残した。ちなみにそれにともないタイでは、『ドラえもん』の海賊版マンガ『ダイローもん』が出現している(平松 2017a参照)。

32 タイでヒットし、日本で完全放映された最初のタイ・テレビドラマとなった『エアホステス～天使のラブウォーズ～』(邦題)。原題：สงครามนางฟ้า(天女の戦争)、2008年、ch5。日本でDVD化販売もされている。作品自体はCAたちが機上で殴りあったりするその過激さからか、タイ本国で視聴者による放映中止要求やタイ国際航空の労組からの批判を受けるなど一時期社会問題となった。なかには、なぜタイでは日本の『グッドラック』のような優れたドラマが作れないのかといった、筆者には正鵠を得ているとは思えない批判もあった。

# 第2章　シンガポールにおける政府対映画製作者間の「現実主義的相互依存／対立関係」

盛田茂

## 1．はじめに

天然資源に恵まれず、言語、宗教も異なる多民族から構成される都市国家シンガポールをいかに生き残らせるかは[1]、初代首相リー・クアンユー（1923～2015年）の重要な課題だった。1959年の総選挙以降、人民行動党（PAP）政権は、時宜を得た産業構造転換とハブ機能強化により、数度の景気後退を経験しながらも高度経済成長を達成し、世界銀行が「一人当たり国民所得は1962年の490米ドルから2016年には51880米ドル」と評価する豊かさを国民にもたらしている。

一方で権威主義体制を堅持し、表現の自由を制限するとともに、実利主義的政策に対応できない弱者を切り捨て、所得格差など負の側面が顕在化している。

映画は監督の問題意識を投影する大衆芸術と言われるが、彼らの異議申し立てについて政治経済も加味し考察した、日本語による同国の映画研究書を、筆者は寡聞にして目にしたことがない。

なお、表題に「現実主義的」を加えたのは以下の理由からである。

1 Lai Ah Eng（社会学者）1995 Meanings of multiethnicity: a case study of ethnicity and ethnic relations in Singapore, Kuala Lumpur: Oxford University Press, p.178.

筆者は２００６年より毎年１～２か月間同国に滞在し、映画関係者へのインタビューを続けているが、彼らから「ＯＢマーカーをどこまで広げられるかを念頭において政府と交渉している」との発言をよく聞く。ゴルフ用語の「ＯＢマーカー」は「表現の自由が許容される境界」を象徴する言葉として使われているが、住宅政策からメディア規制に至る統制の網を張り巡らしているＰＡＰ政権は、芸術表現でＯＢか否かを判定できるマーカーを明示していない。

一方で同政権は、創造産業発展のため彼らの才能を必要としているが故に、ＯＢマーカー拡大を巡る「現実主義的」対立関係が展開されているとの視点から考察する必要がある。

同国の映画産業は１９６７年のショウ・ブラザース、１９７２年のキャセイ・クリス両社のスタジオ閉鎖後、１９７０年代はインディーズによる長編映画製作が10本以下、１９８０年代には皆無と、長期の停滞期を経験した（Cheah 2002:384, Shiddique 2001:86）。

その後、シンガポール映画委員会（ＳＦＣ）によれば、１９９５年の1本から２０１６年には長編映画17本（劇場非公開作品4本を含む）[2]という実績を上げ、委員会は「映画再生」を喧伝するまでになっている。しかし、莫大な資金投下を伴う海外配給ネットワークを含むインフラ再整備と、過小な国内投資家に起因する慢性的製作資金不足に依然として直面し、ＰＡＰ政権との「現実主義的」相互依存関係は、映画関係者にとって製作継続の必須条件になっている。

本章は、映画振興を含む文化芸術政策の変遷、厳しい検閲及び規制下での同政権と映画製作者間の関係、ニューウェーブの萌芽、の三部構成とし、総合的に考察することを目的とする。

なお、本章のウェブサイト検索は２０１７年４月20日、及びインタビューは筆者による。

2 Film Facts & Figures www.imda.gov.sg/

## ２．映画振興を含む文化芸術政策の変遷

文化芸術政策の所管省と関連法定機関の統合・移管推移は表１[3]のとおりである。

表１　文化芸術政策の所管省と関連法定機関の統合・移管

| | |
|---|---|
| １９８５年 | 文化推進部門はコミュニティ発展省（ＭＣＤ）、情報部門は新設の情報コミュニケーション省（ＭＣＩ）に分離・移管 |
| １９９０年 | ＭＣＩの情報部門、ＭＣＤの文化部門、及び関連法定機関（注）を統合し、情報芸術省（ＭＩＴＡ）を創設 |
| ２００１年 | 情報通信芸術省（頭文字ＭＩＴＡは変わらず）に変更。同時にＭＣＩの法定機関、情報通信開発庁（ＩＤＡ）を吸収 |
| ２００３年 | 頭文字をＭＩＴＡからＭＩＣＡに変更。同時にメディア産業振興とコンテンツ規制・管理を強化すべく、ＭＩＣＡ内の映画・出版局、シンガポール放送庁、シンガポール映画委員会（ＳＦＣ）を統合した法定機関メディア開発庁（ＭＤＡ）を創設 |
| ２０１２年 | ＭＩＣＡは、情報通信、メディア、デザイン分野振興を使命とする情報通信省（ＭＣＩ）と、スポーツと芸術振興をとおして、地域コミュニティ結束強化と青少年の愛国意識高揚を主目的とする、新設の文化・コミュニティ・青年省（ＭＣＣＹ）に分離 |
| ２０１６年 | リー・シェンロン首相が２０１４年に発表した「スマート国家構想」の一環として、ＩＤＡとＭＤＡを統合し、メディア・ハブ機能強化を使命とする情報通信メディア開発庁（ＩＭＤＡ）を創設 |

注：法定機関は、国会で制定された法律に基づき、機能、業務範囲、権限などが定められ、監督省庁をとおし国会に責任を持つ、管理・財務面で自主性の強い政府機関。

３　２００４年までの分離統合はMinistry of Information, Communications and the Arts. "About MICA Milestones"（現在削除）、https://www.mfa.gov.sg/content/mfa/media_centre/singapore_headlines/2012/201207/news20120801.html

### （１）文化芸術政策の変遷

１９８５年、第二次オイル・ショックによる世界同時不況と半導体不況が重なり、独立後初のマイナス成長に陥るまで、人民行動党（ＰＡＰ）政権は、１９６３年より放送が開始されたテレビを国民

統合の媒体と位置づけていた。映画産業に対しては、輸入割当制度などの保護主義は採用されず、支援政策も皆無だった。

むしろ、1979年のオウ・チンホック文化省政務官（当時）の「経済的利益は何か？　経済開発庁（EDB）が管轄した方が良い」[4]との答弁に代表されるように、映画を文化的成果物としてではなく、外国映画製作会社にロケ地として使用され、観光収入を生み出すサービス部門と考えていた。

更に社会学者リリー・コンが、ジェク・ユエントン文化省大臣の「文学、音楽そして美術は、国民統合上重要な役割を負っている。我々の文化政策は、西洋文化の脅威に対抗できる価値観が反映されるべきだ」との発言（1974年6月28日）を紹介している（Kong 2000: 409-424）ように、西洋文化、特に映画を含むポピュラー・カルチャーは、若者のモラル退化につながるとして排除対象とされた。

しかし1985年の景気後退を契機に徐々に変化が現れ、リー・シェンロン商工相（当時）を座長とする経済委員会が、経済政策見直しを図るため創設された。潜在的成長分野として芸術分野が検討され、翌年2月に最終報告書『シンガポール経済－新しい方向』が公表された。だが、芸術分野は国民生活の質向上と、外国人専門職、熟練労働者招致に貢献する環境整備の一環と位置づけられ、主要な産業構成部門候補とはみなされなかった。

1987年、経済開発庁（EDB）が主管部門となり、9人の委員から構成される映画産業推進検討委員会が創設された。しかし、映画研究者ラファエル・ミレーが「委員に映画関係者は含まれず、外国投資家誘致が主要な検討議題だった」（Millet 2006 : 99）と指摘するように、税優遇などによる海外からの人材と資本導入ノウハウ蓄積が、映画産業化に必須と提起されていた。

1984年の中英共同声明後、1997年香港返還を控え多くの映画関係者が香港から出国するのではないかとのEDBの期待感は、香港の製作・技術スタッフ招致という促成栽培的発想に基づいていた。しかし香港に比べ厳しい検閲制度が嫌われ、期待した成果はあげられなかった。

「1999年までに文化的に活気ある社会を構築すべき」と提言した、1989年の『オン・テンチョ

4　1980年11月29日付「The Straits Times」記事

ン報告』は、インフラ整備の重要性を訴えた点で文化芸術政策の転換点になった。シンガポールは国際的な芸術公演会場ハブになる潜在力を持つとし、不足しているのは文化施設と教育だとして組織改正の必要性を提案した。[5] この報告書に基づき１９９１年、芸術家育成をとおして芸術活動促進を主業務とする国家芸術評議会（ＮＡＣ）が、１９９３年には国家への帰属意識醸成のため、文化遺産保護、博物館展示・企画を使命とする国家遺産庁（ＮＨＢ）が創設された。

しかし、ＮＡＣの芸術振興計画に映画は含まれていなかった。１９９２年、デイジー・ゴーＥＤＢ役員の発言「我が国は映画製作国にはなりえない。人口が少ないため創造集団供給が限定的になるし、映画製作融資は新しい概念だ。それ故、ポストプロダクションのような技術支援システムを構築しなければならない」[6] に示されるように、国産映画産業化は時期尚早と考えられていたのである。この方針を踏まえ１９９３年、ＥＤＢはニーアン・ポリテクニク（高等技術専門学校）内に高等技術者養成を主とする映画・メディア学科（3年課程）を創設した。

政治的地殻変動とも言える１９８４年総選挙の野党2議席誕生は、人民行動党（ＰＡＰ）政権に愛国心醸成が急務と決断させる誘引になった。政治学者ケネス・Ｐ・タンが「１９８０年代初期より導入された宗教教育では、ＮＩＥｓ（新興工業経済地域）の経済的成功もあって儒教が最も重要な学科とされた」（Tan 2007：23-25.）と指摘するように、独立後に生まれた「ポスト65年世代」と呼ばれる若者層に焦点を合わせ、物質的豊かさをもとにした社会安定言説を補強する「アジア的価値」が採用された。リー・クアンユーは１９９４年、国際政治誌『フォーリン・アフェアーズ』のインタビューで、「個人が家族の延長線上にあるというアジアの規範は、西欧文明社会と異なった社会を構成する重要な枠組みと考えている。我々は、家族という枠組みを経済に当てはめ、個人や家族の向上心を経済発展の促進要因として成長を維持してきた」[7] と「アジア的価値」の意義を強調した。更に１９９７年、国家への帰属意識醸成を目的とする「国民教育」が学校教育に導入された。社会学者吉野耕作が「ネーションとして確立している状況でのナショナル・アイデンティティ維持、促進、強化を志向するナショナ

5 renaissance city report - National Arts Council,P.12. https://www.nac.gov.sg/dam/jcr:defaf681-9bbb-424d-8c77-87909314075O

6 Samantha W.M. Tan (1998) Bright Lights, Small City : New Beginnings of the Singapore Film Industry, p.27. http://ro.ecu.edu.au/theses_hons/459.

7 『Foreign Affairs』１９９４年5月号 19頁 「国民教育」: https://www.moe.gov.sg/media/press/1997/pr01797.htm

リズムを再構築型」（吉野 1997:7）と述べている、文化芸術政策が採用されたのである。

２０００年、『オン・テンチョン報告書』のハード優先から、創造性ある人材育成というソフト面充実により、21世紀にはアジア地域の芸術ハブにするとの目標を設定した『ルネサンス・シティ報告書』が公表される。この報告書が強調しているのは次の2点である。[8]

①「国家への帰属意識醸成のため、映画、演劇、音楽、文学などをとおして我が国の活力を強化する」に示される、国民統合のツールとしての文化芸術振興

② 新造語「文化・芸術ルネサンス経済（Arts & Cultural'Renaissance'Economy）」に示される、持続的経済成長に寄与する知識集約型創造産業促進

なお貿易産業省は、創造産業を「個人の創造性や技能、才能に由来し、また知的財産権の開発をとおして富と雇用を創出し得る産業」と定義し、①舞台芸術などの芸術、文化、②ファッションなどのデザイン、③放送、デジタル・メディア、音楽などのメディアに分類し、映画は③に属している。[9]

しかし、『ルネサンス・シティ報告書』には相反する感情が内在されているのを見逃せない。グローバル化による望ましくない影響への危惧感を抱きながらも、「新しい芸術の可能性を芽の内に摘んでは結果的に果実を失うことになる。今こそ、更なる経済発展のためリスクを取るべきだ」[10]と明言しているからである。人民行動党（ＰＡＰ）政権内部の葛藤を意味し、トップダウン型の政策に抵抗する映画関係者との、躍動感に富む交渉の一因になっていると指摘したい。

２００１年に創設された経済再検討委員会の分科会である創造産業部会は、翌年『創造的且つ連結された国家への課題』を公表し、「創造性、起業家精神、テクノロジーを結集した文化資本が強力な創造産業を形成する」[11]と強調した。しかし、ケネス・P・タン（Tan 2007:49-52）が「政府は、創造性ではなく創造産業化による経済利益＝体制安定化のみに関心を抱いている」と批判するように、「経済発展のツールとしての文化芸術」なる実利主義的思考がみられることに留意したい。

この報告書で、映画産業促進政策で重要な役割を果たすメディア開発庁（ＭＤＡ）創設が提案され

8 前掲 renaissance city report pp.13,39,47,57.

9 Summery of recommendations- MTI.GOV.SG p.iii. www.mti.gov.sg/

10 前掲 renaissance city report p.47.

11 Investing in Singapore's Cultural Capital-cultural agenda for a new singapore p.iii. www.mti.gov.sg/

た。同庁はメディアを含む創造産業促進に加え、映画史研究者アラン・ウィリアムスが「国民性は、確立されて終わりではなく維持されなければならない。時間とともに変化する国民性の再定義を行なううえで、映画を含むメディアは重要な役割を負っている」（Williams 2002 3-4.）と述べるように、メディアへの監視・規制業務を担っている。規制と振興部門が一機関内に同居している状況は矛盾せずと首脳部が考えているのは、1999年6月3日付「ウォール・ストリート・ジャーナル」に掲載されたジョージ・ヨー情報芸術省（MITA）大臣（当時）の発言「創造性が我々を強化するのであれば素晴らしいが、弱体化するのであれば管理を強化しなければならない」に示されている。

2004年、リー・ブーンヤン情報通信芸術省（MICA）大臣（当時）は「2004年、実質3％だった創造産業のGDP貢献比を2012年には6％にする」[12]と強調した。2008年末、MICAは『ルネサンス・シティ計画Ⅲ』公表とともに、メディアポリス計画（デジタル・メディア総合施設：2020年完工予定）を発表した。

この間、2006年にはラサール芸術大学プットナム映画学部、翌年にニューヨーク大学ティッシュ・スクールを開校（2013年、閉校を公表）、更に2015年、南洋理工大学（NTU）に芸術・デザイン・メディア学部を創設し、教育環境整備を充実させていく。

一方、社会学者カンセン・ウーイの「人民行動党（PAP）政権は、表現の自由欠如でも芸術都市化は可能だとし、更に芸術活動支援を政治経済的価値で区分している」（Ooi 2010：412-413）との指摘は、文化芸術政策の核心をついている。映画関係者も「美術館の入場者数、映画の興行収入などの数値で成功の可否を計測しようとしている」（2009年9月10日インタビュー）と批判しているが、メディア開発庁（MDA）（現情報通信メディア開発庁：IMDA）のCEOが代々、財務省、貿易産業省出身の経済官僚で占められている状況からも裏付けられる。

12 Commission on Strategic Development Committee on Economic Development and Economic Cooperation with the Mainland Promoting the Development of Creative Industries pp.3-4.

### (2) シンガポール映画委員会(SFC)設立経緯

インディーズによって製作された以下の映画が、芸術的評価と興行的成功を国内外で得た実績は、PAP政権に国産映画認知・再評価を促す火付け役となり、遅ればせながら国内人材に目を向けさせる契機になった。

①35か所の海外映画祭で上映されたエリック・クー監督(1965年生)の『Mee Pok Man』(1995年)
②過去の興行記録を塗り替える、580万Sドル《シンガポール》の興行収入を上げたジャック・ネオ[13](1960年生)の『Money No Enough』(1998年)
③ミラマックス社が北米上映権を獲得し、同国初のアジア市場以外で上映されたグレン・ゴーイ監督(1962年生)の『Forever Fever』(1998年)

更に1997年、エリック・クー監督もメンバーである芸術資源検討委員会が、国家芸術評議会(NAC)に映画を芸術として正式に認知させた。その後、NACの管轄省である情報通信芸術省(MITA)が音頭を取り、経済開発庁(EDB)とシンガポール政府観光局(STB)の共同出資を得て、シンガポール映画委員会(SFC)が創設された。同時に、地域の映画ハブにすべく、メディアコープ社の映画製作子会社レインツリー・ピクチャーズ[14]が設立された。

SFC創設の一要因になったのが、1996年クー監督を代表とする映画関係者がNACに提出した『SFC創設建白書』だった。監督が設立したジャオウェイ社の共同創設者ジェームス・トーは「『自国文化を保護・発展させるため、他の諸国は製作資金助成などの映画支援策を採っているのに、NACの芸術振興支援に映画が含まれてないのは理不尽だ』と強調した。映画=商業的との理由で反対した幹部も少数だが存在した」と述懐している(2009年9月1日インタビュー)。

創設当初、SFCはNAC管轄下に置かれたが、2003年にメディア開発庁(MDA)の一部門になった。ようやく映画は、バイオ・ナノテクノロジーと並ぶ次世代産業の有力候補である創造産業の一員として認知され、助成対象になったのである。

13 前掲 Facts & Figures, 及び http://zhaowei.com/mee-pok-man-1995/ ジャック・ネオは本作の監督ではなく、脚本と主役を担当

14 http://eresources.nlb.gov.sg/infopedia/articles/SIP_1635_2010-01-31.html

またクー監督は、長編第二作『12 Storeys』（１９９７年）が第50回カンヌ国際映画祭に招待された実績により、ＮＡＣから映画界初の若手芸術家賞を授与され、現在、ＳＦＣ諮問委員会委員である。長期的視点に立った、映画産業振興を巡る両者の現実主義的相互依存関係が伺える。

## ３．厳しい検閲及び諸規制下での人民行動党（ＰＡＰ）政権と映画製作者間の関係

メディア社会学者Ｈ・ロジャス、Ｄ・Ｖ・シャーとＲ・Ｊ・ファーバーが「検閲の概念は極めて曖昧で、法的禁止条項から経済的社会的統制という巧妙な方式までの範囲を指す」（Rojas, Shar and Faber 1996:167.）と指摘するように、ＰＡＰ政権は自由裁量によるカット、上映禁止措置に留まらず、実質的に製作継続を不可能とする経済的規制の権限を保持している。

### （１）検閲制度

英植民地時代、マラヤ全土を管轄する検閲本部はシンガポールに置かれていた。映画研究者ティモシー・ホワイトが「英国は検閲の伝統を残していった」（White 1997 : 18.）と述べるとおり、１９５９年英連邦自治州になった同国の検閲業務は、１９５３年に制定された「映画条例（Cinema Ordinance Act）」にもとづき検閲局が継承した。１９６３年マレーシア連邦の一州になってからは、内務省より文化省に移管された。Ｓ・ラジャラトナム文化省大臣（当時）は、検閲強化による浄化運動を提起、ヌード、暴力映画禁止に加え、政治的悪影響を与えるとみなされる映画も禁止対象とした（Bey, 2002:6-7.Uhde and Ng Uhde 2000:186）。

１９８１年、「映画法（Films Act）」施行に伴い、ＰＡＰ政権は国民が善悪の識別をできるようになっ

たとして、検閲基準再検証を目的とした検閲審査委員会（ＣＲＣ）を創設した。

１９９８年に改正された「１９９８年改正映画法（Revised Edition 1998）」では、ビデオ規制条項が追加された。若者の個人主義化、自由主義化が政治批判の温床になりかねないとの危惧感があったと思われる。

なお、同法第3条1項で、検閲委員会（ＢＦＣ）の幹部職員は、情報通信芸術省（ＭＩＴＡ：現情報通信省：ＭＣＩ）大臣が任命する、第38条では職員は公務員とみなす、と規定されている[15]。政治経済的視点から実利主義的判定を下す上位機関ＭＩＴＡ、及び法定機関メディア開発庁（ＭＤＡ：現情報通信メディア開発庁：ＩＭＤＡ）の指揮下にあることを示している。

次に映画関係者からの要望に対応し、１９９１年にＭＤＡが導入した年齢制限規定[16]について述べる。当初はすべての年齢層が鑑賞できるＧ、成人保護者の助言や指導が適当とするＰＧ、18歳未満禁止のＲという三分類だった。しかし導入２か月半後、Ｒ指定映画はモラル破壊を招くと主張する宗教関係者を含む保守層からの抗議により廃止され、年齢制限を21歳に引き上げた「Ｒ（Ａ）21：Restricted（Artistic）21」に変更された（Cheah 2002：386）。Ｒ（Ａ）21指定映画は、特別に認可された都心部の劇場でのみ上映可、住宅地帯の劇場での上映、及びＤＶＤ販売を禁止された。２００４年、Ｒ（Ａ）21からＲ21に名称変更され、２０１０年の検閲審査委員会（ＣＲＣ）報告書を受け、オン・デマンドによる有料テレビ放映は認可されたが、前述の既定条件に変更はない。

またＣＲＣ勧告に基づき、１９９３年に16歳未満の鑑賞を禁止するＮＣ16、２００４年に18歳未満禁止のＭ18、２０１１年には13歳未満の鑑賞には成人保護者の助言や指導が適当とするＰＧ13が追加された。なお年齢制限判定ガイドラインの最後に、例外的だとしながらも「安全保障と国益を弱体化する作品、社会規範に抵触する作品は上映禁止（ＮＡＲ）指定にする」との規定があるが後述する。

ＣＲＣは１９８１年の第一回より、１９９１年、２００２年、そして２００９年に開催され、時代変化に伴う検閲への影響を検証している。しかし、最新２０１０年報告書においても「国民の

15 Singapore Statutes Online - Homehttp://statutes.agc.gov.sg/、及び http://eresources.nlb.gov.sg/infopedia/articles/SIP_1571_2009-09-18.html

16 Standards and Classification、https://www.imda.gov.sg/

78％（前回77％）は年齢制限規定を、またR21も57％（前回65％）が支持している。同性愛を助長する映画の禁止は継続すべきであり、国民の多くが保守的であることを勘案し、検閲自由化は漸進的であるべき」と結論づけ、第1回からの姿勢に変化は見られない。更に「検閲（censorship）から分類（classification）という用語に変更してはどうか？」とのCRCの提案[17]に対し、情報通信省（MCI）は時期尚早との姿勢を現在も崩していない。

　海外資本と人材、更に外国人観光客誘致促進のため、開放に向け前進したとのイメージアップを期待したい経済開発庁（EDB）、政府観光局（STB）の意向が年齢制限規定導入に反映する一方で、統制派からの不満に対しては、速やかにRからR（A）21変更を決定したように、人民行動党（PAP）政権内の軋轢が伺われる。

　また、相反する感情が内在されていることにも留意したい。１９９９年5月30日の同国の日刊英字紙「ストレイツタイムズ」で、ジョージ・ヨーMITA大臣（当時）は「グローバリゼーションの潮流に対し門戸は閉ざせないが、伝統的規範は汚すべきではない」とし、「窓は広く開けておけ、しかし蝿叩きは持っていろ」と強調した。

　なおガイドラインだが、人種・宗教の調和、若者保護の名のもとに、暴力、ヌードとセックス、華語方言、麻薬などの薬物乱用、ホラーに分け、詳細に規定されている。更に自由裁量を許容する「国民が受容できるよう、社会規範、良識に配慮する」なる曖昧な判断基準にも留意したい。

　情報通信開発庁（IDA）とメディア開発庁（MDA）を統合し、２０１６年に発足した情報通信メディア開発庁（IMDA）が、情報通信とメディアの産業化促進と規制の担当庁になり、コンテンツ規制の範囲が拡大・強化された。放送、インターネット、出版部門は検閲委員会（BFC）の元委員長エイミー・チュア、映画、ビデオ・ゲーム、芸術部門はチェトラ・シェナサンビーが担当役員に就任し、2名の取締役体制になった。この背景にはドキュメンタリー映画監督リン・リーがウェブサイトで、２０１２年に発生した中国人バス運転手ストで逮捕された2名の「取り調べ中、警察は暴力

17 CRC Report 2010 pp.5,66, 76,105,126. www.imda.gov.sg/

で自白を強要した」との発言を公開したことが影響している。[18] ストライキは１９８６年以来26年ぶりになるだけに、人民行動党（ＰＡＰ）政権は監督に事情聴取するとともに、Yahoo! Newsなどの国内外オンラインメディア10社に免許制を導入する、インターネットメディア規制強化策を発表した。２０１４年２月25日付英の「エコノミスト」は「我々にも将来この規制が適用されるのでは？　との危惧感をソーシャルメディアは抱いている」[19] と報道した。

このような環境下で、映画製作者はどのような抵抗策を取っているのだろうか。

18 https://www.engagemedia.org/Members/Seelan/news/singapore-police-investigates-filmmaker

19 http://www.economist.com/blogs/banyan/2013/06/regulating-singapores-internet

### （２）現実主義的抵抗

Ｒ21指定のように経済的圧力も行使するＢＦＣの自己検閲誘導が一定の効果を収める一方で、現実主義的抵抗を示している例も紹介したい。表現の自由を希求する監督対抑圧する政策当局者というニ項対立思考では割り切れない、両者の戦略が伺われるからだ。

心理学者マイケル・リヴァインは『検閲下での作家の心理分析』で、自己検閲は「作家のブロック（遮断）」を示すとし、「私的決定である自己検閲は必然的な対応であり、意識的な創造性を依然として維持している。両義に取れる物語の中断、偽装、歪曲などの婉曲表現によって検閲を麻痺させ機能不全に陥らせる政治的武器である」（Levine 1978 :94,126）と主張している。

エリック・クー監督のＰＧ指定を受けた『12 Storeys』（１９９７年）に登場する、阿媽（乳母）として働いていた養母と同僚のアー・リンの関係について考察しよう。

同国では、レズビアンの肯定的表象は確実に上映禁止対象になる。未婚をとおした阿媽の多くは相互扶助システムをもとに部屋を共有していたので、時にレズビアンと噂された。しかし２人の関係は、それが故にレズビアンとは断定できず、検閲当局も観客も推測するしかない。映画研究者タン・シーカムは「信憑性について頼みとすべき明らかな描写が無いが故に、『作家のブロック』が見られる」[20]

20 http://www.ejumpcut.org/archive/jc46.2003/12storeys/

と指摘している。

本作は第50回カンヌ国際映画祭に正式招待された同国初の作品となった。映画の複製性に注目し、国民統合再強化とともに国威発揚に役立つとの統制派に加え、創造産業推進による持続的経済成長と外国人観光客誘致をめざす経済官僚の実利主義的姿勢が反映されている。

一方で、クー監督は彼らの思惑を逆手に取りながら政策策定に参加し、表現の自由拡大を実現すべく自らの芸術性を追求している。

ホテルの一室を舞台にしたクー監督の『In the Room』（２０１５年）は、ゲイ関係を思わせるカップル、ストリッパー、タイ人の性転換手術希望者などが登場する、六編からなるオムニバス映画である。「2か所カットすればＲ21指定にする」とのメディア開発庁（ＭＤＡ）案に対し、『Mee Pok Man』のＲ21からＭ18への指定変更（２００４年）という交渉実績を持つ監督は「『18歳で入隊義務があるのに、セックスを描いた本作が何故2カットのＲ21になるのか』と反論し、カット無しのＲ21指定を得て劇場公開された」と語った（２０１６年1月11日インタビュー）。

次に方言枠拡大だが、台詞に占める方言の割合は50％まで、超える場合は華語に吹き替えるか、カットするという暗黙の「方言50％ルール」がある。

２００７年の興行収入第10位に輝いたロイストン・タン監督のミュージカル映画『８８１』（ＰＧ）で考察しよう。

カーニバルの要素を取り入れたミュージカル映画化によって、検閲を欺く「作家のブロック」が見られるからだ。文芸学者ミハイル・バフチンは「中世の公式的祝祭とは反対に、カーニバルは支配的な真理、現存体制からの一時的な解放を祝し、位階制にもとづくすべての関係、特権、規範、禁止の一時的撤廃を祝すかのようであった」と述べている（バフチン 2007：23-24）。

本作では、ロー・カルチャーとして不当に差別されている歌台上で、公共放送から追放されている方言（福建語）のポップ・ソングが高らかに歌われている。ＭＤＡと交渉し、「方言50％ルール」から歌詞を除くとの承認を得るのに成功した。本作は、人民行動党（ＰＡＰ）政権によるハイ・カルチャーと英語重視政策に冷水を浴びせ、福建語も我々の祖先が話していた伝統ある言語だと主張したが故に、観客の圧倒的支持を獲得できたと言える。

一方で、本作は第80回アカデミー外国語映画賞候補として送付され、また政府観光局（ＳＴＢ）も「エキゾチックなシンガポール」を訴える宣伝ツールとして活用した。

なお歌台は、日本のお盆に相当する先祖供養の「鬼節」期間中に、死者供養のため５００か所以上の仮設舞台で公演される華やかな歌謡ショーである。

次に、ジャック・ネオ監督の作品を考察する。

２００３〜２０１６年の14年間に興行収入ベスト10入りした国産映画は合計でわずか８本だが、うち７作は監督の作品である。[21] 最新作『Long Long Time Ago』（２０１６年）は、子連れで実家に戻った華人系女性を軸に、独立前後から１９７０年代後半までにわたるカンポン（村落）生活を描いている。高興行収入の実績をもとに「当時、多くの人々は華語を知らなかった」との主張を精力的に展開し、ＭＤＡに台詞のほとんどを福建語とする事を黙認させ、ＰＧ13指定で上映許可を得た。[22] 映画関係者は「２０１５年総選挙で、高齢者の支持を得られるのではとの情報通信省（ＭＣＩ）の思惑が反映していたと言われている」（２０１６年１月13日インタビュー）と述べていたが、両者の現実主義的関係が伺われる好例だと言えるだろう。

マイケル・リヴァインの論考は、若手にも引き継がれている。

父の死刑執行者だった老絞首刑執行官との交友関係を深め、最終的に彼の後継者になる新任官の苦悶を描いた、ブー・ジュンフォン監督（１９８３年生）の最新作『Apprentice』（２０１６年：M18）である。監督は、２０１０年に裁判制度を批判した廉《かど》により収監された、作家アラン・シャドレイクの著作『Once a Jolly Hangman: Singapore Justice in the Dock』（２０１０年）を読んでいるが、「直接的な死刑制度批判は避け、同制度への問題を提起して観客に再考を促す作品とした」（２０１５年12月29日

21 前掲 Facts & Figures

22 http://www.straitstimes.com/lifestyle/entertainment/jack-neos-kampung-film-long-long-time-ago-uses-a-lot-of-hokkien

インタビュー）と製作意図を語っていた。

長編デビュー作『Sandcastle』（２０１０年）は、エリック・クー監督の製作会社ジャオウェイ社、及びシンガポール映画委員会（ＳＦＣ）の製作助成をうけ、祖母の介護と向かい合う家族の葛藤を描いた作品である。カンヌ国際映画祭批評家週間で上映された同国初の作品である本作は、ＯＢマーカー越えの恐れがある１９６０年代の華語校の政治運動を背景にしているが、翌年、監督はシンガポール国家青年賞を授与された。人民行動党（ＰＡＰ）政権内においても、規制派、芸術派、産業派間の暗闘が展開していることを示している。

しかし同政権は、封印した歴史解明とＬＧＢＴ問題に関しては過敏なまでに神経を尖らせている、二例をもとに考察しよう。

①『To Singapore with Love』（２０１３年）は、タン・ピンピン監督（１９６９年生）が、現在もマレーシア、タイ、英国に居住する政治亡命者の聞き手となり、製作資金の一部をプサン国際映画祭のアジア映画ファンドから助成を受け、完成させた作品である。[23]

２０１４年９月10日、メディア開発庁（ＭＤＡ）は「治安当局の正当な行動を歪めて描いているが故に、安全保障と国益を弱体化させる作品」として、「１９９８年改正映画法」第35条にもとづき上映禁止（ＮＡＲ）に指定した。

この決定に対し、芸術家、市民活動家38名が「歴史論議を制限しているとの疑問を助長するだけで、政府が提唱する『情報が共有された活気ある社会促進』に何ら寄与しない」と再考を望む共同声明書を公表した。

監督は、検閲委員会（ＢＦＣ）決定に承服できない場合、30日以内に不服申請審査委員会（ＦＡＣ）に再審請求できると規定した「１９９８年改正映画法」第24条にもとづき申請状を提出した。しかしＦＡＣ審査中にもかかわらず、ヤコブ・イブラヒム情報通信省（ＭＣＩ）大臣に加え、他の閣僚も批判を展開した。10月３日、リー・シェンロン首相は「我が国が民主社会を実現すべく苦闘していた時代

23・経緯：タン監督のウェブサイト：http://www.tosingaporewithlove.com/、・MDA has classified the film "To Singapore, With Love" as Not Allowed for All Ratings (NAR)、及びThe Films Appeal Committee upholds MDA's decision to classify "To Singapore, With Love" as Not Allowed for All Ratings (NAR) https://www.imda.gov.sg/

に、共産主義者と戦った人々の名誉を汚す作品だ。監督がＦＡＣ判定を待っていても、本作に対する政府決定に変更・譲歩はない」[24]と明言した。首相までが登場するのは異例である。拙速とも言えるリー首相の発言に対し、社会学者チュア・ベンフアは２０１５年２月「上映禁止決定に対する国民の反発を過小評価したかもしれない。政治的に高いものにつく恐れがある」[25]と批判した。

長年にわたり海外に居住せざるを得ない亡命者の母国への思いを描いた本作には、１９６０～１９７０年代、特に「冷蔵庫作戦」（１９６３年）[26]発動時、予防拘束と無期限拘留を規定する「治安維持法」から逃れ、現在も人民行動党（ＰＡＰ）政権、特にリー・クアンユーを糾弾する人々が登場している。「建国の父」と称されるリーの偉業を称え、建国50周年（ＳＧ50）を契機に体制強化を画策する同政権にとって、封印された歴史再評価を促す本作は刺激的過ぎたと考えられる。

不服申請審査委員会（ＦＡＣ）は、ＮＡＲ賛成９名、Ｒ21変更支持３名との審議結果をもとに11月２日、メディア開発庁（ＭＤＡ）に同意する決定を下した。

なお「１９９８年改正映画法」第25条に、情報通信省（ＭＣＩ）大臣はＦＡＣ委員の任命権を持ち、第27条で大臣はＦＡＣ決定前に審査権を有するとの規定がある。

一方でタン監督は、ＭＤＡより２８０万Ｓドルの助成金を得て製作されたＳＧ50記念オムニバス映画、短編七作からなる『7 Letters』の監督の一人に選定された。ＭＤＡ交渉を担当したロイストン・タン監督は「助成金申請時は脚本提出などの煩わしい手続きが必要だが、今回は一枚程度の企画書提出で終わり、候補者も問題なく承認された」（２０１６年１月12日インタビュー）と語った。同庁も一枚岩ではないのである。

②ブー・ジュンフォン監督の『Tanjong Rhu』（２００９年：Ｒ21）は、ゲイの囮捜査後、逮捕者の氏名・職業、更には写真までメディアに公表された、悪名高い１９９３年の「タンジョン・ルー事件」[27]を背景にしている。現場での囮捜査官との緊迫感溢れるやり取りと、若者の癒されない傷をインタビュー形式により描いた短編フィクションである。

24 ・ＭＣＩ大臣の発言概要：http://sensesofcinema.com/2015/documentary-in-asia/to-singapore-witlove-documentary/
・リー首相の発言 http://www.straitstimes.com/singapore/exiles-in-to-singapore-with-love-shouldnt-get-chance-to-air-self-serving-accounts-pm

25 http://sensesofcinema.com/2015/documentary-in-asia/to-singapore-with-love-documentary/

26 書籍例 Poh Soo Kai, Tan Kok Fang and Hong Lysa eds. (2013)`The 1963 Operation Coldstore in Singapore: Commemorating 50 years' Strategic Info Research Development Centre Pusat Sejarah Rakyat Bhd Malaysia p.15. Poh Soo Kai, Tan Kok Fang は元長期拘留者、Hong Lysa は歴史研究家

27 １９９３年11月23日付「The Straits Times」記事

監督は２０１１年末、本作を含む短編７作を収めたＤＶＤを販売すべく、レイティング再審査をＦＡＣに申請したが、「我々の権限を超えている。例外は認められない」とし却下された。[28]

## ４．ニューウェーブの萌芽

ＰＡＰ政権内では、依然として統制派、経済派の存在は大きいものの、芸術派の影響力が増大しつつある。この潮流下で若手の新しい試みが現れているので、４項目に分け考察する。

### （１）製作資金調達多様化と海外を含む共同製作活性化

①『Ilo Ilo』（２０１３年：ＰＧ13）で、アンソニー・チェン監督（１９８４年生）は、同国初のカンヌ国際映画祭カメラドールを、また台湾金馬奨の最優秀作品賞、新人賞、脚本賞を受賞した。この実績をもとに、製作総責任者として、シンガポール、タイ、中国の若手監督を招聘し、オムニバス映画『Distance』（２０１５年）を广西电影集团有限公司など中国投資家の支援を受け製作した。翌年には、シンガポール映画委員会（ＳＦＣ）よりNew Talent Feature Grantを受け、キルステン・タン監督のタイを舞台にした『POP AYE』の製作総責任者になっている。[29]

②ブー・ジュンフォン監督の『Apprentice』は、２０１６年カンヌ国際映画祭ある視点部門、東京国際映画祭ワールド・フォーカス部門に出品された。「プサン国際映画祭アジア映画ファンドの脚本助成を２０１２年に受け、メディア開発庁（ＭＤＡ）、エリック・クー監督のジャオウェイ社に加え、仏、独などの製作会社から製作資金を得た」（２０１６年12月29日インタビュー）と述べている。

③２０１０年にラサール芸術大学を卒業したジョー・ジーウェイ監督（１９８３年生）は「Ｓ

28　https://boojunfeng.com/2011/12/22/my-anthology-of-short-films/
ＬＧＢＴへの偏見は改善されつつあるとはいえ、依然として作品表象には法的リスクが伴う。英国植民地時代の遺物である、ゲイ行為に対し禁固刑を科す「刑法３７７Ａ条」、及び「治安維持法」について、ＰＡＰ政権は「国民の多くは未だ保守的で、公序良俗に反する作品に強く反対している」との発言を繰り返し、廃止への道筋は見えていない。

しかし、両法の存在自体が創作活動への無言の圧力になっているのは明らかである。

29　２０１６年２月29日、及び２０１７年２月28日付アンソニー・チェン監督インタビュー

FCに加え仏と台湾の製作会社が出資した、台湾を舞台に老夫婦の日常を描いた『After the Winter』（2013年）は、カンヌ国際映画祭シネフォンダシオン部門に選出された」（2016年1月11日インタビュー）と述べている。

以上のとおり、海外投資家の関心の高まりを製作資金調達多様化に結びつけた共同製作への積極的姿勢が見られるようになっている。更に、国内投資家開拓も進んでいる。

④シンガポール国立大学（NUS）で社会学専攻後、撮影学を学ぶためニーアン・ポリテクニックに再入学したレイ・ユエンビン監督の『03-FLATS』（2013年：PG13）は、公営高層住宅に住む世代も違う3人の単身女性の日常生活を描いたドキュメンタリー映画である。監督は「NUS建築学部准教授リリアン・チーの調査費から製作資金の一部を得て製作し、プサン国際映画祭などの海外映画祭で上映された」（2016年1月10日インタビュー）と述べた。

⑤ハン・ユークアン監督（1975年生）の最新作『Rubbers』（2015年）は、三部構成のコンドームにまつわるエロチック・コメディーである。監督は「テレビ・ドラマの脚本収入、香港アジア映画投資フォーラムの賞金に加え、シンガポールでは未だ余り活用されていない、インターネットサイトをとおし賛同者から資金協力を得るクラウド・ファンディングで製作資金を調達し完成させた」（2016年1月12日インタビュー）と述べた。

本作は「社会規範、良識に配慮する」なる曖昧な年齢制限規定のガイドラインによってR21指定を受けた。しかし、検閲審査委員会（CRC）が2010年報告書で「R21指定映画は、海外のウェブサイトで容易にダウンロードでき、この流れは急速に拡大されるだろう」と指摘したように、明確な判断基準が示されないR21の存在意義は既に失われている。

## （2）政府支援の拡充

①製作資金助成：シンガポール映画委員会（SFC）は1998年の創設以降、600件以上の短編、長編映画、イベント企画などへの支援を行なっている。2012年のNew Talent Feature Grantでは、タン・ピンピン監督が要望していたドキュメンタリー映画も対象になった。[30]

②海外留学：2003年よりメディア開発庁（MDA）が開始したMedia Education Scholarshipを活用し、映画関係ではアンソニー・チェン監督の英、ジョー・ジーウェイ監督の仏留学に続き、2014年にはアルヴィン・リーが北京电影学院に派遣され、2015年には3名、翌年には1名が選出された。更にシンガポール映画委員会（SFC）は、脚本作成、監督・製作業務の腕を磨かせるための支援制度Film Mentorship Initiativeを創設し、台湾、イスラエル、オランダの各フィルム・ラボに派遣している。[31]

## （3）官民共同の若手育成

1991年に長編映画と短編映画二部門のコンペを開始したシンガポール国際映画祭、2003年より始まったサブ・ステーションと国立博物館のシンガポール・ショート・カッツは、短編映画を製作する若手の登竜門となっている。更に以下の試みが始まっている。

①＊SCAPE（若手芸術家支援を目的とするNPO）と、シネマ・メディア社（映像製作コンサルタント）が共同主催する国家若手映画祭は、2016年に第2回を迎え260作品が応募した。この映画祭は文化・コミュニティ・青年省（MCCY）大臣が授賞式を司宰し、主催者が製作支援に留まらず興行・マーケティング面まで指導するとの特性を持っている。[32]

②新進気鋭作家発掘と外国作家紹介を目的として、1986年に創設されたシンガポール作家祭（現在、国家芸術評議会：NACが所管）が、初の試みとして長編映画『One Hour to

30 Fact Sheet - Film directors to get up to 100% funding with launch of 'New Talent Feature Grant' www.imda.gov.sg/ タン監督は「この助成制度を活用し『In Time To Come』を完成させた」と述べた（2017年3月26日メール・インタビュー）

31 MDA Annual Report 2012/2013 p.26、MDA 同 2014/2015 p.21、同 2015/2016 p.24. www.imda.gov.sg/

32 2016年1月8日ニコラス・チー（Sinema Media社役員）インタビュー

Daylight』（2016年：NC16）に製作資金を提供した。製作監修をシネマ・メディア社に委嘱した本作は、中国からの新移民が、隣人のインド系の家からのカレーの匂いが我慢できないと法務省紛争処理機関に訴え論議を呼んだ2011年の「カレー騒動」を背景に多様な社会問題を表象した作品で、作家祭受賞新進作家4人と若手監督4人が担当した。[33]

### （4）華人系以外の監督の登場

サニフ・オレク監督の『Sayang Disayang』（2013年：PG）は、アカデミー賞外国映画賞作品に送付された、同国初のマレー系監督作品である。現在、マレー系、インド系監督製作映画も脚光を浴び始めているので紹介したい。

まず、シンガポール国際映画祭の短編部門審査員特別賞を1995年より3回連続で受賞し、7人の監督が製作した『7 Letters』の「The Flame」で鋭い感性を示したインド系K・ラジャゴパール監督（1965年生）である。2016年に仏との共同制作映画『A Yellow Bird』（M18）を、長編デビュー作として監督した。[34] 中国人売春婦との触れ合い、2013年のリトル・インディア暴動などの社会問題を織り交ぜながら、出所後に妻と娘を探す主人公の心理を繊細かつ骨太に表象した本作は、カンヌ国際映画祭批評家週間で上映された。

次に、頭髪を覆うヒジャブを着用した女の子がプロレスラーをめざす『Banting』（2014年）で長年の夢である長編映画デビューを果たした、マレー系ライハン・ハリム監督である。「1975年以降に製作・劇場公開された初のマレー語商業映画」との記者の発言に対し、監督は「マレー語映画でなくシンガポール映画だ。シンガポールは民族、文化そして言語が混じり合うメルティング・ポットだという考えに賛同したい」[35]と答え、多様性の尊重を訴えている。

以上4項目を考察したが、ラジャゴパール、ハリム監督は（2）で述べたNew Talent Feature

33 前掲　ニコラス・チーインタビュー

34 2016年2月1日、Akanga Film Asia社の創設者Fran Borgiaメール・インタビュー

35 http://www.sindie.sg/2014/11/production-talk-with-raihan-halim-on_12.html

Grantで選出された8人の一人として助成金を受けている。彼らに留まらず、後進の今後の製作活動に期待したい。

## 5. まとめ

本章では、現実主義的相互依存／対立関係をキーワードにして、１９９５年の『Mee Pok Man』から、僅か20年間で目覚ましい変革を遂げている同国の映画に焦点を合わせ考察した。

２０１２年の映画関連助成額が１５４件で３８７万Ｓドルに対し、２０１４年は１９５件、１４７８万Ｓドル[36]との実績を勘案すれば、産業構造転換決定後の次世代産業への集中投資は評価できる。しかし、数値管理と投資回収を映画振興政策に適用する、人民行動党（ＰＡＰ）政権の効率性優先志向には疑問を抱かざるを得ない。

更に、歴史封印、ＬＧＢＴへの法規制が時代の潮流に逆行しているにもかかわらず、同政権がモラル護持政策をもとに現体制を補強すべく頑な姿勢を採るのは大いに予測される。「ＯＢマーカー」拡大を目指す映画製作者との対立が、より深刻な課題になるのは明らかである一方、同国が生み出したコンテンツを世界から評価されたいとの願望は両者が共有しているだけに、現実主義的相互依存関係は深化するであろう。エリック・クー監督が投資家募集のパイオニアだとすれば、４の「ニューウェーブの萌芽」で考察したように、国内外映画祭での受賞によって自信を持ち、製作会社を立ち上げた若手監督たちにもその傾向がみられるようになっている。

同国は、多民族・多言語・多宗教国家に相応しい魅力ある素材を多く持っている。また世界でも有数のＩＴ先進国だけに、自らの作品を容易に製作・発信できる。更にリスク・テイク容認姿勢は、教育現場に留まらず保護者にもみられるようになっている。

36 MDA Annual Report2012/2013 p.23. 及びMDA Annual Report2014/2015 p.18.

映画製作者の創造的情熱・異議申し立てを、統制派の法と秩序至上思考、経済派の経済合理性思考によって阻害させてはならない。

面談した映画関係者の多くが「最も重要なのは、多様性の尊重だ」と強調するように、２０１５年の建国50周年を終えた今こそ、異論に寛容な社会をいかに創り上げていくかが問われている。

## 引用文献


バフチン、ミハイル
　１９９５『フランソワ・ラブレーの作品と中世・ルネッサンスの民衆文化』川端香男里訳、せりか書房。

Bey, Mulieng
　2002 The Relaxation of Film Censorship in Singapore in the Past Decade. M.A. Thesis in Nanyang Technological University.

Cheah, Philip
　2002 Singapore: Starting over. In *Being and Becoming: The Cinemas of Asia*. Aruna Vasudev,Latika Padgaonkar and Rashmi Doraiswamy (eds.), pp. 380-391,Macmillan

Kong, Lily
　2000 Cultural Policy in Singapore: Negotiating Economic and Socio-Cultural Agendas. *Geoforum, 31(4)*, 409-424.

Levine, Michael
　1994 *Writing Through Repression: Literature, Censorship and Psychoanalysis*. John Hopkins

University Press.

Millet, Raphaël

2006 *Singapore Cinema*. Editions Didier Millet.

Ooi, Can-Seng

2010 Political Pragmatism and the Creative Economy: Singapore as a City for the Arts. *International Journal of Cultural Policy* 16 (4):403-417,

Rojas, Hernando, Dhavan V. Shah, and Ronald J. Faber

1996 For the Good of Others: Censorship and the Third-Person Effect. *International Journal of Public Opinion Research* 8 (2): 163-186.

Siddique, Sophia

2001 Images of the City-Nation: Singapore Cinema in the 1990s. Ph.D. Dissertation, University of Southern California.

Tan, Kenneth Paul (ed.)

2007 *Renaissance Singapore?: Economy, Culture, and Politics*. NUS Press.

Uhde, Jan and Yvonne Ng Uhde

2000 *Latent Images: Film in Singapore*. Oxford University Press,

White, Timothy

1997 Pontianaks, P. Ramlee and Islam: The Cinema of Malaysia, *The Arts* 4:18-19.

Williams, Alan

2002 *Film and Nationalism*. Rutgers University Press.

吉野耕作

１９９７『文化ナショナリズムの社会学――現代日本のアイデンティティの行方』名古屋大学出

版会。

# 第3章　農村のポピュラー文化
## ——グローバル化と伝統文化保存・復興運動のはざま

馬場雄司

### 1. はじめに

ポピュラー文化は、従来、近代以前に措定される「伝統的な民俗文化」に対照されるものとして位置づけられてもきたが、今日のタイ農村は、都市と切り離されて「伝統的な民俗文化」を育む場ではない。グローバル化は都市からそれ以外の地域へも影響を及ぼし、タイの農村においても、その生活は都市的生活と連続している。都市へ人が働きに行き、都市の商品が流入するのみならず、テレビ、カセット・CD、更にはSNSに至るまでのメディアの影響を受けて、その生活は成り立っている。そこには、こうした都市的文化との連続で考えなくてはならない新たな芸能文化が生み出されている。

筆者は以前、こうした現代のタイ農村において生まれた新たな芸能文化を「農村のポピュラー文化」と呼んだ（馬場 2010）。本章では、このような問題意識のもとに、以前、筆者がとりあげた、北部タイ・ナーン県の一農村における芸能実践の事例を今一度再考し、その新たな芸能実践の中に「伝統」を強調する演目と、「伝統」にこだわらない演目がみられることに注目し、今日の農村コミュニティが、都市と農村との間でゆれうごく人々によって形作られているという実態を示してみたい。

　本書の編者による序論にもあるように、グローバル化の文化的側面について考えた場合、文化表現の多くは、「脱中心化」「脱地域化」「商品化」「断片化」という状況を経験し、しばしば既存の文化的境界を越えて流通し読み替えられていく状況がみられる。タイにおいては、80年代終わりから90年代にかけての冷戦が終結し、その時代にこうしたグローバル化が大きく進展した。その一方、こうした急速なグローバル化や近代化の進展によってコミュニティの喪失の危機が叫ばれ、「伝統文化」に目を向ける動きがあらわれた。[1] このようにして生まれた、90年代を中心とする「伝統文化」の復興・強調もグローバル化の動きの一つの側面として考えるべきであろう。ここで扱う新たに生まれた農村の芸能実践は、都市の影響を受けた新たな装いをもったものではあるが、伝統を見直す動きの中で現れたものも存在し、同時にそれと無関係に新たに加えられたものも存在している。このことは、農村コミュニティとそれに連なる人々が都市と農村の間で揺れ動く実態を示しているのである。

　更に、こうした都市と農村の連続性およびグローバル化を容認しつつ「伝統文化」を模索する地方大学の二人の研究者の活動をとりあげる。一人は、チェンマイ大学芸術学部でランナー（北タイ）音楽を研究・実践するティティポン・カンティーウォン氏、一人は、マハーサラカム大学音楽スクールでケーン（笙）などイサーン（東北）音楽を研究してきたチャルーンチャイ・チョンパイロート氏である。この両者はそれぞれ北部タイ文化及び東北タイ文化研究の中心的な研究機関で教育・研究を行っており、地域を将来的に担う人材育成に従事している。そしてそこには、グローバル化の進む現在のタイ社会を踏まえて、地域の伝統芸能にこだわる姿勢がみられる。

　ここでは、それらを通じて、グローバル化と伝統文化保存の動きとのはざまにある、今日における人々の様々な模索の様相を示す。タイ・ルー農村の事例では、主として１９９０年代に、「農村のポピュラー文化」と呼べるようなグローバル化と都市的文化の影響を受けて新たな芸能を産みつつ、一方で伝統文化の見直しの動きが活発化する様相を扱う。こうした農村の実態を描く一方、地方の将来を担

1 コミュニティ文化論は、１９８０年代後半以後、チャティップらによって唱えられ「急速な近代化によって失われたタイ本来のコミュニティの力を見直す」ことを主眼とした理論である（チャティップ 1992）。そこでは、近代の弊害をもたらす市場や国家から独立したコミュニティの力に着目する。しかしそれは、あくまで「かつて存在したと想定されるコミュニティ」であり、実在のものというより理念的なものであるとの批判もなされている（北原 1996:64-94, Reynolds 2011:36-41）。

う人材育成を重視する地方大学の研究者の試みの事例をとりあげる。これら農村で進行する地域の現実と、あるべき理想をもとにした地域の将来に向けた取りくみの双方の検討を通して、グローバル化の中で「伝統」にこだわる必然性や意味について考えてみたい。こうした試みは、混沌とした現状がどこへ向かうのか、渦中にある人々はどこに向かおうとしているのかを解きほぐすヒントになると思われる。

## 2. タイ・ルー農村の守護霊儀礼における芸能の変化

筆者は、1990年以来、タイ系民族タイ・ルーの建てたナーン県N村の調査研究を継続してきた。タイ・ルーは、現在の中国雲南省西双版納タイ族自治州（シプソーンパンナー）にシプソーンパンナー王国を形成していたタイ系民族である。ナーン県ターワンパー郡N村は19世紀にシプソーンパンナーの内部抗争に破れ、シプソーンパンナー東部のムアンラーから移住した人々が建てた村で、同時に移住した人々の建てた隣接2か村（D村、T村）とともに、3年に1度、故地ムアンラーの守護霊を祀ってきた。祀られる守護霊は、主神チャオルアンムアンラーを中心とするパンテオンをなしており、故地シプソーンパンナーからの移住時の軍団をあらわしている。儀礼は3日間行われ、1日目にN村の人々がD村に住むチャオムアン（故地ムアンラーの領主の子孫とされる）を迎えに行き、2日目に水牛、牛、白豚、黒豚が供犠され、3日目には、この軍団とともに移住したとされるムアンウーの守護霊が祀られてきた。90年代以降、地域開発の進展により、この儀礼も大きく変化したが、その最も大きなできごとは、1996年に、儀礼がN村の儀礼場とD村の儀礼場の2か所に分裂したことである。これは、90年代にはじまる観光開発も伴う地域開発により、当時開発の拠点であったN村が大きな注目を浴び、D村はチャオムアン（ムアンラー領主の子孫）と守護霊パンテオンの多くを擁していたにもかかわらず、儀礼の肥大化による利益を得ることが少なく、儀礼での重要な役割に注意がはらわれなくなった（馬場 2010）。このため、N村とD村の間に心理的葛藤が生じ、結果、分裂に至ったのである。これ以降も、N村は政府の開発政策などの影響をうけ様々な変化を経験したが、それは、この儀礼における村人の芸能にも反映されてきた。

90年代を中心としたN村の変化に影響を与えた開発政策は以下のようである。80年代終わりから始まる冷戦の終結によって周辺の社会主義諸国との国境が開放され、北部タイの地域開発が、国境を越えた開発の一環として進められ、同時に地域の観光化をもたらした。また、急速なグローバル化、経済発展による近代化に対して、伝統文化の見直しも叫ばれ、地方の知恵に目をむける政策も提出された。更に90年代後半以後の経済危機ののち、地域再生のため、家族やコミュニティの機能の回復や一村一品運動などの政策が登場した。

儀礼においては、90年代初頭から、地域おこしや観光政策の一環として、村人の工夫による様々な芸能が繰り広げられるようになった。そこには、伝統的芸能の衰退とその再編をめざす動きと、そうした伝統にこだわらず様々な音楽・芸能を取り入れていく動きがみられる。以下、この二つの流れを念頭に、90年代に守護霊儀礼に表れた様々な芸能の特徴をまとめてみたい。[2]

2 以下の芸能の変化についての記述は、基本的に（馬場 2010）の内容に基づいている。

### （1）伝統的芸能の衰退とその再編～伝統の見直しの中の「伝統」芸能

タイ・ルーの特色的な音楽文化の一つにカプ・ルーというものがある。カプは声調の抑揚に従って旋律がつくられる歌であるが、チャーンカプという歌の専門家が扇で顔を隠して、チャーンピーと呼ばれるピー（横笛）の吹き手の伴奏で歌う（「チャーン」は専門家の意）。彼らが新築儀礼や結婚式で歌う姿はシプソーンパンナーの風物詩としても知られてきた（馬場 1990）。N村においても、チャーンカプはそうした役割をもち、また守護霊儀礼においても神を呼ぶカプ・ルーを歌う役割も担っていたが、そうした役割は1980年代で消滅し、1990年の儀礼では、婦人会メンバーが子孫の将来の幸福を祈る踊りのスタイルのものに変化していき、1993年もそのような形で行われた。

儀礼においてはまた、初日に、N村の男性チャーンカプがD村の女性チャーンカプを訪ねて歌のかけあいを行い、D村在住のチャオムアン（ムアンラー領主の子孫）をN村の儀礼場に迎えるという場面があった。しかしながら、1996年、儀礼はN村の儀礼場とD村の儀礼場との2か所に分裂し、それ以来こうした場面はみられなくなった。この分裂は、先に述べたように90年の儀礼の頃より始まった観光化による利益や農村開発の過程での儀礼のイニシアチブをめぐるN村とD村間の争いが発端であるが、これ以降、カプ・ルーは衰退していった。代わって高齢者伝統音楽クラブが登場したが、それは、特にタイ・ルーに特徴的なものではなく、タイ北部全般にみられるドントリー・プンムアンと呼ばれる北タイ伝統音楽を演奏する楽団であったが、村の「伝統音楽」として認知されるようになる。そののち、こうした高齢者の音楽活動に関心をもった子どもが現れ、のちに若者伝統音楽グループが登場するに至った。[3]

このように、タイ・ルー音楽のシンボルといえるカプ・ルーは衰退し、北タイ全般でみられる伝統音楽が村の「伝統音楽」として定着したのであるが、それは、「伝統文化」が必ずしもタイ・ルー文化としての真正性にこだわったものであるとも限らないということである。カプ・ルーの衰退と並行して、90年代になってから、タイ・ルー舞踊が意図的に強調されるようになった。儀礼二日目に守護霊への供犠ののち、多くのタイ・ルー舞踊が儀礼場の守護霊の銅像の前で踊られるが、80年代まではそれほど多くの舞踊が演じられたわけではなく、90年以降、新たに創作されたものも加わり、様々な舞踊が演じられるようになった。90年代前半のカプ・ルーも婦人会メンバーが踊りながら歌うものに変化していた。これは、観光化を伴う地域開発による儀礼の肥大化によって、観光客をもひきつける視覚的な演目が前面に出ていったものと考えられる。同時に、神を呼ぶという儀礼の中心部分に関わるカプ・ルーは消滅したのである。

3　1993年までのカプ・ルーの歌詞の変化および2000年代までのチャーン・カプの衰退については（馬場 1996）（Baba 2007）参照。

また、93年以降、村内にステージが設けられ、1日目と2日目の夜に様々な演目が演じられるようになったが、故地シプソーンパンナーからの移住をテーマにした村人の創作劇も登場した。96年のステージでは、シプソーンパンナーからの移住の途中での設定で家族の様を表すものが演じられ、2002年のステージでは、シプソーンパンナーからの移住の様子とタイ・ルーの伝統的風物について演じられた。この演目は、セリフを伴うドラマではなく、アナウンスで場面の解説をおこなうものであった。主な内容は、勇敢なチャオルアン・ムアンラーに率いられてこの地にやってきたこと、主に農業をおこない、織物が盛んで有名なこと、寺院でジャータカ（釈迦前世譚）を聞くこと、ボートレースを近隣の村々と行い団結が生まれること、などである。これらをまとめて「チャオルアン・ムアンラー、寺院の壁画、水の流れの模様の織物、道徳に熱心」という標語を紹介している。2005年には、若者伝統音楽グループとクルム・ヤワチョン（青年会）による、スーブサーン・タムナーン・タイ・ルー（タイ・ルーの伝統を引き継ぐ）という演目が登場した。ここでは、若者伝統音楽グループによるドントリー・プンムアン（北タイ伝統音楽）の演奏の他、タイ・ルーの衣装によるファッションショー、タイ・ルーの移住の場面の再現などが演じられた。北タイ伝統音楽の演奏では、タイ・ルーという曲が演奏され、北タイ全体でみられるチョイという形式の歌で、守護霊チャオルアン・ムアンラーへの祈りがなされた。

これらは、一度、衰退した文化にかわり、意図的に「伝統文化」を強調する動きであるが、ここには、様々な新たに創作された芸能としての特色がある。まず、「伝統文化」といっても衰退したカプ・ルーに代わって中心的役割を果たす、楽団形式で演奏されるドントリープンムアンや、チョイという形式の歌は、北タイ全体でみられるランナー伝統音楽[4]の範疇にあるもので、タイ・ルー固有のものでない。ドントリープンムアンによる「タイ・ルー」という曲目、チョイによる守護霊への祈り、など、タイ・ルーの真正性にこだわらない、新たな芸能である。更に、カプ・ルーに代わって中心的役割を果たすものに、タイ・ルー舞踊があるが、新たに創作されたものも含めて視覚を重視した演目として

4 かつて北タイにはチェンマイを中心とした、ランナー（ランナータイ）王国が形成されていた（1294～1939）。北タイ文化をランナー文化と呼ぶことも多い。ドントリープンムアンは通常、スン（撥弦楽器）、サロー（擦弦楽器）、クイ（縦笛）、クローンポンポン（両面太鼓）、チン（鐘）などの編成からなる楽団形式をとる。こうした編成は、19世紀末、チェンマイ王女ダーラーラッサミーの頃に成立したと考えられている（注9参照）。

登場している。これは、観光客など外来者の目を意識したもので、TVなどマスメディアで大きく報道された1990年の儀礼より盛んになったものである。供犠自体もそうした外部の目を意識したイベントとして行われるようになった。[5]

また、1993年から村内に設立されたステージという仕掛けは、観客と演者という形式を持ち込み、そこで様々な新たな試みが展開されるようになった。演劇とかファッションショーなど、より視覚を重視した演目が繰り広げられたのである。

2005年の儀礼で活躍した若者伝統音楽グループは、カプ・ルーに代わり前面に出てきた高齢者伝統音楽グループの演奏に関心をもった子どもが成長し、青年会の中心的存在になって活発化したものである。彼らの活動は、2006年に文部省管轄下のケーブルテレビ局(Educational TV Station)の番組「モット・カムファイ」で報道され、広く知られる存在となった。このように、新たな伝統芸能はメディアでもとりあげられる対象となっている。

5 2002年からは、供犠は秘儀的に行うべきという意見も多く出され、なるべく外部の人々の目につきにくい早朝に行われるようになった。

### (2) 伝統にこだわらないステージを中心とした様々な芸能

以上のような意図的に「伝統」を強調する動きと同時に、そうした伝統にこだわらない新たに生み出された様々な芸能が登場した。これらは、1993年の儀礼から村内に設営されるようになったステージを活用して次々と登場したものである。

これらの多くは、村人たちによるアイデアによるものである。大まかにわけると、主婦たちの様々な踊り、若者によるポップスなどの歌・演奏、小中学校の生徒や幼稚園児などの演技がある。主婦たちの踊りとしては、タイ・ルー舞踊のみならず、チェンマイなどで見られる北タイの踊りの他、ルークトゥン(田舎風歌謡曲)などをBGMとした東北タイの踊り、中部タイの踊りなど、他地域の舞踊やそれに基づいた創作舞踊が登場した。若者の演目では、キーボード、ギターの伴奏によって現代ポップスを歌うものも多いが、ブレイク・ダンス風のもの、創作ダンスなどダンスを伴うものもある。チェンマイ大学に進学した若者たちは、CMU（Chiang Mai University）ダンスという創作ダンスを披露していた。子どもたちは、伝統舞踊の他、キティちゃんの踊りや『聖者が街にやってくる』をBGMとした創作ダンスなど、自由な工夫による出し物が、学校教育の一環として行われている。

また、高齢女性の活躍も目立つ。93年以来設けられたステージの演目で、美人（ナーン・ガーム）コンテストがあるが、そのパロディとして、「誰が美しくないか」を競う老女のコンテストまで登場した。美人（ナーン・ガーム）をもじって、ナーン・ゴーム（「ゴーム」は果物などが熟しすぎた様を表し、熟年を更に過ぎた女性を意味する）コンテストとよばれた。そこでは、テニスルックの老女たちが踊る姿が見られる。また、2002年には、初日夕刻、儀礼場にある守護霊チャオルアン・ムアンラーの銅像の前で、主に高齢の主婦達によるエアロビが行われた。これは、長老たちによる守護霊の祈りが行われている最中に、「毎日、運動をしましょう」という内容のポップス風の歌がBGMとして流れはじめ、黄色のTシャツ姿で集合した高齢主婦達数十名が踊りはじめるというもので、当時、境内で毎朝行われていた、高齢女性のエアロビ（ルークトゥンをBGMとする）を守護霊の前で行ったものである。これは、ターワンパーの町の霊媒が、「守護霊チャオルアンムアンラーはエアロビが好き」という託宣を行った

写真1　守護霊にエアロビを「奉納」する高齢者

ことが理由とされ、このことが守護霊前でのエアロビに神聖性を与え、一種の奉納芸となっていたのである。また、２００２年には、サーオ・ワイトーン（老年期の少女たち）[6]と呼ばれる老女たちのラムウォン（輪踊り）が行われた。これは、この踊り手たちの若い頃に盛んであった、地域の祭りでチケットを買って、ビギンのリズムの音楽にあわせて少女たちと踊るというものを想起して行われたもので、ここでも、チケットを買ってミニスカートの老女達と踊ることができるというしくみになっている。収益は、村の高齢者支援基金とされた。

写真２　ステージでのパフォーマンス

　そして、麻薬問題、家族問題などその時々の社会問題と政策をテーマとした、村人の自由な発想による創作劇も登場した。先に述べた、シプソーンパンナーからの移住をテーマにした創作劇もそうした様々なテーマの創作劇のひとつである。近年では、ステージにテレビ画面を模した枠を小道具としてつくり、その中で漫才を行うというスタイルも現れている。

　これらの芸能は、観光化、伝統文化の見直し、家族や高齢者の問題、一村一品運動など、様々な政策に対応しながらも、村人自身のアイデアで彼ら独自の世界を描くものでもあった。ここには、更に自由に様々な要素がとりこまれていることがわかる。若者の歌う流行のポップスに加え、ルークトゥンやポップ・モーラムをBGMとする他地域の舞踊、かつて流行したビギンのリズムによるラムウォンなど、ポピュラー音楽の要素がみられ、また、テレビ画面

6 タイ語で、「サーオ」は「少女」、「ワーイ」は「世代」、「トーン」は黄金を意味する。「ワーイ・トーン」は英語のGolden Ageの翻訳。アメリカなどで老人クラブをGolden Age Clubと呼んでいる。儀礼における高齢者の役割の変化については（Baba 2006）参照。

を模したものなど、マスメディアを意識したものがアイデアに盛り込まれてもいる。

（3）芸能の変化の社会的背景〜つながりの要としての「伝統」

こうした芸能の変化には様々な背景がある。80年代からN村の織物の観光商品化が始まり、90年の儀礼では、こうした織物をまとった女性達の舞踊が多くの観光客の目を引きつけ、婦人会の儀礼での役割が増大したのである。

また、高齢者の活躍も目立つ。例えば、美老女コンテストや老女のラムウォンをはじめ、プースーンアーユ（高齢者）の語を冠したグループが活躍した。チョムロム・ドントリー・プンムアン・プースーンアーユ（高齢者伝統音楽クラブ）や、2002年の儀礼より守護霊にエアロビを「奉納」したクルム・プースーンアーユ・プア・パッタナースッカパープ（高齢者健康増進クラブ）がそれである。プースーンアーユという語は80年代以降に用いられるようになった、60歳以上の医療・福祉サービスの対象を示す公的用語であり、かつて知恵の担い手とされてきた「コンタオ・コンケー（老人）」とはことなる。老人が知恵の担い手としての役割を喪失し、一旦支援の対象としての「高齢者」と位置づけられた上で、新たな活躍の場と役割を自主的に見いだしていった結果がこの儀礼での活躍である（Baba 2006）。

更に、伝統継承の試みの中からの創出された若者の役割もみられる。これは特に、2004年から2006年に行われた「家族の力強化計画」ともかかわる。これは、1997年の経済危機後、地域再生の重点として家族とコミュニティの強化が政策的に行われてきたが、そうした流れを組むもので、N村はそのパイロット村の一つとして選ばれたのである。しかしながら政策で意図された両親と子どものつながりの強化というよりも、都会に移住している夫婦が子どもを村の老親に預けているようなケースも多いN村では、若者の高齢者への理解という点に重点がおかれ、伝統文化に関心をもつ若者の活動が活発化したのである。このように政策は、その土地の現状にあわせた形で機能していった（Baba 2012）。

また、1993年の守護霊儀礼から登場した夜のステージでは、村内の5つの組対抗パフォーマンスが行われてきたが、一時帰郷者を含め村外にも広がる親族が共同で出し物を考案する機会になっている。他地域の芸能、中部タイや東北タイの舞踊の上演は出稼ぎ経験者や一時帰郷者の手によって行われるものも多く、あるいは、他地域で修得した舞踊を村の女性達に教えて演じるなどの経緯で行われるものも存在する。[7] 現代ポップスは村内に住む若者で関心を持つ者によるものもあるが、帰省した学生や他地域に移住し一時帰郷した者の手によるものも多い。このように、村外に移住した村人の村外での経験がこれらの芸能に表現されている。

以上のように、この伝統と関わらず新たに登場した芸能においては、主婦、高齢者（特に女性）、一時帰郷者の役割が際立つ。ポピュラー文化は若者のみに影響を及ぼすものではないのである。

また、これらの芸能には、ラジオ、テレビ、カセット、CD、Video CDなどのメディアの影響がみられる。儀礼の観光客へのアピールにはマスメディアが用いられ、伝統文化を受け継ぐ若者たちを紹介する文部省の関わるテレビ番組の存在など、伝統文化の再編と強調にも様々なメディアがかかわっている。村人の個々の芸能実践は、必ずしもメディアの利用を意識するものばかりではない。しかしながら、意識するしないにかかわらず今日の農村では日常的に様々なメディアに接する中で生活が営まれており、そうした文脈を考慮するべきである。

村人の芸能にみる様々な指向は、伝統の強調と他地域への拡散という一見相異なる方向の中にある。芸能における意図的な伝統の強調においては、必ずしも真正性は必要とされない。高齢者伝統音楽グループから若者伝統音楽グループに継承される北タイ伝統音楽（ドントリー・プンムアン）は北タイ全域にみられるもので、タイ・ルー独自のものではない。

先に述べたように、北タイのタイ・ルーの多くは19世紀にシプソーンパンナーから移住した者たち

7 東北タイ・中部タイ・北部タイの接点に位置するウッタラディットの師範学校を卒業した女性は、在学中に他地域の舞踊を習得し、村の女性たちに指導していた。

で、元来、言語も近い関係にある北タイ人と大きな文化的差異はなくなっている。冷戦を経てのち故地とのつながりがほとんどなくなった現在、今日のタイ・ルー村落における伝統の強調は、故地とのつながりよりも、村落開発政策の一環として他村と差異化するために村落の特徴を示す目印の強調という意味をもつ。これは90年代の伝統文化見直しの流れの中で進展していったものでもある。村外移住者が守護霊儀礼のおりに帰郷する際、パフォーマンスに参加することは、こうしたタイ・ルーの文化を目印にもつ故郷の村とのつながりを身体的に感じることにつながり、村人意識を維持することができる。このような意味で様々な芸能の登場は、都市文化との連続をあらわすと同時に、他県に散らばった村人の参加の機会であることを示している。

N村のコミュニティは、こうした村外に広がる人々のネットワークの集積という形をとっており、そのシンボリックな中心となるのが守護霊チャオルアン・ムアンラーなのである。[8] それは、シプソーンパンナーからの移住という歴史を故地との直接的なつながりがなくなった現在も記憶にとどめさせ、チャオルアン・ムアンラーに捧げる歌、踊りなどは、新たに創造されたものも含め、こうしたコミュニティのシンボリックな中心を視覚・聴覚から感じさせる。一方、守護霊に捧げることを特に目的としない、ステージを中心とする様々な村人の演目は、村内の5組それぞれが考えるというコンテスト形式の仕組みをとる。このメンバーには、儀礼の際の一時帰郷者も含められ、儀礼的中心とは関わりなく、村外居住者とのネットワークを紡ぎ出す役割も果たしている。こうして村外居住者は、居住地とは別の村人意識を紡ぎ出し、いわば二重の「居場所」をもつこととなる。

この村外へとつながるネットワークは、主として親族を中心とするものであるが、これは村人意識を存続させる一方で、消滅へとつながる周辺を作り続けてもいる。村外居住者の村とのコンタクトのあり方はケースバイケースである。移住後も毎年のソンクラーン（4月に行われるタイ新年）や結婚式、葬式など親族の儀礼など、折りにふれ帰村する者もいれば、3年に1度の守護霊儀礼の時のみに帰村する者もある。また、儀礼や寺院の修復などの際に寄付金を送ってつながりを保つ者もいる。親

8 このようなコミュニティのあり方は、ウォーカーのいう「モダン・タイ・コミュニティ」のモデルがその理解の参考になる。モダン・タイ・コミュニティとは、近年のグローバル化の進展の中、東南アジア大陸部タイ族世界において立ち現れてきた、近代／伝統の二分を越え、国家や市場と共存しうる開かれたコミュニティである。コミュニティをモダニティ（近代的状況）のオルタナティヴと考える「コミュニティ文化論」でいうような国家・市場から自立することをめざすものではなく、国家・市場とネゴシエイトしながら形成されるフレキシブルで一定の領域に限定されない、近代的状況によって生み出されたコミュニティと定義づけられている（Walker 2009）。

子で村外に移住した場合、子どもを村の老親に預ける場合もあるが、そうでない場合、子どもは全く村への帰属意識を失っていく場合も多い。このように、村外居住者は村との関係をもちつつも、そこから離脱する力が絶えず働いている。N村の村人意識を持つものは、N村という行政単位を越えて広がっている。しかしながら、そうした意識は消滅の可能性をはらむが故に、村人意識をもつ者がどこまでの範囲までを指すのかは非常に曖昧である。「伝統」をつむぎ続ける守護霊というシンボリックな中心とかかわる「伝統」を強調した芸能と、様々な地域に拡散した村人をむすぶ役割を果たす組ごとに考案された様々な「伝統」にこだわらない芸能の存在は、再編され続け強調されつづける中心と中心からの離脱の可能性をはらむ村外居住者の周辺とのゆらぎを示しているのである。

## 3. グローバル化の中で「伝統」を指向する地方大学教員の役割

以上は、グローバル化と都市と連続した生活を営む農村の実態を示す例であるが、こうしたグローバル化の中で揺れ動く地域の将来を担う人材育成に携わる二人の地方大学の研究者のケースを紹介したい。この二人は、グローバル化の中で揺れ動く現実をふまえた上で「伝統」の大切さを理念とした活動を行っている。両者とも、地方出身でありながら、様々なグローバルな体験を経て、「伝統」の大切さにたどり着いている。

### (1) ティティポン・カンティーウォン氏

まず、チェンマイ大芸術学部のティティポン・カンティーウォン氏(40代)である。氏は、北タイの芸能の素養をもつ母親のもとで育った。ランナー(北タイ)音楽の発展に寄与したチェンマイ王女(ランナー王国王女)ダーラーラッサミー(1873~1933)の宮廷舞踊団が王国滅亡とともに解散し、団員たちは、地域で舞踊を教え始めた。氏の母親はこうした元宮廷舞踊団員を師として、ランナー舞踊などを身につけたのである。こうした環境で、ティティポン氏も幼少時からランナー音楽に親しんできた。その一方、氏の入学したミッション系小学校で西洋音楽に出会いピアノなどを習得、マーチングバンドのメンバーとして演奏活動に従事した。中学・高校時代、フォークソングのプロ活動を行い、大学入学後、ランナー音楽の演奏活動を行うようになり、チャンサトーンというランナー音楽楽団を設立した。このように、幼少の頃より、伝統音楽と西洋音楽の両方の素養を兼ね備え、ポピュラー音楽にも関わるマルチな才能を発揮していた。

氏は、研究・教育・演奏と幅広い活動を行っている。ランナー音楽の歴史的研究の見識も深く[9]、教育においても1、2年生は、コミュニティなど社会について考える科目を他学部で履修させるなどのカリキュラム改革にも従事している。氏は、芸術における大学の役割とは、都市社会と農村社会を結ぶ創造的芸術を生み出すことであるという。そのため、まず、社会・文化をよく知ることが大切で、その上に立った芸術の創作を行うべきであるとする。例えば、北タイの伝統文化であるラコンソー(演劇形式のソー(北タイ伝統歌謡))を学ぶと同時に西洋のオペラなども学ぶことで創造力を身につけるというような具合である。従来、タイ芸術についての教育では、タイ伝統文化の保護・保存に重点がおかれ、「創造」が軽視されていた。そのため、1、2年で社会に関する科目を含めた教養科目を履修し、次いで、地域の社会・文化を体験的に学ぶためにフィールドワーク実習を履修、4年次で、それまでの知識を生かした創作(Creative Research)を行うのである。この営為は、Crenovativeという造語で表されている。すなわちcreativeとinnovationを足した営みである。

氏はまた、北タイ音楽の伝統を色濃く伝えるチェンマイ県プラーオ郡で農業と組み合わせた活動拠点をつくりつつある。しかしながら、氏は北タイ伝統文化復興の動き(ランナールネサンス)の中であらわれるネオ・ランナー・ミュージックとよばれる新たな伝統スタイルも容認している。氏は、こ

9 チェンマイ王女ダーラーラッサミーは、バンコクを王都とする現王朝ラタナコーシン朝のラーマ5世(1868~1910)に嫁ぎ、バンコクとチェンマイとの交流を進め、ランナー音楽の発展に寄与した。そこには中部古典音楽をはじめ、ビルマ・シャン州の音楽などの影響がみられる(Kanteewong 2009)。

の運動は、過去に戻ることを意味しないという。例えば伝統楽器であるピヤ（一弦琴）は1人で演奏するものであったが、7人のグループでの演奏など、かつてはなかったものが見られる。[10] また「現在、農村の生活と都会の生活には乖離があり、音楽においても都会の生活にあわせたような変化も必要であるが、田舎のスタイルに関する知識はもっている必要がある」と述べる。

写真３　チャンサトーン（ティティポン氏のランナー音楽のバンド）

氏の設立したチャンサトーンはランナー音楽楽団であるが、ダラブッカやタブラなどのタイ以外の東洋楽器やチェロなど西洋楽器なども導入した実験的アートであり、ＣＤも数枚作製しており、YouTubeにもよくとりあげられている。氏は「現在のデジタル社会の産物だがアコースティックにこだわり、自然とともにあることを表現している。それが「人間であること」を示している」という。

氏はまた、ポップスに流れることは一つの方向ではあり否定はしないが、一方で社会の変化を見据えながら伝統的芸能も存続させていくべきである、とも述べている。筆者が、前述のようなナーン県のN村の事例で、カプ・ルーが消滅し、高齢者北タイ伝統音楽楽団が中心となり、高齢者のエアロビが出現したり、民衆劇が登場したり、そこには村人の様々な工夫がみられるといった状況を説明すると、氏はこれに対して、「村人は伝統文化の復興の方法についてよくわかっていないことがあるので、村人を指導できる者が必要ではないか。例えば、村の若者がチェンマイ大の芸術学部で学

10　ティティポン氏は、(Kanteewong 2014: 345-348)において、ネオ・ランナーミュージックの流れを説明しており、7人によるピヤの合奏の写真も掲載している。チェンマイを中心とする現代のランナー音楽に関しては（Akins 2012）参照。

び、カプ・ルーの存続・復興に努力するような形で大学も協力し、変化しつつある農村の現状にふさわしい復興ができればよい。伝統文化に関心を持つ若者が村に根付かないことは問題である」と述べている。このような大学の芸術教育と村の芸能文化のかかわり方に関しては、今後、様々な試行錯誤がなされていくであろう。いずれにせよ、ここには、氏が地域の芸能文化の現状に対して大学教育におけるある種の責任を感じている様がうかがわれる。

このことは、北タイの伝統芸能の見直しの中、チャーンソー[11]（北タイ伝統歌謡の歌い手）の量産が目指されているが（中には質がよい者がいたとしても）、聴衆を育てることには関心がない、との氏による矛盾の指摘からもうかがわれる。演者には表彰するなどの形で奨励するが、聴衆はポップスに関心を向けている、という現状を憂えているのである。ただし、ポップスに関心を向けること自体を否定するものではなく、伝統音楽にも関心をもつことが期待されている。

11 チャーンは専門家、ソーは抑揚に従って旋律が作られた歌。スン（弦楽器）やピー（横笛）の伴奏で、男女の歌い手が歌の掛け合いを行う。

### （2）チャルーンチャイ・チョンパイロート氏

マハーサラカム大学音楽スクールのチャルーンチャイ氏（70代）は、モーラム（ラオ文化圏の伝統歌謡の担い手）[12]やケーン（笙）音楽の専門家であり、農村の伝統文化や伝統的知識の教育の必要性を強調する。氏は、タイ東北部のローイエットの農家に生まれ、ケーンが身近にある環境で育った。シーナカリンウィロート大学でタイ古典音楽を学ぶ。後、生まれ育った東北の音楽を考えるようになり、ケーンとモーラムの研究に携わる。同時に、多くの人にケーンの吹き方を広めることができないかと思い、誰でも学べる方法を本に著そうと考えた[13]。そしてそれが世界に通じるかどうかという関心もあって、アメリカに留学、博士号を取得した[14]。

マハーサラカム大学音楽スクールでは、イサーン（東北タイ）音楽を必修とし、全員がケーンを吹けることを目標としている。チャルーンチャイ氏の自宅にはモーラム博物館を含む「東洋の叡智研究

12 モーは専門家、ラムは抑揚に従って旋律が作られた歌。ケーン（笙）の伴奏で男女の歌い手が歌の掛け合いを行うというのが伝統的スタイルである。

13 この思いの結実したものとして、2012年出版のテキストがある（Chonpairot 2012）。

14 留学先であるケントステート大の指導教官ミラー氏とのモーラムとケーン音楽に関する共著論文がある（Miller and Chonpairot 1979）。

センター（Orient Wisdom Research Center）」が整いつつある。ここでは、地域の若者に伝統芸能や伝統的知識を教える活動や研究者のセミナーなどの他、アセアン共同体を意識した東洋の知、アセアンからの発信も計画されている。しかしながら、チャルーンチャイ氏は、西洋文化を否定するわけではなく、ジャズとケーン音楽の融合をテーマにする大学院生の指導も行っている。

チャルーンチャイ氏は、２０１７年度よりマハーサラカム大に隣接するラージャパット・マハーサラカム大学に移籍し、そこにある「地域の知恵教育センター（Local Wisdom Learning Center）」の中に「国際モーラム開発研究センター（International Center for Research and Development of Molam）」という部署を設けることを計画している。モーラムの人材発掘を行い、東北タイの住民に誇りをもたせ、かつ世界への発信を行うことがその意図である。

ここでは、タイとラオスから能力のあるモーラム（男性歌手、女性歌手、モーケーン（ケーンの吹き手）の１組）を集めて研修を行うという。ラオスでは、ラム・シーパンドン、ラム・コーンサワンなど旋律が１５０ほどある。それを、10分から20分演奏させて競わせる。[15] そのようにして選んだ真に価値のある歌い手の歌をＤＶＤ、ＶＣＤや本にして販売をし、収入にする。国家芸術家（シラピン・ヘン・チャート 国家が認めた芸術家に与えられる称号）も、中部タイでは１００人いるとしたら、東北タイでは３～４人くらいである。そういう状況の中から埋も

写真４　マハーサラカム大学東北タイ伝統楽器の練習

15 昔は、師について身体で覚えたが、現在は師が覚えるべきことを紙に書いてわたす。昔もコンテストのようなものがあったが、特に審査員もなく、点数をつけることもしなかった。かなわないと思ったら、その場を去るというスタイルだったという。

れた人材の発掘をして評価し、また彼らを師として、モーラムやケーンを習いたい人が習えるようなカリキュラムをつくる。3か月コース、6か月コース、1年コース、4年コースがあるが、4年勉強すれば、学士の学位を取得でき、プロとしてやっていけるようにする。大学の教師が教えるのではなく、「民衆が先生」というコンセプトである。

チャルーンチャイ氏は、モーラムの音楽産業化[16]など近年の動向には懐疑的であり、次のように述べている。

モーラムも西洋楽器やダンスが入り変化してきたが、モーラム・シン（テンポが速く西洋電子楽器、踊り子なども入る現代的スタイル）などの会場で酒で酔って殺人などもあったりしてよくない。モーラム・シンの聴衆は、東北タイからバンコクに出稼ぎに行った人であり、貧富の格差・文化の差別意識が背景に存在している。また、産業化されたモーラムでは、儲かるのは会社で、演者には収入があまり届かない。そのような意味では、資本主義が文化を壊しているといえる。自分の企画する新センターは、東北タイの人に東北タイの文化に誇りをもたせる意味もある。また、最近のモーラムでは、イサーンの言葉でなく、中部タイのことばをつかったり、SがChになったり（中部タイ風発音）ということが見られる。ケーンではなくキーボードを使ったりもする。このような傾向にある現在、イサーン文化に基づいた音楽をどこかできちんと伝えていく必要がある。

チャルーンチャイ氏の博士課程学生ポンは、パタヤーを中心に演奏活動を行うサックス奏者でもあり、イサーン音楽との融合も試みている。高校の頃、マーチング・バンド（ブラスバンド）に参加し、トランペットやサックスを担当した。またピアノも習っていた。大学卒業してのち、小学校の教師になったが、給料の割に仕事がきついのでやめ、サックス奏者として自立した。のち、シーナカリン・ウィロート大学で修士号をクルイ（たて笛）の研究で取得。その時の指導教官が西洋音楽とタイ音楽の融合を考えていたので影響を受ける。現在は、チャルーンチャイ氏のもとで、ケーンの音階構造について研究しているが、以下のように「伝統」に関して彼なりの意見をもっている。

16 モーラムの音楽産業化に関しては（平田 2009）など参照。

ジャズ、ロックは黒人奴隷の音楽ブルースから発展して世界的な地位を得、大学や専門学校もあり、学位ももてる。イサーン音楽は、モーラムを中心に、現在、世界中に聴衆が存在する。イサーンの貧しい農民の音楽を世界レベルにできる可能性がある。

伝統的なものは伝統的なものとして存在するが、古いままでは飽きてしまう。また、どの年代に対しても同じものである。食事でもいくらおいしいものでも毎日食べていると飽きる。たまには違ったものを食べたり、違う調理の仕方をしたくなる。それと同じで、イサーン音楽も違った装いで創造していく必要がある（＝Popというわけではない）。アイスクリームのトッピングのようなものともいえる。アイスクリームという基本、肝心な部分は変えないで味付けをかえるということである。ケーンはフルートに変えられないし、ピン（弦楽器）は琴に変えられない、イサーン独特の響きがある。

二人の研究者の活動は、ウェブサイトやYouTubeなどのメディアも利用するなどグローバルな動きの中に身をおきつつ、それぞれの地域の特性にあわせた形で「伝統文化」の意義を伝えようとするものである。しかしながら、40代のティティポン氏は新たな試みに意欲をみせ、70代のチャルーンチャイ氏はより後の世代への伝承に力点を置くというように、年齢差が力点に差異をつくっているようにも思える。この点は、チャルーンチャイ氏とその弟子ポン氏の間にもみられる相違点である。このような人々の存在意義、地域における役割とは何であろうか。地域の若者に伝統芸能や伝統的知識を教える活動は、地域の伝統的芸能文化のリーダーの養成を意図しており、地域に根付いた研究教育を行ってきた者の責務と考えられているようでもある。しかしながら、それが現実のニーズと整合して進展していくことができるのかは、今後の展開をまつ必要がある。

# 4. おわりに

都市的生活と連続した生活の中で、メディアの影響をうけつつ伝統文化を模索するN村の人々、ここでの伝統の強調は村につながりの中心を形作るしくみにつながっている。それは一方で、曖昧な周辺をつくりつづける。外部移住者の村とのつながりのありかたは様々である。儀礼などのおりに必ず帰郷する者もいれば、送金だけでつながりを保つ者、全くつながりを失ってしまう者もいる。村外に広がる村人意識を持つ人々のネットワークは、一方で守護霊チャオルアンムアンラーにかかわる伝統をその中心として強調しつづけ、一方で、つながりからの離脱に向かう周辺を紡ぎ続けるのである。ここに、都市と農村の狭間で揺れ動く農村の現実がある。つながりを保ちつづけるために、その結び目としての「伝統」を強調する芸能、都市や他地域とのつながりを象徴する新たな芸能のこの二つの芸能の存在は、こうした揺らぎの現実を象徴している。

また、グローバルな動きの中に身をおきつつ、教育・研究の中で伝統文化に根を求める研究・教育者は、今後の地方のあるべき方向を示すための理念を生み出し、それが「伝統」へのこだわりという形をとって表れる。後進の育成という教育現場の理念は、しかしながら、それを推進する個人の背景と関わっている。ティティポン氏は「人間であること」(自然とともにあること)、チャルーンチャイ氏は東洋の知恵の重視がそうした伝統にこだわる理念の中心になっている。この両者の間には、チャルーンチャイ氏とその弟子にもみられるように、より後の世代への伝承に力点を置く立場と伝統をふまえつつより新たな芸術の創造に力を注ぐ立場の違いがある。これは、より後者が現役を自認していることを示しているのかもしれない。しかしながら、根を確かめることの大切さが「伝統」を意識させていることには変わりはない。

ただ、こうした教育の理念とそれによる実践が、村の現実、村人のニーズと整合するかどうかは、今後のこうした活動の展開とその成果にかかわっている。ティティポン氏は、農村の芸能の様々な今日的な変化に関して、村人を指導する若者の必要性、すなわち、地域の伝統文化が学べる大学で学び、伝統芸能の存続・復興に努力するような若者が出てくることが必要であるという。しかしながら、都会を志向する村人たちがいて、コミュニティ維持のため、真正性にこだわらない「伝統」を紡ぎ続けるというような現実のもとでは、もし伝統芸能を学ぶことが形式的なものであれば、それはあまり効果的とはいえない。村人が必要としてきたのは、人々のつながりの求心力の要となる「伝統」であり、形を変えて村人の中からわきあがってきたものである。そこには「正しい」芸能のあり方が必ずしも必要とされるとは限らない。そうした村人の自発的な意識と大学の役割が一致をみることが、よい相互関係を築くことに必要と思われる。チェンマイ大学芸術学部での、学生の出身地をフィールドに選んでフィールドワークを行わせる方法、チャルーンチャイ氏の計画でいう、村人の中から師を発掘するという方法は、村人との協力のもとで計画を進める重要な方法であり、今後の展開が期待される。

「ポピュラーカルチャー」を論じることで、東南アジアの現在、とりわけ、アイデンティティ・国家・グローバル化を論じるというのが、本プロジェクトのとりあえずの目的である。筆者はこうした枠組みに沿いつつも、それが現状分析だけでなく、そこに身を投じている人々の揺れ動く現在と、その目指すところを描き出すことに、より関心をいだいている。グローバル化の動きが存在する一方、伝統にこだわる動きがあらわれる。ここで考えてみたいのは、なぜ伝統にこだわるか、伝統にこだわる意識はどのようにして生まれるのか、という点である。本章では、それは、コミュニティの特色を示す求心力のシンボルとして、人間の生活のあり方の原点に立ち返るという理想として、近代を形成した西洋文化と異なる文化の価値を見直す必要性を示すものとして描かれた。これらは、西洋化やグローバル化のもたらした影響に対する懐疑でもある。しかしながら、本章で扱った人々は、同時に、日常生活に深く影響を及ぼしている西洋化、グローバル化を容認してもいる。伝統へのこだわりは、そうした中での、生活や精神のあり方のバランスをとろうとする動きでもある。それが、何故、伝統、もっといえば「歴史」もしくは「過去」を参照することになるのか、何故、根を確かめることを必要とするのか、更に考えてみたい。

チャルーンチャイ氏は、西洋とは異なる東洋の叡智の重要性について言及したが、それはまた、アセアン統合の動きも念頭におかれている。アセアン連合は、あくまで国民国家の連合体である。[17] ディティポン氏が念頭におく北部タイ、チャルーンチャイ氏が念頭におく東北タイは、確かにタイという国家の一地域ではある。しかし、タイ国家の枠組みでは、北部タイに居住するタイ・ルーの文化は北タイ文化（ランナー文化）の一つとみなされるが、タイ・ルーの本拠地は、中国雲南省である。また、東北タイのマジョリティーはラオ人であるが、彼らは隣国ラオスのマジョリティーでもある。本章で扱った事例は、国境を越えた文化と国民文化のせめぎ合いの問題がその背景にある。

17 アセアンの統合は進み、2015年には、アセアン経済統合体（AEC：ASEAN Economic Community）が発足した。AECは、ASEAN各国が行ってきた活動に基づき、自由貿易協定（FTA）や経済連携協定（EPA）などが実施される統合である。

**引用文献**

北原淳
　1996『共同体の思想——村落開発理論の比較社会学』世界思想社。
チャティップ・ナートスパー
　1992「タイにおける共同体文化論の潮流」『国立民族博物館研究報告』17（3）:523-558.
馬場雄司
　1990「雲南タイ・ルー族のツァーンハプ」『職能としての音楽』（民族音楽叢書Ⅰ）、藤井知昭、馬場雄司（編）、pp. 156-188、東京書籍。
　1996「北タイ、タイ・ルー族の儀礼と歌（カプ・ルー）——農村開発と歌の役割の変化」『「音」のフィールドワーク』藤井友昭（監修）、pp. 284-301、東京書籍。

2010「農村のポピュラー文化――北タイ、タイ・ルーの守護霊儀礼における芸能の変化」『東アジアにおける宗教文化の再構築』鈴木正崇（編）、pp.301-334、風響社。

平田晶子

2009「モーラム芸の伝承形態の変容――1970年代以降東北タイにみるモーラム事務所の運営と芸能者の選択を事例として」『年報タイ研究』9:39-57。

Akins, Joel

2012 *Passing it on: Traditional Lanna Music in the Modern-day City of Chiang Mai.* Institute of Asian Studies, Chulalongkorn University.

Baba, Yuji

2006 Changing Meaning of the Elderly in Nan Province, Northern Thailand: From 'Khon Thao Khon Kae' to 'Phu Sung Ayu'. *Southeast Asian Studies* 44 (3):321-336.

2007 Recent Change in Tai-Lue Folk Song (Khap Lue) in Northern Thailand and Yunnan, China. In *Authenticity and Cultural Identity* (Senri Ethnological Reports 65). Yoshitaka Terada (ed.), pp. 91-105. National Museum of Ethnology.

2012 The 'Making a Strong Family' Program and Its Influences on a Tai Lue Village in Nan, Thailand. In *The Family in Flux in Southeast Asia: Institution, Ideology, Practice.* Yoko Hayami, Junko Koizumi, Chalidaporn Songsamphan and Ratana Tosakul (eds.), pp.249-273. Kyoto University Press and Silkworm Books.

Chonpairot, Jarernchai

2012 *Lerning a Khaen in 5 Minutes: A New Approach.* College of Music, Mahasarakham University.

Kanteewong, Thitiphol

2009 *Koranisuksa Rupbeb Botkanoraphan Dontri nai Chuangsamai Phrarachaya Cao Dararassami* (A Study of the Northern Thai Music Composition during the Period of the H.R.H.Princes Dararassami of Chiang Mai). Faculty of Fine Arts, Chiang Mai University.

2014 Dontri Lanna cak Adit su Anakot (Lanna Music from Past to Future). In *Lannakhadi Suksa* (Lanna Studies) , pp.332-349. Chiang Mai University.

Miller, Terry E., and Jarernchai Chonpairot

1979 The Musical Traditions of Northeast Thailand. *Journal of Siam Society* (67) 1: 1-16.

Reynolds, Craig J.

2009 The Origins of Community in the Thai Discourse of Global Governance. In *Tai Lands and Thailand: Community and State in Southeast Asia* (ASAA Southeast Asia Publications Series). Andrew Walker (ed.), pp.27-43. NUS press.

Walker, A (ed.) .

2009 *Tai Lands and Thailand: Community and State in Southeast Asia* (ASAA Southeast Asia Publications Series). NUS press.

# 第4章　国民映画から遠く離れて

## ——越僑監督ヴィクター・ヴーのフィルムにおける、ベトナム映画の脱却と継承

坂川直也

ベトナム映画市場は成長し続けている。近年、シネコン（シネマコンプレックス／複合映画館）の増加に伴い、若い観客層も増え、ここ4～5年間の年間興行収入の成長率は35～40％前後で右肩上がりに伸びている。そんな現代ベトナム映画を支えているのは、戦時中から続く元国営の映画スタジオで撮影された、戦争や革命が主題であるナショナリズムの映画、つまり、国民映画（National cinema）の古い世代ではなく、新興の民間映画会社で主に娯楽映画を創っている新しい世代である。その新しい世代をここではベトナム映画の新潮流（またはニューウェイヴ）と呼ぶことにする。アジアのニューウェイヴ映画の特徴を映画史研究家四方田犬彦は以下のように述べている（四方田 2013:332-343）。

「もっとも新しく、アジアのそれぞれの地域で撮影所体制が崩壊し、ひとたび大衆娯楽としての映画産業が危機を迎えたのちに、その反作用として、きわめて映画史的な自覚的意識のもとに発生したもの」

「中国や北朝鮮のような「社会主義的体制」を別にすれば、こうしたニューウェイヴ監督は従来のスタジオ体制からいささかも恩恵を受けておらず、TVのCFや低予算のピンク映画、ミュージックヴィデオといったさまざまな分野から到来し、最初は保守的な評論家からそれを揶揄されていた」

ベトナム映画の新潮流から一本のフィルムが2017年8月、日本で劇場公開された。タイトルは『草原に黄色い花を見つける』（2015年　以下『草原』に省略）。監督はヴィクター・ヴー、1975年生まれの越僑《えっきょう》（在外ベトナム人）である。

写真1　『草原に黄色い花を見つける』

『草原』は約130万人の来場者を集め、800億VND（約4億3000万円）を稼ぎ、2015年ベトナム映画興行収入1位に輝いた。[1] さらに『草原』は第19回ベトナム映画祭[2]で最優秀作品賞[3]である金の蓮賞を、ヴーは最優秀監督賞を受賞した。このベトナム映画祭は1970年ベトナム民主共和国、いわゆる北ベトナム政府の映画局により第1回が開始された、ベトナムでもっとも歴史と権威のある映画祭である。ヴーは第18回（2013年）でもサイコスリラー『スキャンダル　赤い絨毯の秘密』（2012年）で金の蓮賞を、武侠アクション『英雄の天命』（2012年）で準最優秀作品賞にあたる銀の蓮賞を、そして、最優秀監督賞も受賞した。したがって、ヴーは2回連続で金の蓮賞と最優秀監督賞をともに受賞した監督になる。ベトナム映画祭劇映画部門の歴史において、ヴー以前に2回連続で金の蓮賞を受賞できた監督は第6回、7回のダン・ニャット・ミン（1938年生まれ）とフイ・タイン（1929年生まれ）、第13、14回のグエン・タイン・ヴァン（1962年生まれ）しかいない。彼

1 http://www.viet-jo.com/news/entertainment/151231120116.html　2017年4月14日 閲覧

2 ベトナム語の名称は**Liên hoan phim Việt Nam**、ベトナムの文化省（現在、文化スポーツ観光省）傘下の映画局が主催で始まった映画祭。現在は隔年周期で開催されている。

3 金の蓮賞は、ベトナム映画祭の第1回目は選出されなかった。選出されるのは第2回（1973年　開催地ハノイ）以降である。現在は劇映画、科学映画、ドキュメンタリー、アニメ映画の各部門から選出される。

らはすべて元・国営の映画スタジオの出身者である。しかし、ヴーは越僑出身というベトナム社会のアウトサイダーでありながら、新興の民間映画会社で製作したフィルムで、元・国営の映画スタジオの出身者の独壇場だった金の蓮賞を2回連続、さらに最優秀監督賞まで受賞という新世代として快挙を成し遂げ、ベトナム映画に新風を巻き起こした。

本章では、これまでほぼ先行研究がなされてこなかった、このヴィクター・ヴー監督に焦点を合わせる。そして、ヴーのフィルムの分析を通して、ベトナム映画の新潮流における、旧来の価値観からの脱却と継承の現状について考察を試みる。

なぜ、ヴーを取り上げるのか。その理由の第一は、ヴーがベトナムで人気と評価の両方を勝ち得ている監督であるからだ。ベトナムを含めた東南アジア映画、特に新潮流に関する先行研究においては、地元で人気の高い娯楽映画よりも欧米の国際映画祭で上映され、時には賞を受賞する、インディペンデント映画を取り上げる傾向が強い。具体的には、メイ・アダドル・インガワン、ベンジャミン・マッケイ編集『自由の一瞥　東南アジアにおけるインディペンデントシネマ』(Ingawanij and Benjamin eds. 2012)、ティルマン・バウムガルトル編集『東南アジアのインディペンデントシネマ』(Baumgartel 2012)を挙げることはできる。一方で、娯楽映画を取り上げる研究はこれまで乏しかった。実際、ヴーが監督したフィルモグラフィーを観てみると、彼がさまざまなジャンルの娯楽映画を撮ってきたことがわかる。

| | | |
|---|---|---|
| 1997年 | 『花火』(Firecracker) | 短編 |
| 2003年 | 『年初の朝』(Buổi sáng đầu năm) | 家庭ドラマ |
| 2004年 | 『冤魂』(Oan Hồn) | ホラー |
| 2006年 | 『不思議な世界　エピソード1　永遠の愛』(Thế giới huyền bí-Tập 1: Tình yêu bất diệt) | ホラー |

| | | |
|---|---|---|
| 2009年 | 『愛へのパスポート』（Chuyện tình xa xứ） | ラブロマンス |
| 2010年 | 『運命の交差点』（Giao lộ định mệnh） | スリラー |
| 2011年 | 『花嫁大戦』（Cô dâu đại chiến） | ラブコメディ |
| 2012年 | 『英雄の天命』（Thiên Mệnh Anh Hùng　日本版DVDタイトル『ソード・オブ・アサシン』） | 歴史武侠 |
| 2012年 | 『スキャンダル　赤い絨毯の秘密』（Scandal - Bí mật thảm đỏ） | サイコスリラー |
| 2013年 | 『連環の命令』（Mệnh lệnh liên hoàn） | アクション |
| 2014年 | 『花嫁大戦2』（Cô dâu đại chiến 2） | ラブコメディ |
| 2014年 | 『血の心臓』（Quả tim máu） | ホラー |
| 2014年 | 『スキャンダル　戻る輝き』（Scandal: Hào quang trở lại） | サイコスリラー |
| 2015年 | 『草原に黄色い花を見つける』（Tôi thấy hoa vàng trên cỏ xanh） | 文芸ドラマ |

本章は、ベトナムで人気の娯楽映画の成功者でもあるヴー監督を取り上げることで、東南アジア映画の新潮流に関する先行研究に内在する不均衡を直そうとする試みでもある。

ヴーを取り上げる第二の理由は、ヴーが1975年生まれの越僑という出自からである。つまり、ヴーは①サイゴン（現在のホーチミン市）解放／陥落後に生まれた若い世代であり、②アメリカからベトナムに移った越境者である。そんなベトナム社会のアウトサイダーで新世代のヴーの現代までのフィルムをたどることで、ベトナム映画の旧来の価値観からの脱却と継承の現状を明らかにする。

## ヴィクター・ヴーの経歴と最初の劇映画『年初の朝』

ヴィクター・ヴー、本名ヴー・クォック・ヴィエト（Vũ Quốc Việt）はベトナムからアメリカ合衆国に移住した両親の息子として1975年に生まれ、カリフォルニア州の北ハリウッドで育った。ベトナムの新聞トイチェーの記事[4]によると、彼の母親は彼に常にベトナムの原点を思い出させるように、家ではベトナム語を話させ、週末はベトナム語教室に通わせたと述べている。ヴー自身は、当時を振り返り、「私は当初、アメリカ式の生活と完全に融合するのに困難があった。私は楽しみ満載のテト（ベトナムの旧正月）とアメリカの脂っこいファストフード、さらに後に私のフィルムに無限のインスピレーションを提供するブロックバスター（超大作）映画たちの間を揺れ続けた」と明らかにしている。

ヴーは、ハリウッド・レポーター誌が選んだ2012年版「世界の映画学校ベスト25」[5]で、18位にランクインしているロヨラ・メリーマウント大学（ロサンゼルス）を1998年に卒業、映画制作の学士号を取得している。2001年、ヴーは大学の同窓生であるフィリップ・シルバーマンと会社を設立、ヴーの劇映画監督デビュー作である『年初の朝』（2003年）を共同でプロデュースする。

『年初の朝』は南カリフォルニアに暮らす、越僑一家を描いた劇映画である。青年のトゥアンはテトで実家に帰省する。しかし、妹リンの姿が見えない。脳卒中後、寝たきりの母も父も妹について口を閉ざす。仕方なく、トゥアンは同居している体の不自由な叔父のナムに妹のことを尋ねる。叔父の話から、妹は精神を病み、夜遊びを繰り返すうちに、妊娠して、家を飛び出していたことがわかる。そして、トゥアンによる過去の回想が始まる。

トゥアンの一家はベトナム共和国、いわゆる南ベトナム出身のため、1975年のサイゴン陥落の後、

4 http://tuoitrenews.vn/lifestyle/26075/expat-vietnamese-wizard-of-horror-movies-says-filmmaking-a-homebound-road　2017年4月14日 閲覧

5 http://eiga.com/news/20120812/3/　2017年4月14日 閲覧

すべてを失った。父も叔父も思想改造収容所、つまり再教育キャンプに送られた。帰還した二人の内、特に、叔父は再教育キャンプの後遺症で、悪夢にうなされるようになる。一家の生活は厳しく、ベトナムでは未来がないことから、父がトゥアンだけを連れて、先に国外に脱出し、新天地で安定した後に、母、妹、叔父たちも国外に脱出することを家族に提案する。そして、父とトゥアンはボートピープルとして国外へ脱出する。しかし、残された家族は、二人から連絡が一向に届かないため、二人が海で亡くなったと諦める。実際は、二人とも無事にアメリカにたどり着き、1978年テキサス州ヒューストンで新生活を始める。二ヵ月後、二人の新生活の世話をしてきた越僑女性が二人の家に引っ越してくる。つまり、父と彼女は不倫関係になってしまったのだった。そして、父の不倫は残された三人にも噂となって、伝わる。三人は1980年、ベトナム国外へ脱出するボートを手配する。そして、三人もアメリカに着き、1981年、カリフォルニアの慣れない土地で苦労しながら、新生活を始める。一方、越僑女性は父を捨て去り、父は失業し、父とトゥアンもカリフォルニアのリトルサイゴンへ移り住む。月日は流れ、成長したトゥアンは偶然、立ち寄ったベトナムのレストランが母の店だったので、長い年月を経て残された家族と再会する。叔父は父の不義を許さなかったが、母は夫の過ちを許し、家族は再び、ともに暮らすことになる。

話は現代にもどり、トゥアンは病床の母にリンの精神の病の原因を尋ねる。父は「もしベトナムにいる事ができたら、物事は難しくならなかっただろう」と漏らす。母が重い口を開き、真相を語る。ベトナムから脱出する際、彼女たちの乗った船は、武装した海賊たちに襲われた。叔父は必死に抵抗するも、足を撃たれ、女性たちといっしょにリンも海賊の船に連れ去られ、陵辱される。船からリンを含めた女性たちの悲鳴が聞える。一時間後、女性たちは解放されるも、リンは衰弱して、動けない状態で返される。ちなみに、このシーンは母の語りと叔父が描いたとされる、悪夢のような事件の絵によって、構成されている。真相を知ったトゥアンは妹のことを思い、泣き崩れる。

明くる日、叔父から住所を教えてもらったトゥアンは、妹と赤ん坊を迎えに行く。そして、病室に横たわる母親のベッドのもとで、家族は再会を果たす。やがて、母親は亡くなり、また次の新年の朝を迎える。父はベトナムでは誕生日は祝わず、代わりに死者の記念日を祝うのだと語る。母の死によって、父とリンは和解し、新しい生活を送ることを誓い、残された家族で新年を祝う。母の魂はベトナムにもどったのだろうかと叔父の問いに、リンはここアメリカが私たちの家で、母の魂は私たちを離れないと返答する。最後、砂浜海岸に座る兄妹のショットに、母親の「子供たちよ、私を悼むな。死はもっとも大きな喪失ではないのだから」という遺言の朗読が重なり、終わる。

『年初の朝』はサイゴン陥落以降、故郷を離れ、アメリカに移住した越僑たちの苦難が映されている。『年初の朝』ではベトナム映画のタブーである再教育キャンプの後遺症とトラウマが取り上げられているので、ベトナム国内では公式には上映は難しい内容である。先のトイチェーの記事[6]で、ヴーは卒業制作の『花火』と『年初の朝』はアメリカで越僑が遭遇する精神的困難に取り組んだと明らかにしている。『年初の朝』の使用言語はほぼベトナム語で、一部、英語となっている。アメリカで上映するために、ベトナム語のセリフを英語に変更するように忠告されたが、ヴーは越僑についての映画は母国語で撮らなければならないと考えていたので、変更しなかったと述べている。つまり、ヴーは越僑たちのアメリカでの苦難をベトナム語で撮影して、劇映画デビューした監督だったのである。

そして、『冤魂』、『不思議な世界　エピソード1　永遠の愛』の二作のホラー映画をアメリカで監督した後、ヴーはベトナムへ帰郷し、アメリカに留学した二人の若いベトナム男性を主人公にした、ラブロマンス『愛へのパスポート』（2009年）を新興の民間映画会社の下で監督する。『愛へのパスポート』は、ベトナムの観客に強い印象を与え、ベトナム映画協会主催の映画賞「金の凧賞」[7]で、観客投票賞と最優秀助演女優を受賞した。しかし、次の監督作『運命の交差点』（2010年）は、70パーセントがアメリカ映画『プラスティック・ナイトメア／仮面の情事』（ウォルフガング・ペーターゼン監督　1991年）からの剽窃であるという疑惑がインターネットのフォーラムから広がり、金の凧賞を主催するベトナム映画協会は『運命の交差点』を金の凧賞のノミネート候補から外すことを2011年3月11日に告知した[8]。ヴーは前作『愛へのパスポート』への観客からの賞賛から一転、べ

6 http://tuoitrenews.vn/lifestyle/26075/expat-vietnamese-wizard-of-horror-movies-says-filmmaking-a-homebound-road　2017年4月14日 閲覧

7 1953年設立のベトナム映画協会が50周年を記念して新たに立ち上げた映画賞。1年に1回開催される。

8 http://english.vietnamnet.vn/fms/art-entertainment/5331/-inferno-removed-from-golden-kite-award-s-nomination.html　2017年4月14日 閲覧

トナムの観客の映画に対するリテラシーを舐めた結果、手痛いしっぺ返しを食らうことになった。その剽窃事件がきっかけで、ヴーの評価は一時的に低下したものの、2011年に、ラブコメディ『花嫁大戦』を監督し、大ヒットにより、悪評を払拭することに成功する。

## I 戦争と革命が主題である国民映画(National cinema)からの脱却

ヴーは拠点をベトナムへ移して以降、新興の民間映画会社の下、アメリカで学んだ映画術を活かし、ベトナム映画にとって珍しかったラブコメディ、ホラーなどの娯楽映画を監督してきた。こういう経緯もあり、ヴーは旧来のベトナム映画、つまり、戦争や革命が主である国民映画を監督したことがいままで一度もない。

四方田によるアジアのニューウェイヴの定義、つまり、撮影所体制が崩壊し、映画産業が危機を迎えた後、その反作用としてきわめて映画史的な自覚的意識のもとに発生したものであるということは冒頭で引用した。ベトナムにおける映画産業の危機は、1986年末、市場経済システムの導入と対外開放化を柱としたドイモイ(刷新)政策の導入以降、西側諸国(主にアメリカ、香港、台湾、韓国)の外国語映画が急激に流入した結果、苛酷な市場競争に追い込まれたことが発端となった。1990年、年間映画製作本数が30本あったベトナム映画だが、2001年には年間4本まで減少[9]、どん底まで落ち込み、ベトナムの撮影所体制が崩壊寸前まで行く。ベトナムの映画産業が危機を迎え、その打開策として、2002年12月30日に、当時の文化省(現在、文化スポーツ観光省)が民間の映画会社の設立を許可した。ヴーがベトナムに帰還後、映画製作の拠点を置いたのは新興の民間の映画会社だった。つまり、越僑であるヴーがベトナム映画のニューウェイヴとして成功するために、「きわめて映画史的な自覚的意識のもと」、旧来の元・国営の映画スタジオへの反作用として国民映画からの脱却を図り、新興の民間の映画会社の下で娯楽映画

9 CỤC ĐIỆN ẢNH 2005 に基づく

を製作するのは自身のハイブリッドさ（異種混交性）をアピールするうえで当然の戦略であったと言えよう。しかも、ヴーのフィルムにはベトナムの国民映画に対してある種の批評的な表現が随所に見受けられる。続いて、先に触れた『年初の朝』、ラブコメディ『花嫁大戦』（２０１１年）、その続編『花嫁大戦２』（２０１４年）、歴史武侠『英雄の天命』（２０１２年）を取り上げて、ヴーのフィルムにおける国民映画への批評的な表現を考察しよう。

**①サイゴン解放後の共和国関係者の後遺症とトラウマを描く。**

ヴーの最初の劇映画『年初の朝』では、ボートピープル、さらに、ベトナム映画におけるタブーのひとつである再教育キャンプによる後遺症とトラウマを取り上げた。国民映画から隠蔽され、排除される映像に関して、四方田犬彦は「日本映画研究はどうあるべきか」で、以下のように述べている（四方田 2017:115-124）。

「ステレオタイプの映像は、今日の日本を（政治的にも、道徳的にも）支配しているイデオロギーを無前提的に肯定し、メロドラマ的想像力を動員して、それに対する歴史的な洞察力の封印に寄与しています。その結果、イデオロギーの外部へと放擲された少数派の存在は、いかなる映像をも与えられないままに隠蔽され、排除されることになります。大島渚の言葉を借りるならば、「敗者は映像を持たない」のです。映像を独占している者は、つねに勝者なのです」

この論をベトナム社会主義共和国映画史の文脈に置き換えるなら、隠蔽、そして排除される「映像を持たない敗者」とは、サイゴン解放後の旧共和国関係者に該当する。ヴーはベトナム社会主義共和国における敗者、つまり、旧共和国関係者に『年初の朝』で映像を与えたのだった。

②喜劇としての「大戦」(Đại Chiến)。

ヴーはプレイボーイとそのガールフレンドたちとの争いをめぐるラブコメディ映画『花嫁大戦』(２０１１年)、その続編『花嫁大戦２』(２０１４年)で、「大戦」(Đại Chiến)というベトナムの国民映画にとって尊い言葉をタイトルに使用し、戦いのイメージを茶化した。『花嫁大戦』以前のベトナム映画における戦いのイメージは国を救うための尊い抗戦に基づいてきた。たとえば、金の蓮賞においても２００９年第16回は、抗米救国戦争で戦死した実在の女性医師を描いたダン・ニャット・ミン監督『ドゥンドット(焼いてはいけない)』(Đừng đốt ２００９年)、２０１２年第17回は金の蓮賞作はなく、銀の蓮賞に１９７２年春夏の戦役を取り上げた『草を燃やす香り』(Mùi cỏ cháy ２０１２年)、そして、２０１４年第18回はヴーの同世代のブイ・トゥアン・ズン監督による１９６０年代の南部での戦争を描いた『レジェンド・メーカー』(Những người viết huyền thoại ２０１３年)といった抗米救国戦争に関する映画が受賞してきた。一方、『花嫁大戦』シリーズは神聖な戦いのイメージを男と女の間の戦いという卑近な争いへとカリカチュア化した。

写真２　『花嫁大戦』ポスター

『花嫁大戦』の始まりは、サイゴンの郊外で盛大な結婚披露宴が開かれようとする中、おのおの自分の職業に関連した武器を持った他の花嫁４人が乱入し、新郎新婦に襲い掛かるシーンで幕を開ける。さらに、続編『花嫁大戦２』は、プレイボーイを懲らしめる女性たちの闇組織の暗躍を描いていて、終盤、男性たちにプレイボーイ術を指南する闇の男性クラブ、ワイルド・ホース協会が拠点とする大邸宅に、女性たちの闇組織を先頭に、女性たちの大軍が殴りこみを掛ける。女性が男性を襲う戦場はサイゴンの街にも拡大する。路上には家具や衣服が散乱し、女性が男性を道具で叩き、街中で火災も発生、軍事ヘリも出動する大騒動にまで発展する。「裏切り者は死ななければなりません」(Kẻ phản bội phải chết)、「ワイルド・ホース協会万歳」(Hội ngựa hoang muôn năm) などと、スローガンが書かれた旗を持つ元・協会員(男性)たちの一団は、闇の男性クラブの存在を世間に公表した男性主人公を吊るし上げ、彼にトマトを投げつけて、制裁を加える。これら『花嫁大戦2』のサイゴンへの戦場拡大による騒動シーンは喜劇映画としてカリカチュア化されているものの、1975年4月30日のサイゴン解放を繰り返し映してきた国民映画(民主共和国視点)には不在だった、サイゴン陥落による街の混乱を彷彿とさせる映像(旧共和国視点)である。つまり、『花嫁大戦2』はベトナムで映像を持たなかった敗者である旧共和国関係者側の視点を盛り込んだ、ささやかな抵抗の喜劇映画と言えるだろう。

### ③復讐を放棄する英雄像の提示

ベトナムは「詩と竹と英雄」の国と言われ、英雄(Anh Hùng)はベトナム映画においてベトナム民主共和国時代、「抗米・祖国統一」という戦意高揚を目的とした国策の国民映画の頃から長年拘泥してきたテーマだった。ドイモイ(刷新)政策が開始された1986年末以降、英雄が活躍する国民映画の製作数は減少したものの、現代ベトナム映画においても政府主導の国民映画において英雄は欠かせない存在である。たとえば、ヴーの同世代のブイ・トゥアン・ズンが監督した『シャムにおけるホー・チ・ミン』(Thầu Chín Ở Xiêm 2015年)は初代ベトナム民主共和国主席で、ベトナム建国の父であるホー・チ・ミン主席のタイ潜伏時代(1927~29年)を描いた歴史革命映画である。

一方、ヴーが監督した、銀の蓮賞受賞作『英雄の天命』(2012年)は15世紀のベトナムの王朝・黎朝を舞台にした本格的武侠アクション映画である。主人公のグエン・ユーは、実在の民族英雄グエン・チャイの孫で[10]、三族処刑されたなかで唯一生き残った最後の子孫と設定されている。祖父の冤罪の原因となる皇帝急死事件の真相が書かれた血書をめぐる争いに、グエン・ユーが巻き込まれるというのが『英雄の天命』のストーリーである。このフィルムで、ヴーは最終的に、血で血を洗う復讐の連鎖を断ち切るために復讐を放棄する、新たな英雄像を提示した。ただし、この『英雄の天命』における英雄像に関しては、拙稿の「サイゴン新世代をつくる「英雄たち」 現代ベトナムにおけるヒーローアクション映画をめぐって」[11]で取り上げた3本のうちの1本であり、そこで詳しく論じたので、ここでは論じない。そちらを参照してほしい。

以上、①サイゴン解放後の共和国関係者の後遺症とトラウマを描く、②喜劇としての「大戦」の使用、③復讐を放棄する英雄像の提示、これら三つの視点から見えてくるのは、ベトナムの国民映画から脱却し、抑圧されてきた越僑の視点を交えた、コメディ、アクションを通して、ハイブリッドなベトナム映画を生み出していこうとする、ヴーの創り手としての矜持である。さらに、ヴーは男と女のドラマの更新にも挑戦していく。

## Ⅱ　別離と再会のメロドラマからの脱却

四方田は、国民映画について国家の神聖な起源を描く役割のみならず、観客たちの紅涙《こうるい》を絞ることで、社会の統合を果たした「メロドラマ」の役割にも以下のように注目する（四方田 2017:115-124）。

「もっとも国家の神聖な起源を描くことだけが、国民映画の役割ではありません。老若男女を問わず、あらゆる国民がそれを愉しみ、そこに民族固有の宗教的信条と道徳意識、慣習と行動様式を認め、映画

10　1390年～1442年、黎朝建国の功臣で、詩人。皇帝暗殺犯の罪を着せられ、三族ともども処刑された。

11　坂川 2016:25-36 https://www.cias.kyoto-u.ac.jp/~yama/film/Images/cineadobo2015_025.pdf 2017年4月14日 閲覧

を通して共同体への帰属を暗黙裡に確認するという行為がなされるならば、それは国民映画と呼んでさしつかえないと思います。華人社会における『梁山伯と祝英台』や韓国・北朝鮮の『春香伝』といったメロドラマは、繰り返し製作され、観客たちの紅涙を絞ることで、社会の統合を果たしてきました」

ヴーは、ベトナムの国民映画が繰り返し描いてきた、別離と再会のメロドラマから脱却し、サイゴンを舞台にしたラブコメディとサイコスリラーのジャンルにそれまでのベトナム映画にはなかった新しい男と女のドラマを提示しようとした。

続いて、先に触れたラブコメディ『花嫁大戦』(２０１１年)、その続編『花嫁大戦２』(２０１４年)、そして、第18回(２０１３年)金の蓮賞受賞作『スキャンダル　赤い絨毯の秘密』(Scandal: Bí mật thảm đỏ　２０１２年)を取り上げて、ヴーのフィルムにおける新しい男と女のドラマについて考察する。

### ①ラブコメディ　騙し、騙される恋愛ゲーム

『花嫁大戦』は淑やかな花嫁とその逆にある勇猛果敢な大戦とを組み合わせることで生まれたラブコメディである。結婚披露宴に武器を持った他の花嫁４人が乱入し、新郎新婦に襲い掛かる冒頭シーンがまさにこの映画タイトルを象徴し、ポスターでも使用されている。主人公で新郎のタイは裕福でハンサムな青年実業家で、彼の結婚式披露宴を襲撃した花嫁４人は、タイのガールフレンドたちである。彼女たちは新婦リンを含め彼に五股交際されていたが、最終的にタイがリンを花嫁として選んだことで、冒頭の花嫁４人が披露宴に乱入する事件が起きたのだった。

終盤、隠された真相が明らかになる。この事件の黒幕は新婦リンだったのだ。学生時代の彼女は太った少女で、同級生で学校の人気者だったタイに惚れていた。ところが、タイは彼女から送られたラブレターをコピーして、クラスのみんなに配り、笑い者にすることで彼女を辱める。そして、彼女はタ

イへの復讐のためにダイエットをし、美しい女性リンに変身する。真相が明らかになった後も、リンを愛していると告白するタイに対して、彼を冷たく見捨てて、立ち去るリン。残されたタイを追ってきたガールフレンドの大群が襲い掛かる。最後のシーンは、ダイエットのため、我慢してきた特大のハンバーガーを頬張り、満足そうに微笑むリンの顔のアップで終わる。プレイボーイが主人公で、五股交際のラブコメディと思いきや、実はそのプレイボーイにかつて辱めを受けた少女が影の主人公で、彼女の緻密に計画された復讐劇が『花嫁大戦』の内容である。

『花嫁大戦』が大ヒットしたため、３年後の２０１４年、続編の『花嫁大戦２』もヴーによって監督される。『花嫁大戦２』は『花嫁大戦』よりも二転三転するプロットで、より構成が複雑になっている。前作でタイに弄ばれた４人の内の２人、医者のマイ・チャウとシェフのクェンは「黒衣の寡《か》婦《ふ》（未亡人）」というプレイボーイを懲らしめる女性による闇組織を結成し、さらに２人の新メンバー、女教師トゥ・フェン、ハッカーの学生クィン・ビー（クェンの妹）も加えて、暗躍している。ある日、心配性の若い女性ゴックが彼女たちを訪問し、婚約者で造船会社社長のヴィットが、彼女の出張している間に浮気していないか身辺調査を依頼する。「黒衣の寡婦」の４人はヴィットに罠を仕掛け、彼の浮気を暴こうと試みるが、ことごとく失敗したうえに、マイ・チャウ、クェン、トゥ・フェンの３人はヴィットに惚れてしまう。

しかし、ヴィットは会社の新入りの男性社員ソンにだけ、彼が婚約者ゴック以外にも浮気をしていることを教える。そして、ソンを男性たちにプレイボーイ術を指南する闇のクラブ、ワイルド・ホース協会の拠点である大邸宅に案内

写真２　『花嫁大戦２』ポスター

する。ヴィットはソンに自分の昔話を語る。大学卒業後、愛するゴックと別れることになったヴィットは、失意に打ちのめされる。そんな彼に救いの手を差し伸べたのがワイルド・ホース協会だった。協会の指導の下、ヴィットは生まれ変わり、現在の成功を手にし、一度失恋したゴックとの婚約に漕ぎ着けたのだった。だが、ヴィットの浮気は部下のソンの裏切りによって、出張から突然帰宅したゴックにバレてしまう。実はソンはハッカーの学生クィン・ビーが男性に変装した姿だったのだ。

婚約を解消されたヴィットは「黒衣の寡婦」に助けを求め、ゴックと復縁する交換条件として、ワイルド・ホース協会に関する秘密情報をメディアに開示することを約束し、実行する。「黒衣の寡婦」4人を先頭に女性たちの大群が、ワイルド・ホース協会の拠点である大邸宅に殴りこみ、協会を破壊する。そして、戦火はサイゴンの街にも広がり、大騒動に発展する。その混乱のさなか、元協会員たちの一団から吊るし上げられていたヴィットをゴックが見つけ、救い出し、再び彼と復縁する。そして、ホテルで、ヴィットとゴックの結婚披露宴が開かれる。ヴィットは新婦ゴックへの特別なプレゼントとして、ある映像を会場で流す。新郎新婦が結婚に至るまでの経緯に関する映像かと思いきや、かつてワイルド・ホース協会がゴックに関して調査撮影した映像で、ヴィットの知らない間に、ゴックが複数のセレブ男性たちと浮気していたという証拠映像であった。つまり、そもそも浮気していたのはゴックのほうで、その証拠映像を協会から突きつけられたヴィットは、彼女に復讐するためにプレイボーイに生まれ変わったのだった。しかも、二人が婚約した後も、ゴックが出張と称して浮気旅行をしていた事実も映像は明らかにする。映像が終わった後、披露宴会場から出て行くヴィットに対してゴックは追いすがり、もう一度、変わるチャンスを与えてほしいと頼み込むが、ヴィットは彼の結婚指輪をゴックに返し、会場であるホテルを後にし、去っていくところで終わる。

「黒衣の寡婦」がプレイボーイを懲らしめるコメディかと思いきや、実はそのプレイボーイこそが婚約者の浮気性の被害者かつ主人公で、彼が婚約者に復讐を遂げ、新しい人生への一歩を踏み出すまでを描いたのが『花嫁大戦2』の内容である。『花嫁大戦』シリーズが映し出した男性と女性をめぐるドラマは、1対1もしくは1対2の三角関係のメロドラマが主流だったベトナム映画において①1対複数、②騙し、騙されるという恋愛ゲームの導入、さらに③実は主人公は別で、その人物による復讐劇という新しい型のドラマを提示した。さらに、『花嫁大戦』シリーズの娯楽映画の醍醐味としては観客も登場人物と同様に、監督の巧みな構成と演出に騙され、どんでん返しで驚かされる構造を持つ点にある。

**②サイコスリラー　善悪の彼岸、野望と強欲の闇**

ヴーは第18回（２０１３年）金の蓮受賞作『スキャンダル　赤い絨毯の秘密』（２０１２年）で華やかなサイゴンのショービジネスの裏側、夢と名声と疑惑が渦巻く業界の暗部を題材に男と女の中にある野望と強欲の闇をサイコスリラーというジャンルであぶり出した。このフィルムも大ヒットし、２０１４年には第二弾『スキャンダル　戻る輝き』もヴーによって監督された。

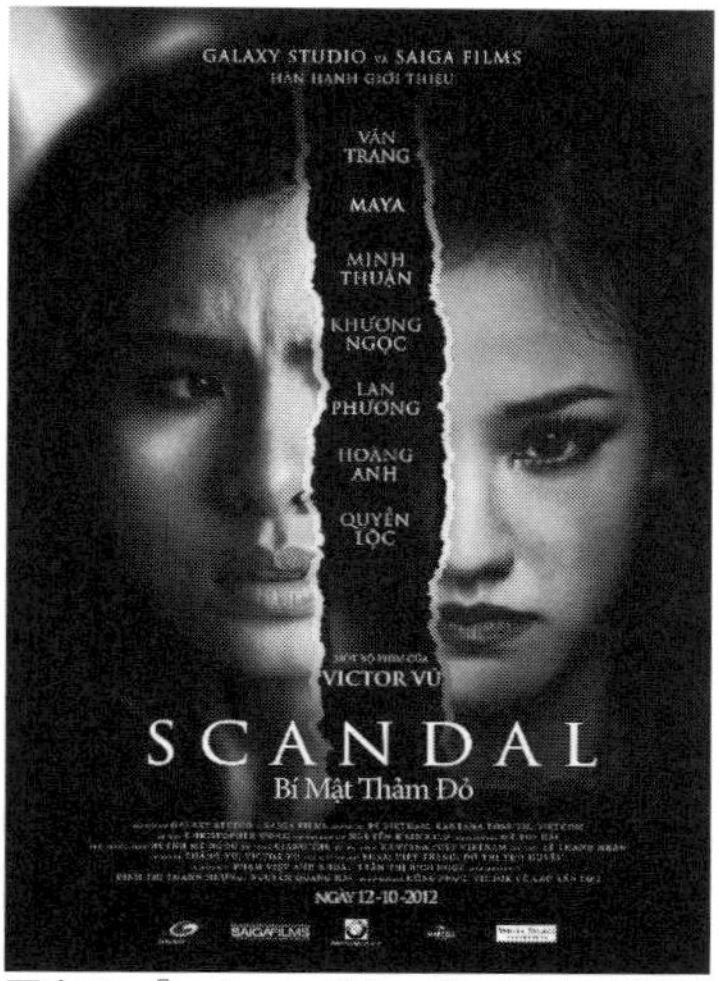

写真３　『スキャンダル　赤い絨毯の秘密』ポスター

モデルのイ・リンはパーティで、映画会社プロデューサーのティン、人気映画監督のレ・フン、実業家キィットと知り合う。その様子をモデルで歌手のチャ・ミーが嫉妬深く見詰めている。やがて、リンはキィットと結婚、レ・フン監督の新作の主役も務め、幸せも人気も絶頂に。しかし、ミーに夫キィットを略奪された後、リンは夫に捨てられて、不幸へ転落する。さらに、リンは原因不明の苦痛にも襲われる。相談したまじない師から、悪霊に呪われていると告げられる。自宅に戻ったリンは首吊り自殺した夫の遺体を見つける。

夫の自殺から一年後、リンはレ・フン監督の新作の主役としてショービジネスに復帰し、再起を図る。しかし、リンはますます幻影、幻聴、悪夢に悩まされ、仕事に支障を来たすようになる。やがて、リンはミーが自分に黒魔術を掛けたという疑念に取り付かれる。対抗処置として、リンはティンに頼み、ミーがリンに黒魔術を掛けているという噂を業界に流布させる。この悪い噂によって、ミーは仕事を失う。ミーはリンへの報復としてジャーナリストのビンに、リンがかつて売春していたというスキャンダル記事とその証拠動画をネットのニュースサイトに投稿させる。実は、このスキャンダルは生前の夫も知っていて、リンを遠ざけるきっかけだったことが回想シーンで観客に明らかにされる。精神が崩壊したリンはマンションの屋上に登り、自殺を試みる。

場面は一転、リンのマンションにドアの鍵を開けようとしたビンは後ろから縄で首を絞められる。襲い掛かったのはリンで、ビンを監禁し、拷問により自分の身辺調査の依頼者がミーであることを吐かせる。一方、ミーは駐車場に停めている車に乗り込み、バックミラーを見ると、リンが後部座席に座っている。リンはミーの首にナイフを突きつけ、人気のない場所へ車を移動させる。リンの隙をついて、車外へ逃げ出すミー。リンはミーに追いつき、ミーを撲殺する。リンはミーの携帯電話のメッセージから、事件の真の黒幕がティンだったことを知る。

雨が降りしきる中、ティンの自宅を顔が腫れ上がったビンが訪問する。ふたりの会話から、ティンが映画の話題作りのためのスキャンダルを起こすのが目的で、ビンにリンの部屋のミネラルウォーターに精神を錯乱させる薬を混ぜさせて、リンとミーの争いが激しくなるように裏で画策していたことが観客に明らかになる。ティンが不審な物音を確認しにリビングルームを出た隙に、ビンは姿を消し、代わりにナイフをもったリンが待ち構えていて、ティンに襲い掛かる。二人は部屋で争った末に、最終的にリンもティンも感電死する。そして、ネット記事から逃げたビンも逮捕されたこと、さらに、映画雑誌の広告からリンとミーの血みどろのスキャンダルが映画化されることが観客に提示される。

映画『スキャンダル』の製作発表会の席で、監督のレ・フンは記者から、なぜ二人と親しいあなたがこのスキャンダルを映画化するのかと厳しい質問をされる。レ・フンはショービジネス世界の暗部を描きたいからだと答える。そして、発表会の後、レ・フンは同席していたプロデューサーに、質問した記者は自分が仕組んだサクラだと明らかにする。最後に、リンの親友がスキャンダル映画化と表紙に書かれた雑誌を読み終えて、ゴミ箱に捨てたところで終わる。

このフィルムを上映したアジアフォーカス・福岡国際映画祭のカタログに、ヴーは以下の監督メッセージを寄せている。[12]

「ショービジネス、それは多くの人にとって夢が息づき、夢と名声と疑惑が渦巻く世界です。本作『スキャンダル』で、脚光を浴びることへの一種の注意喚起を込めた話として、この世界のダークサイドを描きたいと思いました。エンタメビジネス界では相手を陥れるための黒魔術なるものがあると、まことしやかに語られてきました。私にとってはそれが本当に存在するのかどうかはどうでもよくて、むしろキャリアで成功を収めるために、どれほどの野望や強欲さが人を極限まで突き動かしてしまうのか、ということに興味がありました。本作はサスペンススリラーとスターダムへのし上がる中での悲劇、この2つを組み合わせたものです。観客は、売り出し中で登り調子の女優リンが、プライベートで起こる困難や業界のライバルからの脅威、メディアとの対立など、次々と現れる妨害に立ち向かう様子を目にします。しかしながら、彼女は気づけなかったのです。自分の中のある野望こそが最大の敵であったこと」

『スキャンダル』は男も女も成功をするためには、相手を利用し、陥れることに躊躇がない善悪の彼岸、野望と強欲の闇を描いている。『スキャンダル』において、特にヒロインの転身が新しいドラマを提示している。前半、弱者であり犠牲者であるリンが後半、精神崩壊した後、驚異的な力を獲得

12 アジアフォーカス・福岡国際映画祭実行委員会 2016:102-103

し、復讐鬼として登場人物たちに襲い掛かる。しかも、リンはミーとティンを殺害した後、自身も破滅する。終盤、この陰惨な事件はレ・フンらに映画化されることで再利用され、その行為を非難する記者も監督の仕込みだったというショービジネス業界の闇が強調される。そして、この救いが乏しいストーリーで、人としての倫理観は唯一、ラストで映画雑誌をゴミ箱に捨てたリンの親友に託させている。もっとも、このラストは観客にとって居心地の悪いラストでもある。なぜなら、観客に「リンの親友みたいに、スキャンダルを映画化した作品を観ずに済ませることができますか？　ちなみにいまご覧になっているフィルムこそ『スキャンダル　赤い絨毯の秘密』です。観客の貴方たちも共犯者なのでは？」という問題提起を突きつけ、スキャンダルに惹かれる観客もショービジネス業界の抱える闇と共犯関係であることを暗示しているからである。

以上、①ラブコメディ　騙し、騙される恋愛ゲーム、②サイコスリラー　善悪の彼岸、野望と強欲の闇、から見えてくるのは、別離と再会のメロドラマから脱却し、これまでベトナム映画が映せなかった男女の間をより赤裸々に、ある種の居心地の悪さを含めて、エンターテイメントとして昇華しようとする、ベトナムのハイブリッドな娯楽映画の創り手ヴーの挑戦である。これらのシリーズを通して、ヒットメーカーとして確固たる地位を確立したヴーが、サイゴンを離れ、新たに田舎を舞台にした文芸映画に挑戦したのが『草原に黄色い花を見つける』である。

## Ⅲ　子どもの目線から見た世界と郷愁のグローバル化

『草原』は１９８９年、ベトナム中南部沿岸地域の貧しい村に生きる兄弟と幼馴染みの少女との淡い初恋を描いた13万部のベストセラー小説（２０１０年）の映画化した作品である。原作者はグエン・ニャット・アイン（Nguyễn Nhật Ánh　１９５５年〜）。アインの小説を日本に紹介した、ベトナム文学研究者加藤栄は、彼の人気の高さと作品の魅力について、以下のように述べている（加藤 2013:55-57）。

「ベトナムでグエン・ニャット・アイン（1955年〜）の名を知らないものはいないと言っても過言ではないだろう。（中略）『万華鏡』シリーズだけとってみても総売上100万部を突破し、1990年代前半にベトナム出版史上、未曾有のベストセラーとなった」

「彼の作品の魅力を一言で言えば、人生でもっとも多感な時期にあたる読者の目線に立って、彼らの日常生活、家族や学校の友人・先生との関係、その年頃の子供たちが抱える特有の悩みや問題を生き生きと描いていることである。

そんなことは日本の児童文学なら普通のことかもしれないが、長きにわたる戦争とその後の混乱の中で形成されたベトナム現代文学は民族全体の大義と利益に奉仕することが求められ、それに反するような個人的な感情や日常の些事を表現することはできなかった」

ちなみに、アインは、彼の父親が共和国時代の官僚で、1975〜1982年に思想改造収容所に送られた経歴のため、就職に関して苦労をした作家である（ドゥック 2015:303-308）。

『草原』の舞台は、1989年、ベトナム中南部に位置するフーイエン省の貧しい村である。ティエウとトゥオンは、いつも一緒の仲の良い兄弟。思春期を迎える12才の兄ティエウは、幼なじみの少女ムーンのことが気になっているが、うまく想いを伝えることができない。中秋節の夜、ムーンの家が火事で焼け落ちてしまい、しばらく兄弟の家で暮らすことになる。一緒に過ごす時間にティエウの恋心は募っていく。しかし弟のトゥオンとばかり遊ぶムーンを見て、嫉妬したティエウは、弟が大事に飼っているカエルが近所の人に持ち去られるのを見て見ぬ振りをし、罪悪感に苛まれる……。

**①子どもの目線から見た世界**

ヴーは『草原』を映画化するにあたり、加藤も指摘したアインの作品の魅力に、子供たちの「個人的な感情や日常の些事」、つまり、子どもの目線から見た世界を重視した。このフィルムを上映したアジアフォーカス・福岡国際映画祭のカタログに、ヴーは以下の監督メッセージを寄せている。[13]

「グエン・ニャット・アインにとって、話の筋や展開は重要ではないようです。ティウとトゥン（原文ママ）という兄弟の感情、そこに彼の興味はあるのです。関係性の変化、伝統的な家族の力学、彼らが置かれた環境の雰囲気と美しさ、子どもの目線から見た世界。これらは小説を初めて読んだ時に私を虜にしたエッセンスであり、一瞬にして映画にした時のことを想像させてくれました」

もっとも、アメリカ育ちのヴーにとっては、映画の舞台となった１９８９年のベトナム南中部沿岸部に位置するフーイエン省の田舎は馴染みの薄い時代と土地でもあった。このギャップを80年代から活躍する女性監督ヴィエト・リン（Việt Linh　１９５２年〜）からシナリオの共同執筆への参加を得て、戦後のベトナム社会を批判するフィルムを撮ってきたベテランとコラボレーションすることで補った。

ヴーは子どもの目線から見た世界を丁寧に映像化している。兄ティエウを通して、ムーンへの淡い恋、さらに弟トゥオンへの嫉妬心という思春期の感情の揺れ動きと悩みを映す。一方、飼っているカエルに小さなおじさんと名づけ、カエルの昔話を信じている、本好きの弟トゥオンを通して、現実と空想の境界が曖昧な子供の世界を表現した。

**②郷愁のグローバル化**

『草原』の成功に関して、制作会社であるギャラクシーM&EのCEOは以下のように分析している。[14]

13 アジアフォーカス・福岡国際映画祭実行委員会 2016:104-105

14 http://m.screendaily.com/5095528.article　２０１７年４月14日　閲覧

「この映画は私たち全員の愛らしい感情や子供時代の思い出を呼び起こす。この映画の新鮮で甘い性質は、ベトナムの映画ファンにとって新しい実験である。なぜなら、過去10年間、ベトナムの映画市場はスラップスティックコメディ、アクション、ホラー映画に圧倒されてきたからだ」

この「新鮮で甘い性質」の底に流れているのは、喪失しつつある子供の頃の記憶、さらに田舎の風景に対する郷愁（ノスタルジア）だろう。ヴーは、子供の頃の記憶に関して以下のように述べている。[15]

「記憶というものは、未来予測として機能するだけではなく、現在の行動をも導くものと言われています。子供の頃の記憶は、おそらく最も貴重でありすべてのことに影響するのでしょう」

15 アジアフォーカス・福岡国際映画祭実行委員会 2016:104-105

田舎での子供時代への郷愁を主題にしたフィルムはアジアのニューウェイヴ監督たちによって、『童年往事・時の流れ』（台湾 １９８５年）、『フェーンチャン ぼくの恋人』（タイ ２００３年）、『虹の兵士たち』（インドネシア ２００８年）などが創られてきた。郷愁映画はアジアのニューウェイヴ映画がかつて通ってきた道であると言える。そして、日本公開もされた『草原』は、越僑のトラン・アン・ユン監督『青いパパイヤの香り』（１９９３年）以来、ひさしぶりにベトナムから世界に通じる郷愁映画が誕生したと言える。もっとも、『青いパパイヤの香り』と違い、『草原』のほうはベトナムで大ヒットした。そして、『草原』以降、映画界でグエン・ニャット・アインの小説はさらに注目されるようになり、アインの小説『昨日からの少女』（**Cô Gái Đến Từ Hôm Qua**）も『ベトナムの怪しい彼女』（２０１５年）の主演女優と監督コンビで映画化、２０１７年７月に公開され、７００億ＶＮＤ（約３億８０００万円）の大ヒットをした。

以上、『草原』は越僑のヴーがベトナムの先達との共同作業により、①「子どもの目線から見た世界」を丁寧に映像化することで、観客に忘れていた自身の子供だった頃の記憶を想起させ、ベトナムのみならず海外の観客にも郷愁を感じさせる、つまり、②「郷愁をグローバル化」し、世界へ開いたフィルムである。また、ヴーにとって『草原』は国民（ネーション）の語源であるラテン語の「ナツィオ」（生誕の地）アメリカから離れ、父祖の地（パトリ）ベトナムへの郷愁を映像化した作品である。つまり、『草原』は郷愁という一見、ローカルな主題を深く掘り下げることで、国民映画の閉じたナショナリズムから脱却し、開かれたパトリオティズム（郷土愛）へ展開したグローバルなフィルムであると言えるだろう。

## ヴーのフィルムにおける、ベトナム映画の脱却と継承

ヴーがベトナム映画のニューウェイヴに新たな表現と価値観をもたらしたのは主に三つ、Ⅰ国民映画の「敗者は映像を持たない」から脱却し、排除されてきた越僑の視点を交えたコメディ、アクションを通して、ハイブリッドなベトナム映画を生み出した点。Ⅱラブコメディ、サイコスリラーによって、国民映画で繰り返されてきた別離と再会のメロドラマから脱却し、男女の間をより赤裸々にある種の居心地の悪さを含め、エンターテイメントとして昇華した点。Ⅲ『草原』により、国民映画の閉じたナショナリズムから脱却し、郷愁をグローバルな映画へと展開した点であると考える。要約すれば、国民映画と国民全体の大義から遠く離れて、排除された敗者の視点を含めたハイブリッドなベトナム映画を通して、個人的な感情（野望や強欲といったネガティブなものも含む）に基づく、開かれた価値観を探求していると言えるかもしれない。

Ⅰに関しては、ベトナムの国民映画において映像を持たなかった敗者に、ノーベル文学賞作家スベ

トラーナ・アレクシエービッチの言葉を借りるなら、「小さき人々」に映像を与えたフィルム、ヴィエト・リン監督『悪魔のしるし』（Dấu ấn của quỷ　1992年）やダン・ニャット・ミン監督『グァバの季節』（Mùa ổi　2000年）を継承する営みである。さらに、ヴーは先達よりもタブーに踏み込み、再教育キャンプによる後遺症とトラウマにも焦点を当て、共和国出身者という敗者に映像を与えた。この挑戦は『年初の朝』でヴーともに編集を担当した越僑監督チャン・ハム（Trần Hàm）の短編『記念日』（The Anniversary　2003年）、『陥落からの旅』（Journey from the Fall　2006年）にも継承されていく。

Ⅱに関しては、ヴーは1対1もしくは1対2の三角関係のメロドラマが主流だった国民映画から脱却し、1対複数、さらに、騙し、騙されるという駆け引きをラブコメディで導入した。そして、野望や強欲に狂い、人の道を踏み外していく男女の話をサイコスリラーというエンターテイメントとして新たに開拓した。ヴーが開拓した男女のドラマは国民全体の大義から遠く、むしろ、感情と欲望を徹底的に突き詰めた個人のドラマである。もっとも、ヴーは他のニューウェイヴ監督たち、たとえば、『超人X.』（Siêu nhân X.　2015年）のグエン・クアン・ユン監督、『大親父と、小親父と、その他の話』（Cha và con và..　2015年）のファン・ダン・ジー監督たちがセクシュアル・マイノリティに関するフィルムを発表する中、あくまで男女のドラマに留まっている。また、本章では、文字数の制約からヴーのホラー映画『冤魂』『血の心臓』における男女のドラマに言及できなかった。今後の課題としたい。

Ⅲに関しては、ヴーは『草原』の映画化を通して、ベトナム文芸全般が国民全体の大義と利益に奉仕するなか、そこから脱却し、それに反するような個人的な感情や日常の些事を表現した先達たち、作家グエン・ニャット・アイン、ヴィエト・リン監督とコラボレーションした。アメリカ育ちのヴーが自身の体験したことのない80年代後半のベトナム南中部の田舎に対する郷愁（ノスタルジア）を先達たちとのコラボレーションにより映画化することで、国内のみならず海外の観客にも訴えかける、グローバルな郷愁映画へと展開させた。ところで、ベトナムのニューウェイヴ映画を東南アジアの他地域と比較した場合、たとえば、少し前のタイ、現在のインドネシアでは郷愁映画の次の段階、観客たちにノスタルジアを呼び起こす過去の娯楽映画の名作、ヒット作のリメイクブームが起きている。[16] ヴーは今後、タイやインドネシアのニューウェイヴ監督たちのように、ベトナム映画の過去作（いまだに公式の場では上映できない共和国時代のフィルムを含め）のリメイクに挑戦し、ベトナム映画を継承し、展開するのか、否か、今後のフィルムに注目している。

16 過去の娯楽映画の名作、ヒット作のリメイク作品としては、タイの『レッドイーグル』（ウィシット・サーサナティヤン監督、２０１０年）、『愛しのゴースト』（バンジョン・ピサンタナクーン監督、２０１３年）、インドネシアの『Warkop DKI Reborn: Jangkrik Boss! Part 1』（アンギ・ウンバラ監督、２０１６年）、『悪魔の奴隷』（ジョコ・アンワル監督、２０１７年）などを挙げることができる。なお、『悪魔の奴隷』についてはコラム14でも取り上げている。

**引用文献**

アジアフォーカス・福岡国際映画祭実行委員会
２０１６『第26回　アジアフォーカス・福岡国際映画祭　カタログ』アジアフォーカス・福岡国際映画祭実行委員会。

Baumgartel, Tilman (ed.)
2012 *Southeast Asian Independent Cinema*. NUS Press Pte Ltd.

**CỤC ĐIỆN ẢNH Vietnam Cinema Department**
**2005 *Phim Truyện Việt Nam Vietnamese Feature Films 1995-2003*. CỤC ĐIỆN ẢNH Vietnam Cinema Department**

ドゥック、フイ
２０１５『ベトナム：勝利の裏側』中野亜里訳、めこん。

加藤栄
２０１３「ベトナム　子どもの頃に戻る切符を下さい」『いま、世界で読まれている１０５

冊　２０１３』、pp. 55-57、テン・ブックス。
Ingawanij, May Adadol and Benjamin McKay eds.
2012 *Glimpses of Freedom Independent Cinema in Southeast Asia.* Cornell Southeast Asia Program Publications.
坂川直也
２０１６「サイゴン新世代がつくる「英雄」たち：現代ベトナムにおけるヒーローアクション映画をめぐって」『たたかうヒロイン――混成アジア映画研究２０１５』山本博之、篠崎香織（編）、pp. 25-36、京都大学地域研究統合情報センター。（https://www.cias.kyoto-u.ac.jp/~yama/film/Images/cineadobo2015_025.pdf　２０１７年４月14日　閲覧）
四方田犬彦
２０１３『アジア全方位 ｐａｐｅｒｓ １９９０－２０１３』晶文社。
２０１７『日本映画は信頼できるか』現代思潮社。

Column 1

# コスプレとイスラームの結びつき

ウィンダ・スチ・プラティウィ

現在、インドネシア各地では日本関連イベントが開催され、日本のポピュラーカルチャーのコンテスト、例えばコスプレ・コンテストが実施されている。イベントにはマンガ、アニメ、ゲームのキャラクターに扮したコスプレイヤーがいるだけではなく、時々ヒジャーブ・コスプレイヤーもいる。ヒジャーブ・コスプレイヤーというのはイスラームのルールに従いコスプレイヤーになる女性である。

インドネシアにはムスリム（イスラーム教徒）のコスプレ・コミュニティがあり、イスラミック・オタク・コミュニティ（Komunitas Islamic Otaku）はその一つである。コミュニティの会長（Kaichou Islamic Otaku Community）であるリオの言葉によると「ムスリムの若者たちは良いムスリムになるか、または本当のオタク（*otaku seutuhnya*）になるかの岐路に立っている。イスラミック・オタク・コミュニティは、この二つを一つにしたい。私たちはオタクになるためにイスラームを捨てる必要がないし、またはその逆の必要もない」[1]

近年、ヒジャーブ（イスラームの教義に従い女性が頭に被る布）を着用する若いインドネシア女性が増えている。ヒジャーブを被っていた女性たちは、自分はコスプレができないと思っていた。しかし、上記のコミュニティのサイトでメンバーのゾリアナは次のように主張している。「ヒジャーブを被っていても創造を止めてはいけない。実際にヒジャーブ・コスプレイヤーが存在することをまだ知らなかった時、かわいそうに、コスプレを止めた女性がいた。（中略）さまざまな批判がいつもある。例えば、ヒジャーブ・コスプレイヤーは『キャラクターらしくない』という批判とか、他のたくさんの批判がある。（中略）私たちが知っているコスプレの世界は、現れた様々なキャラクターの映像に合わせている。女性がヒジャーブを被りながらコスプレをするのは不可能のように思える。しかし強い願いがあれば、私たちの創造性を妨げない。それは、多くのヒジャーブ・コスプレイヤーの存在によって証明されている」[2]

シンディ・ハマノ・ミチヨ（Sindi Hamano Michiyo）はインドネシアの有名なヒジャーブ・コスプレイヤーの一人である。2011年からヒジャーブ・コスプレイヤーを始め、現在までボーカロイドの初音ミクや『アナと雪の女王』のエルサなどのコスプレをやった。彼女は最初、バッシングされ、批判され、軽蔑されるので、怖がっていた。多くのコスプレイヤーと同様に隠れてヒジャーブ・コスプレをしていた。彼女がTVのトークショー（2014年8月）に出演して以来、みんなは勇気をもって様々なイベントに出るようになった。キャラクターを壊すなどという論争が起こった。しかし、衣装には制限があるが、創造性には制限がないとシンディは語っている。

インドネシアではイスラームを信じる国民が一番多くいるが、上に述べたようにコスプレが急速に広がっている。基本的にコスプレは日本のポピュラーカルチャーだが、グローバル化が進むなかでインドネシアにも広がり、ローカル化の一つとしてインドネシアのムスリムの間でヒジャーブ・コスプレイヤーが誕生した。これはインドネシアの若者の創造性を示し、グローバル化とローカル化が合わさったグローカル化の一つの例となっている。

**写真** エリーザベト・フォン・ヴェッティン[3]に扮したシンディ・ハマノ・ミチヨ[4]

1 http://www.islamicotaku.com/

2 http://www.islamicotaku.com/2015/03/dua-dunia-ketika-hijab-bertemu-cosplay.html（2015年10月14日参照）

3 SoundHorizon（日本の音楽ユニット）のシングル『イドへ至る森へ至るイド』、アルバム『Märchen』の登場人物。

4 https://www.facebook.com/photo.php?fbid=253655154804697&set=t.1025930669&type=3&theater（2016年1月21日参照）

Column2

# テレビと悪行

井上さゆり

ミャンマーでは2011年に民政移管して以降、テレビ局、番組が爆発的に増えた。現地の番組、特にバラエティ番組の増加は目を見張るものがある。料理番組、オーディション番組、クイズ番組、スポーツ中継・解説など、日本やその他の国で見られる種類の番組があっという間に出そろった状況である。限られたスターで構成されていた芸能界に、いわゆるバラエティタレントも増加した。筆者が留学していた1999年から2001年当時、テレビ局は国営のミャワディ社とミャンマー社の2局しかなかった。番組はニュースの他に、タチンジー（古典歌謡）やカーラボー歌謡（流行歌謡）の音楽番組、中国と日本のドラマくらいであったが、衛星アンテナを設置すれば海外の番組もいくつか見ることができた。その後、韓国ドラマが席巻するようになった。現在、数あるバラエティ番組を押さえてテレビで圧倒的に人気なのは韓国ドラマの放送とサッカー中継である。

韓国ドラマの時間になると、家事の一切を止めてテレビの前に陣取る。特に、人間関係が複雑で激しい争いが見られる作品が人気を博している。人々が韓国ドラマについてよく言うのは、ミャンマーのドラマより感情の動きや演技が自然だということである。ミャンマーのドラマは貧しい役であっても綺麗に着飾り厚化粧を施した女優が多い。悲劇の前兆では花瓶が割れたり雷が轟いたりするなど、演出が画一的であることが多い。

筆者が毎年夏を過ごすマンダレーの先生の家でも、韓国ドラマが始まる夕方には年配の女性陣がテレビの前に腰を据えテレビに見入る。登場人物に感情移入して、悪役に対し「そうだ、その女を殴れ」「死ね」などと声に出すことも多い。面白いのは、テレビの中の悪役の不幸を願った後に「悪行を積んでしまった」「罰当たりなことを言ってしまった」と反省していることである。その家のテレビのある部屋の頭上には大きな仏壇がある。仏壇の下でそんなことを考えてしまったことが罰当たりだと、仏壇から少しだけ椅子を離したり、中にはひとしきり興奮した後、ふと我に返ってテレビの前を離れる人もいる。

サッカーの試合がテレビ放送される時には、町のあちこちから歓声や罵声が響く。夢中になって見ている中、やはり時々ふっとテレビの前を離れる人がいる。「自分の好きな方の利益を願い、相手側の不利益を願うのは悪行になるから」とのことである。テレビの見方ひとつにも仏教的な倫理観との葛藤を抱えている様子がかいま見えて面白い。

写真　仏壇とテレビ（レースがかけてある）のある部屋で僧侶にお布施
（2015年9月5日筆者撮影）

Column3

# インドネシア映画にみられる「未開な地方」の商品化

小池誠

インドネシア映画の多くはジャカルタやバンドンなど都市部が舞台となっていた。21世紀に入って、プロデューサーのミラ・レスマナ（Mira Lesmana）と監督のリリ・リザ（Riri Riza）が「地方再発見」の動きの中心となり、ジャワ島以外の地域を舞台とした映画を次々と製作した。二人の代表作として、スマトラのブリトゥン島を舞台に1970年代のイスラーム系小学校に入った子どもたちの成長を描いた『虹の兵士たち（*Laskar Pelangi*）』（2008年）やジャンビ州のジャングルを舞台に少数民族オラン・リンバ（森の人）に読み書き計算を教えようとした実在のNGO女性を主人公にした『ジャングル・スクール（*Sokola Rimba*）』（2013年）を挙げることができる。

このように地方に住む人たちに真摯に向き合い、彼ら彼女らが直面する問題をきちんと描こうとしている映画がある一方で、インドネシア映画界には観客にとって嘲笑の対象となるような「未開人」を描いた「B級映画」の系譜も存在する。インドネシアでは中央の視線から「地方」を「未開」や「神秘的」という図式で描き出す国内オリエンタリズムと呼べるような映画が作られてきた。インドネシアの「地方」が商品化の対象となっている。ここでは、それが極端な形で現れている2作品を取り上げ、それぞれの特徴を明らかにしたい。

1982年の『ジャングルの処女（*Perawan Rimba*）』（日本発売DVDの題名は『猟奇食人族　密林の女ターザン変態儀式』）はジュリタという女性が主人公の映画で、「孤島」を舞台としてターザン物とすこし設定が似ている。この島では女性祭司グループと男性祭司グループの争いが繰り広げられている。ターザン物だけでなく、ジャワの魔術物やエロチックな雰囲気も加味された映画になっている。アメリカ映画の『バリ島珍道中（*Road to Bali*）』（1952年）がバリ島を描いているのと同様のオリエンタリストの視線が、この映画にも認めることができる。このようなタイプの映画は、現代になっても製作され続けていて、その典型が2011年の『パプアで行方不明（*Lost in Papua*）』である。ジャカルタからパプアの奥地に来た一行は、女性だけの民族に捕らえられ、男たちは女性の族長に犯され、「種付け」の役目をさせられる。西洋のアマゾネス伝説の舞台をパプアに設定したような映画である。

2作品には共通して「食人の儀礼」と、女性だけの「未開人」集団が登場する。『ジャングルの処女』は、まったく架空の設定だから許される部分もあるが、『パプアで行方不明』には、コロワイ人という実在の民族も登場するため、パプアのNGOなどから批判を浴びている。

写真 『パプアで行方不明』のDVD

Column 4

# タイ映画にみるお化けの描き方

津村文彦

『妖怪ウォッチ』や『ゲゲゲの鬼太郎』など、マンガやアニメ、ゲームを通じて、現代日本に妖怪は広く浸透している。日本での妖怪のポップカルチャー化の歴史は古く、中世末期には絵巻物や浮世絵に描かれ、近世には玩具や着物のデザインにも取り入れられたという。

では東南アジアで妖怪はどのように描かれてきたのか。タイのお化けピーに関して言えば、活発に図像化されたのは第二次大戦後のことである。初期にはもっぱら死体や骸骨の姿で描かれ、ある種のピーが特定の姿でキャラクター化するようになったのは近年のことである。

たとえば『恐怖！タイのお化け地下室（*Hot du kru phi thai*）』（Nanmee books, 2013年）という子供向け冊子では、鳥山石燕『画図百鬼夜行』（1776年）や水木しげる『妖怪画談』（1993年）と同じスタイルで、見開き2ページごとにピーを文章と絵で紹介している**［写真1］**。また映画『ローン（*Lon*）』（2003年、監督アピチャート・ポーパイロート）では、中部タイのナーンタキアン、南タイのプラーイターニーなど、地方を代表するピーを取り上げ、4つの地方のお化け物語をオムニバスで描き出す。各地で語られてきたピー伝承を映像化することで、特定のピーが特定の地域に結びつけられていく。

東北タイに特徴的な悪霊ピーポープは、『ピーポープの村（*Ban phi pop*）』シリーズ（1989〜2011年）で繰り返し映画化されてきた**［写真2］**。バンコクから来訪した医師や大学生が、村落でピーポープと出会い、大混乱に巻き込まれたのち、再びバンコクに帰還するというプロットがピーポープを題材にした物語に共通して見られる。ピーポープを媒介として、都市と地方農村との文化的差異を、喜劇的ながらも誇張的に表現するものといえよう。

北タイのピークラスーは、首から下は内臓だけを引きずった女性のお化けとされ、マレーシアやインドネシアなど東南アジアの各地に類似した伝承が見られる。映画『クラスー伝説（*Tamnan Krasue*）』（2002年、監督ビン・バンルーリット）ではこのお化けの起源が新たに創作される【写真3】。18世紀アユタヤとの戦争で殺されたクメール王女の呪術から生まれた悪霊とすることで、ピークラスーのもつ気味悪さは邪悪な呪術と同一視され、またクメール=カンボジアというタイにとっての他者に、悪霊の起源が不当にも割り当てられる。

地方間、民族間、国家間など複数の関係性を横断しながら、タイの妖怪のキャラクター化は現在まさに進行中である。

写真1　子ども向け冊子に描かれたピーポープ

写真2　VCD『ピーポープの村』

写真3　VCD『クラスー伝説』

参考文献
Baumann, Benjamin
2015 "The Khmer Witch Project: Demonizing the Khmer by Khmerizing a Demon", *DORISEA Working Paper Series*. No. 19: 3-23.
津村文彦
2015『東北タイにおける精霊と呪術師の人類学』めこん。

Column 5

# ポップカルチャーとしてのイレズミ

## ——呪術とファッションの狭間

津村文彦

欧米のサッカー選手や俳優を見ているのと、腕や首筋にタトゥーが施されているのをしばしば目にする。古くはアルプスの氷河で発見された男性ミイラ「アイスマン」にも痕跡があり、伝統文化としてアジア、太平洋からアメリカ、アフリカまで世界中に分布する。1970年代以降の欧米での流行をきっかけに、いまやタトゥーはファッションとして認知されている。

東南アジアでは、ボルネオのカヤン、ビルマのシャンなど、島嶼部・大陸部を問わずイレズミが実践されてきた。サックヤンと呼ばれるタイのイレズミは、呪術的な図像と呪文を刻むもので、危険から身を守る（コンクラパン）、人を惹き付ける（メーターマハーニヨム）といった呪力をもつとされる【写真1】。呪力を維持するには、イレズミごとに定められたタブーの遵守が求められる。

彫り師は俗人だけではない。僧侶や呪術師もいて、子弟関係のなかで技術と知識が伝承される。年に一度の「師を崇める儀礼（ワイクルー）」には、イレズミを施された弟子たちが師の前に一同に会し、呪力を再充填する機会と考えられている。かつては30㎝ほどの彫り針が用いられたが、近年では自作のタトゥーマシンを用いる者も多い【写真2】。客が彫り師に支払う費用は「師を敬う金（カーヨッククルー）」と呼ばれ、イレズミ一点あたり百バーツ〜二千バーツほどが一般的だ。

近年のタイではファッションタトゥーも増えている。パタヤーやチェンマイなど外国人観光客の多い街には、多くのタトゥースタジオが店を構え、デザインにも幾何学模様やトライバルなど西洋的モチーフが多い。だがファッション目的でのイレズミは現代だけのものではない。たとえば東北タイの村落に住む81才の老翁は、出家していた15才のときに左手の前腕部に花の模様のイレズミを彫ったと語るし【写真3】、2000年に亡くなった同村の老婆は手首に時計のようなイレズミをもっていた。

五本の列に呪文を刻む「ハーテオ」は人を魅了する呪力をもつとされ、アメリカの女優アンジェリーナ・ジョリーが左肩に入れたのを契機に、タイの若い女性の間で人気が高まった。東北タイ村落でサックヤンを彫る僧侶を訪ねて来た10代の女性は、スマートフォンで検索した蝶のタトゥーを見せて「同じものを入れて」と依頼する。呪術とファッションの境目はきわめて曖昧である。グローバルな流行を反映させ、新たな道具やデザインを自在に取り込む。伝統と近代、土着と世界、呪術とファッションなど、複数の境界を越えながら、タイのイレズミは再帰的に自身を定位している。

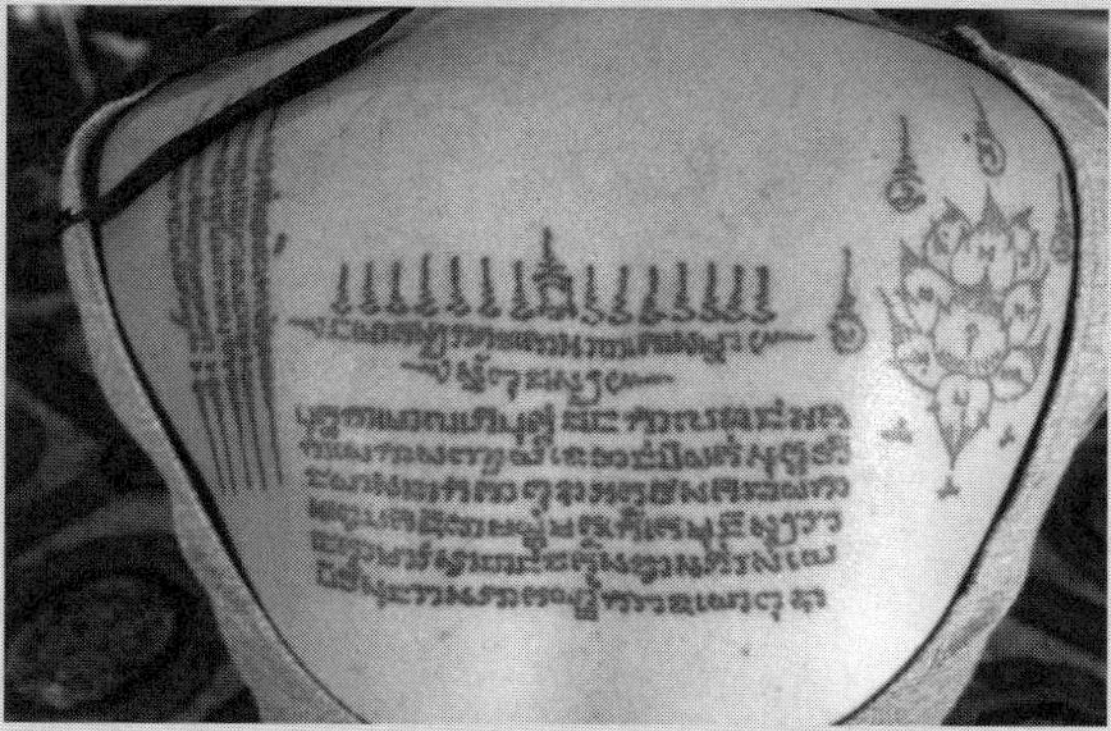
写真１　古代クメール文字の刻まれたサックヤン

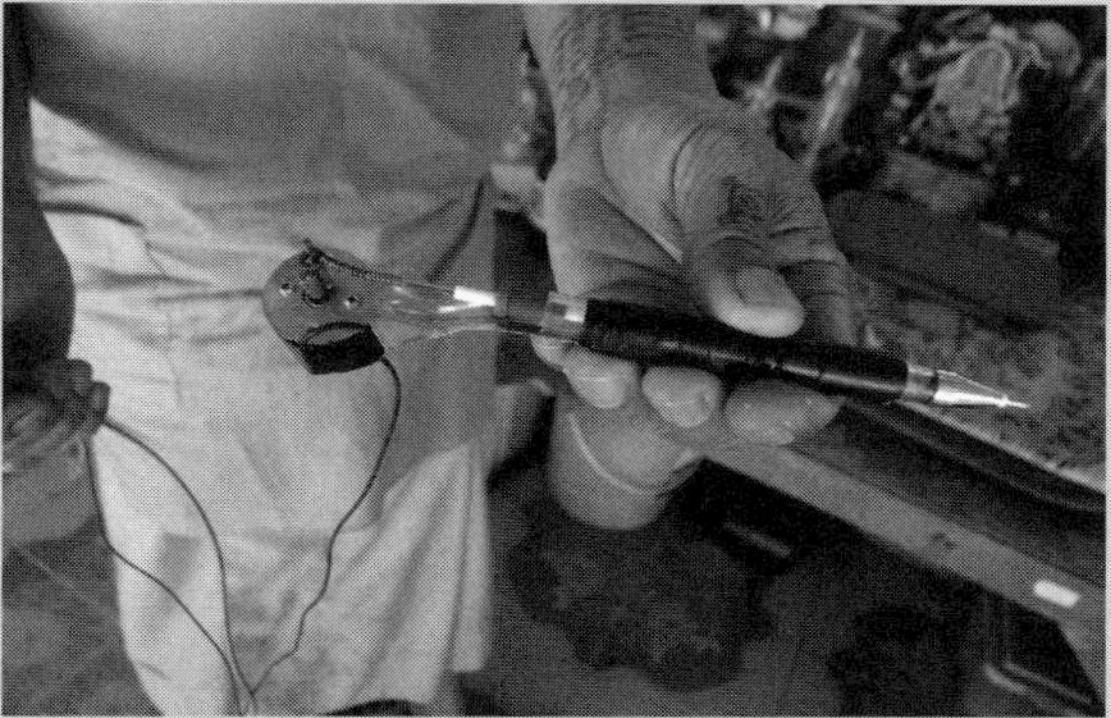
写真２　僧侶が自作した電動のタトゥーマシン

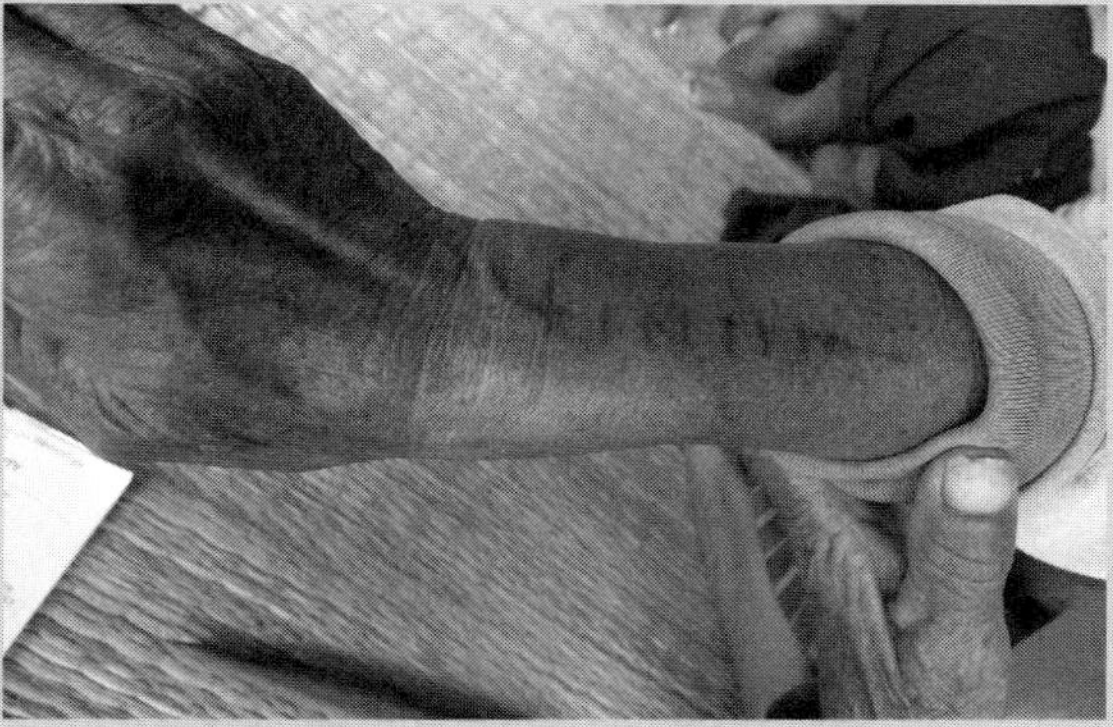
写真３　65年前に彫ったファッション目的のイレズミ

**参考文献**

津村文彦　２０１６「美しくも、きたないイレズミ―タイのサックヤン試論―」『年報タイ研究』第16号，pp.39-60.

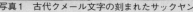

Column 6

# イスラーム・ファッション・デザイナー

福岡正太

アウラットとは、イスラームの教えで、他人の前で覆わなければならない体の部位をさす。解釈は分かれるというが、インドネシアでは、女性の場合、顔と手以外の部分がこれにあたると考えられている。したがって、インドネシアの女性イスラム教徒は、ミニスカートやタンクトップを着ることははばかられるし、自慢の髪も覆わなければならない。さらに、身体の線がはっきりとでるような服も避けられる。こうした話を聞くと、女性イスラム教徒は着飾ることも許されず、家にこもっていると想像されてしまうかもしれない。

しかし、実際にインドネシアに行ってみると、だいぶ印象が異なる。町では、多くの女性がカラフルなヴェール（ジルバブ *jilbab* あるいはヒジャブ *hijab*）を身につけて颯爽と歩いている。ショッピング・モールに入れば、華やかなイスラーム・ファッションの店がならび、多種多様なヴェールの売り場が目を引く。動画サイトでジルバブやヒジャブを検索すると、ヴェールの巻き方を指南する動画が次から次へと出てくる。どうやら、ヴェールは、ファッションとして、女性イスラム教徒の自己表現の手段にもなっているようだ。

2010年、ヒジャバーズ・コミュニティという団体がジャカルタで結成され、注目を集めた。ヒジャブをおしゃれに着こなす若い女性の集まりだ。彼女たちは、イスラーム・ファッションのワークショップをおこない、写真を多用した本をつくり、ブログや動画サイトでも自分たちのスタイルの発信をおこなった。彼女たちが多用したチプット・ニンジャは、ヴェールをかぶる女性の必須アイテムになった。これは髪や首、肩まで覆う、ヴェールのインナーで、これにより覆う必要のある部分がカバーできるため、ヴェールの巻き方の自由度が増す。ニンジャの衣装のような外見のため、このように呼ばれるようになった。

ヒジャバーズ・コミュニティは、リア・ミランダやディアン・プランギなど、人気のファッション・デザイナーを輩出した。彼女たちは自分のブランドを起こし、ブティックをもち、インターネット通販を手がけ、国内外のファッション・ショーに出品するようになった。自分のデザインしたファッションに身を包んだ若い彼女たち自身も、格好のメディアの取材対象となった。敬虔かつ有能で、幸せな家庭を築きつつ、自分の仕事をもち、ファッショナブルに自分を表現する。彼女たちは、現代インドネシア社会で生き方を模索する若い女性たちのあこがれの的となった。日々、新しいヴェールの巻き方を工夫する若い女性たちの視線の先には、こうした女性デザイナーたちがいる。

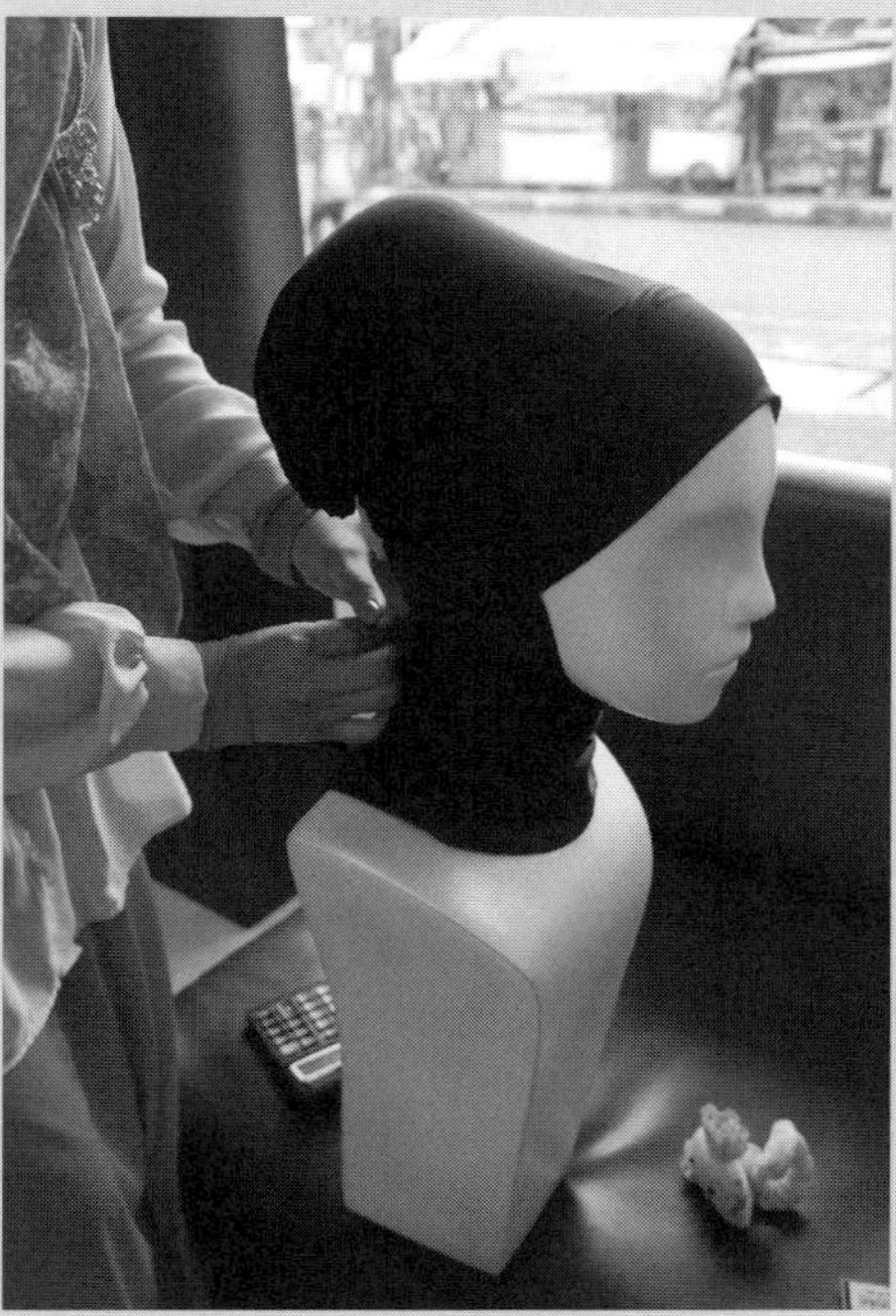
写真1　チプット・ニンジャ

写真2　ヴェールの巻き方をデモンストレーションするスタイリスト。
バンドゥンのイスラーム・ファッション・ブティックにて（2014年）

Column 7

# タイ映画にみられる日本のイメージ

平松秀樹

日本を舞台としたタイ映画が近年増えている。『一日だけの恋人』(2016)では、主人公のタイ人カップルのロマンスのメイン舞台は、札幌の雪まつりである。記憶喪失による一日だけの恋人という悲恋物語ではあるが。北海道が舞台の映画はほかに『Buppha Arigato(Haunting in Japan)』(2016)がある。人気のホラー・コメディの最新作だが、このシリーズではお馴染みとなっているゴースト・バスター(今回はタイの偽坊主と自称「富や学問の神様ガネーシャ」が降臨した祈祷師)が、日本の幽霊親子からの返り討ちにあって退散する。北海道は、現在タイの観光客に人気の行先となっているので、その反映でもあろう。ケーブルテレビ放映にもかかわらず大ヒットした、タイ版『ビバリーヒルズ青春白書』ともいうべき『Hormones』は、番外編で雪の北海道が舞台の『Frozen Hormones』(2015)なるものまで作っている。

少し前は、九州各地と提携して製作された映画も多かった。長崎県の「軍艦島」が舞台のホラー『エ Project(Hashima Project)』(2013)、佐賀県と提携したテレビ映画『Stay』(2015)。ずばりそのままのタイトル『九州 ザ・ムービー』(2015)といったものまである。こうした背景には、ビザなしで気軽に日本へ観光に行けることになった事情がある。それ以前は、タイでの韓流ブームもあり、ビザ不要で行ける韓国旅行が流行っていた。

日本を舞台とした往年のタイ映画で思い出すのは、『Twilight in Tokyo』(1989)である。ラストシーンで、日本でクラブのママさんのもと「夜の商売」に従事するタイ人ヒロインが、新宿のスクランブル交差点の真ん中でピストル自殺するシーンは衝撃的である。日本といえばかつては世界的には富士、サクラ、芸者であったが、この時代のタイ映画では日本はママさんとヤクザの国である。ちなみにマーマーさんもヤクジャーも、そのままタイで通用する言葉である。この映画は続編『マーマーさん Twilight in Bangkok 2』(1990)も作られている。前作での銃弾が頭の急所を外れて奇跡的に生き返ったヒロインが、今回はバンコクで手榴弾自殺を図る。そのほかで変わったところでは、『メー・ナーク 東京侵略（แม่นาคบุกโตเกียว）』（1976）という映画がある。筆者は未見であるが、伝説の幽霊メー・ナークが日本に進出して何をするのか大変気になるところである。

ママさん以外の、タイでの伝統的な日本女性2大イメージは「蝶々さん」か「おしん」であろう。『蝶々さん』はタイ語の歌まで存在するし、近年でもミュージカル（2008）になっている。蝶々さんの系譜か否かはここでは考察しないが、最近のタイ映画では軽いのりの日本女性が描かれることが多い。蒼井そら出演で大ヒットした『アイ・ファイン、サンキュー、ラブ・ユー』（2014）や『夏休み ハートはドキドキ！』（2008）がその代表である。

一方、日本人男性の伝統的な代表イメージは、ヤクザに加えて、サムライ、忍者、軍人などであろうか。サムライ、忍者はいたるところで、映画のちょい役アイテムとして使われる。そういえばかつて映画『子連れ狼』が大人気で、タイでは『サムライ父と幼子』というタイトルで人々に広く知られている。日本軍人は一般的には、残虐あるいは滑稽な存在として描かれるが、第1章でも指摘した『メナムの残照』のコボリだけは別格で、心優しい日本人将校である。

写真 『Rising Sun』

日本ヤクザのイメージはこわいだけではない。強面であるが誠実な場合が多い。阿部寛がヒロインの父親役で出演した『チョコレート・ファイター』（2008）がいい例である。映画ではないが、テレビドラマ『Rising Sun』（2014）の総領も礼儀正しく心優しいヤクザである。風林火山と書いた掛け軸もみられるので、信玄の末裔という設定であろうか。『CAT a Wabb』（2015）でも、一見強面だがコミカルなタイ在住の日本人ヤクザ親分が登場する。愛ネコを主人公にしてCMを作れと親分に命令された広告会社がてんやわんやする話である。コミカルな日本人男性もタイ映画では定番で、これも第1章で取り上げた『BTS-Bangkok Traffic（Love）Story』では、朝九時きっかりに始まる社内体操中にヒロインにゲロをかけられてしまう日系会社の上司が、滑稽な日本人男性として登場する。

・邦題、英題のあるものはそれを示した。

# 第2部

# メディアに描かれる自画像

# 第5章　フィリピン・インディペンデント映画の黄金時代

## ――映画を通した自画像の再構築

鈴木勉

フィリピン映画が絶好調である。2016年11月、第29回東京国際映画祭のコンペティション授賞式の会場はフィリピン映画関係者の歓声に包まれた。「アジアの未来」部門のグランプリが、絶滅危惧種であるフィリピンワシと少女を巡る物語である『バードショット』(ミカエル・レッド監督)に、そして「コンペティション」部門の男優賞に『ダイ・ビューティフル』(ジュン・ロブレス・ラナ監督)でトランスジェンダーのヒロインを演じたパオロ・バレステロスに贈られた。ほんの数年前まではその存在すら忘れ去られていたフィリピン映画であるが、この日は日本の多くの映画関係者や海外からの招待者にフィリピン旋風を強く印象付けた。

フィリピン映画の時代区分には諸説あるが、昨今は「戦後第三期の黄金時代」だとよく言われる。[1] 第一期が1950年代から60年代で、代表格のマヌエル・コンデ監督の『ジンギス・カーン』がヴェネチア映画祭で上映されたのが1951年。そしてリノ・ブロッカらが活躍した70年代から80年代半ばが第二期。80年代中盤以降は商業主義に堕して衰退の一途をたどったが、20年以上が経過して第三期が到来した。

この「戦後第三期の黄金時代」の映画にはこれまでのフィリピン映画史上にはない明白な特徴があ

1　著名なコラムニストであるネストール・トーレは『PELIKULA(映画) AN ESSAY ON PHILIPPINE FILM: TOUCHSTONES OF EXCELLENCE』(CCP、1994)の中で、1950年代から60年代、アメリカから移植されたスタジオ・システムによるエンターテイメント作品で映画界に繁栄をもたらした時期を戦後の第一次黄金時代と位置づけ、それに独立系映画の動きも加わり、リノ・ブロッカらによる多くの社会派映画の秀作を生み出した70年代半ばから80年代半ばを第二次黄金時代としている。また映画評論家のアグスティン・ソトは、「フィリピン映画抄史」(『フィリピン映画祭』カタログ、国際交流基金アセアン文化センター、1991:40-49)の中で、フィリピン映画の草創期(1897年)から1991年までをより詳細に11期に分類している。筆者は2015年8月に開催されたシネマラヤの会場で映画関係者何人かと懇談したが、現在を戦後第三期黄金時代ととらえる考え方は共通しており、『CROSSCUT ASIA #02: The Heart of Philippine Cinema』(国際交流基金アジアセンター、2015:12)の中で東京国際映画祭「アジアの風」部門ディレクターの石坂健治も同様な認識を示している。

る。それはデジタル製の映画であり、制作・配給に至るまで大手の資本、いわゆるメジャー映画会社に依存しない〝インディペンデント（独立志向的）〟な環境によって作られているということだ。そして、そのような背景を持った映画が勃興した時期は、フィリピンでは時あたかもインディペンデント系の文化芸術運動の興隆期であったと考えられる。映画に先行して、美術、演劇やコンテンポラリーダンス、そして音楽におけるバンドブームなども新たな地殻変動の真っただ中で、それは創造産業を根底から刷新する文化運動であるとも言える。さらに、社会文化史的な視点に立てば、このインディペンデント映画の勃興、そして創造産業の革新運動は、フィリピン人の「自画像の再構築」の過程であると解釈できると考えている。

「東南アジアのモダンアートの基本的な課題は、『自分探し』であったし、おそらくいまもそうである。『わたしたちが本来あるべき姿から隔たってしまっている』という自覚へと向かい、さらにそこから失われた自己の回復へと向かう道程の中に、東南アジアのモダンアートの基本的な姿を見出すことができる。」（傍点部筆者、後小路・黒田・ラワンチャイクン1999:101）

この問題設定はフィリピンのアート、そして映画にもそのままあてはまる。フィリピン人のアーティストや研究者などと話をしていてよく聞く発言に、フィリピンは日本と比較して国家のアイデンティティを形作る「歴史」が浅く伝統文化が貧しいという点がある。[2] そうした自らの国や民族に向けるある種苛立ちのような感情を伴う眼差し、アイデンティティに対するゆらぎの意識は、若い世代の人々のあいだに生まれながらにして背負わされた喪失感を形作り、この国の全体を覆ってきた。[3]

フィリピンについて書かれた記録で最古のものは13世紀初め南宋時代の書物『諸蕃志《しょばんし》』だと考えられている。14世紀にイスラム教が伝来したとされるが、その頃は既に中国との間に盛んな交易があった。そしてマゼランがこの島を１５１２年に〝発見〟し、１５７１年にはレガスピ総督がマニラを征服する。以来、３２７年間はスペインの植民地となる。19世紀末になって独立機運が高まり１８９８年には一旦スペインから独立するが、アメリカがやって来てその支配下に置いた。第二次世界大戦で

2 筆者は２００５年から２０１０年まで国際交流基金マニラ日本文化センターに勤務しており、職務上日常的にフィリピン人アーティストや大学教員と懇談する機会があったが、赴任間もない頃に国立フィリピン大学において着任の歓迎会を開催してくれた際、歴史学博士の肩書きを持つ教授から、控えめな物言いということもあるだろうが、自国の歴史の〝浅さ〟について嘆くような話を聞き、大変なショックを覚えた。

3 フィリピン人のアイデンティティに対する揺らぎについては『草の根グローバリゼーション 世界遺産棚田村の文化実践と生活戦略』（清水展 2013:85,95-100）参照。

は約3年間日本軍が占領し、戦後1946年になりようやく独立を果たした。[4] 歴史的書物や遺構の少なさ、そして400年近く続いた植民地としてのトラウマ、さらに1970年代以降は政治的混乱と経済的混迷で開発途上国という地位に甘んじざるをえなかった。そこに横たわる自信喪失と自虐からの脱却、そのための「自分探し」はフィリピン人アーティストの根本課題である。

また歴史的経緯とは別に、「自分探し」の理由をもう一つ付け加えるならば、現代フィリピンにおける社会問題の深刻さの中にある。想像を絶するほどの経済的格差、人心を荒廃させる政治腐敗や公的ガバナンスの欠如、終わりの見えない民族紛争や宗教紛争がこの国の現実であり、国家や社会が危機的な状況の中、アーティストと名乗る以上、その現実に対して何らかの表現をすることはごく当たり前の行為なのかもしれない。目を覆いたくなるような醜悪な現実に対して、「わたしたちが本来あるべき姿」、「失われた自己」を求めて敢えて目を覆わず、そして発言してゆくという意味の「自分探し」が、そこにはあるのだと考えられる。

本章ではここ10数年のフィリピン映画、それもデジタルシネマの勃興と隆盛に焦点を当て、いかにフィリピンの人々が自画像を再構築してきたかという点について考察してみたい。

4 フィリピンの通史については『物語フィリピンの歴史』（鈴木静夫 1997）参照。

## シネマラヤの成立

毎年7月から8月にかけての10日間、マニラではシネマラヤ、フィリピン・インディペンデント映画祭が開催される。2014年の実績で延べ10万人が入場し、映画関係者やアート業界人、映画製作を夢見る学生などを中心に、フィリピン文化センター（以下「CCP」）は映画を観て、映画を熱く語る人々の聖域となる。2016年で第12回を迎えた映画祭のたどってきた10数年は、そのままフィリピン映画の現代史であり、これからの10年もおそらくこのシネマラヤを主軸に動いていくと思われる。

そんなシネマラヤを中心に、フィリピン映画の過去・現在・未来を見てみたい。

　シネマラヤは２００５年７月、国内初の大規模デジタル映画祭として産声を上げた。当時フィリピンの映画産業は瀕死の状態だった。フィリピン映画アカデミーの発表によれば、シネマラヤ前夜の２００４年に製作された35ミリ映画はたった54本だった。１９９６年～１９９９年の平均が１６４本、２０００年～２００３年の平均が82本と、製作本数は急激に落ち込んでいた。アメリカ植民地時代にハリウッド仕込みのスタジオ・システムを導入して、60年代から70年代にかけては長編劇場用映画だけで年間２００本を超え、「黄金時代」を築いたほどの映画王国で、スター・シネマ、リーガル・フィルム、ＣＭフィルムスという三大メジャー映画会社が長年に渡って国産映画の製作・配給を支配してきた。

写真１　フィリピン文化センター

　そんな凋落傾向にあったフィリピン映画界の期待を一身に集めて鳴り物入りで創設されたのがシネマラヤだ。設立の立役者は当時ＣＣＰ館長のネストール・ハルディン、フィリピン映画振興評議会議長で映画監督のローリス・ギリエン、そしてドリーム・サテライト・テレビなどを所有していた大手財閥のアントニオ・コファンコの３人。コファンコが１１００万ペソを寄付し、合計２５００万ペソ（当時のレートで約６０００万円）の予算で開始。シネマラヤの基本は、長編と短編の二つの部門からなるコンペティション形式の映画祭である。記念すべき第一回では、長編部門では１８９本のエントリーから最終的に9本が選ばれ、それぞれに50万ペソ（当時のレートで約120万円）の製作費が与えられて本選に挑んだ。フィリピンで長編デジタルシネマを製作するには平均200万ペソ必要と言われているが、製作者はこの50万ペソを基礎に自分で資金を募って作品を仕上げなくてはならない。しかしそんな困難にもかかわらず、シネマラヤ創設以来、短編も合わせると実に180人以上の映画監督がデビューを果たしている。

シネマラヤのスタートにとって幸運だったのは、第1回コンペ参加の中から国際的に高い評価を受けた作品が生まれたことだ。『マキシモは花ざかり』（アウラエウス・ソリト監督、1969年生まれ）はスラムで暮らすゲイ少年の淡くほろ苦い初恋の話。フィリピンではゲイはコミュニティの欠かせない一要員としての居場所が存在し、笑いやペーソス（哀愁）を提供する貴重な社会の潤滑油である。主人公のマキシモ君は10歳に満たないお洒落なゲイ少年だが、スリで生計を立てる一家には不可欠の世話役。そんな彼がハンサムな警察官に恋をした。彼との出会いがマキシモの未来を変えるかにも思われたが、泥棒一家は警察とは対立関係にある。やがて自分の父親が、恋した警官の上司に自分の目の前で殺されて自ら立場を悟り、彼の元を離れてゆくという物語。基本的には貧困と不条理という厳しい現実が横たわってはいるが、ソリト監督のカメラはマキシモの世界に自然に密着していて叙情性にあふれている。雑然さと混濁に包まれたスラムの環境と、清純さと洒落たセンスに包まれたマキシモとの対比がなんとも鮮烈な映画である。この映画はその後数々の映画祭で上映された。国際映画祭での

写真2 『マキシモは花ざかり』より（写真提供：シネマラヤ財団）

受賞だけでも、モントリオール国際映画祭のファースト・フィルム・ワールド・コンペティション部門金賞（２００５年）、ロッテルダム国際映画祭批評家賞（２００６年）、ベルリン国際映画祭・テディアワード（ゲイ、レズビアン部門）作品賞（同年）。そして世界中のインディー映画人憧れの的、サンダンス映画祭（同年）にも公式招待され、これまでに１００カ国以上で上映されている。

第1回シネマラヤの際にはインディペンデント映画をテーマにシンポジウムも開催された。フィリピンの映画界はメジャーの世界から逸脱した多くのインディペンデント系の作家を輩出してきており、そのことに対する自負心は大きい。そしてメジャー映画が瀕死状態に陥っている中、インディペンデントという言葉に託す思いはさらに強くなっていた。桁違いに製作費のかかる35ミリ映画の先細りとは対照的に、デジタル映像の技術的進歩がその思いを後押ししている。第1回シネマラヤのシンポジウムで映画研究家のニック・デ・オカンポが指摘したように、映画は常にテクノロジーとともに歩んできた。今後デジタル・フォーマットにどんな運命が待っているかは不明だが、このまま衰退するよりも挑戦することが重要と語っていた。その熱い議論からは、革新的なものの多くが周縁から生まれてくるように、どん詰まりに行きかけたフィリピン映画界の中から将来世界をあっと驚かせる傑作が生み出されるような予感を感じさせていた。それから12年が経過して「戦後第三期の黄金時代」を迎えている。

## 戦後フィリピン映画史とインディペンデントの系譜

シネマラヤで一挙に開花した感のあるフィリピンのインディペンデント映画であるが、その創り手たちを長年に渡って支えてきた場所がある。国立フィリピン大学映画研究所である。１９７６年に開館して以来、これまでに多くの映画人育成の拠点となっている。映画館も常設しており、通常は義務付けられている公的機関による検閲が不要で、映画上映における治外法権が与えられている。フィリピン大学以外にも、デ・ラサール大学やサント・トマス大学といった名門私立大学でも映画を学ぶことができる。また映画関係者の福利厚生団体であるモウェル財団映画研究所というＮＧＯでは、研究、アーカイブ事業、映画博物館の運営とワークショップを実施していて、ここも多くの映画人を輩出している。映画人の卵の多くは大学を卒業した後、テレビドラマやＣＭ、ミュージックビデオなどの仕事をしながら映画製作の夢を追い続けている。

ＣＣＰが編纂した『Encyclopedia Philippine Art Volume Ⅷ Philippine Film』（１９９４年）の中で、「オルターナティブ・シネマ」に一章が与えられている。マニラで最初の映画館は１８９７年にオープンしており、アメリカ文化の流入で早くから映画が栄えた。ドキュメンタリーや短編映画など商業映画とは異なるオルターナティブ映画もその頃同時に生まれているが、現在まで影響を与えているのは１９７０年代以降の動きであろう。特に戒厳令下（１９７２年～１９８１年）のマルコス政権全盛期には、この過酷ともいえる時代に敢えて挑戦するように、社会的テーマを取り上げた硬派な作品や芸術性の高い作品が数多く作られた。

写真３　フィリピン大学映画研究所

なかでもリノ・ブロッカ（１９３９年～１９９１年）は、１９７１年から91年にかけての20年間に67本もの作品を生み出して、その後の映画人たちに大きな影響を与えた。地方からマニラにやってきた青年が貧困の中で男娼となり破局を迎える『マニラ・光る爪』（１９７５年）や、母親の内縁の夫にレイプされるが最後は彼を殺して復讐をとげるスラムの娘を描いた『インシャン』（１９７６年、カンヌ監督週間にて上映）など。いずれも社会

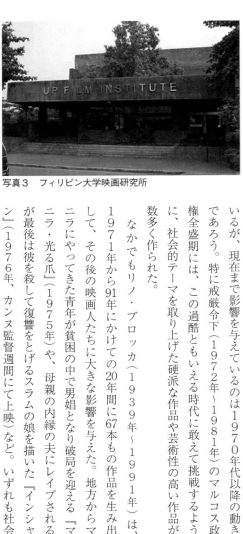

の底辺を題材に、胸に突き刺さるようなリアリズムで醜悪の中にペーソスを描いた作品である。いまでも彼は若い映画人たちにとってのヒーローであり、その作品は繰り返し上映されて大きな影響を与え続け、この国の社会派映画人の命脈が続いている。

80年代前半はインディペンデント映画が盛り上がり、キドラット・タヒミック（１９４２年生まれ）らが活躍した。彼を一躍世界的な映画監督にした代表作『悪夢の香り』（１９７７年、ベルリン国際映画祭批評家賞を受賞）は、実験的な自伝的ファンタジー・コメディー作品で、アジア映画紹介の嚆矢《こうし》となった国際交流基金主催の南アジア映画祭（１９８２年）において日本で初公開された。１９８１年から日常生活の撮影を始めて86年より『僕は怒れる黄色』のタイトルで上映され、上映ごとに追加・再編集している作品で、監督自ら「終わりのないドキュメンタリー」と呼んでいる。今も健在で、２０１５年の東京国際映画祭では『お里帰り』を上映したが、マゼランの世界一周は実は嘘で、マゼラン自身は旅の途中で命を落とし、実際に世界一周を果たしたのはマラッカ出身の奴隷であると主張したドキュ・ドラマで、彼独特のグローバリズムへの批判的な眼差しを壮大な意表とユーモアで示した。

写真４　キドラット・タヒミック監督

２０００年代後半になってデジタル映画ブームとともにフィリピンの映画界に再び大きな波が訪れたが、その新たな波を生み出している若い映画人たちには、ブロッカらが残した豊かな社会派の伝統や、タヒミックたちが示した実験的才能に富んだインディペンデントの血統が受け継がれている。

## 創造産業の革新運動

インディペンデント映画の盛り上がりの背景には、隣接する様々なジャンルのアーティストとの接触、交流、共同作業が存在する。

シネマラヤが開催される7月から8月はCCPのシーズンオフである。定期イベントのないこの期間に、シネマラヤ創設に前後して演劇やコンテンポラリーダンスのインディーズの祭典も開始された。演劇分野の「ヴァージン・ラブフェスト」はフィリピン人脚本家の集まりである「ライターーズ・ブロック」主催で、新進劇作家の未発表戯曲を初めて舞台化するための一大イベントで、2004年に第1回が開催された。例えば2016年の第12回では12人の新作を含む合計23演目が、250人定員のスタジオシアターで3週間にわたって上演された。他方、ダンス部門の「ワイファイ・インディペンデント・コンテンポラリーダンス・フェスティバル」は、決められた型を追求するクラシックバレエに対抗する対立項として、現代生活を取り巻く複雑な人間感情を表現する舞踊の新しいスタイルを求め2006年に創設された。こうしてこの時期CCPは、演劇、ダンス、映画のインディーズの祭典が連続して開催されるようになり、新進気鋭の若手アーティストが巣立つ土台を提供するとともに、ジャンルを超えたアーティストの交流を生み出している。実際にシネマラヤ作品の多くは、製作費の少なさから脚本や役者の供給を「ライターズ・ブロック」の劇作家や俳優の協力に頼っている。

より大衆的なレベルでは、それに先立ってバンドブームが訪れていた。フィリピンは元来米国文化の強い影響を受けて米国発のポップスやロックが大衆の隅々に受け入れられていると同時に、フィリピン語やタガログ語と英語を併用したタグリッシュで歌うOPM（オリジナル・ピリピノ・ミュージック）というジャンルの音楽も人気があるが、2000年代初頭より、甘美なメロディーを切々に歌いこむ従来のOPMとは趣向の異なる、ヒップホップやロック、さらには土着的な要素を取り入れたバンドが続々と登場していた。そうしたバンドブームを担う者たちは、後続するシネマラヤを通して映画の世界にも参入することになる。またシネマラヤでデビューする若手監督がミュージックビデオ制作出身という例も多い。そんな音楽と映画のコラボレーションを象徴する作品が『TULADNG DATI（昨日と同じ）』（マイク・サンデハス監督）だが、実在するTHE DAWNという伝説の人気ロックバンドを主人公としたドキュ・ドラマ風の作品で、２００６年シネマラヤの最優秀作品賞を受賞した。

こうした異業種混交の文化がシネマラヤ作品の創造性を高める上で非常に大きな役割を果たしているが、その交流を生み出すために不可欠なのが「場」である。

美術の世界では２０００年代初頭より〝オルタナティヴ・スペース〟と呼ばれる空間が若いアーティストの間で注目され、美術作品の展示やパフォーマンスにとどまらず、音楽のライブや商業上演には乗らない映画上映など様々なイベントを通して、ジャンルを超えたアートや各種情報の交換場所として機能してきた。国際交流基金では東南アジア諸国のオルタナティヴ・スペースを調査し２００４年にガイドブックを出版しているが、フィリピンについては「近年、オルタナティヴ・スペースの成長は、メトロマニラ（首都圏）においては頭打ちになっているかもしれないが、ルソンの他の地域、ヴィサヤ、ミンダナオの各諸島では状況が異なる」として地方への展開について言及しており、また「当初は、カフェ／ギャラリーを運営していたが、現在は非営利組織として、若手アーティストを支援するためにスタジオやテクニカルサポートを提供している」と、アーティストコミュニティにおける役割の拡張について指摘している。（古市保子編 2004）

昨今こうした「場」のことを「コレクティブ（寄り合い）」と呼称し、嗜好や志を同じくする者同士が日常の余白の時間をゆったりと共有することが、文化創造の新たな原動力となっていると指摘している研究者もいる。

「コレクティブは（中略）まず数人のグループが、現在直面する社会、環境、経済、政治、文化の諸問題に対して、自発的な対話のプラットフォームを継続的に開くことからスタートする。（中略）社会が私有と消費のロジックに囲い込まれ、そこで労働と生活を営む人々もまた分断されている現在、自立的な場所をつくり出すという行為は、国家や資本による包摂を拒否する身ぶりであると同時に、自分たちが望む社会的関係を実現させるための不可欠な実践となっている。」（江上賢一郎、『ART BRIDGE 04 Autumn 2016』、アーツカウンシル東京、14）

フィリピンを含む東南アジアにおける飲食文化で特徴的なことは、その気候風土も影響し、野外で、集団で、だらだらと、というものがある。そんな飲食文化を根幹に、こうした「コレクティブ」がおそらく国中いたるところに展開されていて、その最も先鋭化した場が「自分探し」を求めてやって来る者たちを受け入れ、新しい文化を胚胎させていると考えられる。こうした創造環境の成り立ちは、大手資本や大量生産・大量消費に支えられた従来の産業の枠外で生まれているフィリピンを含む東南アジアに特徴的な創造産業の革新運動であるとも言える。

## 物語の中へ

シネマラヤで上映される作品の最大の特徴は、物語＝ストーリーテリングの豊富さにある。そして物語がバラエティに富んでいるのは、コンペの独特な選考過程にある。ここ数年は第一次募集で150～200の応募がある。選考委員はまずシノプシスを審査するが、重要なのは物語の持つ社会性。フィリピンでは1986年の戒厳令以降、表現の自由を求める動きが高まり、その運動の中でアートの持つ社会的役割が重視され、その結果社会的メッセージを明確に打ち出すアートがメインストリームの一画を担うようになった。シネマラヤもその流れを受け継ぎ、また検閲が行われないという特殊な環境にも恵まれ、インディペンデントだけに許された表現の自由を最大限に生かした社会的批評性に優れた作品を多く生み出してきた。そこは、「わたしたちが本来あるべき姿」を求めて敢えて目を覆わず、そして発言してゆくという意味の「自分探し」の場でもある。では、その物語の中へ少しだけ分け入ってみよう。

## 社会的テーマの作品群

貧困や経済的格差の問題、そこから派生するスラムやスクウォッター（不法占拠）、ドラッグやホームレス、売春、ストリートチルドレンや児童労働、組織犯罪やギャングなどのテーマは、このシネマラヤでも繰り返し取り上げられてきた主要なテーマ群である。長編作品は２０１６年現在合計で１２７本製作されているが、[5] その中でも特に印象深い作品をいくつか紹介する。

２００７年の最優秀作品賞に輝いた『TRIBU（部族）』（ジム・リビラン監督）は、実話を元に全編トンドでロケを行った作品だが、役者の多くは住民の中からオーディションで選ばれた。トンドはかつてアジア最大のスラムと言われ、ごみの山「スモーキーマウンテン」で有名な場所。そんなトンドの今を舞台に、実在の少年ギャングを起用してその抗争を描いた。映画の中では壮絶なけんかで双方血だらけの犠牲者が出て悲惨な最期となるが、実際にはこの映画の製作を通じてギャング間の抗争が抑制されたという。この映画にはトンドのストリート文化を染めるヒップホップ音楽が満載だが、主演男優賞に選ばれたギャングのボスを中心にしたグループが、後日ＣＤデビューも果たしている。フィリピンならではの娯楽性も兼ね備えた優れた社会派映画が久しぶりに誕生した。

２０１６年度最優秀作品賞の『PAMILYA ORDINARYO（普通の家族）』（エドゥアルド・ロイ・Jr監督、１９８０年生まれ）は、マニラのスラム街で生きる16歳の少女とボーイフレンドの少年の壮絶な人生を描いた作品。スリで生計を立て、シンナーに溺れる二人が子供をさずかり、塗炭《とたん》の苦しみにまみれた生活にも一筋の光が差し込むが、そんなつかの間の幸福も赤ん坊が金目当ての誘拐にあい

5 ２００５年から２０１６年のシネマラヤ長編コンペティション参加作品（ただし２０１５年は休止）及び２０１０年からはディレクターズ・ショーケース部門の参加作品を加えた合計数。

暗転。二人は雑踏の町をさ迷うことになる。マニラの下町に行けばごくありふれた光景で、あまりに厳しい現実をつきつけられるのだが、いわゆる市民社会で流通する善悪の観念に縛られていてはおそらくこの映画への感情移入は不可能であろう。最底辺の生活でも逞しく生き抜こうとする主人公の求める「普通の生活」は、私たち「普通」の日本の生活者が想像する善悪や幸不幸とは断絶した、根本的に理解が不能な地点にあるものだと言ってよい。この作品のタイトルには、基本的に不公平なこうした世界の現実に対する作者の自虐的な思いが込められているようにも思える。

写真５　『普通の家族』より（写真提供：シネマラヤ財団）

さらに貧困を描く手法も重層的である。『ANG BABAE SA SEPTIC TANK（汚水槽の中の女）』（２０１１年、マーロン・リヴェラ監督、１９６７年生まれ）では、トンドのごみ拾い（スカベンジャー）で生計を立てる寡婦が自分の子供を使って売春する悲劇をテーマに映画を製作し、コンペに出品して海外の映画祭に招待されることを夢見る若者の姿をコメディータッチで描いている。映画の中で映画を描くいわゆる「メタ映画」の手法で、貧困という現実に依存し、シネマラヤを利用して名声を得ようとする自らの姿をパロディー化した作品で、「自分探し」そのものを自虐的にとらえた批評精神にあふれた作品である。フィリピンの不平等な社会構造を分析した『反市民の政治学』で著者の日下は、「市民社会とは、知的・道徳的主導権と政治権力の奪取をめぐって『我々／彼ら』というアイデンティティの対立関係が不断に争われるアリーナに他ならない。」と規定し、「中間層が『市民』を名乗り、貧困層を『非市民＝大衆』と名付けることで市民社会における道徳的優越性を主張してきた」として、市民社会の階層対立解消の困難さを指摘している（日下 2013: 11-12）。本作品はまさにエリート「市民」による「非市民＝大衆」の表象、そしてその商品化につきまとう欺瞞《ぎまん》を描き出している。

上記テーマの作品群が個人の内面に焦点を当てた作品だとすれば、個人という枠組みを越えてより広く、集団や社会、政治や国家といったものの問題を鋭く炙り出す作品群も存在する。

２００９年製作の『ENGKWENTRO（衝突）』（ペペ・ディオクノ監督、１９８７年生まれ）は、ロドリゴ・ドゥテルテ前ダバオ市長（現在は第16代フィリピン共和国大統領）が結成した「ダバオ・デス・スクアッド」という自警団によるマフィアの粛清殺害がモチーフの社会派映画である。ダバオは政府軍とイスラム分離独立派の内戦状態の続くミンダナオ島では比較的安全な都市。しかしその治安は市長が結成した私兵による公然の秘密たる暴力によって成り立っていた。実際ダバオではマフィアや不良の多くが何者かによって粛清殺害される事件が頻発して１９９８年以来犠牲者は８００人を超えたが、この自警団の仕業といわれている。映画はダバオを彷彿とさせる架空の町の海辺のスラムに暮らす兄弟の物語で、マニラへの出稼ぎのために金策に走る兄と、マフィアに巻き込まれる弟の話を核に、最後はバイクに乗った不審者に突然銃撃されて終わる。架空の町が舞台と言ってもダバオで実際に起こっている事件を想起させる内容である。監督は当時まだ21歳のフィリピン大学映画専攻の学生だが、彼はその血筋から普通の若者とは異なる宿命を背負っている。ペペは、ディオクノ家という政治一家の一員。特に祖父は著名な人権活動家の故ホセ・ディオクノ。戒厳令時代には反マルコスで中心的役割を果たし、暗殺されたベニグノ・アキノ・ジュニアなどと並び称され、エドサ革命後は人権委員会の議長となったフィリピン人権史のヒーローのような存在である。ペペ自身まさか自らの映画の影の主人公がその後フィリピン大統領に就任し、ダバオで実践していたこの超法規的殺人を全国レベルで展開することになり、それを多くのフィリピン国民が支持することになるとは夢にも思っていなかっただろう。この作品は2009年第66回ヴェネチア映画祭のオリゾンテ部門でグランプリと新人監督賞を受賞した。

## 拡張する自画像

自己を再発見するためには内奥に向かって内向きに深化してゆく意識と同時に、中心から周縁に向かって外向きに意識を拡張してゆく力も必要となる。私たち日本人が自分たちの美しい国土を再発見する契機となった当時の日本国有鉄道によるキャンペーンである「ディスカバー・ジャパン」は1970年代を中心に展開されたが、シネマラヤ作品の数々が描く地方文化の世界は、まさに「ディスカバー・フィリピン」の様相を呈している。

フィリピンは10の主要言語（ただし国語として指定されているのはタガログ語のみ）の他に、100以上もの少数言語がある多言語国家である。最北端のバタネス諸島から最南端のスールー諸島まで、7109の島々で成り立っており、民族的にも約2万年前に渡来したと言われるネグリート系先住民族から、現在の主要民族であるオーストロネシア語族、さらには中国やスペインはじめ欧米などからの移民とその混血によって極めて多様な文化を形成している。しかしグローバリゼーションやマニラ首都圏への人口一極集中の影響で、これまでの大手映画会社の製作する作品の多くはマニラで撮影され、そこで描かれる内容もマニラで生活する都市住民の世界が中心であった。そんな状況の中に現れたシネマラヤ。満を持していたようにカメラはマニラを脱出して地方文化を描く作品が続々と現れた。ここでは豊かなローカル文化に彩られたシネマラヤの世界を紹介しておこう。

**◎北部、ルソン地方（マニラ首都圏を除く）を描いた作品**

『KADIN（山羊）』（2007年、アドルフォ・アリックス・ジュニア監督）：フィリピン最北端の風光《ふうこう》明媚《めいび》な島バタネスを舞台にした兄妹の物語。イバタン族の昔ながらの生活文化が随所に描かれている。

『BATAD：SA PAANG PALAY』（2006年、ベンジー・ガルシア監督）：世界遺産である棚田で有名なバナウエを舞台にしたイフガオ青年の夢と恋と現実を描いた作品。

『DONSOL』（2006年、アドルフォ・アリックス・ジュニア監督）：ルソン島南部の町ドンソルを舞台にマッコウクジラウォッチングのガイドとマニラから来た女性とのラブストーリー。

写真6　『KADIN』ポスター

『BRUTUS』（2008年、タラ・アイレンベルガー監督）：ルソン島の南西に位置するミンドロ島を舞台にした先住民マンギャン族の子供のカップルの物語。マンギャン族の家族が移住者に土地を奪われることが物語の発端となっているが、監督は2004年にマンギャン族のドキュメンタリーフィルムを手がけた後、移民による土地収奪と森林伐採で森が失われる現状に対して何とかしなくてはいけないと映画製作を思い立ったという。

**◎中部、ビサヤ地方やパラワンを描いた作品**

『KULTAD』（短編、2005年、ローレンス・ファハルド監督）：監督の出身地であるネグロス島バコロドの市場を舞台にした野菜行商人と肉行商人との抗争の物語。本作で審査員特別賞を受賞し、その後ファハルド監督はシネマラヤで長短3本の作品を発表している。

『NAMETS』（2008年、ジェイ・アベロ監督）：本作もネグロス島バコロドを舞台に、ネグロスの伝統料理をベースにした創作料理に挑戦するカップルのラブストーリー。せりふも地元のイロンゴ語で書かれた地方色豊かな作品。ネグロスは1980年代に大規模砂糖プランテーションが破綻して〝飢餓の島〟として世界中に知られたが、もともとは豊かな伝統料理の宝庫。バコロド発祥のチキンバーベキューは、今やフィリピンを代表するB級グルメである。

『BUSONG（パラワンの運命）』（2011年、アウラエウス・ソリト監督）：後述

## 「自分探し」の最深部、ミンダナオを描く作品群

フィリピンの国家的アイデンティティを考える上で決定的に重要な課題であり、内戦による分離という危機的状況のもと、国家としての最周縁に位置するがゆえに中心のアイデンティティを激しく揺さぶり続けるミンダナオ問題。筆者はこのミンダナオがシネマラヤの中でどのように描かれていくかが、この映画祭の存在理由を占う試金石だと考えてきたが、ミンダナオを舞台にした作品、さらにはミンダナオ出身の監督自らが描く作品も登場し、シネマラヤを舞台にした「自分探し」の旅は回を重ねるごとに確実に深みを増している。

ミンダナオは1521年にマゼランがフィリピンを「発見」するはるか前から香料の中継貿易などで繁栄を謳歌し、イスラム教徒による王国が存在していた先進地域である。その後スペイン統治の間は一度も征服されることがなかったが、スペイン人から「モロ」（8世紀北西アフリカからイベリア半島に侵入したイスラム教徒に対する蔑称）と呼ばれ、カトリック教徒との分断統治が行われた。それを継いだ米国統治、さらには第二次大戦後のフィリピン政府もキリスト教徒のミンダナオ移住政策を進めた結果、「キリスト教徒による政治的支配の押し付け」、「父祖伝来の土地の収奪」というイス

ラム教徒側の不満は高まり紛争が絶えなかった。そして今世紀、テロが世の中を覆う時代となり、イスラム過激派の出現で危険視されるようになり、文明の衝突論にもあおられてミンダナオ問題はイスラム教対キリスト教という問題としてクローズアップされるようになった。しかしミンダナオはテロリストの巣窟などではなく、本来は文化的に奥深い実に豊かな土地だ。そんなミンダナオを舞台にした主なシネマラヤ作品は以下の通りである。（製作年代順）

『GABON（雲）』（短編、２００７年、エマヌエル・デラ・クルーズ監督）：シネマラヤにおいて初めてミンダナオを取り上げた作品。南西部の敬虔なイスラム教徒として知られるマラナオ族の神話をモチーフにした母子愛の物語。監督はルソン島北部の出身。

『ANGAN-ANGAN（夢）』（短編、２００８年、シェロン・ダヨク監督）：後述

『LIMBUNAN』（２０１０年、グチェレス・マンガンサカン二世）：マラナオ族と同様ミンダナオのイスラム教主要民族であるマギンダナオ族の伝統的婚姻制度に揺れる少女の物語を、美しいリガワサン湿原の村を舞台に静謐《せいひつ》の中で叙情的に描いた作品。

『HALAW』（２０１０年、シェロン・ダヨク監督）：フィリピン最南端、スールー諸島のタウィタウィを舞台に、対岸のマレーシア・サバ州へ危険を犯して不法入国する人々の悲喜こもごもを描いた作品。

『BWAYA（クロコダイル）』（２０１４年、フランシス・ザビエル・パション監督）：北東部アグサン州を舞台にワニに襲われた娘の遺体を捜す母の姿を描いた実話に基づいた物語。本作はシネマラヤで最優秀作品賞他を受賞し、日本でも第15回東京フィルメックスで最優秀作品賞に輝いた。

『K'NA The Dreamweaver（カナ、夢を織る人）』（２０１４年、イルダ・アニタ・デルムンド監督）：南部のセブ湖畔に住む先住民族であるチボリ族の物語。沖縄の芭蕉と同種のアバカという植物の繊維で織るティナラクという織物が有名で、チボリの女性はそのティナラクを織ることができて一人前とされる。物語はダトゥー（部族長）の娘のカナ（夢）の成長の話。カナには同じ村に恋人がいたが、敵

対する部族との和解のための政略結構を選択する。そして嫁ぎ先で彼女は美しいティナラクを織る〝ドリームウィーバー〟としての誇りを伝えてゆく。美しいセブ湖の様子が映像化されているが、数年前まではフィリピン政府とミンダナオの反政府勢力との戦闘地域に近く、撮影などとても考えられなかった地域。監督兼脚本家や主な出演者はマニラの人間だが、敢えてチボリ語で作られている。

## フィリピン映画のニューウェーブ　～輝きを放つ映画監督たち～

シネマラヤ12年の歴史の中で180名を超える新人監督がデビューを果たしているが、その中でも「自画像の再構築」という文脈で特筆すべき作品を生み出している映画人を少しだけ紹介しておこう。

### (1) カナカン・バリンタゴス(1969年生まれ)～映画作りを通して自らのルーツへ～

カナカン・バリンタゴス(アウラエウス・ソリトより改名)の自宅は彼の出世作となった『マキシモは花ざかり』の撮影地ともなったマニラの下町サンパロック地区の真っただ中にあった。車と人の熱気で蒸せるような雑踏の中ようやく彼の自宅にたどり着いた筆者を、母親手作りによるフィリピンの伝統料理ブラロ(骨付き牛の煮込み)でもてなしてくれた。母親の出自はパラワン島南部のプリン村の先住民族で、マニラに移住して彼をこの地で生んだ。

天才的頭脳の持ち主のカナカンは、国中の秀才が集うフィリピン・サイエンス高校に進学してトップとなるが、同校で著名な演出家から〝反抗的(プロテスト)〟演劇の洗礼を受ける。最高学府の国立フィリピン大学に進学して1992年に参加したクリエイティブ・ライターズ・ワークショップでの体験が彼をルーツに目覚めさせた。「幽霊」をテーマとした創作に彼が選んだのは、パラワンのシャーマンの血を引く母親から聞いた「クック・オク」という妖怪と魔術の物語。卒業後はルーツをたどりライフワークとすることを心に決めた。1995年に受けたモエル財団のワークショップを契機に映像の道に入り、同年、パラワンの神話をテーマに実写映像をアニメーションのようにコマ撮りしたピクシレーションの技術による実験的短編『ANG MAIKLING BUHAY NG APOY, ACT2 SCENE 2, SURING AT ANG KUK-OK』を発表。その頃からパラワンをテーマにした長編映画製作を夢見たが、当時先住民族を扱う映画製作に資金を提供するところはどこも無く、パラワンを主題にした本格的長編の製作はシネマラヤにおける『マキシモ』の成功を待たなくてはならなかった。

96年にはカリスマ的人気を誇ったパンクロック・バンドのイレイザーヘッドのミュージックビデオを製作してMTVアワードを受賞。そして2002年に再びルーツに迫る先住民族の精神世界を描いた『BASAL BASAL (Sacred Ritual of Truth)』を16ミリで製作し、山形国際ドキュメンタリー映画祭などで上映された。同作品に至るまで彼は何度か母親の故郷プリン村を訪問し、先住民族の権利保護のための活動にも携わっている。フィリピンでは「先住民族権法」(Indigenous Peoples Right Act)が1997年に施行され、先祖伝来の土地に関する権利や、文化や言語、慣習法を保護する権利など、先住民の権利保護が包括的に保障されることになった。彼が自らのルーツ＝自画像に目覚め掘り下げていった時期は、まさに国全体で先住民に対する意識改革が行われていた時期でもある。

『マキシモ』に続く『TULI』(2005年)はレズビアンをテーマにした作品で、長編劇映画3作目となる『PISAY』(2009年)は高校時代の自伝的作品。続く『BOY』(2009年)はマッチョダンサーと一夜をともにするために持っていた漫画本を売る少年の物語。『PISAY』以外はいずれも社会の周縁に生きる人々を描いている。そして2010年のシネマラヤから創設された実績のある監督が参加する「ディレクターズ・ショーケース」部門に長編5作目として、念願のパラワンを主題とした作品『BUSONG(パラワンの運命)』(2011年)を発表。パラワンの伝統的儀式をベースにした神秘的な作品だが、この映画の撮影直前にシャーマンであった彼の伯父が他界したことでそれまで以上に自らの血筋の因縁に思いを深くし、先住民族の固有名であるカナカン・バリンタゴスに改名。パラワン人としてのアイデンティティを対外的にも鮮明にした。

「デジタルビデオカメラは軽くてコンパクトだ。かつては入ることのできなかった所へも入り込むことができる。それはコミュニティの親密さを描くには欠かせない。その親密さこそが革命的な表現を生み出す。この裏の路地で『マキシモ』を撮影した時も人々は私のカメラを見ることとすらなかった。35ミリでは表現できなかった世界を現代の僕たちは手にしている。」

セレンディピティー（偶然を契機に予想外の展開で幸福をつかみ取る力）にあふれた類まれな天才的映像作家。彼の自信に満ち溢れた言葉は、何故この国で素晴らしい映像作品が次々と生まれているのか、そのわけを端的に教えてくれた。

**(2) グチェレス・マンガンサカン二世（1976年生まれ）〜ビデオカメラを手にしたスルタンの末裔〜**

グチェレス・マンガンサカン二世、通称「テン」はマギンダナオの著名なスルタン（王）の家系。祖父のダトゥー・ウトック・マタラムはコタバト州知事を務め、60年代後半フィリピン全土で共産主義運動や学生運動が盛んになるとその影響を受け、1968年に「ミンダナオ独立運動（ＭＩＭ）」を創設。以来今日まで半世紀続いているミンダナオ・ムスリム独立運動の基礎を作った人だ。

テン初のドキュメンタリー映画『HOUSE UNDER THE CRESCENT MOON（三日月の下の家）』（2001年）は、その祖父が建て、テンと家族が暮らした故郷の大きな赤い家の物語である。テンが生まれた時代はＭＩＭの運動を受け継いだモロ民族解放戦線（ＭＮＬＦ）と政府軍との戦闘が最も激しかった時代。ダトゥー・マタラムはテンが6歳のときに亡くなり、テン自身も家を離れて都会で学校に通うことになり赤い家は彼の記憶から失われた。マニラの大学で映画を学んだ彼は久しぶりに帰郷してその赤い家を訪れたが、そこで彼の見たものは、当時内戦が激化して多くの難民の避難所となり荒廃した家の姿だった。テンは我を忘れたようにその姿を記録した。このルーツ探しのドキュメンタリー映画は彼の記念すべき処女作となり、CCPからその年の優秀映画賞が与えられた。

第二作目は『THE JIHADIST（聖戦主義者）』（2007年）で、叔父ハシム・サラマットが主人公。サラマットは、ムスリム分離独立運動の中でより過激だと言われるモロ・イスラム解放戦線（MILF）を創設。映画ではサラマットの足跡をたどり彼の築いた内戦の傷跡が深く刻まれた村を訪れ、村人のインタビューを通してイスラムの指導者としての純真な姿を描いてゆく。二つの作品はともに彼の親族の足跡をたどるルーツ探しの物語だ。祖父も叔父も人々の記憶に残る、そして今後もこの国のムスリムの歴史に名を残す独立運動のリーダーであり闘士であった。しかしテンが映画の中で描いているものはそうした独立の英雄の物語ではなく、内戦で荒廃した家や土地、そして戦争被害で心に傷を抱えた人々の心に写し出される虚しさのようなものだ。

写真7　グチェレス・マンガンサカン監督（左端）

テンは映画製作以外にもプロデューサーとして多くのミンダナオの若手アーティストを育てている。彼が編集した『Children of the Ever-Changing Moon: Essays by Young Moro Writers（変わりゆく月の子供たち：若手ムスリム作家によるエッセイ集）』にはミンダナオの若手ジャーナリストやアーティストらによるエッセイが綴られており、現代ミンダナオのムスリム社会の様々な揺らぎが率直に表現されている。シネマラヤでも2010年に前述の『LIMBUNAN』を発表し、現在はミンダナオ最南端のジェネラルサントス市を拠点に2013年に「サラミンダナオ・アジア映画祭」を立ち上げて、ミンダナオから世界へ向けて映像文化を発信し始めている。

テンの子供の頃の夢は医者になることだった。それが大学時代に小津やフェリーニと出会い人生が変わった。医学をあきらめた彼は映画を志し、こうしてミンダナオのアーティストの中で重要な位置を占めるようになった。ムスリムの伝統の核心を受け継ぐスルタンの末裔、そしてミンダナオ独立運動の戦闘家の家系。生まれながらにして数奇な宿命を背負い、暗い民族の記憶からおそらく逃れることのできない彼にとって、カメラは彼なりの抵抗の手段なのかもしれない。

「人々の心の中にある不条理な怒りや恐れ、そして偏見を癒す苦くて甘い薬。私の映画や書き物がそうなることを願っている。そうなれば、かつて私が子供の頃に医者になりたいと思い描いたように、人々の心を癒すことができるだろう。」

祖父たちが始めたミンダナオのムスリム独立運動は半世紀を経た今日、あまりにも多くの挫折と裏切りと腐敗と怨恨に侵されてしまった。しかしそんな「失われた自己」にまとわりつく空虚さを一端受け入れた上で、そこから何かを始めようとしている人たちが確かに存在する。テンと彼を取り巻くミンダナオの若者の活躍からは、そんな「自分探し」と自画像の再構築の思いが伝わってくる。

### (3) シェロン・ダヨク(1981年生まれ)〜シネマラヤの申し子〜

先に紹介した『HALAW』は既に40を超える海外の映画祭に招待されており、ミンダナオ生まれの監督によるミンダナオをテーマにした作品で近年最も多くの国で上映された作品であると言ってよいが、監督のシャロン・ダヨクは自らを「シネマラヤの申し子」であると断言する。

そんな彼はミンダナオ島の最西端、スールー海に突き出た歴史的要塞の町、ザンボアンガに生まれた。この地域がイスラム化されたのは16世紀半ばだが、その約100年後にはスペイン人キリスト教徒によって要塞が築かれた。以来スールー海は豊かな富をもたらす交易権を巡って植民地軍と地元のイスラム教徒との抗争の舞台となった。１９９１年にザンボアンガに近いバシラン島で、アブドラガク・ジャンジャラーニによって急進的イスラム原理主義グループであるアブ・サヤフが結成され、近年では海賊行為や誘拐事件を繰り返すことでテロリスト集団とみなされるようになり、スールー海は危険な海というイメージが定着してしまった。

『HALAW』では、フィリピノ語、英語、ヴィサヤ語、チャバカノ語（ザンボアンガ地方の方言）、そして〝海のジプシー〟と呼ばれる社会の最底辺を生きる先住民族であるバジャウ族の言葉が用いられているが、ダヨク監督自身の育った環境も映画と同じ多言語世界であった。アテネオ・デ・ザンボアンガ大学では哲学を学んだが、同大学はイエズス会士によって１９１２年に創立された由緒あるエリート校で、フィリピン人神父でもある学長のもと宗教対立や経済格差について積極的な発言で言論界をリードしていた。その後マニラに出てコールセンターに就職したが、２００５年に国立フィリピン大学映画研究所のワークショップに参加。その同じ年にシネマラヤは創設されている。ザンボアンガに戻ってＮＧＯのためにドキュメンタリー映画を撮影しながら前述のテンが主宰するワークショップにも参加してシネマラヤ出品の機会をうかがい、ついに２００８年に短編部門で『ANGAN-ANGAN（夢）』が入選。バシラン島に住むヤカン族イスラム教徒の９歳の女の子が、勉学を断念しヤカンの古いしきたりに従って婚約する物語。同作はシネマラヤの歴史の中で、ミンダナオ生まれの監督によるミンダナオをテーマにした初の作品として記憶されるであろう。

２０１０年には満を持して長編コンペ部門に参加。『HALAW』はシネマラヤで最優秀作品賞、監督賞他を受賞し、海外の映画祭でも多数の受賞を果たしている。その後の彼は日本のＮＨＫとの共同制作に参加、アジア開発銀行からの委嘱作品や、釜山映画祭のアジア映画アカデミーに招聘されるなど国際的な活躍の場を広げている。ザンボアンガという近代国民国家フィリピンの最周縁に生まれ、シネマラヤという磁場に引き付けられて映画を志し、様々な矛盾が集積する周縁の最深部を映像に定着させることでこの国の自画像を描き続ける彼にとって、映画製作は「息をしていることと同じ」だと語る。

### （4）ブリランテ・メンドーサ（1960年生まれ）～フィリピン映画界を牽引するスター監督～

シネマラヤと歩みを合わせるようにデジタルシネマの製作を開始し、国際的に評価を高めた監督にラヴ・ディアスやブリランテ・メンドーサがいる。ラヴ・ディアスは挑戦的とも言える長尺の作品を世に送り続けているが、2015年製作の5時間半の大作『FROM WHAT IS BEFORE』はロカルノ国際映画祭のコンペティション部門の最高賞である金豹賞を見事に受賞した。1970年代フィリピンの小さな見捨てられた村が舞台の話で、マルコス政権時代に抑圧に苦しんだ人々の運命が綴られてゆく。審査委員長は、「この作品は映画の時間と空間という概念を完全に打ち破るものだ。また映画とは何かという一般の認識さえも打ち破った。フィリピンの70年代の歴史的事実を超えて、濃密な物語の世界に観客を引き込んでゆく」とコメントした。

ラヴ・ディアス以上に成功を収めたスター監督であるメンドーサが歩んだ道のりは、フィリピンのインディペンデント映画の興隆と重なる。マニラの自宅兼事務所には、これまでに獲得した国内外の数々の映画賞の受賞盾が所狭しと飾られていた。彼が撮影を始めた2005年はシネマラヤが産声を上げた年。デビュー作は『MASAHISTA（マニラ・デイドリーム）』というゲイ専門のマッサージパーラーを舞台にした作品で製作費はたった200万円。サント・トーマス大学の美術学科を卒業して広告業界で地歩を築いた彼は、当初映画は一作のみの予定だった。しかし同作品が海外の映画祭で高く評価され、その後の人生が大きく変わった。

長編2作目は『MANORO』（2006年）。ネグリート系の先住民族アエタの子供が文字を覚えて教師になるという物語。長編3作目でマニラのスラムを活写した『FOSTER CHILD』（2007年）は数々の国際映画祭で受賞し、地方の場末にある成人映画館の日常をリアルに描いた『SERVICE』は2008年カンヌ国際映画祭の監督週間で上映された。そして2009年製作の『KINATAY（マニラ・アンダーグラウンド）』は請負殺人をテーマに娼婦による遺体切断といった猟奇的シーンがメインのサイコスリラー風の作品だが、第62回カンヌ国際映画祭の監督賞を受賞して世界的名監督と並び称されることになった。この出来事は彼の個人的名誉を超え、フィリピン映画の新しい波の到来を世界に告げる象徴的な事件となった。

『KINATAY』には激く残酷なシーンが含まれるため、検閲の厳しいフィリピンでは多くの重要なシーンがカットされてしまうのは必定。最初から劇場公開はあきらめ、検閲の無いフィリピン大学など学校のみの公開と腹を決めていた。それでもなるべく多くの若者に見せ、フィリピン映画の将来を担う観客を育てたいと抱負を語っていた。

写真8　ブリランテ・メンドーサ監督

「私の映画は貧困や犯罪など物語自体がネガティブで、全く救いのないように見える。でもそんな救いのない物語の中でも、そこで暮らす登場人物には生きようという意思が感じられる。自殺の多い社会に暮らす日本人から見ると、とても新鮮なんじゃないかな。」と日本人へのメッセージを語ってくれた。

さらに2015年のカンヌ国際映画祭「ある視点」部門で「特別言及」された『TAKLUB（罠（わな）～被災地に生きる）』は、レイテ島を襲った大型台風の犠牲になった町の仮設避難所が舞台の作品。環境省による委嘱作品だが、メンドーサ曰く「表現の自由を完全に保証するという条件で引き受けた」作品。避難所の悲惨な現状をあますことなく伝え、環境問題や公的ガバナンス不在の恥部を描いているが、国からの委嘱作品でかつ地元の上院議員や行政、軍・警察などの全面的支援を受けている。フィリピン映画を取り巻く創造環境の自由度を示す、一つの到達点をここに見ることができる。その同じ年にはケーブルテレビを中心とするメディアグループと組んで、「シナグ・マニラ映画祭」を立ち上げて、後進の育成にも着手している。

## 「自分探し」の先にあるもの　～シネマラヤを作り支える人々～

シネマラヤを通じた「自分探し」の旅を終えるにあたり、最後にこのシネマラヤを作り支えている人々について少しだけ触れておこう。

50歳を過ぎてデビューを果たす監督もいる一方で、まだ10代半ばの将来の映画監督の卵が作品を発表できるのもシネマラヤのユニークさだ。コンペ出品作品以外にも大学の学部学生が短い習作を上映する枠もある。既に創設から10年以上経過したが、次の10年に向けて新たな布石も怠らない。11年目を迎えた2015年からアジア映画の上映部門を新設するとともに、教育プログラムの充実を目指し「シネマラヤ・インスティテュート」を創設して若手の人材育成を開始した。

シネマラヤは毎回多くの若い学生らの熱気に包まれるが、こうした熱烈なシネマラヤファンにも支えられている。学割の使える入場券は75ペソ（約200円）と廉価であるため、観客全体の6割が学生である。映画祭全体の予算2500万ペソに対してチケット売上の合計は300万ペソで、もとから採算は度外視である。CCP元館長のハルディンはシネマラヤ財団の理事長として陣頭指揮を執るが、「毎年2500万ペソの予算集めは本当に大変なこと。でも多くの人たちが待ち望んでいるイベントだ。特に学生にとっては年に一度の映画三昧の日々。作品を観て監督やキャストと話ができ、仲間同士で議論するまたとない機会。作品上映の合間に会場のあちこちで湧き上がる無数の声を聞いていると、すべての努力が報われる思いだ。」と笑顔で語る。シネマラヤのこれからの10年に関しても う一人の創設者であるローリス・ギリエンはこんな言葉で表現してくれた。「私たちはアジアで最高の映画（ベスト・フィルム）を創りたいのではなく、アジアで最も自由な創造環境（クリエイティブ・フリーダム）を創りたいのだ。」映画の中に夢を見る多くの若者がいて、その夢を実現する人たちがいて、映画を愛する人たちのボランティア精神がそれを支えている。[6]

6 インタビューは2015年8月9日、CCPにて実施した。

写真９　シネマラヤ会場（ＣＣＰ）ロビー

「35ミリがだめなら、デジタルがあるじゃないか。」

映画祭が産声をあげたときの宣言から10数年が経過し、あの時の予感は的中して、見果てぬ夢は今や正夢となった。今日も世界のどこかでいずれかのシネマラヤ作品が上映されていることだろう。シネマラヤが世に送り出した多くの作品は、フィリピンのこれからを担う若いアーティストたちが、自らを蝕みそうになるアイデンティティの危機や喪失感に対し、ひるまずに立ち向かったチャレンジ精神、創意、戦いの記録でもある。そんな「自分探し」の先にあるものを求めて、まだまだフィリピン映画から目が離せない。

## 引用文献


アーツカウンシル東京

２０１６『ART BRIDGE』04（Autumn 2016）、アーツカウンシル東京。

CCP (Cultural Center of the Philippines)

1994 *CCP Encyclopedia Philippine Art: Volume Ⅷ Philippine Film.* Cultural Center of the Philippines.

Del Mundo, Jr., Clodualdo

2014 *Making Waves 10 Years of Cinemalaya.* Cultural Center of the Philippines, Anvil Publishing.

古市保子（編）

２００４『オルタナティヴス――アジアのアートスペースガイド２００５』国際交流基金アジアセンター。

国際交流基金アセアン文化センター

１９９１『フィリピン映画祭　東南アジア映画シリーズ③』カタログ、国際交流基金アセアン文化センター。

１９９２『東南アジア映画祭』カタログ、国際交流基金アセアン文化センター。

１９９７『リノ・ブロッカ映画祭　アジア映画監督シリーズ⑥』カタログ、国際交流基金アジアセンター。

２０１５『CROSSCUT ASIA #02:The Heart of Philippine Cinema』カタログ、国際交流基金アジアセンター。

日下渉

２０１３『反市民の政治学――フィリピンの民主主義と道徳』法政大学出版局。

清水展
２０１３『草の根グローバリゼーション――世界遺産棚田村の文化実践と生活戦略』京都大学学術出版会。
鈴木勉
２０１２『フィリピンのアートと国際文化交流』水曜社。
鈴木静夫
１９９７『物語フィリピンの歴史』中央公論社。
Torre, Nestor U.
1994 *Pelikula: An Essay on Philippine Film: Touchstones of Excellence.* Cultural Center of the Philippines.
後小路雅弘、黒田雷児、ラワンチャイクン寿子
１９９９『アジアの美術――福岡アジア美術館のコレクションとその活動』美術出版社。

# 第6章　インドネシア映画に描かれた宗教と結婚をめぐる葛藤

小池誠

## 1　はじめに

本章ではインドネシア映画に描かれた異宗教婚（インドネシア語でpernikahan beda agama）を取り上げ、インドネシアの映画関係者が、インドネシア社会にとって重い、このテーマに対して、どのような立場で向き合い、どのように描き、そして何を訴えようとしているか考えてみたい。異宗教婚というのは、宗教が異なるカップル、たとえばムスリム女性とキリスト教徒男性の結婚のことである。日本人の目からみれば、宗教の違いなどたいしたことがないように思えても、ムスリムが人口の9割近くを占め、宗教が国家の根幹に関わるインドネシアにおいて、異宗教婚、とくにムスリムとそれ以外の信者との結婚は、微妙な問題を含み、映画として描くことがとても難しいテーマである。

ここで映画を研究する上での自分なりのスタンスを書いておこう。一般的にいって映画から読み取れるのは次の二点であると考えられる。第一に、ストーリーが展開する上で前提となる社会文化的背景である。映画の登場人物や筋書きはフィクションであっても、映画自体がリアルなものとして観客の共感を誘うためには、とうぜん筋書きの背景となる社会の文化、つまり観客が当たり前と考えることをきちんと踏まえていなければならない。インドネシア映画についていえば、インドネシア社会における宗教（agama）の位置付けであり、そしてインドネシアで生きる個々の人生にとって宗教のもつ重みである。また、インドネシア社会における家族という関係性と、親の意向を気にする結婚相手の選択も文化的背景としては重要である。インドネシアには多様な民族が存在し、その民族ごとに家族に関する慣習は異なるが、日本と比べると、インドネシア全体で家族自体の重要性が明らかに共通している。誰と結婚するという選択も、現代の日本では「当人の意思」が優先される傾向が強いが、都市部と農村部で違いはあっても、インドネシア全体で親の意思が尊重されるし、子どもが親の思いを気にすることが多い。このように、インドネシアでは結婚を個人の選択の問題と言い切ることができないのである。このような背景があるから、インドネシアの恋愛映画では、ストーリーの展開上、主人公の女性と男性だけでなく、その親が占める割合が大きくなるのである。

第二に、私たち研究者が映画から読み解こうとするのは、映画を製作する側の、ある事象に対する文化的コメントやメッセージである。前述のように、たとえインドネシア映画がインドネシアの社会と文化をきちんと描き出したとしても、映画に登場する人物の行動を社会的事実であるかのように提示することはできない。当たり前のことであるが、これから取り上げる映画の分析から、インドネシアにおける異宗教婚の実態はこうであると書くことはできない。映画を題材にしていえることは、あくまで映画製作者が異宗教婚に託して語る思いであり、メッセージであることを確認しておきたい。

映画はインドネシアに限らず、東南アジア全体で中心的な位置を占めるポピュラーカルチャーの一つである。序章で編者の福岡が紹介しているように、インドネシア人の人類学者ヘルヤントはポピュラーカルチャーの一つの定義として、多くの消費者を対象とした商業的で利益志向の娯楽という面を強調している（Heryanto 2014: 15）。映画はこのようなポピュラーカルチャーの特徴を顕著に示す娯楽である。とはいえ、製作者と監督は、興行的成功だけを考えて映画を作っているのではない。すでに書いたように、作る側は映画に一定のメッセージを込めている。国家による検閲やその他の社会的制約（たとえば宗教関係者による批判など）に注意を払い（仮に上映禁止の処置を受ければ製作の努力は無に帰す）、そして興行収入を意識しつつも、それだけでなく、映画という媒体を通して作り手の何らかの主張を社会に対して訴えようと試みる。映画というポピュラーカルチャーの研究では、映画作りに立ちはだかる様々な制約と興行成績という要請に対する、映画を作る側のせめぎ合いと葛藤に焦点を当てることが必要だと考える。

本章では、最初に、映画を理解する上で前提となる、インドネシアにおける宗教と結婚の関係を明らかにしたい。つづいて、インドネシア映画で宗教がどのように描かれているか理解するための一つの題材としてハヌン・ブラマンチョ監督の作品を取り上げる。その後、本章の中心的なテーマである異宗教婚をテーマにした映画三作を取り上げ、すでに述べたような作る側の葛藤について論じたい。

## 2　映画の背景――インドネシアの宗教と結婚

### (1)　インドネシアの宗教事情

インドネシアの国是となっているパンチャ・シラ（建国五原則）の最初に書かれているのが、「唯一神への信仰」である。「唯一にして絶対の神」（Tuhan yang Maha Esa）を信仰の対象とする宗教（agama）をインドネシア国民は信じなくてはいけないという原則である。インドネシア社会において宗教は内面の信仰の問題であると同時に、個々の人間を公的に規定する枠組みとなっている。インドネシア国民が携帯を義務付けられている身分証明書（ＫＴＰ＝Kartu Tanda Penduduk）には宗教の欄があり、所持者の宗教が明記されている。国家公認の宗教を信じていない者に対して身分証明書の発行が認められないという社会問題も起きていた。[1]

| 宗教 | 比率（%） |
|---|---|
| イスラーム | 87.18 |
| プロテスタント | 6.96 |
| カトリック | 2.91 |
| ヒンドゥー教 | 1.69 |
| 仏教 | 0.72 |
| 儒教 | 0.05 |
| その他の宗教 | 0.13 |
| 無回答ほか | 0.38 |

表1　インドネシアの宗教別人口比 (Badan Pusat Statistik 2010)

現在は、儒教も含めて6つの宗教が国家公認の宗教となっている。儒教はスハルト大統領の「新体制」では宗教と認められていなかったが、スハルトが退陣し、改革の時代になって、２０００年以降、他の5つの宗教とともに国家公認の宗教となった。インドネシアは「宗教国家」といえるが、何が宗教であるかという問題は、きわめて政治的なものである。２０１０年の国勢調査による宗教別人口の比率は表1のとおりである。

**(2)　異宗教婚をめぐる法体系と結婚の手続き**

現在のインドネシアにおける結婚の手続きでは、イスラームとそれ以外の宗教で、届け出の方法が明確に異なっている。ムスリムの男女が結婚する時は、宗教省 (Departemen Agama) 管轄の宗務所（ＫＵＡ=Kantor Urusan Agama）に届け出ることになっている。一方、ムスリム以外の場合は、民事登録所 (Kantor Catatan Sipil) が婚姻届を受理することになっている。ただし、届け出の際

1　２０１６年2月のインドネシアの新聞「テンポ」(*Tempo*) の公式サイトは、宗教欄を空欄にすることも認められているという内務大臣の発言を取り上げている (*Sawitri 2016*)。インドネシア政府の宗教政策もすこし変わってきたようである。

に、それぞれの宗教にもとづく結婚証明書類が必要である。たとえば、プロテスタント教徒の結婚では、牧師が出す証明書が不可欠である。このように宗教によって婚姻手続きに違いがあるため、宗教の異なるカップルの場合、扱いがややこしくなる。

そもそもインドネシアの法体系では、異宗教婚はどういう扱いになっているのだろうか。最初に明らかにしなければいけないことは、インドネシアにおける法体系の複雑さである。この点について、インドネシアのイスラーム研究者の小林寧子は次のように書いている。「世界最大のムスリム人口を擁するインドネシアでは、世俗的近代法体系で成り立つ制定法と国民が自主的に実践するイスラーム法の関係をどのように調整するかという問題が、政治議題の一つとなってきた」（小林 2005：87）。結婚と親子間の関係などを規定する婚姻法が制定されたのは１９７４年のことであるが、その制定をめぐって激しい議論が展開された。とくに制定過程で議論の的となったのが、異宗教婚の扱いであった。最初の法案では、オランダ植民地時代に定められ、婚姻法が制定されるまで有効であった近代的な法規定を踏襲し、異なる宗教の間の結婚を認めることが定められていた。この条文が、ムスリム勢力からの激しい反発を受け、この法案に反対するデモが暴力事件に発展する恐れが出てきた。このような事態を受けて、政府はイスラーム政党である開発統一党（ＰＰＰ）に対して妥協し、現行の婚姻法が１９７４年に制定された。宗教色を排除し、世俗的な法律を目指した当初の法案の理念は否定され、ムスリム勢力に受け入れられるように法案は修正され、異宗教婚に関する条文は法案から削除された(Cammack 2009: 108-113)。その結果、婚姻法（婚姻に関するインドネシア共和国法律１９７４年第1号）の「第1章　婚姻の基礎」には以下のように、婚姻の宗教性が明確に表れている（小林 2005：113)。

第1条　婚姻は、1人の男性が1人の女性と夫婦として、唯一神信仰に基づいた幸福で永続的な家族(家庭)を形成する目的で、心身ともに結びつくことである。

第2条(1)婚姻はそれぞれの宗教および信仰の法にしたがって締結された場合に、有効である。

この第2条（1）にもとづいて、すでに書いたような宗教別の結婚の手続きが執り行われているのである。ちなみに、第4条には裁判所の許可を得れば、二人目の妻を娶ることができると書かれている（イスラーム法では4人まで妻帯が許されている）。この婚姻法には、異宗教婚に関する条文はまったくない。しかし、国会で制定された法律ではないが、ムスリムの結婚や相続に関する指針として位置づけられているイスラーム法集成（ＫＨＩ）（１９９１年の大統領指令によって公布された）には、異宗教婚に関する条文がある。第40条は、ムスリム男性が「イスラーム教を信仰しない女性」と結婚することを禁止し、さらに第44条には「ムスリム女性は、イスラーム教を信仰しない男性と婚姻することを禁じられる」と明確に書かれている（小林 2005：199-200）。もともとイスラーム法上は、ムスリム男性と「啓典の民」である非ムスリム女性、つまりキリスト教徒およびユダヤ教徒の女性との結婚は認められているので、イスラーム法集成はそれよりもはるかに厳しい規定になっている。

以上まとめてきたような婚姻に関する法体系が存在するため、宗教が異なる男女が結婚することはきわめて困難である。以前は異宗教婚も民事登録所で受理されたが、１９８０年にウラマー評議会（ＭＵＩ）が異教徒との婚姻を禁ずるファトワ（法学裁定）を出し、その後、役所での登録が困難になった。そのため、一般的にいって、正式に結婚しようと望めば、カップルのどちらかが相手の宗教に改宗するしか選択肢はないと考えられている。実際にムスリム以外の男性が結婚のためにイスラームに改宗する例はよく聞く話である。国際結婚でもこれが当てはまり、ムスリムのインドネシア女性と結婚する日本男性の多くは、イスラームに改宗している。ただし、改宗しないでも結婚が可能になる例外的な手続きがあるという。その一つとしてムスリム男性と啓典の民である非ムスリム女性の結婚については、ジャカルタのパラマディナ（Paramadina）というＮＰＯが宗務所から婚姻証明書（surat nikah）を取得するための手伝いをしていた（Batara 2013, Cammack 2009: 124, Jawad 2008）。また、宗教省が２００３年に出した宗務所向けのハンドブックでも、上記のような結婚だけは認めると書かれている。さらに、キリスト教会が宗教の異なるカップルの結婚を認めることもあり、さらに登録しない事実婚のケースも多く[2]（Cammack 2009: 124-127）、現実面では、この問題はかなり複雑である。

## ３　宗教をめぐる葛藤を取り上げたハヌン・ブラマンチョ作品

異宗教婚を描いた映画に入る前に、現代インドネシアを代表する映画監督の一人であるハヌン・ブラマンチョ（Hanung Bramantyo）の作品に焦点を当て、インドネシア映画において宗教がどのような形で表現されるか、みていきたい。彼は、１９７５年にジャワ島中部に位置するジョクジャカルタで生まれた。４人の若者の人生を描いた青春映画『ジョンブロ（*Jomblo*）』（２００６年）[3]から、初代インドネシア大統領の人生を描く『スカルノ、インドネシア独立（*Soekarno: Indonesia Merdeka*）』（２０１３年）まで、恋愛映画・歴史映画・社会派映画など多様なジャンルの作品を監督している。大統領選挙に絡む陰謀を描く『２０１４』（２０１５年）が、２０１４年の第9回大阪アジアン映画祭で上映されている。以下に取り上げるように、多くの観客を動員した『愛の数節（*Ayat-Ayat Cinta*）』のような話題作もあれば、以下に紹介する『疑問符（?）』[4]や『愛するが違う（*Cinta tapi Beda*）』など多くの議論を引き起こす問題作も発表している。

### （1）『愛の数節』

２００８年に上映され、３５０万人もの観客を動員し大ヒットした映画である。カイロのアル＝アズハル大学に留学した経歴を持つハビブラーマン・エル・シラジー（Habiburrahman El Shirazy）が２００３年に発表した同名の小説の映画化である。エジプトのカイロを舞台に、インドネシア人留学生のムスリム男性ファーリ（Fedi Nuril）[5]と、コプト教徒（キリスト教の一宗派）の女性マリア（Carissa

2　婚姻登録をしていない場合、生まれた子どもと父親との親子関係は法律上、認められない。

3　カッコ内はインドネシアで上映された年である。「２０１４」については、インドネシアでの上映よりも大阪アジアン映画祭での上映の方が早かった。

4　原題は？のみである。

5　本章では登場人物の後のカッコ内にインドネシア人俳優の名前を記載している。

Puteri）とトルコ系ドイツ人の女性アイシャ（Rianti Cartwright）との恋愛関係を描く映画である。ファーリは女性と遊び気分で付き合うことができない真面目で敬虔なムスリムであり、誰にも親切でやさしい好青年として描かれている。ファーリは、4人もの女性から思いを寄せられるが、それには気付かず、イスラーム指導者の勧めに従いアイシャを結婚相手に選んだ（実は彼女の願いが指導者に伝わっていた）。彼はアイシャが真の結婚相手（jodoh）と考え結婚を決めた。失恋したマリアは重い病気になる。ファーリはエジプト女性ノウラを強姦したというあらぬ疑いを受け、警察に捕まってしまう。妻のアイシャは無実の罪で捕まっているファーリを助けようとして、マリアに証言してもらうためファーリとマリアを結婚させようとする。マリアは法廷でファーリのために証言する。マリアは、アイシャの家で一夫多妻の生活を始めるが、病に倒れ、二人に見守られ、最後はムスリム女性として亡くなる。

この映画の最後の場面は、原作とは違っている。原作は重いタッチで結末を描いている。法廷でファーリの無罪が決まった後、マリアは退院することなく、そのまま入院していた病院で亡くなる。病床で寝ているマリアの唇から、マリアム（イエスの母）が登場するクルアーンの数節が聞こえてくる。マリアは夢のなかで、天国の入り口でマリアムと会ったと語る。ファーリとアイシャに手伝ってもらいマリアはイスラーム式に身をきよめ、天国に旅立つ。一方、映画ではアイシャの家での三人の生活がこっけいに描かれている。[6] ベッドに眠るマリアと、その隣の部屋のアイシャ、さらにその隣の居間で床に寝ているファーリを写した場面はとくに興味深い。筆者がインドネシア・バリの映画館でこの映画を観た時、観客から大きな笑い声が上がっていた。また、二人の妻に対する態度に悩むファーリが、友達に相談すると、その友達が、「自分は一人もいないのに（Saya belum punya satu pun）」と答えた場面でも笑い声が起きていた。

ここで取り上げた原作とその映画化作品だけでなく、イスラーム小説全体がインドネシア社会で人気を博していることを、現代インドネシアのイスラームを研究している野中葉は「イスラーム的価

6 ヘルヤントはこのシーンについて反ポリガミー（一夫多妻婚）的なメッセージだと解釈している（Heryanto 2014: 56）。私見では、一夫多妻婚をすこしシニカルに描いているが、反ポリガミーという強いメッセージ性は感じられない。

値」[7]の大衆化という文脈で捉えている。「愛の数節」だけでなく、真面目で敬虔なムスリムを主人公とした小説が数多く出版され、文学における一つのジャンルとしてインドネシア社会に定着している。ハヌンによる映画化は、原作を踏まえて「イスラーム的価値」を中心に据えつつ、原作になかったコミカルな描写を加えることで、より大衆化を図っているといえる。

主人公ファーリの結婚観について考えてみると、運命をアッラーに委ね、まさに「アッラーの思し召しのままに」(Insya Allah)、ひたすら待ちの婚活を貫いたのである。私の目から見れば、イスラーム指導者の指示をひたすら待つだけの「草食系」ムスリム男子である。このような否定的な評価に対して、知り合いのインドネシア人は、ファーリを含め、イスラーム色の強い恋愛映画[8]に登場する主人公たちはみなインドネシア女性にとって、かっこよくて頭が良くて高学歴で、敬虔なムスリムであり、理想的な男性として描かれているという。また最後に結婚を決心するのは本人であり、すべてが受身ではないという評価になる。

インドネシアで大きな反響を呼んだこの映画について、何人かの研究者が分析を試みている。その一人のヘルヤントは、映画化の結果、イスラーム的でなくなったため、原作者や熱心な原作の読者の多くが失望したと書いている。また、主人公の西洋的な服装などを根拠に挙げて、ハリウッド映画やインドのボリウッド映画、インドネシアのテレビドラマ(sinetron)を思わせるシーンが顕著だと述べている(Heryanto 2014: 53-58)。しかしながら、すでに述べたように、主人公のキャラクターは、現代の文脈では十分にイスラーム的であり、だからこそ多くのインドネシアの観客を動員できたと筆者は考えている。また、マレーシアのジェンダー研究者のイズハルディンは、この映画が打ち出す寛容性は表面的であり、明らかにイスラーム的な映画だと述べている。もともとイスラームの教義に関心を持っていたマリアがイスラームに改宗したのであり、ムスリム男性がキリスト教に改宗したのではない。他のインドネシア映画でも、改宗するのはつねにキリスト教徒女性であると、指摘する(Izharuddin 2017: 142-147)。

7 野中は「イスラーム的価値」を「イスラームの聖典クルアーンと預言者ムハンマドの言行をまとめたスンナから引き出され、人々の生活や行動の指針となる価値観や諸規定を指す」(野中 2013：270)と規定している。

8 小池(2010)では、２００９年に上映されたインドネシア映画「愛がイスラームを讃える時２(*Ketika Cinta Bertasbih 2*)」を取り上げている。

## （2）『疑問符』

2011年に上映され、『疑問符』というユニークな題名が示すように、インドネシア社会に論争を引き起こした作品である。『愛の数節』はイスラーム的価値観を前面に出して、一般のムスリムの共感を呼び大ヒットしたが、この『疑問符』はイスラーム過激派のキリスト教徒に対するテロを描くなど、一部のムスリム勢力に対して疑問を突き付け、より客観的にインドネシアの複雑な宗教状況を描こうとしている。映画のおもな舞台は、ジャワ島中部の地方都市で華人タンが経営する中華レストランである。ムスリム男性ソレー（Reza Rahadian）は失業中で、妻メヌック（Revalina S. Temat）がタンのレストランで働いている。タンは華人の伝統宗教の礼拝（拝拝）を実践している。タンの息子ヘンドラ（Rio Dewanto）は昔メヌックのことが好きだったため、ソレーといつも喧嘩している。また、タンは近隣の多数派であるムスリムとうまく折り合いを付け、調理に気を遣いながら（調理道具はすべて豚肉用とそれ以外を分けている）中華料理を作っている。そのような父親の姿をヘンドラは冷ややかな目で見て、親子はしばしば対立する。一方、近所に住むムスリム女性リカは夫の浮気が原因で離婚し、カトリックに改宗しようと教会に通う。とはいえ、ムスリム男性で俳優のスルヤと付き合っている。スルヤは頼まれて、クリスマスに上演される受難劇でイエス・キリストの役を演じる。ソレーはイスラーム団体ナフダトゥル・ウラマ（NU）の自警団に参加し、イスラーム過激派によるテロが懸念されるカトリック教会警備の任務に就く。教会でのクリスマス礼拝のさなかにテロリストが爆破テロをしかけ、その爆弾を発見したソレーは、わが身を犠牲にしてキリスト教徒を救う。その後、悩んでいたヘンドラはイスラームに改宗し、父の死後、レストランを受け継ぐ。

この映画の冒頭は、イスラーム過激派によるカトリック神父襲撃の場面から始まる。実際にインドネシア社会では、このようなキリスト教徒に対するテロが頻発している。ハヌンは、このような宗教をめぐるインドネシアの現状について人々に考えてもらうために、『疑問符』という題目を付けた。また、ハヌン自身が、母親がクリスマスと陰暦の正月の両方を祝う華人で、父親がムスリムという家族で育ったので、宗教的寛容性（toleransi agama）の必要をこの映画で訴えたいという（Kartoyo 2011）。イスラームを前面に出した『愛の数節』とは違い、カトリックへの改宗を考えているムスリム女性リカが登場するなど、イスラームを相対化する視点を備えた映画になっている。とはいえ、父親の遺言といいながらも、イスラームに改宗し、店の看板に「ハラール」（イスラーム法で許されたもの）と書くヘンドラの行動にはすこし違和感をもつ。イスラームとキリスト教だけが宗教であり、華人の伝統宗教を宗教の一つと認めていないような描き方には、インドネシアの宗教状況を背景にして一般上映される商業映画の限界を感じてしまう。

## ４　異宗教婚をめぐる葛藤をテーマにした映画

宗教は民族問題と並んでタブーとされているテーマなので、インドネシア映画史のなかで異宗教婚を取り上げた映画はそもそも少ない。インドネシア人の映画評論家クリスタントがまとめた『インドネシア映画カタログ　１９２６－２００５』（Kristanto 2005）に掲載されている作品から、試しに経済・身分、民族[9]・国籍、宗教という３つの違いが恋愛の障壁となっている恋愛映画を探し出してみた。[10]該当する62作品中、経済・身分の差が56作品でもっとも多く、つづいて民族・国籍の違いが４作品[11]、そして本章のテーマとなっている宗教の違いはわずか2作品のみであった。１９５４年の『二つの天国の間に（*Antara Dua Sorga*）』は、結婚を誓ったカップルが宗教を異にするだけでなく、実は同母異父兄弟姉妹だったというストーリーである。また１９７２年の『天国への道を切りひらく（*Merintis Djalan ke Sorga*）』は、ムスリム女性とカトリック教徒男性の悲恋物である。このカタログの出版以降の映画としては、２０１４年の『こんにちは北京（*Assalamualaikum Beijing*）』を挙げることができる（Hikmah 2016）。北京に留学したインドネシア女性と中国人男性の恋愛が描かれているが、彼が

9 インドネシア語では華人とそれ以外のプリブミ（先住民）というカテゴリーはRas（人種、raceに由来）と表現されるが、このような文脈で「人種」を使用するのは不適切と考え、本章では民族という用語を用いる。

10 シェークスピアの古典『ロミオとジュリエット』に表れているように、もともと何らかの障壁は恋愛物に不可欠な要素である。

11 このなかには、『誤った養育（*Salah Asuhan*）』（１９７２年）が含まれている。１９２８年に発表された同名の小説の映画化で、西スマトラ出身の男性が、インドネシア人女性とフランス人男性との間に生まれた女性と結婚するというストーリーである（Heider 1991: 77-81参照）。

すぐにイスラームに改宗しているので、とくに宗教の違いが主要なテーマとなっているわけではない。
異宗教婚に限らず宗教を正面から取り上げた映画は、スハルト大統領の「新体制」（１９６８～１９９８年）では厳しい検閲の対象となり、ほとんど製作されていない。ポスト・スハルト期になって、インドネシア社会のイスラーム化の進展とともに２０００年代半ば以降、「イスラーム的価値」を体現した小説とその映画化が次々と発表された（野中 2013: 269-271）。その流れと関連し異宗教婚を中心的なテーマとして取り上げた映画が２０１０年前後に相次いで製作された。３作品を取り上げ、それぞれの作品のストーリー展開と、映画を製作した側の異宗教婚に対するコメントを掘り下げてみたい。

### （１）『*cin(T)a*』

cina（華人）とcinta（愛）という二つのインドネシア語をカッコによって結びつけた変わった題名の映画である。日本語に訳しようがないので、そのまま原語で表記する。カッコ内にあるTは、Tuhan（神）を指している。監督も出演している俳優もメジャーな映画の製作に関わったことがない、インディ系の映画である。この点で、これ以外のメジャーな2作品とは製作の経緯が異なっている。インディ系といっても、２００９年に一般の映画館で上映された。[12] 上映されたのはムスリムにとって宗教心がとくに高まる時期であるラマダン（断食月）であり、この上映時期も興味深い。

家族から離れて西ジャワ州の州都バンドンで暮らす二人の大学生の対話のみで話が展開し、映像がきれいな映画である。とくに目と口が描かれた主人公アニサの指先の動きが心情の変化を表す場面がとても印象的である。２０００年にバンドンの大学で出会った、北スマトラ出身の華人でカトリック教徒男性チナ（Sunny Soon）と、ジャワ人でムスリム女性のアニサ（Saira Jihan）[13]との微妙な関係を描いた恋愛ドラマである。映画のなかに実際に異宗教婚をしたカップルのインタビューが挿入されて

12 筆者は２００９年９月７日にジャカルタのグランド・インドネシア・プラザというモール内にあるBlitzmegaplexという映画館で観た。ここは、インドネシア第一の映画館チェーンである21シネプレックスよりもチケットが高く、高級感を売りにしている映画館である。

13 この映画で主役を演じた二人の俳優は、『ウチョックのために（*Demi Ucok*）』という２０１３年に封切られた映画でまた共演している。監督も同じサマリア・シマンジュンタックで、バタックの文化を背景とした映画になっている。

いるのが特徴である。プロデューサーによると、この映画は、アニサとチナと神（インドネシア語でTuhanでありAllah）との三角関係を描いている。

監督はバタック女性のサマリア・シマンジュンタック（Sammaria Simanjuntak）である。[14] バンドン工科大学（ＩＴＢ）で建築を学び、建築家として働いたことがあるという異色の経歴をもつ監督である（影響を受けた一人がマレーシアの女性監督のヤスミン）。彼女はサリー・アノム・サリ（Sally Anom Sari）と組んで脚本を書き、２００９年インドネシア映画祭（FFI 2009）で最優秀オリジナル脚本賞を受賞している。それが十分に納得できる印象的なセリフが散りばめられた脚本になっている。

アニサは母親が父親の死後、再婚したことにわだかまりをずっと抱いている。また、元女優ということで、大学では陰口をささやかれ、友達もいなかった。そのため指に顔を描いて一人で遊ぶことが多かった。新入生のチナはちょっとした衝突で上級生のアニサと出会う。しかしスパに行った彼女が、学費を稼ぐためマッサージ師として働いているチナに出会ってから二人の関係は急速に進み、彼女の部屋で建築の勉強を手伝うようになる。普通の恋愛映画では、元の彼とか彼女など恋敵的な人物が必ず出てくるが、この映画は完全に二人だけが登場する場面で綴られている。ただし姿は見せないが、アニサの母親がいつも彼女のことを心配して携帯に電話をかけてくる。また、母親が決めた婚約者も存在する。ただし、家族の反対というよりも宗教の違いが二人の恋愛の障害になっている。親密さを次第に増してきた二人の関係は、彼の質素な部屋でクリスマスを祝っている時に大きく変わる。彼女が彼にキスしようとすると、彼はそれを遮って教会に出かける。これまで二人がいつも部屋で一緒に過ごしているように見えても、彼は身体的な関係にずっと禁欲的だった。その後、テレビのニュースがジャカルタの多くの教会でイスラーム過激派による爆破事件が起きたことを報じる。それ以降、宗教の違いがますます重い問題として二人の上にのしかかってくる。映画の終わり近くになって、彼と彼女が激しく唇を求め合う場面があり（唯一のキスシーン）、彼はイスラームに改宗してもよいと話した直後、アニサの身体をつき離し部屋を出て行ってしまう。それ以来二人は二度と会うことがなかっ

14 バタック（Batak）はおもに北スマトラ州に住む民族の名前である。バタック人の多くはプロテスタント教徒である。

た。チナはキリスト教徒と華人という二重の意味でマイノリティという地位に置かれているインドネシアを捨てて、奨学金をもらってシンガポールに留学することを決める。彼女は結婚式の準備のためにジャワの慣習に従い沐浴し、映画は終わる。

この映画のなかの重要な二人の宗教をめぐる会話を紹介しよう。最初に、二人の宗教観が表れている会話を取り上げる。

アニサ：アラーはただ一つの方法で祈りを望んでいるなら、なぜは私たちを別々に創造したの？
(Kenapa Allah kita nyiptain beda-beda kalau DIA cuma mau disembah dengan satu cara?)

チナ：だからアラーは愛を創造したんだ、違うものが一つになれるように。でも、本当のことは一つだ
(Makanya Allah nyiptain cinta, biar yang beda-beda bisa nyatu! Tapi, yang benar cuma satu)

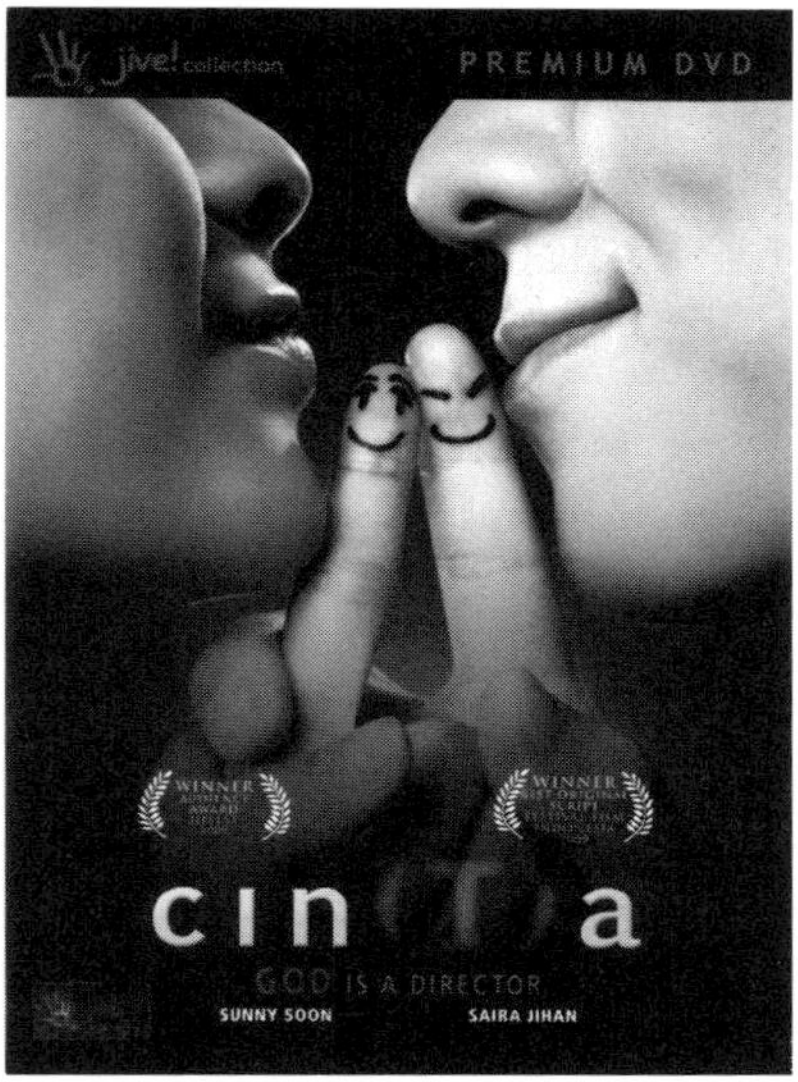

写真1 『*cin(T)a*』のDVDジャケット

二人のあいだでは時として、神学的で哲学的な対話が交わされる。ここで使われているインドネシア語のアラーは、イスラームとキリスト教双方にとって唯一絶対の神を指している。二人はそれぞれの神について真剣に語ることで愛を深めていき、また、その一方で、異なる神を信じているという二人の間の乗り越えがたい溝の深さも自覚していく。二人にとって異なる神への信仰は、二人のあいだに立ちはだかる越えがたい壁でもある。

上で取り上げたのは、神をめぐる重い対話であったが、次のように軽いタッチの会話も交わされる。食卓に並んだ料理を前にして、二人は食事の前の祈りをおこなう。二人にとって、それぞれの宗教に関する決め事は絶対に守るべきことである。

チナ：僕の宗教と信仰によって祈ろう（Mari kita berdoa menurut agama dan kepercayaan aku）

【正しいインドネシア語の決まり文句は「それぞれの宗教と信仰」である】

アニサ：調子いい（Enak aja!）

アニサ：様々な名と方法で呼ぶ神のために（Tuhan yang kami sebut dengan berbagai nama dan berbagai cara）

ここだけでなく、二人の関係が進展していく場面で、アニサが緊張しているチナの唇に近づいた時、彼女は彼の目が細くて（sipit）見えないと言ったシーンは観客の笑いを誘っていた。「細い目」というのは華人の顔の特徴を表すのに良く使われる表現である。[15]

映画の舞台となった２０００年は、イドゥル・フィトリ（Idul Fitri、断食明けの大祭）[16]とクリスマスがほぼ重なる年であった。映画のなかで、イドゥル・フィトリに関するイスラーム聖職者の説教が流れ、そこでは寛容が強調されていた。しかし、教会に対するイスラーム過激派によるテロ行為の臨時ニュースがテレビで流れる。さらに二人がカフェに行くと、客がテロ事件について話をしているのを聞く。「パレスチナでムスリムはたくさん殺されている。インドネシアにこんなに多くの教会は必要ない」と話し、かれらはテロ事件がキリスト教徒による自作自演という噂も語る。このようなキリスト教徒に対する偏見に満ちた話を聞いたチナは教会に入り、苦悩し蟻をつぶす。それまでは、いつもチナは蟻を指の上で遊ばせていたが、キリスト教に対して不寛容さを示す、インドネシア社会に対する怒りがそのような残酷な行動をチナにさせた。そして、チナはシンガポールに留学することをアニサに告げる。アニサはタパヌリ（正しくは北スマトラ州）の州知事になる夢を捨てたのかと尋ねる。「ムスリムではないから（kurang Muslim）、この国を指導できない」とチナは答える。

15 マレーシアを代表する映画監督の一人ヤスミン・アフマド（Yasmin Ahmad）の「オーキッド4部作」の一つに「細い目（*Sepet*）」（２００４年）がある。この映画はマレー系の主人公と華人男性との初恋を描いている。

16 イスラームのヒジュラ暦は月の運行にもとづく太陰暦のため、年によって断食明けの時期が変わってくる。２０００年は、12月28日がイドゥル・フィトリの開始日であった。

イスラームであれキリスト教であれ、主人公それぞれの内面的信仰に対するこだわりが強く表れている映画である。日本だったら愛する男女にとって障害とならないような宗教の違いも、インドネシアでは高い壁となる。それはたんに結婚が難しいという外的な制約だけでなく、インドネシア人の心のなかの壁となっていることが二人の対話からみえてくる。さらに、たとえ二人が心の葛藤を乗り越えて、宗教的寛容を持とうと努めても、インドネシア社会のなかにある、それぞれの宗教の独善性が、個人の力ではどうしようもない壁となって二人の前に立ちはだかっている。

シマンジュンタック監督にとって、アニサとチナという二人に焦点を当て、それぞれの心の動きを描き出すことが、大事なことだった。その点では、難しい宗教用語は使われていないが、インドネシア映画史上もっとも神学的な映画といえる。実際に異宗教婚をした二組のカップルのインタビューが映画のなかに挿入され、幸せに暮らしていることを伝えていて、監督自身は異宗教婚を現実にありうる選択と捉えている。とはいえ、監督の真意を考えると、個々人の内面の宗教心を尊重する以上、この映画の主人公が結婚するという結末はあり得ないことである。

### (2)『三つの心、二つの世界、一つの愛』

『三つの心、二つの世界、一つの愛(*3 Hati, Dua Dunia, Satu Cinta*)』は、『*Cin(T)a*』と違い有名俳優が出演し、2010年に上映され興行的にも成功した映画である。『*Cin(T)a*』が主人公の二人の対話によってストーリーが展開する映画であったが、この映画はより「インドネシア的」な筋書きで、男性側と女性側の家族の親と子の関係がていねいに描かれている。主人公は二人とも自分の思いを大事にするというよりも、それぞれ家族の気持ちを考え、思い切った結論を出さずに、あいまいな二人の関係が続いて行く。宗教が異なる男女の恋愛が中心の筋立てではあるが、父親と息子の喧嘩がすこしコメディカルに描かれていて、一般の観客にとって『*Cin(T)a*』よりは気軽に楽しめる映画になっている。

詩人を目指すアラブ系ムスリム男性ロシッド(Reza Rahadian、『疑問符』にも出演)とマナド系キリスト教徒の女性デリア(Laura Basuki)との愛を描いた家族ドラマである。ムスリム衣料店を営むロシッドの父親は敬虔なムスリムで、詩人を目指しアフロヘアのロシッドといつも喧嘩をしている。あいだを取り持とうとするのが、やさしい母親である。ロシッドとデリアは互いに愛し合っているが、育った環境がまったく違う二人の関係はなかなかうまく行かない。ロシッドがデリアを彼女の豪邸まで送り、彼女の父親と会うと、父親は売れない詩人であるロシッドのことをまったく受け入れようとしない。一方、デリアはロシッドを訪ねてザピンというアラブ風の舞踊の練習をしているイスラームの集まりに行き、音楽につられて勝手に踊りだし、その場にいたムスリム男性から冷たい視線を浴びる(イスラームの集会では男女が同席することは許されない)。ロシッドの父親は息子とキリスト教徒であるデリアとの関係を認めず、「イトコ」に当たるムスリム女性ナビラと結婚させようと画策する。父親の思惑に反して、ロシッドはデリアとの愛を貫こうとし、最後は両親も納得する。一方、デリアの父親も最初は反対していたが、ついには二人の関係を認める。しかし、デリアは家族を思いやるロシッドの気持を察し、アメリカ留学を決意し、映画は終わる。

この映画のストーリー展開のなかで二人の気持ちを表す重要な会話の場面をいくつか紹介する。

デリアは胸の十字架を見たロシッドの父親から冷たい視線を浴びた後、二人の将来を話し合う。ロシッドの煮え切らない態度に腹を立て、はっきりとしたこと(kepastian)を求め、次のようにロシッドに言い放つ。「私はあなたを選んだのだから、アメリカに留学するのをやめた」(Aku gak jadi kuliah ke Amerika karena aku milih kamu)

どうしたら良いか分からず悩むロシッドは、オジの話を聞く。オジはムスリム男性と非ムスリム女性との結婚は許されることがあると伝えた後、結婚を宗教だけでなく、別の側面からも考えるべきだ(Bukan cuma segi agama, dari aspek lain juga)と、ロシッドを諭す。「同じ宗教同士でも大変なのだから、宗教が違ったらもっとだぞ」(Yang seagama aja berat, apalagi beda)とオジは語る。

双方の親とも二人の関係に理解を示し、二人のあいだに障害はなくなったはずだが、ロシッドはなかなか思い切った結論を出せない。中途半端な関係の二人は池の辺で最後に話し合う。デリアは相変わらず結論を延ばそうとするロシッドの態度に苛立ち、「ロシッド、私たちはもっと時間が必要なの？」(Jadi, kita butuh waktu lagi, Sid?)と迫る。それに対して、ロシッドは「ただ、おれたちが間違った結論を出すのを望まないだけだ」(Aku cuma gak mau kita mengambil salah keputusan, Del)と話し、それに対してデリアは「あなたを失いたくない」(Aku gak mau kehilangan kamu)と答える。とはいえ、デリアはロシッドと結ばれることを諦め、もともと親が勧めたアメリカ留学を決意する。二人は最後にステージの上でザピンを踊り、別れることを決める。映画の最後にテロップが流れ、留学したデリアがアメリカ人と結婚したことが明らかになる。

『三つの心、二つの世界、一つの愛』は、『*Cin(T)a*』とは好対照の映画である。『*Cin(T)a*』で重視されていた内面的信仰はほとんど問題になっていないし、キリスト教徒に対するテロという社会的背景もまったく登場しない。この映画は、異宗教婚をテーマにした映画ではあるが、頑固親父と、自由な生き方を求める息子の関係をコメディ・タッチで描いていて、その点ではインドネシア映画によくあるタイプの家族ドラマとして観ることができる（一昔前の日本の映画やテレビドラマにも類似の設定はよくみられた）。心優しい母親

写真２　『三つの心、二つの世界、一つの愛』のDVDジャケット

を仲介役として、頑固だった父親が少しずつ息子の生き方に理解を示すようになるという展開である。父親は息子の意思を最後には尊重するようになるが、どうしても主人公のロシッドはデリアとの愛を貫いて結婚に踏み切ることはできない。

この映画の結末は、二人の恋愛感情を尊重し、異宗教婚も認められるようになるべきだという立場からすれば、中途半端な終わり方である。とはいえ、インドネシアの映画評では好意的に受けとめられている。たとえば、『スター（*Bintang*）』というタブロイド紙では「二人が出した結論は熟考の末であり、欲望や感情からきたものでないことを私たちは分かっている」（Irwansyah 2010）と書かれている。日本人の目からすれば腑に落ちない結末であっても、インドネシアのメディア、そして観客にとって、最終的に結婚しないで別々の道を歩むという結末は、ハッピーエンドではないが、観終わった後、安堵感をもたらすものである。興行収入を考慮しなくてはいけない映画の製作スタッフはそのことを十分に理解したうえで、異宗教婚というやっかいなテーマの映画に取り組んだのであろう。

### （3）『愛するが違う』

『愛するが違う（*Cinta tapi Beda*）』は、すでに紹介したハヌンが製作に参加した映画で、２０１２年12月27日に公開を開始した。とてもストレートな題名が示すように、ムスリム男性とカトリック女性の恋愛を描くドラマである。この映画は、もともとドゥイタサリがブログで発表した短編小説「愛、あなたの宗教、私の宗教（Cinta. Agamamu. Agamaku）」（Dwitasari 2011）を読んだ助手のヘストゥ・サプトラ（Hestu Saputra）が、この映画の企画をハヌンに持ちかけたという（ハヌンとサプトラの共同監督作品になっている）。ハヌンはこの映画製作の経緯を次のように説明している。「アイデアはシンプルだ。本当はヘストゥ・サプトラが脚本を書いた。彼は異宗教愛（cinta beda agama）の実践者だ。恋人はムスリムで、彼はキリスト教徒だ。私たちはこの異宗教愛の現象を描こうと試みた。他に脚本に加わった女性もそうで、彼女はムスリム、夫はカトリック教徒で、結婚し幸せに暮らしている」(Yuliawan 2012)。このように、他人事ではなく製作スタッフ自身が直面している異宗教婚という問題をこの映画のなかで描こうとしている。また、すでに書いているようにハヌン自身の母親が華人でキリスト教徒であったという背景も関係している。

この映画の粗筋は以下のとおりである。ジョクジャカルタ出身で、コックとしてジャカルタのカフェで働くムスリム男性チャーヨ(Reza Nangin)は、西スマトラ州パダン出身で、大学でコンテンポラリー・ダンスを学ぶディアナ(Agni Pratistha)と知り合う。チャーヨは恋人に振られた直後だった。彼は最初、ディアナのことをムスリム女性と思っていたが、ワルンで夕飯を食べている時、彼女の両親がマナドからパダンに移住したカトリック教徒だと知る。[17]二人はデートを重ね、恋に落ちる。そして、彼は将来のことを考え、ディアナのことをジョクジャカルタに住む両親に紹介しようとする。チャーヨは家族の祝い事のためジョクジャカルタに帰り、同行したディアナを両親に紹介する。彼女がカトリック教徒だと知った父親は怒り、ムスリム以外の女性との結婚は認められないとチャーヨに怒鳴りつけ、一方、その言葉に反発したチャーヨは父親と喧嘩し、家を出る。一方、ディアナが下宿しているオジの家に彼女の母親が来ていて、ディアナにパダンに戻ってくるように話す。母親は上の子どもたちがみんなムスリムと結婚し、自分の元を離れて行ったので、末っ子のディアナだけはカトリック教徒と結婚してもらいたいと強く願っていた。母親の言葉を聞き、悩んだディアナはチャーヨを食事に誘い、敢えて豚肉料理を注文し、彼にも何か注文するように言う。しかし、チャーヨは、このレストランでは食べられないと答え、[18]そのことで二人は喧嘩してレストランを出る。両者は互いの間を隔てる宗教という壁の存在を強く意識するようになる。チャーヨが友人に相談しても、どちらかが改宗しない限り二人は結婚できないと言われる。ディアナの母親は娘の結婚相手としてカトリック教徒の医師であるオカをパダンから呼び、ディアナのダンス発表会の後、オカをディアナに紹介し、チャーヨには自分の人生を歩むように伝える。チャーヨは何とかディアナと結婚しようとして、彼女のオジ

17 西スマトラ州に住むミナンカバウ人（パダン人とも呼ばれる）は敬虔なムスリムとして有名である。一方、北スラウェシ州のマナド人はカトリック教徒として知られている。このように、インドネシアでは民族を単位として特定の宗教を信仰していることが一般的である。

18 敬虔なムスリムにとって、豚肉を調理する厨房で作られた料理はたとえ鶏肉や牛肉の料理であっても、ハラールでないので食べることができない。

の家を訪ね、母親にディアナと結婚させてくださいと頼むが、母親は拒否する。そのいさかいのなかでディアナは倒れ、チャーヨは家から追い出される。ディアナはパダンに連れ戻されるが、チャーヨのことを忘れられず、ジャカルタに戻り二人は再会する。二人で宗務所に行き、結婚の手続きをしようとするが、どちらかが改宗しない限り結婚は認められないと担当者に言われる。その後、二人は話し合い、双方とも自分の宗教と家族を捨てられないことを悟る。母親が入院したため、ディアナはパダンに戻り、そして母親の言葉に従い、オカと結婚することを決心する。一方、ディアナのことを想って仕事に専念できないチャーヨはレストランを辞めさせられ、ジョクジャカルタに戻って父親が結婚を勧める近所の娘と会う。ディアナは結婚式の前日、家族のためにオカと結婚するという内容のメールをチャーヨに送る。それを読んだチャーヨは父親に再びディアナとの結婚のことを話す。怒った父親も最終的にはチャーヨのために説得する妻の言葉を受け入れ、「祝福されるのは子どもの権利だ」と息子の願いを認める。結婚式の当日、教会で神父の前で結婚の宣誓を求められたが、ディアナは何も答えず、ディアナの本心を知ったオカは、この結婚式を取りやめようと言う。ディアナは母親の許しを乞い、そして花嫁姿のまま教会を出る。教会の外で、パダンに来ていたチャーヨと再会し、映画は終わる。

　前二作よりは、主人公二人の主体性が強く表れた作品になっている。『三つの心、二つの世界、一つの愛』の主人公ロシッドが色々と悩み、どうしても踏み越えることができない一線をこの映画のチャーヨは最初の段階であっさりと越え、正面から父親に自分の気持ちを伝え、またディアナの母親に結婚の許しを乞うている。また、『*Cin(t)a*』のチナの場合は、そもそも結婚を考える前の段階でアニサとの関係を諦めている。この作品でも、もちろん家族との絆を切り捨てることには、二人ともなかなか踏み切れないので、映画の後半で一度は親の勧める相手との結婚を受け入れようとする。しかし、最終的には家族の絆よりも恋愛を重視したチャーヨとディアナの気持ちが前面に出て、一般の恋愛映画と同様に、この映画はとりあえず「ハッピーエンド」になっている。ただし、二人の前に立ちはだかる異宗教婚という壁については何ら解決されてなく、どちらかが自分の宗教を捨てない限り二人は正式に結婚することはできない。『愛するが違う』では、『三つの心、二つの世界、一つの愛』と同様に主人公それぞれの親との関係も重要なテーマの一つだが、それ以上に、異宗教婚を認めないインドネシアの現実そのものに抗議する二人の共同監督のメッセージが強く打ち出されている。だからこそ、この映画が終了した後、さらに別のカップルが宗務所に行き、同じ担当者から宗教が異なるという理由で婚姻手続きを拒否される短いシーンが挿入されている。

ハヌンは、記者会見のなかで、人々が宗教の違いをあたかも高い壁(sekat)のように考えることに疑問を呈している。彼は宗教の違いを、文化などいくつかある差異の一つだと捉えている。また、宗務所の婚姻手続きに対しても、ジャカルタ以外、たとえばマナドなどでは異宗教婚を受け付けていると話す。地方が認めていることをなぜ国家が認めていないのか、問題視している(Yuliawan 2012)。

この映画における異宗教婚の描き方に対する抗議の声がムスリム団体から上がったが、それよりもはるかに大きな問題に発展したのは、西スマトラ州パダン出身という設定のヒロインがカトリック教徒であったことである。西スマトラ州の多数派民族であるミナンカバウ人のいくつかのイスラーム団体から、ミナンカバウ社会を誤って描いているという強い抗議を受けた(Batara 2013)。もちろん粗筋に書いたように、ディアナはマナド人の移住者なので、この抗議はまったく的外れのものである。ハヌン自身もこの点を説明しているが、騒ぎが大きくなった結果、２０１３年1月5日にはハヌンと映画館側が上映を打ち切ることを決定した(anon. 2013)。まったく映画を観ていない人々の筋違いの抗議によって映画が上映できなくなったのだから、ハヌンをはじめとして、この映画の製作に関わった人たちにとっては本当に残念な結果だったろう。

## 5　おわりに

異宗教婚をテーマにした三作のインドネシア映画を観て一つ明確になったのは、宗教の異なるカップルの結婚（異宗教婚）が困難であることを前提にして、映画が作られていることである。描かれているのは、『愛するが違う』を除けば、愛する男女が結婚できないことを最終的に納得するまでのプロセスである。『三つの心、二つの世界、一つの愛』の映画批評（anon. 2010）に書かれているように、最終的に二人が結婚を諦めるという結末の描き方は、「新体制」の厳しい検閲の名残だという見方もあるが、インドネシアの多くの映画人が納得するものである。現在のインドネシア社会では、異宗教婚の難しさに正面から挑んで、その壁を何とか乗り越えようとする筋立ての映画を製作することは難しい。唯一その困難に挑戦しているのが、ハヌンとサプトラである。とはいえ、『愛するが違う』の表面的な「ハッピーエンド」の後、結婚に踏み切るために二人がどういう手段をとるかは明らかになっていない。ディアナがイスラームに改宗すれば、キリスト教徒の怒りを買うし、その反対にチャーヨがカトリックに改宗する結末ならば、イスラーム団体の猛反発を受け、確実に上映禁止に追い込まれる。また、正式の婚姻手続きなしに、二人が新生活を始めるという結末も、宗教生活の建前を重んじるインドネシア社会には受け入れられない。

現実の社会では、カップルのどちらかが改宗して結婚に至るケースが圧倒的に多いし、内面の信仰を変えることなく形式的に改宗して結婚している人もいる。また、インドネシア社会でも事実婚という抜け道が存在する。現実世界にみられる、このような「いい加減な」やり方を、イスラームであれキリスト教であれ、それぞれの宗教が定める教義を絶対視することが前提になっているインドネシアの映画製作者が描くことは難しい。本章で紹介したような異宗教婚という重いテーマに取り組む映画はあっても、それぞれの製作者は、宗教は絶対的なものであるというイデオロギーの枠内でしか自分たちのメッセージを打ち出すことはできない。三作を比べた時、『愛するが違う』の製作者が出した結論が現状のインドネシア社会においてはぎりぎりの線だと思う。異宗教婚に限らず、インドネシア国家の下での宗教のあり方に対して、正面から異を唱える映画を発表することができないのが現実である。

## 参考文献


Cammack, Mark

2009 Legal Aspects of Muslim-non-Muslim Marriage in Indonesia. In *Muslim-non-Muslim Marriage: Political and Cultural Contestations in Southeast Asia.* Gavin W. Jones et al.（eds.）, pp.102-138. Institute of Southeast Asian Studies.

Heider, Karl G.

1991 *Indonesian Cinema: National Culture on Screen.* University of Hawaii Press.

Heryanto, Ariel

2008 Pop Culture and Competing Identities. In *Popular Culture in Indonesia: Fluid Identities in Post-Authoritarian Politics.* Heryanto, Ariel（ed.）, pp. 1-36. Routledge.

2014 *Identity and Pleasure: The Politics of Indonesian Screen Culture.* NUS Press in association with Kyoto University Press.

Izharuddin, Alicia

2017 *Gender and Islam in Indonesian Cinema.* Palgrave Macmillan.

小池誠

２００７「映画を通してアジアに迫る――インドネシア映画の現在」『アジア遊学』100: 67-70。

２０１０「愛、結婚そして宗教――ラマダンに観たインドネシア映画」『インドネシアニュースレター』70: 2-9。

小林寧子
２００５「第2章インドネシア」『現代ムスリム家族法』柳橋博之編著、pp. 87-240、日本加除出版。
２０１３「第26章宗教――国家と多宗教社会」『現代インドネシアを知るための60章』村井吉敬ほか編、pp. 157-161、明石書店。

野中葉
２０１３「イスラーム的価値の大衆化――書籍と映画に見るイスラーム的小説の台頭」『消費するインドネシア』倉沢愛子編著、pp. 269-290、慶應義塾大学出版会。

**参考文献（インドネシア語）**

anon.
n.d. Cinta tapi Beda. http://filmindonesia.or.id/movie/title/lf-c013-12-331562_cinta-tapi-beda#.WQgW04VOJ50（最終確認２０１７年5月2日）

anon.
2010 Film 3 Hati, 2 Dunia, 1 Cinta itu Solusi Pernikahan Beda Agama. http://agama.kompasiana.com/2010/07/14/film-3-hati-2-dunia-1-cinta-itu-solusi-pernikahan-beda-agama-193889.html（最終確認２０１４年2月19日）

anon.
2013 Menuai Protes, Film 'Cinta tapi Beda' Ditarik dari Bioskop. http://www.inikabarku.com/2013/01/menuai-protes-film-cinta-tapi-beda.html（最終確認２０１７

年5月2日）

Badan Pusat Statistik

2010 *Kewarganegaraan, Suku Bangsa, Agama, dan Bahasa Sehari-hari Penduduk Indonesia: Hasil Sensus Penduduk 2010.* Badan Pusat Statistik.

Batara, Bobby

2013 Pernikahan Beda Agama di Indonesia: Sulit tapi Bukan tidak Mungkin. http://www.commongroundnews.org/article.php?id=32613&lan=ba（最終確認２０１７年5月2日）

Dwitasari

2011 Cinta. Agamamu. Agamaku. http://dwitasarii.blogspot.jp/2011/08/pakah-seseorang-yang-kau-cintai-harus.html（最終確認２０１７年4月30日）

Hikmah, Ifnur

2016 Film Indonesia Tentang Cinta Beda Agama Yang Menyentuh Hati. http://cewekbanget.grid.id/News-And-Entertainment/5-Film-Indonesia-Tentang-Cinta-Beda-Agama-Yang-Menyentuh-Hati/Cinta-Tapi-Beda#（最終確認２０１７年5月2日）

Irwansyah, Ade

2010 '3 Hati, 2 Dunia, 1 Cinta' dan Wacana Hubungan Kasih Beda Agama. http://archive.tabloidbintang.com/film/resensi/4142-3-hati-2-dunia-1-cinta-dan-wacana-hubungan-kasih-beda-agama.html（最終確認２０１７年5月2日）

Jawad, Syafiq

2008 Paramadina Menawarkan Solusi Pasangan Beda Agama. https://syafiqjawad.wordpress.com/2008/02/18/paramadina-menawarkan-solusi-pasangan-beda-agama/（最終確認２０１７年５月２日）

Kartoyo DS

2011 Hanung: Bikin Film Toleransi Agama.

http://www.webcitation.org/68JX3XW77（最終確認２０１７年２月18日）

Kristanto JB

2005 *Katalog Film Indonesia 1926-2005*. Nalar.

Sawitri, Angelina Anjar

2016 Ini Alasan Mendagri Perbolehkan Kolom Agama di KTP Kosong.

https://m.tempo.co/read/news/2016/02/24/173748033/ini-alasan-mendagri-perbolehkan-kolom-agama-di-ktp-kosong（最終確認２０１７年２月19日）

Yuliawan, Muhammad

2012 Cinta Tapi Beda: Apa Yang Dipersatukan Tuhan Tidak Dapat Dipisahkan Manusia.

http://amriawan.blogspot.jp/2012/11/cinta-tapi-beda-apa-yang-dipersatukan.html（最終確認２０１７年４月30日）

# 第7章　フィリピンのゲイ・コメディ映画に投影された家族のかたち

## ――ウェン・デラマス監督の『美女と親友』を中心に

山本博之

## はじめに

フィリピンでは、2010年代以降にゲイ・コメディ映画が人気を博し、興行収入の記録を毎年塗り替えてきた。

表1（253ページ）はフィリピンの国産映画の興行収入の歴代上位10位を示したものである。第2位の『美女と親友』を筆頭に、ウェン・デラマス監督作品が10位以内に5つ入っている。表1の「映画祭」の欄に見て取れるように、2012年以降、ウェン・デラマス作品は毎年メトロマニラ映画祭の出品作の1つに選ばれている。

メトロマニラ映画祭は、毎年12月25日のクリスマスから2週間にわたって開催され、期間中にマニラ首都圏（メトロマニラ）の全ての映画館で8本の出品作しか上映されないフィリピン最大の映画祭である。[1]ウェン・デラマス監督は、２０１１年の『無敵のプライベート・ベンジャミン』が興行成績の歴代首位となった翌年、『システラカス』がメトロマニラ映画祭の出品作に選ばれて興行成績の歴代首位を更新し、以来、メトロマニラ映画祭に毎年出品して興行収入の歴代首位を更新してきた。期間中に全ての映画館で８本しか上映されないメトロマニラ映画祭とそれ以外の時期の劇場公開作品を単純に比べることはできないにしても、ウェン・デラマス監督がフィリピン映画界でこの数年間にわたって毎年ヒット作品を生み続けてきたことは議論の余地がない。

ウェン・デラマス監督は１９９８年に映画を撮り始め、２０１６年2月に亡くなるまで31本の長編映画を撮った。[2]２０１０年頃までにコメディ女優のアイアイ・デラス・アラスを主演とする作品を10本撮り、２０１０年からはヴァイス・ガンダを主演とする作品を7本撮った。[3]上述した興行収入の歴代10位に入った5作品はいずれもヴァイス・ガンダが主演のものである。

ヴァイス・ガンダはテレビのバラエティ番組の司会で知られるコメディアンで、ゲイであることを公表しており、映画にもゲイの役で出演している。１９９０年代までフィリピンの商業映画でゲイと言えば、不細工で、頭が弱く、もっぱら主役に苛められる役か主役の引き立て役だった。このイメージを大きく変えたのが、長身でスタイリッシュな衣装を纏うヴァイス・ガンダと、その姿をコメディ作品として世に出したウェン・デラマス監督である。

この2人が組んだゲイ・コメディ映画がフィリピンで毎年ヒット作となったことにはどのような意味があるのか。とりわけ、ウェン・デラマス監督の最後の長編映画となり、劇場公開時点でフィリピンにおける興行収入の歴代首位となった『美女と親友』には、作り手のどのような思いが込められ、それを観客たちがどのように受け止めたのか。

本章の議論を先取りするならば、ウェン・デラマス作品にはフィリピンの多くの観客が好む物語の型が織り込まれている。それは、親の期待を優先して恋人との関係を諦めざるを得ないという「泣く男」の物語と、子どものために我が身を犠牲にして努力しても子どもたちから感謝されないという「報わ

1 当初は12月25日から1月1日までの1週間だったが、２００２年より1月8日までの2週間となった。２００３年にはマニラ首都圏以外の地方都市の劇場でも上映されるようになった。映画祭期間中は国産の8作品しか上映されないが、３Dなどの一部の映画館を除く。

2 「ウェン・V・デラマスという映画監督について」（ガラクタ風雲出張版、２０１６年5月17日、https://ameblo.jp/garakuta-fuuun/entry-12161283458.html）。

3 『システラカス』（２０１２年）はアイアイ・デラス・アラスとヴァイス・ガンダが共演した。

れない母」の物語である。ゲイ・コメディという形式をとることで、フィリピンの家族や恋愛をテーマにしたドラマにしばしば見られるこの2つの異なる物語の型が1つの作品に複層的に織り込まれている。

以下では、第1節でゲイおよびそれに関連するいくつかの表現を整理した上で、続く2つの節でフィリピンの家族・恋愛ドラマに見られる2つの物語の型を概観する。第2節では植民地期の舞台芸能から今日の映画に至る「泣く男」の物語の型、第3節では近年の海外就労者の増加に伴う「報われない母」の物語の型をそれぞれ取り上げる。第4節ではウェン・デラマス監督の経歴に触れながらウェン・デラマス作品の特徴を整理し、第5節では『美女と親友』の物語を紹介して、そこに「泣く男」と「報われない母」の2つの物語がどのように織り込まれているかを見る。第6節では、むすびにかえて、2014年にフィリピンで起こったトランスジェンダー殺人事件をもとに、ポピュラーカルチャーと現実社会の緊張を孕んだ関係について考えてみたい。

## 1. 同性愛者、バクラ、ゲイ

フィリピンにはバクラ(bakla)と呼ばれる人々がいる。[4] バクラに対する一般的な認識は「男の体に女の心」である。バクラは女性が多く好む種の服装や装飾品を身につけ、女性的と見られる所作や言葉遣いをする。バクラは恋愛や性愛の対象に「本物の男」を求め、バクラどうしで性的関係を持つことはほとんどなく、そのような行為は「共食い」「レズビアン的」と呼ばれて避けられる(Manalansan IV 2006:25)。

「女の心」は所作・言葉遣いや服飾で表現される。これらはいずれも個人の意思だけでは成り立たず、社会における規範に対して自分の位置づけを表明するもので、関係性において成り立つものであ

4 フィリピン文化研究者でフィリピン大学教授のルーベン・カニャーテは、バクラはタガログ語表現であり、フィリピン諸島で広く使われているとはいえフィリピンの唯一の言語ではないことから、ビサヤ語のバヨット(bayot)と併記してバクラ/バヨット(bakla/bayot)と呼ぶべきとする(Cañate 2014:51)。

る。ヴァイス・ガンダを例に取れば、フィリピンに実際に存在する個別のバクラの振る舞い、ヴァイス・ガンダの実生活での振る舞い、そしてヴァイス・ガンダのメディア上での振る舞いが互いに影響しあい、バクラについてのイメージや規範が作られていく。

メディア上でのヴァイス・ガンダの振る舞いから、「男の体に女の心」がどのように表現されているかを見ておこう。服装はスタイリッシュで個性的なファッションであり、男女折衷の衣装を身に着けることもあるが、それも含めて男性か女性か区別することには意味がない服装である。所作や言葉遣いは、フィリピンのマスメディアでバクラはしばしば甲高い声で騒々しく話すと表象されており、ヴァイス・ガンダもそのような所作や言葉遣いをする。また、着替えているところを男性に見られそうになると恥ずかしそうに胸を隠す様子は、性自認が女性であることを示している。体格がよく清潔そうな若い男性が上半身裸になっているのを見て高ぶっている様子や、女性とキスさせられることを心から嫌がっている様子もあるが、恋愛・性愛とはきわめて個人的かつ生々しい感情や行為であることを考えるならば、これらのことは恋愛・性愛の指向の表現ではなく、心が女であるという位置づけを確認する態度であって、性自認が女性であると理解すべきだろう。

バクラと呼ばれる人々は、英語文献ではhomosexual、gay、queerなどの言葉で表現されてきた。英文学者でフィリピン大学教授のJ・ニール・ガルシアは、バクラとホモセクシュアルを比較して、バクラは所作・言葉遣いや服飾で特徴付けられるのに対してホモセクシュアルは恋愛や性愛の対象に関わる捉え方であること、ホモセクシュアルは男性にも女性にも使えるけれどバクラは男性にしか使わないこと、バクラどうしは互いを恋愛・性愛の対象と見なさないのに対してホモセクシュアルどうしは互いを恋愛・性愛の対象と見なしうることなどを挙げ、バクラとホモセクシュアルは異なる文化背景から来ており[5]、西洋的な性自認・性指向の考え方をフィリピンの性自認・性指向にそのまま適用すべきではないと批判した（Garcia 2008（1996）:xxi-xxii）。

5 スペイン統治期以前のシャーマンであるババイラン（babaylan）は、多くは女性だったが、男性ババイランは女装をして他の男性と恋愛・性愛の関係になることもあり、それにもかかわらず社会的な地位が認められていた（Manalansan IV 2006:36）。

恋愛・性愛の対象に目を向けた呼び方と心と体の性のあり方の関係に目を向けた呼び方は、互いに独立したものであり、恋愛・性愛の関係にある2人がそれぞれ自身の心と体の性のあり方をどのように捉えるかにより、理論上は複雑な組み合わせが可能になる。個人の恋愛・性愛のあり方は本章の関心の埒外にあることを断った上で、それをどのように表現するかは性のあり方の社会における位置付けの表明として重要であり、その意味において本章の検討対象に含める。

ゲイを含む性的マイノリティを呼ぶ表現にLGBTがある。L（レズビアン）、G（ゲイ）、B（バイセクシュアル）はいずれも恋愛・性愛の対象に着目した呼び方であるのに対し、T（トランスジェンダー）は服飾や所作・言葉遣いに関わる呼び方である。性的マイノリティの包括的な呼び方が十分に確立していない状況では、当事者から出てきた呼び方としてLGBTは尊重されるべきだろう。ただし、本章は性自認と性指向がどのように表象されるかに関心があるため、LGBTという呼び方は用いない。

これに関連して、ウェン・デラマス監督作品の1つである『ガール、ボーイ、バクラ、トムボイ』（2013年）は、それぞれ女の体に女の心、男の体に男の心、男の体に女の心、女の体に男の心を持って生まれた四つ子のガール（girl）、ボーイ（boy）、バクラ（bakla）、トムボイ（tomboy）をヴァイス・ガンダが1人4役で演じるコメディ作品である。タイトルの4つの単語の頭文字を並べたGBBTは、文字を入れ替えてBGBTとしても指すものは同じである。これは、性的マイノリティの呼び方として、一文字違いのLGBTではなくGBBT（またはBGBT）で十分ではないかというウェン・デラマスの考えが込められたタイトルだったように思われる。[6]

バクラは「体は男、心は女」で恋愛・性愛の対象として「本物の男」を求めるという理解のもと、コメディ映画として単純化されていることを踏まえてBGBTを図式化してみよう。バクラの恋愛・性愛の対象はボーイだけである。ボーイの多数派の恋愛・性愛の対象はガールだが、バクラからの恋愛・性愛を受け入れるボーイがいることを考えれば、ボーイの恋愛・性愛の対象はバクラまたはガー

6 ただしこの分類では、「男の体に男の心」を持つ者どうしや「女の体に女の心」を持つ者どうしの恋愛・性愛は捉えきれない。これらのうち前者については、別の機会に『第三者』（2016年）を紹介しながら検討したい。

ルということになる。この図式に従えば、バクラは恋愛・性愛の対象としてボーイを求めるけれどボーイからは求められないか、または、ボーイはバクラとガールのどちらも恋愛・性愛の対象にしうるけれど対象をバクラからガールに乗り換える可能性は常に存在し、その逆にガールからバクラに乗り換える可能性は低いということになる。ゲイ・コメディとはこの構造的な悲劇を転じることで喜劇として描いたものである。[7]本章ではフィリピンの個別の人物や配役についてはバクラと呼ぶが、作品のジャンルはゲイ・コメディと呼ぶことにする。

## 2. 「泣く男」

スペイン統治時代のフィリピンでは、セナクロ（宗教劇）、コメディア（芝居）、サルスエラ（音楽劇）などの舞台芸能が見られた。これらの舞台芸能にはそれぞれ定番の物語の型があり、その一部は今日の映画にも受け継がれている。これらのうち本章の議論との関連で重要なのはコメディアとサルスエラである。[8]

コメディアは、モロモロとも呼ばれ、中世ヨーロッパのキリスト教王国とイスラム教王国の戦いを題材にした叙事詩をもとにした演劇である。定番の物語は敵対関係にある王国の王子と王女の恋物語で、合戦場面が見せ場となる。王女の心を勝ち取るために家臣や農民たちが戦ったり、王女と王子のそれぞれの軍隊が戦ったりして、最後にイスラム教徒がキリスト教に改宗してキリスト教側の勝利で終わる。

サルスエラはスペインで17世紀に起こった音楽劇で、スペイン統治時代の末期にフィリピンに紹介され、コメディアに代わって大衆芸能の地位を得るようになった。コメディアがセリフなどの形式を重視したのに対し、サルスエラは形式が自由だったため、サルスエラははじめコメディアの作家や役

7 「バクラ・コメディ」ではなく「ゲイ・コメディ」と呼ぶのは、トムボイに目を向けるとガールとの関係において一方的に追いかけ、仮に受け入れられても常に対象をボーイに乗り換えられる可能性があるという共通点があることから、バクラとトムボイを同じ枠組みで捉えるという意味がある。ただし、トムボイを主役としたゲイ・コメディ作品はバクラを対象としたものと比べて圧倒的に少ない。この背景には、現実社会では女の体に生まれることと男の体に生まれることが対称的でないことが多く、トムボイが被る悲劇は転じて喜劇にすることが難しいことがあるように思われる。なお、『たぶん明日』（２０１６年）では、女性の映画作家が女性と交際していることに対して、周囲の人々はレズビアンと呼ぶが、彼女自身は自分のことをゲイと呼んでいる。

8 この項の記述は（チョンソン 1992）をもとにしている。

者から激しく非難された。マニラでは１９０２年以降コメディアが見られなくなり、コメディアはフィエスタでのみ見られる存在となったが、マニラ以外の地方ではサルスエラよりコメディアが人気のある時期がその後も続いた（Cruz 1971[?]:150）。

サルスエラの形式上の特徴は甘い恋物語に歌と踊りをちりばめた音楽劇にある。慎み深く美しいヒロインと優しくハンサムなヒーローが互いに恋に落ちるが、両親は２人の結婚に反対して、娘を高慢な金持ちと結婚させようとする。また、厚化粧を施して襟ぐりの大きいドレスを着てごてごてした宝石を着けた混血の女性が登場して２人の恋路を邪魔する。

これらの舞台芸能の型は映画に受け継がれ、ジャンルごとにフィリピン映画に特徴的な物語の型を形作っている。コメディアの物語の型はアクション映画に受け継がれ、善玉と悪玉の娘が恋に落ち、善玉が悪玉を打倒して恋愛を成就させるという物語の型を生んだ。これに対し、サルスエラの物語の型は恋愛ドラマに受け継がれ、やや誇張して図式化すると、主人公(多くは若い男性)が親の期待と恋人との関係の板挟みになり、恋人との関係の方をあきらめるという物語の型となった。親の期待は裏切れないという強い縛りがあり、親から結婚相手を紹介されたり、海外留学を勧められたりすると、恋人との関係をそれ以上進めることができず、主人公は涙を流す。この涙は主人公の恋人への誠実さを示しており、奇跡を引き起こして、最後には親の期待を満たしながらも恋人とも結ばれる。

フィリピン映画の歴代の興行収入上位の第３位である『セカンド・チャンス』(２０１５年)は、『ワンモア・チャンス』(２００７年)の続編である。『ワンモア・チャンス』は、主人公のポポイと恋人バシャの会話に実生活でも真似したくなるセリフが多く、恋人たちがポポイとバシャというニックネームで呼び合うなど話題になり、その後も多くの映画で参照されてきた作品である。２００７年の劇場公開時にはその年のフィリピン映画で興行収入が首位となり、外国映画を含めても、『スパイダーマン３』、『トランスフォーマー』、『ハリー・ポッターと不死鳥の騎士団』に続き、『パイレーツ・オブ・カリビアン／ワールド・エンド』を押さえて第４位となった。『ワンモア・チャンス』はポポイとバシャが喧嘩しながらも最後に結婚したと想像されるところで物語が終わっており、『セカンド・チャンス』は冒頭で8年前のポポイとバシャの結婚式の場面から始め、2人の結婚式を見たかったというファンたちを喜ばせた。

『ワンモア・チャンス』が評判になったのは、前述のように実生活でも使いたくなるセリフの数々に加えて、ポポイを演じたジョン・ロイド・クルースの泣きっぷりのためでもあった。ジョン・ロイド・クルースは、2007年以降の10年間のフィリピン映画の興行収入の上位をヴァイス・ガンダと分け合う俳優であり、単純化していえば、ヴァイス・ガンダがゲイの役で知られるのに対し、ジョン・ロイド・クルースは「泣く男」の役で知られている。ジョン・ロイド・クルースが主演する恋愛ドラマには、主人公の男性が恋人や妻との間に問題を抱えるが、それを積極的に解決しようとせずに涙を見せ、そのうちに問題が解消するという共通点がある。

## 3.「報われない母」

フィリピン映画の「報われない母」という物語の型は、フィリピン人海外就労者（OFW）と密接に関係している[9]。フィリピン人海外就労者に関する映画が注目を集めるようになったのは、シンガポールでフィリピン人家政婦が死刑になった事件を契機としている[10]。シンガポールで働いていたフロール・コンテンプラシオンは、1991年に雇用者の子どもと同僚の家政婦を殺したとして告発され、冤罪を訴えるフィリピン国内の擁護運動にもかかわらず、1995年3月に刑が執行された。この事件をフィリピン側から描いた映画『フロール事件』（1995年）が同年6月にフィリピンで公開されると、公開と同時に評判になり、マニラ首都圏の商業地区では昼休みに職場近くの映画館でこの映画を見て泣きながら職場に戻る女性職員が数多く見られたという。この作品で興味深いのは、フロール

9 映画以前にはラジオドラマや女性向け恋愛小説に「報われない母」の物語が多く見られた。

10 これ以前にフィリピン人海外就労者をテーマにした映画には、アメリカで看護師として安定した生活を送りながらもフィリピンの家族を恋しがり孤独に生きている女性を描いた『メリカ』（1984年）などがある。

が逮捕されて有罪判決を受け、刑が執行されるまでだけでなく、その前にさかのぼってフィリピンに残してきた家族とフロールの関係も描いていることである。フロールがフィリピンに戻ると夫が別の女性と暮らしていたり、久しぶりに再会した自分の双子の子どもたちの区別がつかなくなっていたりする場面により、海外就労に出たことでフィリピンに残した家族との紐帯が緩んでいる様子が描かれている。

これとほぼ同じ時期に劇場公開された『やり直させて』（1995年）でも、海外就労者とフィリピンに残った恋人の間のすれ違いが描かれている。『やり直させて』と『フロール事件』は以下に見るように海外就労者のイメージにおいて対照的であり、フロール事件が海外就労者の描き方に新しい要素を与えたことがうかがえる。

『やり直させて』では、マニラの広告代理店で働くやり手のジェリーは、恋人のアグネスとアメリカに移住する将来を夢見て、10年前にアメリカに渡って家庭を築いていたアグネスの母親を頼ってアメリカに移住するようアグネスに勧める。ジェリーと一緒にいるときにはか弱く泣いてばかりだったアグネスは、単身でアメリカに渡ると、仕事で忙しく連絡を取りにくいジェリーへの依存をやめ、母親の家を出て、介護施設での「白人じいさんたちの下の世話」を含む様々な仕事を経験し、苦労と努力の末に定職と自宅とマイカーを手に入れる。数年後、アグネスを訪ねたジェリーはアグネスを支えるためにアメリカに留まるが、アグネスと違って移民の地位を持たないために条件が悪いアルバイトにしか就けず、生活の余裕だけでなくジェリーにアドバイスする心理的な余裕も持つようになったアグネスに嫉妬する。アグネスは2人が結婚すればジェリーがアメリカに滞在する地位が得られると提案するが、女の世話になりたくないジェリーは断って1人でフィリピンに戻る。

フィリピンではジェリーがアグネスを守る関係だったのにアメリカでは2人の立場が逆転する様子や、短期訪問者として渡米する場合とアメリカに家族・親戚がいて移民の地位を得て渡米する場合とではアメリカでの生活環境が大きく異なることを描くとともに、この作品は、フィリピンに残った家族は海外に就労に出た人のことを心配するが、海外に出た人は家族の心配と裏腹に実は滞在先でよい暮らしをしているという認識の食い違いも描いている。

親（特に母親）が子どもたちの生活を支えるために日々苦労して働く姿は、海外就労者に限られた話ではなく、国内の都市部に働きに出る人と家族の関係においても、さらに親子が一緒に暮らしている家庭でも成り立ちうる。いずれの場合でも、母親は子どもたちのためにと思って自己犠牲の精神で働くが、子どもたちは母親の苦労を理解せず、母親の思いほどにはありがたがらないという姿が描かれる。

海外就労者とフィリピンに残った家族の認識の食い違いをより明確な形で描いたのが『母と娘』（2000年）である。香港で家政婦として働いて家族を支えてきたジョシーは、マニラに残した3人の子どもたちに会うために6年ぶりに帰国するが、ジョシーは空港に出迎えに来た子どもたちに気がつかない。家に帰ったジョシーはおみやげを配って上機嫌だが、長女カーラは母が6年間ずっと自分たちと連絡を取ろうとせず、父の葬儀にも帰国しなかったことを恨んでおり、ジョシーと口を利こうとしない。ジョシーが娘たちと連絡を取らなかったことや夫の葬儀に帰国しなかったことは職場の環境のためであり、それほどの厳しい環境で家族や子どもたちのために苦労してきたと考えるジョシーはカーラの反抗的な態度が理解できない。ジョシーはタクシー会社を起こそうとするが失敗して貯えがなくなり、子どもたちの生活を支えるために再び香港に戻る。

このように、『母と娘』は海外就労に出た母親とフィリピンに残った家族が互いに理解しあえないことを描いた作品である。物語上は、香港に戻ったジョシーにカーラからの手紙が届くことで、母親と子どもが互いに相手のことを理解したような結末がつけられている。しかし、現実に母親と子どもの認識の食い違いは解消されないことも多かったと思われる。『母と娘』から16年後に作られた『彼女についてのすべて』（2016年）は、仕事に打ち込んで経済的に成功した社長ビビアンが、自らの死を前に自分のかつての行いを悔いるが、家族よりも仕事を優先したとして子ども世代から責められる物語である。

妥協しない態度と強い意思で仕事を厳格かつ的確に進めていくビビアンは、自分はステージ3の骨髄癌で余命が30カ月だと医者に告げられ、優秀な看護師として紹介されたジャイカを24時間勤務の個人看護師に雇う。ビビアンはアメリカ在住で建築家になっていた息子アルバートを会社に呼び寄せるが、母は仕事に打ち込むあまり自分のことを十分に顧みてくれなかったと恨みに思い続けてきたアルバートはビビアンに心を開こうとしない。ジャイカはビビアンの悩みを聞いているうちに、母親らしさについてビビアンと議論になる。ビビアンは「たった一度の過ちでも母親失格なの？ よい母親でなければ母親失格なの？ そんな母親でも母親なのよ…… 私は確かにあの子の母親なのよ……」と訴える。これに対してジャイカは、「私たちのために遠くに行ってまでお金を稼いでほしいなんて私たち子どもは頼んだ覚えはない。本当は自分のために仕事を選んだのを子どものせいにしないで」と反論する。この発言は、外国に働きに出て10年以上も帰らないままになっているジャイカの母親のことを念頭に置いたもので、ビビアンを批判したものではない。しかしビビアンにとっては、自分が子どものためによいと信じてきたことに対する子どもの世代からの痛烈な批判だった。この作品はビビアン亡き後にアルバートやジャイカたちが楽しく暮らす場面で終わる。ビビアンは亡くなる前に息子と和解したことが示されるが、そのことに重要な意味は与えられず、明確に表現されていないものの、物語上、ビビアンの生き方は否定されて物語が幕を閉じている。

『彼女についてのすべて』で批判されて亡くなる母親ビビアンを演じたのが『母と娘』で母親のジョシーを演じたヴィルマ・サントスであることは、『彼女についてのすべて』は『母と娘』で提起された問いに対する子ども世代の立場からの応答であるとも理解できる。母親が子どものために大変な苦労をしても、子どもはそれに感謝するどころか、経済的な豊かさより母親と一緒に過ごせることの方に大きな価値を置き、それを満たしてくれなかったと母親に不満を抱く。この認識の食い違いは今日のフィリピン社会でも依然として重要な問題であり、それゆえに映画を含む芸能の題材となって多くの人々の関心を集めている。

## 4. ウェン・デラマスとヴァイス・ガンダ

### （1）ウェン・デラマス――母親思いの人魚

ウェン・デラマス（本名Edwin Villanes Deramas）は1966年9月にマニラで5人きょうだいの末っ子として生まれた。[11] ウェン・デラマスの家系には軍人が多く、ウェン・デラマスの父親も軍に関係する仕事についていた。父親はウェン・デラマスが幼い頃に仕事のためベトナムに渡り、しばらくして消息不明になり、ウェン・デラマスたち5人の子どもたちは母親1人によって育てられた。家賃が払えないために親戚の家を順にまわって住まわせてもらい、学費が払えないために学校も転々としたウェン・デラマスにとって、幼い頃に長く接したのは家族、特に母親だった。末っ子で幼かったウェン・デラマスは、母親が仕事に行く間に本屋に預けられ、本を読んで母親の帰りを待っていたという。後にウェン・デラマスが母親を思い浮かべながら撮影した『かけがえのない母』（2003年）には、12人の子どもを抱えて1人で働いている母親が子どもを本屋に預けて働きに行く場面がある。

ウェン・デラマスは幼い頃から女の子が着るような服を好んで着て、女の子が好みそうなおもちゃで好んで遊んでいた。まわりの人たちは、服やおもちゃが姉のお下がりだったり、裁縫が得意な姉がウェン・デラマスにドレスを縫ってあげたりしていたためだと思っていたが、ウェン・デラマスは3歳の頃から自分の心は女の子だと思い始めていたという。父親がベトナムから一時帰国して家族写真を撮ったとき、父親はウェン・デラマスに軍人のヘルメットを被らせてポーズを取らせようとしたが、ウェン・デラマスはヘルメットを嫌い、かわりに人形を持って写真に写った。ウェン・デラマス監督

11 ウェン・デラマスは2016年2月に49歳で亡くなった。本章のウェン・デラマスの生い立ちや作品に関する記述はウェン・デラマスの自伝（Deramas 2015）をもとにしている。

の『無敵のプライベート・ベンジャミン』では、主人公のベンジャミン（愛称ベンジー）は軍人の家系に生まれ、高名な将軍である祖父が子ども時代のベンジーに銃を担いで歩く練習をさせようとすると、ベンジーは人形のおもちゃを腰に差して腰をくねらせて歩き、祖父を激怒させる場面がある。

9歳頃にはテレビ番組のヒロインの真似をするのが好きになり、人魚姫のジェセベルやスーパーヒロインのダルナ、そしてアメリカのワンダーウーマンなどの真似をしていた。[12] 特にジェセベルが気に入っており、母親に自分の腰にブランケットを巻きつけてもらって人魚の格好をするのがお気に入りのポーズだった。

ウェン・デラマスは、聖トマス大学を卒業後、2年間のレストラン勤務を経て1990年にテレビ局に入り、アシスタントとしてドラマの脚本を書くようになった。やがて映画も監督するようになり、2003年に『かけがえのない母』を劇場公開した。この作品は3人の夫と死別して1人で12人の子どもを育てることになったシングルマザーの話で、三男がバクラである。ウェン・デラマスは自分の母親をイメージしてこの作品を作った。母親役のアイアイ・デラス・アラスのセリフは自分と母親の会話のつもりで書き、ウェン・デラマスは自宅でビデオで繰り返しこの作品を見たという。

この作品のヒットにより、『かけがえのない母』は2本の続編と多くのパロディー作品が作られ、『かけがえのない母』シリーズはウェン・デラマスの初期の代表作となった。母が大家族の子育てに奔走し、国家という大きな家の家事をこなし、そして人生を全うする物語となったこのシリーズは、ウェン・デラマスの母親への思いが込められているとともに、フィリピン国民にとっての母親イメージであるコラソン・アキノ元大統領のイメージが重ねられていた。

『かけがえのない母　あなたのすべて』（2008年）は、上院議員だった夫が暗殺されたのを契機に政界入りして大統領になったコラソンに倣い、主婦が大統領になる話にした。さらに、コラソンが大統領辞任後に癌の闘病ののち2009年に死去すると、シリーズ第三作の『かけがえのない母　これでおしまい』（2010年）は母親が癌で亡くなる話にすることになった。

12　ダルナについては（山本 2016）、人魚については（山本 2018）も参照。

ちょうどその前年に母親を亡くしていたウェン・デラマスは、母親のことを思い出してこの作品を撮るのが嫌になり、途中で何度も監督を降りようとしたが、シリーズ最終作にするという約束で最後まで撮り終えたという。

『かけがえのない母』シリーズには、母親への思いとともに、ウェン・デラマス監督の「異形の人」に対する愛着も織り込まれていた。『かけがえのない母』シリーズで母親を演じたアイアイ・デラス・アラスは、商業的な大衆娯楽作品で主役として好まれる美女とは異なり、ユニークな容姿を笑わせることで人気を得てきたコメディ女優である。とりわけ顎が長いことを笑いの材料にしており、作品中ではアイアイ・デラス・アラスが定規で顎の長さを計られる場面もしばしば登場する。

アイアイ・デラス・アラスに限らず、ウェン・デラマスはユニークな容姿の役者を選んで自分の映画に出演させていた。『馬のペトラ』(2010年)では、ヴァイス・ガンダ演じるピーターは会社に来た求職者たちを一列に並べて容姿端麗な人だけ選び出し、残りの人たちがまた今回も顔で選ばれて落とされたとがっかりしているところ、ピーターは容姿端麗な人たちの方をその場で不採用にして帰らせており、ユニークな容姿を積極的に選ぶ様子を描いている。

体つきや見かけが他の人と違っていてもかまわないという態度は、ウェン・デラマスが人魚のポーズを特に気に入っていたことと関りがあるように思われる。人魚は腰から下が魚なので、男女に分けられるときに最もわかりやすい身体的特徴が失われ、男女の別を気にしなくてもよくなる。

母親と死別し、母親をイメージした人気シリーズも結末を迎えると、アイアイ・デラス・アラスを主演とする映画はほとんど撮らなくなった。これと前後してウェン・デラマスの前に現れたのが、もう1人の「異形の人」で、ウェン・デラマスにとって白馬の王子様となるヴァイス・ガンダである。

## (2) ヴァイス・ガンダ——白馬の王子

ヴァイス・ガンダは初主演作品の『馬のペトラ』でバクラの役を演じた。ただし、ヴァイス・ガンダがバクラであることが物語の中心に据えられるのは翌年の『無敵のプライベート・ベンジャミン』以降の作品であり、『馬のペトラ』ではバクラであることは物語の中心ではない。『馬のペトラ』は面長で馬に似たヴァイス・ガンダが馬に変身するという物語で、ユニークな容姿で笑わせるコメディの延長上にある。

ヴァイス・ガンダ（本名Jose Marie Viceral）は1976年3月にマニラのトンド地区で生まれた。バランガイ・キャプテン（地区長）だった父親はヴァイス・ガンダが23歳のときに殺され、母親が海外に出稼ぎに出た。ファーイースタン大学を卒業後、スタンダップコメディーを書いてマニラのエルミタ地区のバーでステージに立つようになり、このときステージネームのヴァイス・ガンダをもらった。テレビドラマに出演し、ウェン・デラマス監督のファンタジー・ドラマ『女神』（２００８年）で人気が出た。『女神』は、地底界から来る悪からこの世を守るために天上界から地上界に遣わされたジョセフィーンの物語である。自分の正体を知らずに育ったジョセフィーンは、18歳になって自分の力と使命に目覚め、半人半馬や人魚や鳥人間に変化して悪と戦い、その過程で、この世を救うために人間界を離れるか、女神の力を捨てて愛する人と一緒に人間として生きるかの選択を余儀なくされる。ヴァイス・ガンダはこのドラマに魔法の鏡の役で出演した。

翌年、映画『イン・マイ・ライフ』（２００９年）でヴァイス・ガンダはヴィルマ・サントスとジョン・ロイド・クルースと共演した。ニューヨークで同居生活をはじめた2人のフィリピン人バクラ・カップルを一方の両親が訪れる話で、ヴァイス・ガンダはバクラの花屋役で出演した。初主演の『馬のペトラ』で成功を収めたのはその翌年である。

これ以降、ウェン・デラマスはヴァイス・ガンダがバクラとして主役を演じるコメディを多く撮るようになり、メトロマニラ映画祭の常連になったことは本章の冒頭で見た通りである。ウェン・デラマスとヴァイス・ガンダによるゲイ・コメディには、以下に挙げるように作品を通じて共通する特徴がある。まず、ヴァイス・ガンダの登場によって苛められ役でないバクラを描くことが可能になった。従来のバクラのイメージの裏返しで、ヴァイス・ガンダが演じるバクラは自信満々の成功者であり、引き立てられ役であり、苛める役になり、ときにはそれが強調されて傲慢な性格として描かれる。『馬のペトラ』では、ヴァイス・ガンダ演じるピーターは裕福な家庭の養子になって傲慢な性格に育ったため、他人に乱暴な気持ちになると馬のペトラになる魔法をかけられてしまう。

また、バクラであることを父親や祖父から反対され、「真の男」にするために折檻を受ける場面が登場する。『馬のペトラ』では、ピーターの父親はバクラである幼いピーターを「真の男」にするため、水を張った瓶にピーターの頭を浸ける。『無敵のプライベート・ベンジャミン』では、軍人である祖父はベンジーが男らしくないと怒り、軍人の家系にバクラは要らないとしてベンジーを家から追い出してしまう。

相手に正体を知られてはならないというスリル感とおもしろさも見られる。『馬のペトラ』では、ピーターは他人に乱暴な気持ち抱くと馬に変身してしまう魔法をかけられ、人前で馬に変身しそうになって慌ててごまかそうとする。『無敵のプライベート・ベンジャミン』では、ベンジーは外国人武装勢力に拉致された祖父を救うために軍に入隊するが、バクラだと知られると除隊処分になるため、バクラであることを隠そうとする。『彼は貴女に恋してる』(２０１２年)では、ヴァイス・ガンダ演じるバクラのレスターは、自分を振った元恋人マイクの気持ちを再び自分に向けるため、バクラであることを隠してマイクの現在の恋人ジェマに近づき、ジェマの心を掴もうとする。ジェマとキスする雰囲気になり、女性とのキスを想像すると気持ちが悪くなるが、ジェマに目を閉じさせて別のものをジェマの唇に当ててキスしたと思わせる。

さらに、家族の身代わりになって命を落とすことや、自分の直接の子ではない甥の世話をすることという家族のあり方が描かれている。『馬のペトラ』では、急病で倒れた父を病院に運びたいけれど自動車もオートバイもないという状況で、ピーターは人前で正体を晒して馬になり、車を引いて父を病院に運ぶ。手当てを受けて命が助かった父が暴漢に襲われそうになると、ピーターは父をかばって銃で撃たれて命を落とす。『システラカス』では、ヴァイス・ガンダ演じるベルニースは幼馴染のデティをかばって銃で撃たれ、ライバル会社の社長ローゼルの輸血で一命をとりとめ、3人は姉妹として会社を共同経営する。

## 5.『美女と親友』

### (1) 勧善懲悪と家族・恋愛の新しい形

ウェン・デラマスの最後の監督作品となった『美女と親友』は、「泣く男」と「報われない母」という2つの物語の型が織り込まれている。そのことについて検討する前に、『美女と親友』の基本的な物語の構造を確認しておきたい。

『美女と親友』はコメディ作品だが、基本的なスタイルとしてアクション映画を踏襲している。主役の警官エマンを演じるココ・マルティンは、『美女と親友』公開時にフィリピンで放映中の人気テレビドラマ『FPJの田舎者』で主役の警官を演じた俳優である。タイトルから明らかなように、このドラマは国民的スターでアクション俳優のフェルナンド・ポー・ジュニア(愛称FPJ)の代表作である『田舎者』のリメークで、『田舎者』でフェルナンドが演じた双子の刑事役をココ・マルティンが演じている。『美女と親友』の劇中、ココ・マルティンの登場場面に映るテレビの画面に『田舎者』の映像が流され、ココ・マルティンがフェルナンドのアクション映画を受け継いでいることが示される。

『美女と親友』は、その筋立てにおいても、アクション映画およびアクション映画が受け継いでいるコメディアの型を踏襲している。『美女と親友』の物語の前半は次のように展開する。

ウゼクロバキア国首相からフィリピン警察に対し、フィリピンで開かれるミス・ユニワールドに同首相の娘のナタリー（ヴァイス・ガンダ）が出場するため、フィリピン滞在中の娘の警護を要請するとの連絡が入った。警官のエマン（ココ・マルティン）はナタリーの警護を命じられるが、ナタリーはフィリピン到着直後に国際犯罪組織に拉致され、エマンらはナタリーを救出することとナタリーをミス・ユニワールドに出場させて優勝させることの2つの任務を負うことになる。

ウゼクロバキア国首相は、首相という地位を利用して娘のミス・ユニワールド優勝のために圧力をかける人物であるとともに、自分に疑問を呈する人は銃で脅して黙らせる独裁的な人物として描かれる。善玉が悪玉の娘と恋に落ち、善玉が悪玉を打倒して恋愛が成就するというアクション映画とコメディアの型に従えば、エマンがナタリーと恋に落ち、ウゼクロバキア国首相の反対や妨害に遭うが、エマンが首相と対決して首相を打倒して（あるいは首相が自分の非を悔いて）エマンとナタリーが結ばれるという結末が想像される。

しかし、この予想を裏切り、ウゼクロバキア国首相は打倒されることも非を悔いることもなく、満足のうちに物語は幕を閉じる。また、ナタリーはエマンに助けられず、エマンと恋仲にならない。『美女と親友』の物語の後半は以下のように続く。

ナタリーが拉致されたことを公表せずにナタリーをミス・ユニワールドに出場させるという難題を解くため、エマンはナタリーに瓜二つのエリカ（ヴァイス・ガンダによる二役）に協力を依頼する。エリカはエマンの高校時代の同級生で、亡き父の写真館を受け継いで細々と経営していた。バクラであるエリカは高校時代からエマンに恋心を寄せていたが、バクラに理解がないエマンからは親友扱いされて恋心を告白できないままだった。エリカはエマンへの協力に消極的だったが、家を出ていった妹が残していった甥の手術費用を稼ぐために警察に協力することにし、ナタリーに扮してミス・ユニワールドに出場して優勝する。一方、ナタリーはエマンらの助けを借りずに自力で国際犯罪組織から脱出する。ウゼクロバキア国首相はナタリーが無事にフィリピン滞在を終えたことをエマンらに感謝し、エリカは貢献が認められてフィリピン警察に迎え入れられる。

エリカによる一方的な恋心とはいえ、エマンとエリカの間に恋愛ドラマの要素が入れられている。エリカとナタリーはヴァイス・ガンダによる二役なので、間接的にエマンとナタリーの恋愛ドラマが描かれていると見えないこともない。しかし、物語の終盤で犯罪組織から逃れたナタリーとエマンの関係が急展開を見せることもなく、2人は互いに言葉を交わしたかどうかさえはっきりしないまま物語が終わる。

冒頭で悪玉のように見えたウゼクロバキア国首相には、物語上、何のお咎めも与えられない。ナタリーは自力で国際犯罪集団から脱出し、替え玉によるものだがミス・ユニワールドで優勝し、それなりに満足げな様子でフィリピンを発つ。ウゼクロバキア国首相は、おそらく娘の拉致も替え玉も知らされていない様子で、娘のミス・ユニワールド優勝を喜び、テレビ会議を通じてフィリピン警察に感謝を述べる。

フィリピン警察がエマンを表彰すると、エマンは今回の事案で大いに助けになった人物としてエリカを紹介する。フィリピンの男性の正装であるバロン・タガログの白いシャツに女性の正装の特徴であるバタフライ・スリーブをつけた男女折衷の衣装でステージに上がったエリカは、エマンから「親友」と紹介される。その上で、今回の事案での貢献が認められてフィリピン警察の一員として認められ、「今日から私たちは家族だ」と言われる。エリカとエマンは、恋愛感情ではなく、共通の課題に協力して取り組むという関係になることで家族になったのである。

### (2) 読み替えられる物語

『美女と親友』は、コメディアおよびアクション映画を強く意識して物語が組み立てられていながらも、コメディアおよびアクション映画に見られる型をあえて崩すことによって、男女が夫婦になって子を育てることで世代を継承させる家族のあり方と違い、人々が活躍する場を守って発展させるという共通の目的のために力を合わせる同志としての家族のあり方を積極的に肯定した物語を描いた。

これに加え、『美女と親友』には、フィリピンの家族・恋愛ドラマで定番である「泣く男」と「報われない母」の2つの物語の型が織り込まれている。

「泣く男」とは、親の希望と恋人との関係の板挟みになり、親の希望を拒絶できないために恋人との関係を諦めるという物語の型である。『美女と親友』で、エリカは亡き父親から託された写真館を経営している。時代にあわせて新しい設備を入れたり別の店にしたりした方が収入もずっと増えるという友人たちの助言に耳を貸そうとしない。父親から譲り受けた店構えをそのまま維持していくということは、いずれエリカが家庭を作って自分の子に写真館を継がせなければならないことを意味する。[13]バクラであるエリカに女性との結婚は考えられず、恋愛対象としては高校時代から思いを寄せていたエマンがいるが、父の希望を満たすこととエマンへの恋心を成就することは両立しない。[14]

「報われない母」とは、家族や子どもたちの暮らしを支えるために母親が自分を犠牲にして働くが、その苦労は家族や子どもたちに伝わらないという物語の型である。ナタリーの替え玉になるよう頼まれたとき、はじめエリカは断っているが、警察への協力を決めた理由は甥の手術費を稼ぐためだった。エリカの妹は物語の途中で恋人と出かけたきり家に帰って来なくなり、甥が手術を要する大きな病気にかかっていることがわかる。エリカは甥を自分の子のように思っており、治療費を稼ぐために警察

13 これまでのウェン・デラマスのゲイ・コメディでは、父親は息子がバクラであることを許さない存在として登場するのに、『美女と親友』ではバクラであることを父親から責められる場面はなく、エリカは父親の希望を満たそうとする。この違いの理由はよくわからない。物語上は、バクラであるエリカが好きな男性と結婚することなく家族になるという結ばれ方をしたことにより、父親からの折檻という過去の苦しい経験が昇華されたものとも考えられる。現実には、ベトナムで消息不明になっていたウェン・デラマスの父親は、ウェン・デラマスが11歳のときに別の女性と暮らして子どももいることがわかり、ウェン・デラマスの母親を激怒させ、ウェン・デラマスも父親を決して許さなかった。ウェン・デラマスがテレビの仕事をするようになると父親が経済支援を求め、ウェン・デラマスは腹を立てたが経済援助は行ったという。2000年に父親の死亡を知ったときも特段の感情はわかず、親友の父親が亡くなったときに泣いたのと大違いだったとウェン・デラマスが書いている。

14 ただしこれはコメディ作品としての設定である。実際には、独身のウェン・デラマスが息子を育てていたように、養子縁組などにより男性どうしのカップルでも子どもに継承させることは可能である。

に協力する。しばらく家を離れ、その間に国際犯罪組織に狙われて命を落としそうになるなどの大変な思いをして、ようやく愛する甥に会えると思って久しぶりに家に帰ると、ずっと家を空けてどこに行っていたのかと甥に文句を言われた上で、お母さんに会いたいので見つけてきてほしいと頼まれる。甥のために命がけで働いても、そのことに感謝されないどころか、本当のお母さんに会いたいと言われてしまう。

「泣く男」と「報われない母」は、どちらもフィリピン映画で人気の家族・恋愛ドラマに見られる物語の型である。「泣く男」や「報われない母」の物語を見たとき、そこに自分の個人的な経験を重ねたりして物語を読み替えることにより、フィリピンの多くの人々に受け入れられる物語となる。『美女と親友』がこの2つの物語の型をうまく織り込むことができたのは、バクラが主役であるゲイ・コメディ作品という設定による部分が大きい。ただし、「泣く男」や「報われない母」といった物語は観客によって読み替えられるため、物語の担い手がバクラであることは重要な意味を持たなくなる。

## 6. むすびにかえて――ジェニファー事件の衝撃

本章では『美女と親友』を取り上げ、ウェン・デラマス監督とヴァイス・ガンダによるゲイ・コメディ作品の特徴を検討してきた。むすびにかえて、フィリピンの性的マイノリティを取りまく状況と映画の関りについて考えてみたい。

２０１５年10月、フィリピンのマニラ首都圏でケソン市国際ピンク映画祭が開催された。性的マイノリティをテーマとする映画祭としてフィリピン国内で最大規模で、アジアでも有数の規模であるピンク映画祭をケソン市がホストして2年目となったこの年は、８日間の会期中に15か国から集まった35本の映画が上映された。メイン会場では、フィリピン大学教授で同映画祭のプログラムディレクターでもある映画プロデューサーのニック・デオカンポ氏が各上映後の質疑応答セッションの司会を務め、自身の経験の紹介を交えながら若手の映画制作者に鋭く問いかけ、性的マイノリティとして暮らすことや性的マイノリティとともに暮らすこと、それを映画で表現することの意味についてフロアを交えた活発な議論が行われた。

この映画祭では、個別の作品に関する議論に加えて、セッションを越えて話題になったことがあった。映画祭の最終日にあたる10月11日に1周年を迎えたジェニファー殺害事件である。

２０１４年10月11日、フィリピン人でトランスジェンダーである26歳のジェニファー・ラウデがマニラ北西部のオロンガポ市のホテルで殺された。ジェニファーはホテルのバスルームで便器に頭を押し込まれ、窒息死した状態で発見された。目撃証言などに基づき、米国海兵隊の19歳の伍長が米海軍によって逮捕された。オロンガポ市は米海軍が出入りするスービック湾の最寄りの町である。米兵は市内のディスコバーでジェニファーを誘い、ホテルに一緒に入った後、ジェニファーがトランスジェンダーだと知って死に至らしめた。ジェニファーの遺族側は米兵がトランスジェンダーへの差別意識から殺害に及んだと訴えたが、米兵は男性の体で性行為を迫られたために恐怖心を覚え、自己防衛をはかったとして殺意を否定した。２０１５年12月、オロンガポ地方裁判所は米兵に殺人よりも軽い過失致死の有罪判決を下し、２０１６年3月に刑が確定した。

この事件は、米兵が容疑者である場合はフィリピン側の司法手続きが終了するまでアメリカ側が容疑者の身柄を拘束するという訪問米軍地位協定の見直しへの意識を高め、フィリピン各地で抗議集会を起こすとともに、性的マイノリティの地位に関する社会の意識も高め、性的マイノリティの人権擁護を訴える抗議集会を起こした。しかし、この事件とそれへのフィリピン社会の反応は、フィリピン国内の性的マイノリティに二重の衝撃を与えることになった。1つは、トランスジェンダーであることが理由で殺されたという重い事実である。しかも、ジェニファーが受けたであろう恐怖と苦痛は、フィリピンの多くの性的マイノリティにとって自分の経験として十分に想像可能なものだった。本章でも紹介したように、フィリピンの映画には、バクラである息子を「本当の男」にしようとして父親が息子の顔を水に浸ける場面が繰り返し描かれている。

もう1つは、この事件の後、噂話やソーシャルネットワークを通じて、米兵を擁護する意見やトランスジェンダーの存在に否定的な意見が相当数表明されたことだった。一般にフィリピン社会は性的マイノリティに寛容だと見られている。地域社会であれ職場であれ、たいていのコミュニティに性的マイノリティがいるのが一般的であり、その存在はコミュニティのメンバーに受け入れられているように見える。1990年代に入ると性的マイノリティが社会的・政治的に組織化かつ可視化されるようになり、性的マイノリティの人権擁護団体も多数存在するようになった。テレビや映画にも性的マイノリティがしばしば登場するし、2016年の選挙ではフィリピンで初めてトランスジェンダーの国会議員が誕生している。しかし、ジェニファー殺害事件をきっかけに、表面上の寛容さの裏に嫌悪感が存在し、場合によっては暴力的な排除も容認しかねないという認識が現実に存在していることが可視化された。これに危機感を抱いた性的マイノリティはそれぞれの持ち場でこの状況に対応しようとした。性的マイノリティをテーマとした映画祭の開催や、ジェニファー殺害事件にインスパイアされた映画制作もその一部である。[15]

近年のフィリピンにおいてゲイ・コメディ映画が人気を博していることは、ウェン・デラマスやヴァイス・ガンダに代表されるフィリピンの映画人たちによる自分たちが抱える課題を映像で表現しようとする努力の積み重ねの上にあり、性的マイノリティの物語が普遍性を持った物語に昇華されたことを意味している。このことは、性的マイノリティに対する社会の認識に何らかの変化を与えるように働くかもしれない。ただし、普遍性を持った物語になれば、観客の多くはそこにそれぞれが抱える課題を読み込んで物語を読み替えるため、現実の性的マイノリティが抱える課題への対応は脇に置かれることにもなりかねない。ポピュラーカルチャーにおける性的マイノリティの表象は現実社会との緊張を孕みながら作られていることを忘れるべきではないだろう。

15　美女コンテストを渡り歩くトランスジェンダーの主人公たちを描いた『ダイ・ビューティフル』は2016年の第29回東京国際映画祭で観客賞を受賞し、主役トリシャを演じたパオロ・バレステロスは最優秀男優賞を受賞した。

表1　フィリピンの国産映画の興行成績上位10位（2017年1月）

| | タイトル | 公開年 | 監督 | 主演 | 興行（億ペソ） | MMFF *1 |
|---|---|---|---|---|---|---|
| 1 | The Super Parental Guidance | 2016 | Joyce Bernal | Vice Ganda, C. Martin | 5.98 | |
| 2 | Beauty and the Bestie | 2015 | Wenn V. Deramas | Vice Ganda, C. Martin | 5.02 | 2015 |
| 3 | A Second Chance | 2015 | Cathy Garcia-Molina | J. L. Cruz, B. Alonzo | 4.80 *2 | |
| 4 | The Amazing Praybeyt Benjamin | 2014 | Wenn V. Deramas | Vice Ganda, J. B. Aquino | 4.40 | 2014 |
| 5 | Girl, Boy, Bakla, Tomboy | 2013 | Wenn V. Deramas | Vice Ganda, M. Soriano | 4.29 | 2013 |
| 6 | Starting Over Again | 2014 | Olivia M. Lamasan | P.Pascual, T. Gonzaga | 4.10 | |
| 7 | It Takes a Man and a Woman | 2013 | Cathy Garcia-Molina | J. L. Cruz, S. Geronimo | 4.05 | |
| 8 | My Little Bossings | 2013 | Marlon Rivera | V. Sotto, K. Aquino | 4.01 | 2013 |
| 9 | Sisterakas | 2012 | Wenn V. Deramas | AA. Alas, Vice Ganda | 3.93 | 2012 |
| 10 | The Unkabogable Praybeyt Benjamin | 2011 | Wenn V. Deramas | Vice Ganda, E. Garcia | 3.31 | |

*1　MMFF：メトロマニラ映画祭の出品作品はその開催年。
*2　ほかに海外の興行収入が0.80億ペソ。

## 引用文献


チョンソン、ニカノール・G.

１９９２「映画　ステージからスクリーンへ」寺見元恵編・監訳 1992『フィリピンの大衆文化』、pp.10-27、めこん。

山本博之

２０１６「脱アメリカ的正義の模索：フィリピンのスーパーヒロイン『ダルナ』」『たたかうヒロイン——混成アジア映画研究２０１５』山本博之、篠崎香織（編）、pp.8-16、京都大学地域研究統合情報センター。

２０１８「聖母と人魚：フィリピン映画におけるゲイ・カップル表象」『母の願い——混成アジア映画２０１７』山本博之（編）、pp.34-40、京都大学東南アジア地域研究研究所。

Cañete, Reuben Ramas

2014 The Macho Machine: Male Sexual Commodification of the Post-EDSA Period in Philippine Homoerotic Cinema and Video. In *Masculinity, Media, and Their Publics in the Philippines: Selected Essays*. Reuben Ramas Cañete, pp.6-57, The University of the Philippines Press.

Cruz, Isagani R.

1971? The Zarzuela in the Philippines. In *A Short History of Theater in the Philippines*. Isagani R. Cruz (ed.), pp.123-156. Philippine Educational Theater Association and Cultural Center of the Philippines.

Deramas, Wenn V.

2015. *Direk2 Da Poynt*. VRJ Books.

Garcia, J. Neil C.

2008 (1996) *Philippine Gay Culture: Binabae to Bakla, Silahis to MSM*. Hong Kong University

Press.
Manalansan IV, Martin F.
2006 *Global Divas: Filipino Gay Men in the Diaspora.* Ateneo de Manila University.

**映画一覧**

『田舎者』 Ang Probinsyano、1997年、ロンワルド・レイエス監督。

『イン・マイ・ライフ』 In My Life、2009年、オリビア・ラマサン監督。

『馬のペトラ』 Petrang Kabayo、2010年、ウェン・デラマス監督。

『ガール、ボーイ、バクラ、トムボイ』 Girl, Boy, Bakla, Tomboy、2013年、ウェン・デラマス監督。

『かけがえのない母』 Ang Tanging Ina、2003年、ウェン・デラマス監督。

『かけがえのない母 あなたのすべて』 Ang Tanging Ina N'yong Lahat、2008年、ウェン・デラマス監督。

『かけがえのない母 これでおしまい』 Ang Tanging Ina Mo (Last Na 'To!)、2010年、ウェン・デラマス監督。

『彼女についてのすべて』 Everything about Her、2016年、ジョイス・ベルナル監督。

『彼は貴女に恋してる』 This Guy's in Love with U Mare!、2012年、ウェン・デラマス監督。

『幸運な者たち』 D'Lucky Ones、2006年 ウェン・デラマス監督。

『システラカス』 Sisterakas、2012年、ウェン・デラマス監督。

『スーパー保護者』 The Super Parental Guardians、2016年、ジョイス・バーナル監督。

『スパイダーマン3』 Spider-Man 3、2007年、サム・ライミ監督。

『セカンド・チャンス』 A Second Chance、2015年、キャシー・ガルシア・モリーナ監督。

『第三者』 The Third Party、２０１６年、ジェイソン・ポール・ラクサマナ監督。

『ダイ・ビューティフル』 Die Beautiful、２０１６年、ジュン・ロブレス・ラナ監督。

『たぶん明日』 Baka Bukas、２０１６年、サマンサ・リー監督。

『トランスフォーマー』 Transformers、２００７年、マイケル・ベイ監督。

『パイレーツ・オブ・カリビアン／ワールド・エンド』 Pirates of the Caribbean: At World's End、２００７年、ゴア・ヴァービンスキー監督。

『母と娘』 Anak、２０００年、ロリー・キントス監督。

『ハリー・ポッターと不死鳥の騎士団』 Harry Potter and the Order of the Phoenix、２００７年、デヴィッド・イェーツ監督。

『バロットの大地』 Balut Country、２０１５年、ポール・サンタ・アナ監督。

『美女と親友』 Beauty and the Bestie、２０１５年、ウェン・デラマス監督。

『フロール事件』 The Flor Contemplacion Story、１９９５年、ジョエル・ラマンガン監督。

『無敵のプライベート・ベンジャミン』 The Unkabogable Praybeyt Benjamin、邦題『プライベート・ベンジャミン』、２０１１年、ウェン・デラマス監督。

『メリカ』 Merika、１９８４年、ギル・ポルテス監督。

『やり直させて』 Sana Maulit Muli、１９９５年、オリビア・ラマサン監督。

『ワンモア・チャンス』 One More Chance、２００７年、キャシー・ガルシア・モリーナ監督。

# 第8章　スンダ音楽の「モダン」の始まり

## ——ラジオと伝統音楽

福岡正太

## 1. はじめに

1934年、オランダ東インドラジオ放送会社（以下、蘭印ラジオ）が[1]、オランダ領東インド（蘭印、現在のインドネシアにほぼ相当）において放送を開始した。蘭印ラジオは、蘭印政府がラジオ受信機に課した一種の受信料によって成り立っていた。政府が受信機の所有者から料金を徴収し、手数料を差し引いて蘭印ラジオにわたすのと引き替えに[2]、蘭印ラジオは放送開始後1年以内にジャワ島全域で、そして3年以内に蘭印全土で放送を受信できるようにすることが課された（Yampolsky 2014:56）。広告やスポンサーによって経営を成り立たせる完全な商業局ではなく、公共放送的な役割をになっていた。

蘭印ラジオによる放送は、当初、現地に暮らすオランダ人を主体とするヨーロッパ人を対象とした放送が主だった。しかし、住民からの強い要望を受け、翌年にはプリブミ *pribumi* とよばれた現地人や華人らを主な対象とした放送も開始する。前者のような放送は「西洋放送 *siaran kebaratan*」、後者は「東洋放送 *siaran ketimuran*」などとよばれた（Yampolsky 2014:55-56）。東洋放送は、蘭印ラジオ

1 略称NIROMでよく知られる。以下、ラジオ局の略称と正式名称については章末の用語集を参照のこと。

2 受信料は、1934年には月3ギルダー、1938年には1・50ギルダーとなり、1939年1月からは1・25ギルダーとなった（Yampolsky 2014:56, n.15）。実際に受信料を徴収したのはPTT（郵便電報電話局）で、手数料として0・25ギルダーを差し引いていた（Wild 1987:21）。

だけではなく、ジャワ島各地に結成されたラジオ聴取者の団体によってもおこなわれた。東洋放送をおこなうこうした団体の嚆矢となったのは、1933年にソロで結成されたソロラジオ協会である。その後、1936年までに、ジョグジャカルタ、バタヴィア、スラバヤ、バンドゥン[3]、スマランなどで同様の団体が結成され、放送を開始する(Djawatan Radio Republik Indonesia 1953:11-14)。

本章では、西ジャワの東洋放送におけるスンダ音楽を取り上げる。1930年代半ば、次々と開局したラジオ局による東洋放送の大部分を占めたのは音楽番組だった。クロンチョンやハワイアンなど、当時、蘭印で流行した音楽に加え、蘭印各地の民族集団の音楽もラジオでは取り上げられた。ジャワ島西部に住むスンダ人の音楽も同様であった。それらは、今日では「伝統音楽」とよばれる音楽であるが、当時のラジオでは必ずしも伝統的な音楽として意識されて放送されたわけではない。むしろ、ラジオという新しいメディアで流されたのは、「モダン」なスンダ音楽だった。本章では、1930年代半ばから1950年代初めに、蘭印およびインドネシアのラジオで放送されたスンダ音楽に注目し、その「モダン」な要素について考察してみたい。

3 Bandungは、通常「バンドン」と表記されるが、本章では本来の発音に近い「バンドゥン」と表記する。

## 2. 西ジャワのラジオ放送——1930年代半ばから1950年代初頭

1925年、バタヴィアでラジオ愛好家がバタヴィアラジオ協会を結成し、会員が資金を出し合い、オランダ語でラジオ放送を開始した(Djawatan Radio Republik Indonesia 1953:11)。これがインドネシアにおけるラジオの定期放送の最初とされている。バタヴィアラジオ協会による放送は、西洋放送にあたるものだったが、同協会は後にプリブミらが東洋放送のために結成する団体のモデルとなる。以後、いくつかのラジオ局が、バンドゥンを含むジャワ島の都市に現れた。その大部分は私的なラジオ局であり、アマチュアやラジオ商人によって運営されたもので、規模もさほど大きくなかった(McDaniel

1994:38-39)。そして、１９３４年4月1日、蘭印ラジオが放送を開始する。

蘭印ラジオによる東洋放送の開始について、蘭印の音楽とメディアについて研究したヤンポルスキーにしたがって、経緯を追ってみよう(Yampolsky 2014:57-59)。同局は当初、バタヴィアとスラバヤにスタジオを設置し、その2つから別々の放送をおこなっていた。まだ1つの放送をジャワ島全体に届かせることができなかったからである。主な放送はオランダ語でおこなわれる西洋放送に分類されるものだった。週に1時間か2時間、アジアの音楽をレコードで流すほか、中ジャワの聴取者に対しては、ソロラジオ協会に補助金を支払い、彼らの生放送を中継するように放送開始当初から手配していた。それに対し、西ジャワのプリブミおよび華人の聴取者は、もっと東洋放送を増やすようにたびたび要求した。そして１９３５年1月、バタヴィアの東洋ラジオ放送協会にも補助金を支払い、バタヴィアの聴取者に向けた東洋放送の番組を制作させるようになった。さらにジョグジャカルタのマタラムラジオ放送協会にも同様の手配をおこなった。バンドゥンとスラバヤでは、蘭印ラジオがみずから東洋放送の制作をおこなった。こうして１９３５年8月に蘭印ラジオの東洋放送の番組ガイド誌『ＮＩＲＯＭの声 *Soeara Nirom*』(インドネシア語、隔週刊)が発刊された時点で、蘭印ラジオはバタヴィア、バンドゥン、ジョグジャカルタ、ソロ、スマラン[4]、スラバヤで東洋放送をおこなっていた。その具体的な放送内容については、この『ＮＩＲＯＭの声』誌で詳しく知ることができる。

この間、蘭印ラジオの東洋放送の制作をまかされたラジオ聴取者団体は、自局の番組と蘭印ラジオの番組を同時に制作することになった。たとえば東洋ラジオ放送協会は、独自の送信局をもつほか、ほとんど毎日、蘭印全体で聴くことのできる蘭印ラジオの群島送信局 Archipel-Zender の放送時間を割り当てられていた。群島送信局で放送されたのは、自局の放送でもよく流された曲のほか、イスラーム関連番組、コーラン朗唱・釈義、断食の説明などだった(*Parahiangan* 1936:92)。[5]

西ジャワの中心都市バンドゥンでは、１９３５年、蘭印ラジオに加えて、東洋ラジオ聴取者協会も放送を開始した(Suadi 1997)。[6] 同協会は、プリブミによって運営され、プリブミのための番組を放送

4 ヤンポルスキーは、ソロとスマランを一緒にまとめている。１９３６年10月時点では、スマランの東洋放送はソロラジオ協会スマラン支局によりおこなわれていた(*Soeara Nirom* 1936a:3)。

5 ヤンポルスキーによれば、１９３５年1月のバタヴィアラジオ協会の番組ガイド *Pewarta V.O.R.O.* は、「バタヴィアラジオ協会の番組が蘭印ラジオの送信機によって放送される」と表現している(Yampolsky 2014:58)。自局の番組と蘭印ラジオの東洋放送として制作した番組の内容の相異についてははっきりとはわからない。

6 他の情報源によると東洋ラジオ聴取者協会は１９３４年に放送を開始したことになっている(Deppen 1978:137)。オランダ植民地時代のバンドゥンには蘭印ラジオと東洋ラジオ聴取者協会以外に、Radio Malabar, PMY, Van Wingan, Goldberg, Lyuks などがあった(Deppen 1978:14)。これらのラジオ局は西洋放送をおこなっていた。

した。前述のとおり、バンドゥンとスラバヤにおいて蘭印ラジオの東洋放送は、同局がみずから制作したため、バンドゥンでは蘭印ラジオと東洋ラジオ聴取者協会の少なくとも2種類の東洋放送がおこなわれていたことになる。東洋ラジオ聴取者協会の放送内容は、『ＶＯＲＬニュース *Berita VORL*』という雑誌で多少知ることができる。しかし、残念ながらこの雑誌は、『ＮＩＲＯＭの声』ほど詳細な放送予定表を掲載していない。

１９３７年1月1日から蘭印ラジオの東洋放送の業務は全て蘭印ラジオに移管され、それまで東洋放送の制作にあたってきた東洋ラジオ聴取者団体への補助金が減額された。東洋放送はバタヴィアとバンドゥンを対象とした西ジャワ放送と、ジョグジャカルタ、ソロ、スマラン、スラバヤを対象とした中・東ジャワ放送に整理された。西ジャワ放送は、群島送信局によっても中継され、ジャワ島全域とその周辺でも聴取できた(*Soeara Nirom* 1937:4-5)。これに対して、東洋ラジオ聴取者の諸団体は収入減を心配し、また人気のある演奏家たちが蘭印ラジオに引き抜かれるのを恐れて、大きな騒ぎになった。この問題は植民地議会でも取り上げられ、議会は、東洋ラジオ聴取者の諸団体に対して、東洋放送をおこなう単一の組織に融合することを勧めた。そして１９３７年3月下旬、東洋ラジオ協会連合が結成される(Yampolsky 2014:58-59)。メンバーとなったのは、バタヴィアの東洋ラジオ放送協会、ジョグジャカルタのマタラムラジオ協会、ソロラジオ協会、バンドゥンの東洋ラジオ聴取者協会、ラジオ・スマラン、そしてスラバヤの東ジャワ華人プリブミラジオ聴取者協会の6団体だった。蘭印ラジオと東洋ラジオ協会連合のあいだでは、東洋放送の制作や補助金の問題をめぐって確執が続いたようだが、１９４０年11月、東洋放送の業務は、技術部門を除き東洋ラジオ協会連合に移管されることになった(*Soeara Nirom* 1940:1-2)。そして、同連合は、１９４２年3月日本軍がジャワ島に上陸するまで東洋放送を続けた。[7]

日本の敗戦後、１９４５年8月17日のインドネシア共和国の独立宣言を経て、同年9月、インドネシア共和国ラジオ(以下、国営ラジオ)[8]が設立された。しかし、再びインドネシアを支配しようとしてオランダが送った軍隊から放送設備を護るため、国営ラジオの職員は、放送設備を疎開させ、各地

7 日本の占領期には、日本軍政府がラジオをプロパガンダのメディアとして積極的に利用し、多くの芸術家をラジオのために働かせた。これについては将来の課題とし、本章では扱わない。

8 ＲＲＩの略称で知られる。

の疎開先から放送をおこなわなければならなかった。この時期の国営ラジオの音楽放送の内容を示す記録は、あまり残されていない、

1948年4月、インドネシア連邦共和国をつくり、オランダインドネシア連合国を設立しようとするオランダの戦略に沿って、西ジャワにパスンダン国が設立された。移行期ラジオ放送が、ほぼ同じ時期に政府のラジオ局として放送を開始した。その放送内容については、1948年7月に発刊された雑誌『ラジオ・ガイド *Pedoman Radio*』誌によって知ることができる。しかしながら、1949年末に、インドネシア連邦共和国に主権が委譲されると、連邦を構成していた国が一つひとつ解体され、1950年8月には、インドネシア共和国として統一された。この過程において、国営ラジオがインドネシア全国のラジオ放送網をにぎることになった。『ラジオ・ガイド』誌は国営ラジオに引き継がれ、1954年まで発刊された。1950年代には、国営ラジオは情報の分野だけでなく、音楽の分野においても、インドネシアの最も重要なメディアの一つとなった。同ラジオのジャカルタ支局とバンドゥン支局は、スンダ芸能のグループを組織し彼らの演奏を放送するほか、外部のグループを招いて放送もおこなった。

## 3. ラジオ放送の中のスンダ音楽

それでは、それぞれのラジオで放送されたスンダ音楽について、放送局別にみてみよう。

### (1) 蘭印ラジオ

『NIROMの声』は詳細な放送予定表を掲載している。そこからわかる興味深い点の1つは、伝統的なレパートリーが、しばしば新しいアレンジにより伴奏されている点である。たとえば、1936

年10月24日の放送で、トゥンバン*tembang*[9]が、カチャピ・オーケストラ*ketjapi orkest*[10]によって伴奏されている(*Soeara Nirom* 1936b)。『NIROMの声』に掲載された写真から判断すると、カチャピ・オーケストラは、カチャピ、スリン、ルバッブ、ゴオン[11]などの伝統的な楽器とヴァイオリン、ギター、チェロなどの西洋楽器から成り立っている。この伝統的な楽器と西洋の楽器を組み合わせたオーケストラは、しばしば放送の中で演奏された(**写真1**)[12]。

写真1　カチャピ・オーケストラ

伝統的な楽器のうち、カチャピはスンダ音楽の新しい展開の中で頻繁に用いられた。カチャピ・モデルン*ketjapi modern*などの用語が『NIROMの声』には散見する。演奏者の中には、スヘイ・スバンディSuhji Subandi, スレイマンSoeleiman, そしてココ・コスワラKoko Koswaraらの名前が見える。ここでの「モデルン」は、おそらく、伝統的な曲をモダンな方法で演奏すること、モダンな曲を伝統的な楽器で演奏することを意味している。例えば、スヘイ・スバンディは、キューバに起源をもつハバネラのリズムでスペインの作曲家セバスティアン・イラディエルが作曲した『ラ・パロマ』などの曲をカチャピで演奏している。

　また『NIROMの声』は、放送予定の曲も細かく記しているため、当時どんな曲が頻繁に放送されていたかがわかる。たとえば、1937年と1938年に最も頻繁に放送された曲の1つが『エス・リリン』である。この曲は1937年に当時人気のあった歌手の

**9** トゥンバンはスンダ人の古典歌曲。通常カチャピ*kacapi*(箏タイプの弦楽器)とスリン*suling*(リコーダータイプの笛)あるいはカチャピとルバッブ*rebab*(胡弓タイプの弦楽器)で伴奏する。

**10** 当時の綴りは現代のインドネシア語と一部異なっている。番組表からの引用は、当時の綴りのまま引用している。なお、当時の綴りと現在の綴りの主な変更点は次のとおりである。oe→u、dj→j、j→y、sj→sy、tj→c。たとえば、ketjapiは、現在の綴りではkecapiとなる。なお、スンダ語では箏タイプの弦楽器はkacapiとされることが多く、本章では「カチャピ」と表記する。

**11** ゴオン*goong*はいわゆるゴング。通常、つり下げ型のゴングを指すことが多いが、写真1では代用楽器が使われている。

**12** Soeara Nirom 1938:22から。写真キャプションにはGamelan Soendaとあるが、番組表にはKetjapi Orkest "SEKAR FAMILIE"と記されている。ゴングや鉄琴など、金属製の打楽器を中心とした合奏であるガムランの楽器が見えないことから、これがカチャピ・オーケストラではないかと思われる。ただし、同じ写真は異なる号にも頻繁に使用されており、放送された音楽と写真がどの程度対応しているかは不明。

1人ムルシMoersihによって作曲された。彼女は、たくさんのレコードを吹き込み、頻繁にラジオ放送に参加していた。

表1は、私が確認できた蘭印ラジオの放送予定表から、『エス・リリン』を抜き出したものである。表記の欄には、放送予定表中の演奏曲の表記をそのまま写した。エス・リリンはアイスキャンディーを意味する。今日のインドネシア語では *Es Lilin* と綴られるが、もともとエス（アイス）が外来語であることもあり、当時の綴りには様々なバリエーションがみられる。ちなみにオランダ語の綴りは ijs である。この曲は、しばしば『ウダンマス *Oedanmas*』という曲などから連続して演奏されたことがわかる。

| 放送日 | 歌・演奏 | 表記 | 放送地域 |
|---|---|---|---|
| 1937/10/10 | ムルシ、レスナ | Ys Liin | バンドゥン |
| 1937/12/1 | エメ・サラマ | Ijslilin | バンドゥン |
| 1938/2/1 | カチャピ・オーケストラ・シナル・パスンダン | Extra Ijs Liin | スラバヤ |
| 1938/2/5 | エメ・サラマ | Oedanmas extra senggot Ys Liin | バンドゥン |
| 1938/2/8 | イディ氏のガムラン、ガガック | Oedanmas Kring senggot ys liin | バンドゥン |
| 1938/2/16 | 記載なし | Ys Liin | バンドゥン |
| 1938/2/20 | ムネ | Extra Ys Liin | バンドゥン |
| 1938/2/23 | ストリング・オーケストラ・パンドゥォ | Extra muziek lagoe Soenda jang populair, Ijs Liin | スラバヤ |
| 1938/8/25 | カチャピ・オーケストラ・スカル・ファミリ | Gado-gado. extra Ys Liin | バンドゥン |
| 1938/8/26 | ムルシ | Ys Liin | スラバヤ |

表1　エス・リリンの放送

## （２）東洋ラジオ聴取者協会

東洋ラジオ聴取者協会の放送内容については、『ＶＯＲＬニュース』に掲載された１９３９年から１９４０年にかけての1年間に関する報告がその大まかな内容を伝えている（*Berita Vorl* 1940:15-16）。この記事は次の6項目について簡単な報告を載せている。１．レコードによる放送、２．生放送、３．子供向け番組、４．講演番組、５．新聞ニュース放送、６．聴取報告。これらの項目を見る限り、講演とニュース番組を除いたほとんどの番組が音楽と何らかの関連があり、音楽が同協会の番組の大きな部分を構成していたことが推測できる。

レコードによる放送については、記事では、どのような音楽を流したのかについては触れられていない。一方、生放送については、音楽のカテゴリーごとの放送回数を示している。その内訳は次のとおりである。

A．スンダ
　ガムラン、カチャピ・オーケストラ、パントゥン*pantoen*[13]、およびトゥンバン　77回
　ワヤン・ゴレック*wajang golek*[14]　14回
B．ジャワ
　クレネンガン*klenengan*およびシトゥラン*siteran*[15]　72回
C．クロンチョン*krontjong*[16]　30回
D．ハワイアンほか　21回
合計　214回

ここで最も放送回数の多いカテゴリーは、スンダ音楽であり、ついでジャワ音楽が多い。記事の中では、聴取者からのリクエストが多かったのでクロンチョンの放送を前年より増やしたことが記され

13 パントゥンはカチャピを伴奏とした歌を交えた語り物である。

14 ワヤン・ゴレックは木彫りの人形による人形芝居。１人の人形遣いが、語り、歌い、人形を操り、音楽をリードする。

15 クレネンガン*klenengan*はジャワのガムランの合奏、シトゥラン*siteran*はシトゥル*siter*とよばれる箏型の弦楽器と太鼓と女性の歌などの合奏である。

16 クロンチョン*krontjong*は、クロンチョンとよばれるウクレレに似た弦楽器やピチカート奏法によるチェロ、ギターなどが細かく刻むリズムにのって、歌あるいはヴァイオリン、フルートが華麗に流れるような旋律を奏でるジャンルである。

ている。しかし、これらの音楽をどのような人びとが演奏したのか、どんな曲を演奏したのかについての情報はない。ちなみに、カチャピ・オーケストラとパントゥンがスンダ音楽の中にあげられていることにこの時期の特徴がある。この2つのジャンルは、現在西ジャワではさほど人気のあるジャンルではなく、どちらもあまり耳にすることがない。

　ちなみにインドネシアのラジオ史を研究しているウィルヤワンは、前年度の1938年から1939年にかけての1年間の放送内容について、やはり『VORLニュース』に基づいて報告している(*Berita Vorl* 1939, Wiryawan 2011:145から引用)。

A. スンダ
　ガムラン、カチャピ・オーケストラ、パントゥン、およびトゥンバン　135回
　ワヤン・ゴレック　24回
B. ジャワ
　クレネンガンおよびシトゥラン　70回
　ワヤン・クリット[17]　1回
C. クロンチョン　23回
D. ハワイアンほか　40回
合計　293回

1938-1939年度と1939-1940年度を比較すると、生放送の回数が約80回減少している。一番大きく減少したのはスンダ音楽(ガムラン、カチャピ・オーケストラ、パントゥン、およびトゥンバン)で、135回から77回で58回の減少、ワヤン・ゴレックは24回から14回で10回の減少、ジャワ音楽はほぼ同じ、クロンチョンは23回から30回へと増えており、ハワイアンは40回から21回へと、ほぼ

17 影絵人形芝居

半分になっている。変動の理由についてはわからない。

### （3）移行期ラジオ放送

インドネシアの独立宣言以後のラジオ放送については、『ラジオ・ガイド』誌が、1948年7月から1949年12月のあいだの移行期ラジオ放送の放送予定を掲載している。放送予定は『NIROMの声』ほど細かいものではないが、音楽放送の概要を知ることができる。

移行期ラジオ放送は、パスンダン国のメディアとして機能していた。したがって、スンダ貴族でありパスンダン国元首だったR・A・A・ウィラナタクスマWiranatakusumaが、頻繁にスンダ貴族の音楽であるガムラン・ドゥグン*gamelan degung*[18]やトゥンバンの放送を後押ししていた。ちなみにウィラナタクスマは、もともとオランダ時代にはバンドゥンの県知事（在位1920−1931、1935−1945）であり、当時蘭印ラジオの放送に対しても知事公邸に備えられていたガムラン・ドゥグンなどを提供する便宜をはかっていた。一方、移行期ラジオ放送の放送にはあえて参加しなかった音楽家もいたようである。そうした音楽家の一部は、地方へ避難してプリブミによる国営ラジオなどの放送を手伝っていた。

### （4）国営ラジオ

1950年代初頭の国営ラジオの放送については、前述の『ラジオ・ガイド』誌が、引き続き放送予定を掲載していた。それを見てわかるのは、経験豊かな芸術家が国営ラジオに集まり、国営ラジオがスンダ芸能の中心となっていったということである。たとえば、トゥンバンのグループであるスカル・ファミリSekar Famili（リーダーはエムン・プラウィナタEmung Purawinata）は、それ以前は

18 ガムラン・ドゥグンは比較的小編成の西ジャワ独自のガムラン。

しばしば蘭印ラジオや移行期ラジオ放送の放送に参加していたが、1950年以降は、国営ラジオの放送にしばしば参加した。また、以前、県知事公邸付きだった音楽家の多くが国営ラジオに移籍して、ガムラン・ペロッグ／サレンドロ *gamelan pelog/salendoro*[19] やガムラン・ドゥグンを放送した。地方で国営ラジオの放送に参加していた芸術家たちも、国営ラジオバンドゥン支局の放送に加わった。ジャカルタ支局とバンドゥン支局は、スンダ音楽のグループを結成し、多くの音楽家を自局の職員として採用した。それはモダンなインドネシア音楽の分野の芸術家たちも同様だった。独立したインドネシア共和国におけるスンダ芸術の歴史は、国営ラジオによって開かれたと言ってもよい。そしてその放送から多くのスターが生まれた。たとえばニ・マス・サオダ Nji Mas Saodah やウピット・サリマナ Upit Sarimanah らである。サオダは、「近年の記憶に残る最も重要な女性歌手の1人」(Williams 1990:63) とされ、バンドゥンにおける蘭印ラジオの東洋放送スンダ芸術部門のリーダーだったエムン・プラウィナタの下でトゥンバンの歌手として活躍し (*Soeara Nirom* 1939:7)、インドネシア独立後も国営ラジオバンドゥン支局を代表する歌手となった。ウピット・サリマナは1950年代に入り、ジャカルタ支局で活躍した。リーダーのトゥテン・ジョハリ Tuteng Djauhari の下、象の館 *gedung gajah* とよばれていた国立博物館の前庭から、毎週生放送をおこなって好評を博した。

19 ペロッグ音階あるいはサレンドロ音階、あるいはその両方をそなえたガムラン。中ジャワのガムランに近い編成を特徴とする。ただガムランと言った場合、通常、このガムランを指す。ガムラン・ドゥグンなどとはっきり区別したい場合には、このようなよび方を用いることが多い。

## 4. 多様なスンダ音楽を一堂に集めて聴かせるメディアとしてのラジオ

当時ラジオで放送されたスンダ音楽には、性格を異にする様々なジャンルの音楽が含まれている。たとえば、トゥンバンは貴族階級がたしなむ古典歌曲という性格をもっていた。そのたしなみの中では、聴くことはもとより、歌うことや詩を作ることも重要な位置をしめていた。歌い手は職業的な音楽家ではなく、男性の貴族自身が教養として歌った。ただし、伴奏する音楽家は必ずしも貴族ではなく職能として音楽をおこなう者たちだった。また、ガムラン・ドゥグンは儀礼的な性格をもった合奏音楽で、西ジャワの原住民官僚の最高位であった県知事の公邸などに備えられ、様々な行事の際に演奏された。演奏したのは、公邸付きの音楽家たちだった。それに対し、ガムラン・ペロッグ／サレンドロは、より広く楽しまれた音楽だった。金属製の楽器の購入はある程度の経済力を前提としたため、誰でもが所有できるものではなかったが、老若男女、貴賤を問わず多くの人々が楽しんだ人形芝居ワヤン・ゴレックの伴奏などにも使われる音楽だった。パントゥンはカチャピを演奏しながら物語を歌を交えて語るジャンルだが、しばしば盲目の音楽家により語られた。彼らの社会的地位は決して高くはなかった。

それぞれのジャンルは、西ジャワにおける社会的な地位を異にし、またパトロンとして支えた人々も、聴衆も異なっていた。ラジオは、そうした多様なジャンルの音楽を一堂に集めて聴かせるメディアとなった。その結果、従来は上流の人々の音楽だったトゥンバンやガムラン・ドゥグンは、ラジオにより広く流されることによって、西ジャワの多くの人々に聴かれ、新しい時代の「スンダ音楽」として広く認知されていったと考えられる。たとえば、バンドゥンのガムラン・ドゥグンは、他地域のレパートリーなどを取り入れて比較的新しく確立したものだったが、ラジオで放送され、広く西ジャワの人々に知られるようになった。インドネシアの独立後、地方語であるスンダ語のニュースの時間にはガムラン・ドゥグンの音楽が流され、スンダ音楽を代表するものとして認知されるようになった。[20] その一方で、バンドゥン以外のガムラン・ドゥグンの伝統は、支える者を失い、ほとんど演奏されなくなっている。

中ジャワにおけるラジオと音楽のかかわりを研究したジェニファー・リンゼイは、このようなラジオ放送の影響を「民主化」とよんだ。最初の東洋放送をおこなったソロラジオ協会を結成したソロのマンクヌガラ7世は、ラジオ放送により、ラジオを聴くことのできる全ての人に王宮の音楽を届けた。他の王宮も同様にラジオ放送により、王宮芸術を「民主化」し、王宮の外でもそれを聴くことができ

20 ヘンリー・スピラーは、国営ラジオのスンダ語放送のテーマ音楽としてドゥグンが使われ、1950年代以前には上流階級にしか知られていなかったドゥグンが、ナショナルなインドネシアの文脈におけるスンダ人のアイデンティティを象徴する音楽となったと述べている(Spiller 2008:151)。ドゥグンは、蘭印ラジオの東洋放送でもしばしば放送されており、年代については修正する必要がある。しかし、私も1980年代末に複数の国営ラジオの音楽家から、ドゥグンがスンダ文化を代表する音楽としてスンダ語ニュースのテーマ曲として使われたと教えられた。ドゥグンがラジオを通じてスンダ文化を象徴する音楽と認知されるようになったことは間違いないだろう。

るようにしたという(Lindsay 1997:108)。西ジャワの例をみても、ラジオが音楽を民主化する力は大きかったといえる。ただ、西ジャワの場合、単に従来上流階級のものだった音楽をより広い人々に届けただけではなかった。音楽上の表現にも、それを推進する、あるいはそれとともに起こった変化があった。

## 5.ラジオにおける新作曲——「ガムラン曲」

芸能、文学、芸術など幅広い分野に関して執筆活動をおこなっていたスンダ文学者R・A・サルムンは、1942年、次のように記した。

編曲*raehan*が広まったのは、主にラジオ・スタジオが現れてからのことである。私は、いわゆるクラシックとモダンの境界を、ラジオ放送が始まったところにおいている。年代でいうとこうなるだろう。すなわち、私は1934年までをクラシックとし、1935年からをモダンとする(Salmun 1986:29)[21]

このラエハンという言葉は、スンダ音楽の変化の1つのヒントになるだろう。ここでは仮に「編曲」と訳したが、既存の型を踏襲しながら、新しい曲を作り出すことを意味している。ラジオ放送が始まってから、ラエハンという手法により次々と新しい曲が作り出され、放送されるようになった。これがスンダ音楽の新しい時代を開くことになった。

国営ラジオバンドゥン支局の職員だったR・A・ダルヤDarjaは、しばしば『ラジオ・ガイド』誌の中でスンダ音楽を分析している。彼もまた、ラジオとともにスンダ音楽の新しい流れが生まれたと述べ、サルムンが述べたことをより具体的な音楽の変化として記述している。彼によれば、女性歌手

21 1942年に執筆され、1951年に初版が出版された。その後、1961年に第2版が出版され、1986年に再版された。

が歌う曲、あるいは「ガムラン曲*lagu gamelan*」は、リズムを細かく刻む方法で演奏されるようになり、歌詞は曲のタイトルに合うように作られるようになった。そして、この流れにより、「すでにあるパトカン*patokan*にのっとって新しい曲が『作曲できる』ようになった」(Darja 1949:8)。

彼が「ガムラン曲」とよぶレパートリーは、マトラ*matra*とよばれる音楽的単位(西洋音楽の「小節」に近い概念)から成り立っている。各マトラの4拍目に強勢がおかれ、その中でも第2マトラと第4マトラの4拍目に重みがある。さらに第4マトラの4拍目にはゴオンが鳴らされ、4マトラが1つのまとまりをなしている。演奏者たちは、主に第2と第4マトラの4拍目の音を手がかりに演奏をおこなう。これらの音は曲の骨格をなす音であり、その組み合わせのパターンがパトカンとよばれる。

|....|...4|....|...①|

|....|...4|....|...②|

**譜例1 『センゴット*Senggot*』のパトカン**[22]

ガムラン曲において、「曲」の概念は2つのレベルに分けられる。曲の構造的な枠組みを定めるパトカンと、そこに乗せられる旋律ラグ*lagu*である。たとえば、『エス・リリン』というラグは、『センゴット』というパトカンの上で歌われる。譜例のパトカンの音を踏まえた旋律であれば、『エス・リリン』以外にも、様々なラグを『センゴット』というパトカンの上で奏でることができる。一方、楽器奏者はパトカンを基に演奏するので、どのような歌の旋律がつけられようとも、『センゴット』の基本的な演奏は共通している。

ダルヤがガムラン曲とよんだ歌は、スンダ語ではカウィ*kawih*とよばれるものに相当する。カウィは、もともとガムラン・ペロッグ/サレンドロのレパートリーにおいてシンデン*sinden*とよばれる女性歌手が歌う歌をさしていた。曲ごとにある程度決まった旋律はあるものの、パトカンの音を踏まえ、臨機応変に装飾を加えながら複雑な節回しで歌われ、素人には覚えて真似するのが難しい歌である。歌詞は、伝統的には一定の詩の形式を踏襲していることが重要で、それを守れば演奏のときにどの歌詞を選ぶかは比較的自由だった。

**22** 西ジャワでは数字による楽譜を用いるのが一般的である。5音音階の高い音から低い音へと順番に1、2、3、4、5と番号を振る。使用する音階・旋法によりそれぞれの数字が示す音の高さは変化する。丸で囲った数字ではゴオンが鳴らされる。各パートを細かく記譜することはあまりない。

ガムラン曲の構造は、ラジオ以前の時代のカウィにも共通しているが、ラジオ時代に数多くつくられた曲にはある種の新しさがあった。表1の『エス・リリン』の表記を見ると、「エクストラ*extra*」という語がしばしば使われていることがわかる。この語は、ラジオ以前の時代に音楽を広めるメディアとして重要だった移動劇団コメディ・スタンブル*komedi stambul*やバンサワン*bangsawan*などのプログラムにおいて使われていたものだった。たとえば、バンサワンにおいて幕間にはさまれる歌はエクストラ・ターン*extra turn*などとよばれた(Tan 1993:35)。こうした用語から判断する限り、ガムラン曲は、音楽様式的にはカウィと見なせるが、ガムラン・ペロッグ／サレンドロ等におけるカウィをそのまま取り入れたというよりは、西洋的な音楽様式を取り入れて作り出され、広く都市住民のあいだで流行したモダンなレパートリーの影響を受けて作り出された新しいカウィのレパートリーだったと考えることができる。

ダルヤが新しいカウィの特徴として指摘したのは、リズムと歌詞である。リズムが細かく刻む方法で演奏されるようになったというのは、当時流行していたクロンチョンの軽やかなリズムの影響が大きいと考えられる。さらに歌詞は、歌のタイトルに合うように言葉が作られ、特定の形式にあまりしばられなくなった(Darja 1949:8, 1950:8)。新奇な文物を歌ったもの、特定の出来事に取材したもの、ナショナリズムを鼓舞するもの、子どもを教え諭すもの、恋愛をテーマにしたものなど、新時代に沿ったテーマないしストーリーをもつバラエティに富んだ歌詞が作られ、それに一定のパトカンにのっとった旋律をつけ、さらに流行音楽に共通するような軽やかなリズムで伴奏をつける。そのようにして、ラグは単なる旋律だけではなく、歌詞と旋律が1対1で結びつき、はっきりとしたアイデンティティをもつ歌となっていった。そしてその旋律は普通の人が一緒に口ずさめるような比較的単純なものだった。

## 6. カウィとトゥンバン

ところで、東洋放送におけるトゥンバンのレパートリーをみると、そこにもエクストラと記された曲が混じっていることがわかる。たとえば、蘭印ラジオの東洋放送の１９３６年10月24日のトゥンバンの曲の中に次のような曲が記されている。

Extra: Lagoe Paron
Extra: Bandjaran
Extra: Boengoer.
Extra: Lagoe Samarangan

ダルヤの言うガムラン曲、あるいは新しいカウィのレパートリーは、ガムランの伴奏ばかりでなく、他のジャンルでも歌われる共通のレパートリーとなりつつあった。ダルヤも「チュルンプンガン *tjelempungan*、クリニンガン *keliningan*、トゥンバン・チアンジュラン *tembang ciandjuran* の付加曲[23]」などが、彼のいうガムラン曲と同じであるとしている (Darja 1950:6-7)。そしてそれらを歌ったのは多くの場合、女性歌手だった。表1で『エス・リリン』の歌い手をみると、ムルシ、レスナ、エメ・サラマ、ガガック、ムネらがあがっているが、これらはみな女性歌手だった。このことは、特にトゥンバンというジャンルにおいて大きな変化を意味していた。

上流の教養であった古典歌曲トゥンバンは、男性貴族がたしなみとして歌うものであり、そのメインのレパートリーであるママオス *mamaos* は、一定の拍子にしたがわないフリーリズムの歌だった。そこに番外の曲として一定の拍子にしたがう新しいカウィのレパートリーが加えられたのである。そ

23 チュルンプンは、もともと、竹筒から2本の弦を切り出し、駒をはさんでバチで打つ楽器を指したが、チュルンプンガンというジャンルはカチャピや太鼓、ゴングの伴奏による歌を指す。クリニンガンはガムラン演奏。チアンジュールという町は、古典歌曲トゥンバンの本場と目されており、チアンジュール様式のトゥンバンはしばしばトゥンバン・チアンジュランあるいはトゥンバン・スンダ・チアンジュランとよばれる。付加曲は、トゥンバンに新たに付け加えられたレパートリーで、今日のパナンビ *panambih* にあたる。パナンビはスンダ語で「付加された曲」を意味するが、ダルヤはインドネシア語で「lagu2 tambahan」(付け加えられた曲)と記している。

れらは、『エス・リリン』が急速に人気を得たことからもわかるとおり、広く聴取者の関心をよんだ。また、カウィはもともとガムランの女性歌手シンデンが歌うものであり、実際に新しいカウィを歌ったのも多くはシンデンだった。芸能者は一般にそうであったが、特にシンデンは社会的に低く見られる傾向があった。従来のスンダ貴族の価値観からみれば、そうした歌手やレパートリーがトゥンバンの世界に入ってくることは考えられないことだっただろう。しかし、ラジオ放送は、聴取者を味方につけられる限りにおいて、そうしたことを可能とする新しい音楽の場だったのだと考えられる。

　トゥンバンの中で歌われたカウィは、今日では、パナンビ[24]とよばれてトゥンバンのレパートリーとして定着している。現在、トゥンバンの通常の演唱は、数曲のママオスを歌った後、パナンビを歌って一段落する。トゥンバンの歴史を研究したスカンダは、パナンビのレパートリーが１９３０年代に生み出された(Sukanda 1983:28)と記している。これは、蘭印ラジオでエクストラ曲が多く放送されたことと符合する。また、スカンダの記述からは、今日でも、トゥンバンというジャンルとカウィのあいだの価値観の葛藤があることがうかがえる。彼はトゥンバンをきちんと学んだことのないシンデンがパナンビを歌いレコードを吹き込んでいたことについて否定的に述べた。そして、無知な大衆 *masyarakat awam* はどれが正しいもので、どれが間違ったものかがわからないとも述べている(Sukanda 1983:39)。本来のトゥンバンの様式や価値観を理解しない聴取者が、粗野な歌手が歌う新しいカウィを受けて入れたために、女性歌手によるパナンビが盛んになってしまったことを示唆しているのだろう。これは逆の見方をするならば、ラジオはトゥンバンを従来の価値観から解放し、新しい楽しみ方を与える場だったということができるだろう。

　トゥンバンを研究したショーン・ウィリアムズは、トゥンバンの世界において、初期の女性歌手はパナンビのみ歌ったが、20世紀半ばからより多くの女性がトゥンバンの歌手となり、最近はほとんど全ての歌手が女性となっていると指摘している。そして、歌手が男性から女性へ移行した原因はマスメディアであると音楽家たちが指摘していることを報告している(Williams 1990:49-50)。こうした変

24 注23参照。「エクストラ」をスンダ語に置き換えたのが「パナンビ」とみることができる。

化は、かつてのスンダ貴族の洗練と粗野という価値観からみれば、粗野な方向への変化と言える。しかし、多くの人々にとってそれは古い時代の価値観をやぶり、新しい時代の雰囲気を示す「モダン」な方向への変化であると感じられていたのではないかと思われる。

リンゼイは、中ジャワの宮廷芸術を王宮の外の人々にも届けるという意味で、ラジオが音楽を「民主化」したと論じた。西ジャワでは、トゥンバンが他のジャンルと共通のカウィというレパートリーを取り入れ、さらに社会地位が低くみられていた女性歌手がトゥンバンに参入することを可能にするという、さらに進んだ「民主化」の過程をラジオ放送の中にみることができる。ラジオは、多様なスンダ音楽が交差する場となり、ジャンル間の交流を促進した。そこで生み出されモダンなスンダ音楽の中心レパートリーとなっていったのが新しいカウィだったのである。

## 7. スンダ音楽の「モダン」

民族音楽学者ブルーノ・ネトルは、録音産業の非西洋世界への影響として次の4点を指摘している。1．少数の演奏家が多くの人々の聴取を支配、2．音楽の伝統的機能の低下と娯楽への傾斜、3．音楽様式の多様性が統一に向かう傾向、4．レコードによる時間的制限によるより短い作品と作曲されたジャンルの強調（Nettl 1985:63）である。西ジャワにおいては、ラジオ放送の影響に、同様の傾向をある程度みることができる。

当時のラジオ放送において、スター歌手、特に女性歌手の活躍が多くのスンダ人を惹きつけるようになった。もともと女性歌手が活躍したジャンルばかりでなく、トゥンバンのように男性貴族が主体であったジャンルにも多くの女性歌手が進出した。ヤンポルスキーは、ラジオは、放送設備を整えてしまえば、比較的簡単に新しい音楽を取り上げることができるため、制作に手間と時間がかかるレコードよりも新しい才能の発掘に柔軟に対応できたとしている（Yampolsky 2014:48）。また、少数の演奏家が多くの人々の聴取を支配する現象は、視点を変えれば、多くの聴取者が同じ放送を聴くようになったことを意味する。これはアンダーソンが論じた想像の共同体の形成にもつながる出来事であったと考えられる。『ＶＯＲＬニュース』誌における年度ごとの音楽生放送の報告では、様々な音楽が、貴賤の別なく「スンダ音楽」としてまとめられていた。それまでの社会階層の別を超えて、それらの「スンダ音楽」を聴く「スンダ人」という意識がラジオとともに生まれつつあった。

ラジオは、人々の日常生活の中に音楽を楽しむ新しい場をもたらした。それはそれまで音楽が奏でられ聴かれたきた場とは異なるものであり、それぞれの音楽が従来もっていた機能や価値観からは切り離された場だった。人々は日常生活の中の楽しみとして、それらの音楽を聴くようになった。しかし、ラジオ以前からあった音楽の場がなくなってしまった訳ではない。そこでは、それぞれの音楽を支えてきた旧来の価値観が変化しつつも生き続けている。音楽のあり方が多元化すると同時に、それらのあいだで価値観の葛藤がみられるようになった。貴族層が楽しんできたトゥンバンなどにおいてそれは顕著である。音楽の伝統的機能の低下と娯楽への傾斜は、単純な全般的な傾向として起こったわけではなく、音楽のあり方の多様化とそれにともなう価値観の葛藤の中で、マスメディアを通じた音楽の楽しみ方が、より優勢になってきた現象としてみることができるだろう。

音楽様式の多様性の統一は、西ジャワの場合、ジャンル間の交流の活発化による共通レパートリー、新しいカウィの形成として表れた。これは、作曲されたジャンルの強調と表裏一体になって進んだ。聴取者の関心を惹きつけるために、タイトルが示すテーマに沿って作られた歌詞、比較的歌いやすく作曲された旋律などを特徴とするカウィが次々とつくられていった。エクストラという語がしばしば冠されたことから、カウィは、当時のポピュラー音楽と重なり合うイメージをもっていたことがわかる。

ヤンポルスキーは、１９３０年代の蘭印ラジオのラジオの番組表を手がかりに、「モダン」という語が付けられるジャンルと付けられないジャンルを比較し、20年代と30年代のヨーロッパやアメリカのポピュラー音楽の要素を取り入れていることが「モダン」の条件であるとした（Yampolsky 2014:95）。マスメディアとともに広がったポピュラー音楽を、何らかの形で取り入れることが「モダン」と感じられたということは首肯できる。しかし、ヤンポルスキーが「モダン」とは判定しなかったトゥンバンにおいても、すでに見たように「モダン」な要素は確実に浸透していた。サルムンの「クラシック」と「モダン」の区別は、個々の楽曲やジャンルというよりも、ラジオ放送を契機としてスンダ音楽が「モダン」な時代に移行したことを指摘している。個々のジャンルのラベル付けにこだわり過ぎると、当時の人々が感じた「モダン」をかえってとらえそこなうことになってしまうだろう。ラジオという新しい音楽の場こそが「モダン」の源泉だったといえる。

「モダン」なスンダ音楽への批判もあった。サルムンは１９４９年の記事で次のように書いている。

> 1935年から1945年の間、スンダの曲を編曲*mengubah*[25]することが流行した。理由はいろいろある。一つ目は、演奏家たちは、放送がある度に、聴衆が退屈しないように新しい曲を作らざるを得なかったからである。そうできなければ、ラジオ放送に向かないからである。二つ目は、金銭的な理由で大量生産を試みる何人か（多くはない）の作曲家*"avonturie" lagu*がいたからである。そのような理由で放送された曲は、もちろん心の鼓動を形にしたものではなく製造された一種の商品である。ほかの流行の品と変わりはない。流行が過ぎれば曲も消え、心の鼓動の徴となるクラシック曲のように生き続けはしない。1935年以来の音楽の変化を進歩とするなら、私には進んでいるということの意味がわからない。
> （Salmun 1949:105）

サルムンは、１９４２年には、ラジオと共に新しい曲が作られるようになり、スンダ音楽が新しい時代を迎えたことを肯定的にとらえていたが、ここでは、商業的な大量生産品として、新しく作曲されたレパートリーを批判している。１９５０年には、それぞれの民族集団の伝統的な音楽を教える初

25 **mengubah**あるいは名詞形の**gubahan**はインドネシア語であるが、これにあたるスンダ語が**raehan**である。

めての音楽学校がソロで開校し、その後、各地に同様の学校が建設されていく。こうした動きの中で、あるべきインドネシアの音楽はどのようなものかについても議論が戦わされた。インドネシアを構成する各民族集団の音楽は、こうした言説や組織、制度などにより、少しずつ「モダン」から「伝統」へと目指す方向性を変化させていく。その結果、今日ではスンダ音楽は、地方の音楽としてモダンとは相いれない伝統的な音楽とみなされるようになった。しかし、スンダ音楽がモダンを志向した時期があったこと、そこで生み出されたものが現在では伝統ととらえられていることを明らかにすることは、伝統音楽を伝統音楽たらしめる力の働きがあることや、スンダ音楽にも今とは異なるものになる可能性があることを意識させてくれるだろう。そしてそれは、伝統音楽と対極にあると思われがちなポピュラー音楽の理解にも資するはずである。

**ラジオ局名称**

蘭印ラジオ（オランダ東インドラジオ放送会社）　ＮＩＲＯＭ、Nederlands Indische Radio Omroep Maatchappij
ソロラジオ協会　ＳＲＶ、Solosche Radio Vereeniging
バタヴィアラジオ協会　ＢＲＶ、Bataviasche Radio Vereeniging
東洋ラジオ放送協会（バタヴィア）　ＶＯＲＯ、Vereeniging voor Oostersche Radio Omroep
マタラムラジオ放送協会（ジョグジャカルタ）　ＭＡＶＲＯ、Mataramese Vereniging voor Radio Omroep
東洋ラジオ聴取者協会（バンドゥン）　ＶＯＲＬ、Vereenigin Oosterse Radio Luisteraars
東洋ラジオ協会連合　ＰＰＲＫ、Perikatan Perkumpulan Radio Ketimuran
東ジャワ華人プリブミラジオ聴取者協会　ＣＩＲＶＯ、Chinesche Inheemse Radio-luisteraars Vereeniging Oost-Java

国営ラジオ（インドネシア共和国ラジオ）　ＲＲＩ、Radio Republik Indonesia

移行期ラジオ放送　ＲＯＩＯ、Radio Omroep In Overgangstijd

## 引用文献


Berita Vorl

1939 Jaarverslag Bahagian Omroep dari VORL Tahoen 1938/1939. *Berita Vorl* 5（5）:7.

1940 Jaarverslag 1939-1940. *Berita Vorl* 6（4）:13-18.

Darja, R.A.

1949 Lagu2 Sunda Didepan Tjorong Radio. *Pedoman Radio* 34（1949.2.20）: 8.

1950 Tembang dan Gamelan. *Pedoman Radio* 21（1950.10.22）: 6-7.（Pedoman Radioは、１９５０年にＲＯＩＯがＲＲＩに移行した時から号数が１号から新たに振り直された。）

Deppen

1978 *Sumber Laporan Sejarah Radio Indonesia.* Proyek Penelitian dan Pengembangan Penerangan, Departemen Penerangan Republik Indonesia.

Djawatan Radio Republik Indonesia

1953 *Sedjarah Radio di Indonesia.* Djawatan Radio Republik Indonesia, Kementerian Penerangan.

Lindsay, Jennifer

1997 Making Waves: Private Radio and Local Identities in Indonesia. *Indonesia* 64:105-123.

McDaniel, Drew D.

1994 *Broadcasting in the Malay World: Radio, Television, and Video in Brunei, Indonesia, Malaysia, and Singapore.* Ablex Publishing.

Nettl, Bruno

1985 *The Western Impact on World Music: Change, Adaptation, and Survival.* Schirmer Books.

Parahiangan

1936 V.O.R.O. sareng Bale Poestaka. *Parahiangan* 8 (6): 92.

Pedoman Radio

1951 Dalam Perangkap "Televisie" Pedoman Radio (1). *Pedoman Radio* 50 (1951.5.13):4.

1952 Seni Sunda Studio Djakarta. *Pedoman Radio* 100 (1952.4.27): 6.

Salmun, MA

1949 Seni Sunda. *Indonesia: Madjalah Kebudayaan* 1:100-107.

1986 *Padalangan* 2. 2nd ed. Departemen Pendidikan dan Kebudayaan, Proyek Penerbitan Buku Sastra Indonesia dan Daerah（初出は１９５１年）.

Soeara Nirom

1936a Pengoeroes Omroep Ke-Timoeran. *Soeara Nirom* 3 (20) (1936.10.16-31) :3-4.

1936b Archipel Programma. *Soeara Nirom* 3 (20) :12-38.

1937 Oeroesan Programma Ke-Timoeran. *Soeara Nirom* 4 (1) (1937.1.1-15) :4-5.

1939 Taman Kesenian, Nji Saodah. *Soeara Nirom* 6 (12) (1939.6.11-24.):7.

1940 Penjerahan Penjelenggaraan Programma Siaran-Timoer kepada P.P.R.K. *Soeara Nirom* 7 (43) (1940.10.27) :1-2.

Spiller, Henry

2008 *Focus: Gamelan Music of Indonesia.* 2nd ed. Routledge.

Suadi, Haryadi

1997 Riwayat Radio di Indonesia（7）: Kerjasama VORL dengan 5 Pusat Kesenian di Bandung.

*Pikiran Rakyat* Oct. 1, 1997.

Sukanda, Enip

1983 *Tembang Sunda Cianjuran.* Proyek Pengembangan Institut Kesenian Indonesia.

Tan Sooi Beng

1993 *Bangsawan: A Social and Stylistic History of Popular Malay Opera.* Oxford University Press.

Wild, Colin

1987 Indonesia: A Nation and Its Broadcasters. *Indonesia Circle* 43: 15-40.

Williams, Sean

1990 The Urbanization of Tembang Sunda, An Aristocratic Musical Genre of West Java, Indonesia. Ph.D. dissertation, University of Washington.

Wiryawan

2011 *H. Mangkunegoro VII dan awal penyiaran Indonesia.* Lembaga Pers dan Penyiaran Surakarta (LPPS).

Yampolsky, Philip

2014 Music on Dutch East Indies Radio in 1938: Representations of Unity, Disunity, and the Modern. *Sonic Modernities in the Malay World: A History of Popular Music, Social Distinction and Novel Lifestyles, 1930s-2000s.* Barendregt, Bart (ed.), pp.47-112. Brill.

Column 8

# 愛国歌と西洋音楽

## ――インドネシアの国民的作曲家イスマイル・マルズキ

福岡まどか

東南アジアの各国において、国歌や愛国歌はさまざまな行事や式典の中で国民としての帰属を強調する重要な役割を果たしている。ここで述べるイスマイル・マルズキIsmail Marzuki（1914-1958）はインドネシアの国歌の作曲者ではないが、多くの愛国歌を作ったことで知られる国民的作曲家である（国歌『インドネシア・ラヤ』はスプラットマンの作曲として知られる）。イスマイル・マルズキは44年の短い生涯の間に240を越える曲を作った。彼の生涯とその作品からは、イスマイル・マルズキが西洋音楽の強い影響を受けて作曲を行ったことがわかる。独立や愛国精神などを歌う多くの曲は、当時インドネシアに浸透していたバンドやオーケストラなどの西洋音楽の編成で演じられ、またリズムや調性などの面でも西洋音楽の形式にのっとって作曲されていた。

イスマイル・マルズキはジャカルタのクウィタンで生まれた。クロンチョン（ポルトガル起源の小型ギターを用いるアンサンブル）を演奏していた彼の父親はタンバリン型の太鼓ルバナやリュートに似た弦楽器ガンブスなどを演奏していたとされる。父の影響を受けて音楽を愛好したイスマイル・マルズキはオーケストラ団員として各地で演奏旅行を行った後、1934年には植民地政府下の蘭印ラジオ局（NIROM）専属のオーケストラに入って演奏家として活躍し、その後ジャカルタ、バンドンのスタジオ・オーケストラ、日本占領時代には放送局オーケストラでも演奏した。20世紀の前半に流行したクロンチョン音楽の名曲に加えて、独立戦争期の戦いを歌った名曲、叙情的な作品を多く残している。『二つの大きな瞳 *Sepasang Mata Bola*』（1946年）、『絹の肩掛け *selendang sutera*』（1946年）、『ヤシの島の郷愁 *Rayuan Pulau Kelapa*』（1944年）などが名曲として知られている。

クロンチョンの名曲として知られる『二つの大きな瞳』は、汽車で戦線へ向かう一人の戦士がジャワ島の鉄道の駅で偶然行き会った少女のまなざしから独立戦争での勝利を願う思いを読み取り、心を動かされるという歌詞の内容が歌われる。メロディーの方はメランコリックでありながらゆったりとしたクロンチョン音楽に特有のもので、曲を聴いただけではシリアスな歌詞の内容とのイメージは必ずしも一致しない。このようにメロディーラインと歌詞の内容のミスマッチは、クロンチョンが愛国歌として歌われた時代の名曲に共通して見られる特徴であると言えるだろう。

歴史的事件にまつわる歌として知られる『ハロー・ハロー・バンドン』は1946年の「バンドン火の海事件」を歌ったものである。バンドンの町に自ら火を放った人々が、いつの日かこの地を取り返そうと誓った思いが歌詞に込められている。その一方で音楽的にはアウフタクト（弱起）の4拍子でマーチ風の軽快なリズムが特徴的である。バンドン市内の目抜き通りアジア・アフリカ通りの信号機では歩行者の信号が変わる度にこの曲が流されており、筆者も留学中に町中でこの曲を頻繁に耳にした。

一方で、抒情的な愛国歌として親しまれている『ヤシの島の郷愁』は、豊穣なヤシの島である祖国への愛がゆったりとした4拍子の美しい旋律にのせて歌われる。これらの曲を含む彼の作品の多くは、教育文化省による学校での歌唱指導における推奨課題曲（*lagu wajib*）として指定されてきた。

イスマイル・マルズキが作った曲の多くは、当時流行していたクロンチョン音楽をはじめとして、西洋のオーケストラやバンド編成で演奏された音楽の影響がその基礎に見られる。彼の作品からは、多くの愛国歌や独立闘争を歌った歌詞が西洋音楽の手法や形式によって作曲され、学校教育における歌唱指導や国家的式典における上演を通して広く国民に親しまれていった状況を知ることができる。

イスマイル・マルズキは1961年に多くの愛国歌を作った功績をたたえられ、当時の大統領であったスカルノからウィジャヤクスマ賞（月下美人に似た花の名に由来する文化功労章）を与えられた。また1968年に首都ジャカルタのアートセンターは「イスマイル・マルズキ公園 Taman Ismail Marzuki 略称 TIM」と名付けられた。現在ジャカルタ芸術大学（Institute Kesenian Jakarta IKJ）や演奏会場、宿泊施設などを備えたアートセンターとして知られている。また2004年には当時のユドヨノ大統領によってイスマイル・マルズキの名前はインドネシア国家英雄のリストに加えられた。

**参考楽譜集**

Muchlis, BA and Azmy, BA eds.(2007) *Lagu-Lagu untuk Sekolah Dasar dan Lanjutan I Lagu-Wajib.*（「小学校以降の歌唱集Ⅰ　推奨課題曲」）Penerbit Musika.

学校歌唱曲集の楽譜は数字譜であるが、小節線が挿入され、リズムの表記や音楽用語による指示も書かれており、西洋音楽の影響が色濃く見られる表記である。

※譜例中の数字は、１＝Do、２＝Re、３＝Mi ……を表す。

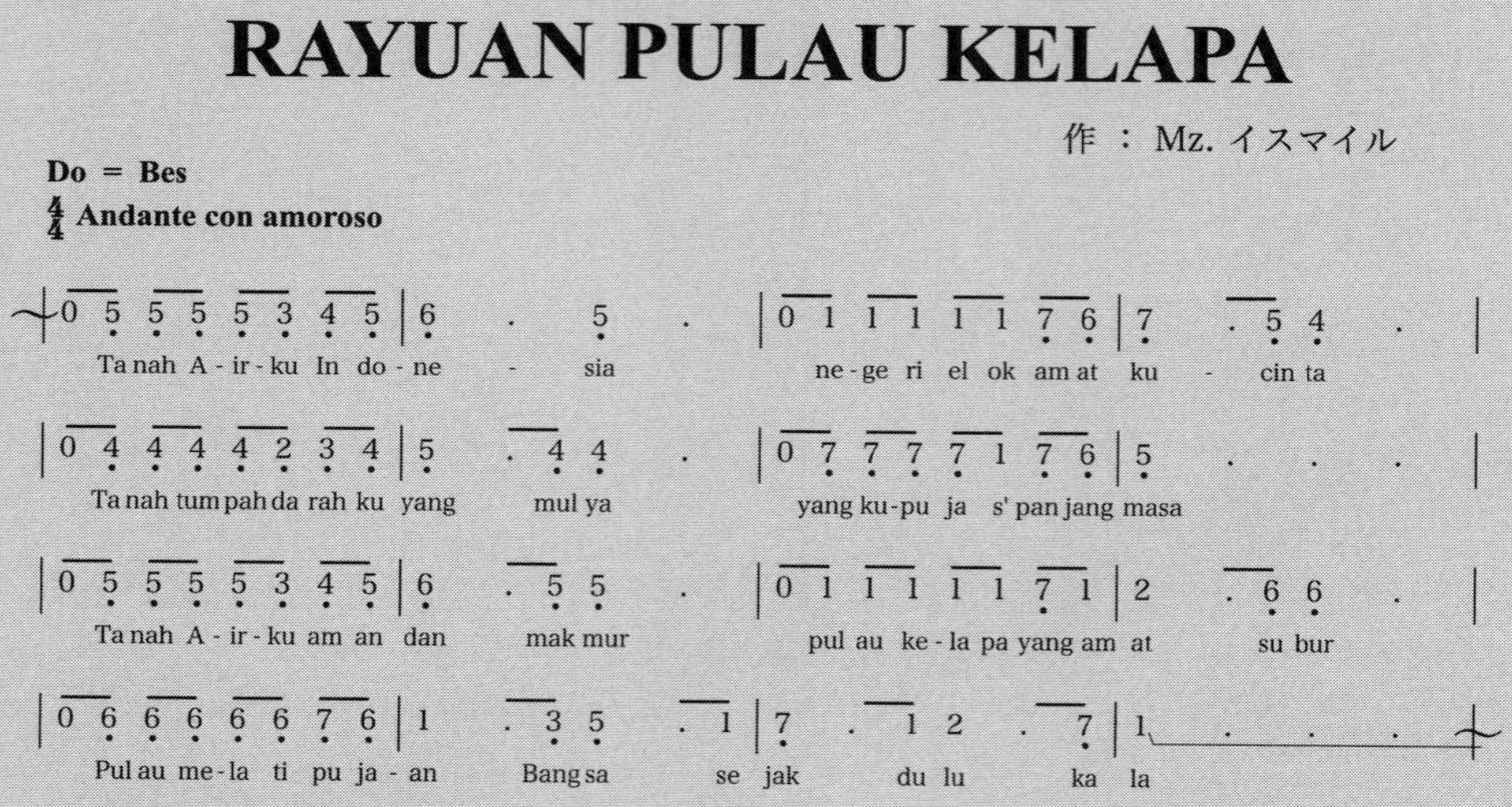


**数字譜　譜例**『ヤシの島の郷愁』の一部

Muchlis, BA and Azmy, BA eds.(2007) *Lagu-Lagu untuk Sekolah Dasar dan Lanjutan I Lagu-Wajib.*（「小学校以降の歌唱集Ⅰ　推奨課題曲」）Penerbit Musika. p.3

# HALLO HALLO BANDUNG

作 : Mz. イスマイル

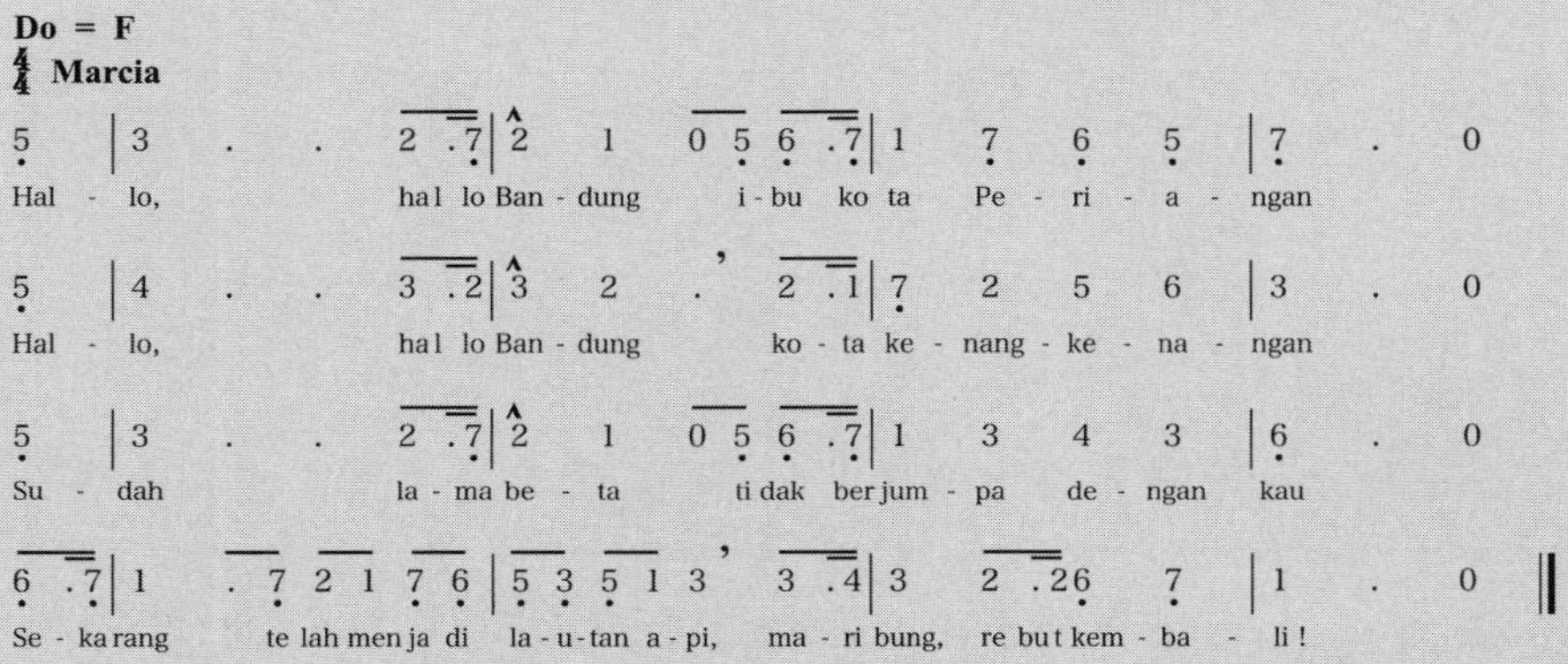
Do = F
4/4 Marcia
Hal - lo, hal lo Ban - dung i - bu ko ta Pe - ri - a - ngan
Hal - lo, hal lo Ban - dung ko - ta ke - nang - ke - na - ngan
Su - dah la - ma be - ta ti dak ber jum - pa de - ngan kau
Se - ka rang te lah men ja di la - u - tan a - pi, ma - ri bung, re but kem - ba - li !

**数字譜　譜例**『ハロー・ハロー・バンドン』

Muchlis, BA and Azmy, BA eds. (2007) *Lagu-Lagu untuk Sekolah Dasar dan Lanjutan I Lagu-Wajib.*（「小学校以降の歌唱集 I　推奨課題曲」）Penerbit Musika. p.44

Column 9

# ミャンマーの国立芸術学校と国立文化芸術大学

井上さゆり

写真1　マンダレー国立芸術学校の踊りの授業（2012年2月19日筆者撮影）

ミャンマーには現在、中高レベルの芸術学校が2校、大学が2校ある。まず1952年にヤンゴンに音楽・絵画・彫刻学校（以下、芸術学校）が設立された。翌1953年にはマンダレーに芸術学校が開校する。さらに1993年にヤンゴン文化大学、2001年にはマンダレー文化大学が設立された。両文化大学は2007年に国立文化芸術大学と名称を変更した。各大学に音楽科、舞台芸能科、絵画科、彫刻・塑像科、映画製作・演劇科がある。

2005年までは芸術学校には4年生を終えた段階で入学することができた。それ以降は入学年齢が7年生修了以降に引き上げられている。見学に来る外国人に対応できる英語のできる生徒を増やすため、通常の教育を7年生まで受けてから芸術学校に入学するように政府の方針で引き上げられたとのことであった。その影響を教員たちに聞くと、芸能は早期に教育を開始するのが望ましく、例えば舞踊などは年を重ねると恥ずかしさが出て笑顔の作り方などに思い切りが悪くなり教えにくいとのことであった。

芸術学校は3年間でその課程を修了する。その後は教員になったりプロの奏者になったりする卒業生が多い。3年という期間は芸能教育には不十分であるが、素質があり十分な基礎を身に付けた生徒はプロの奏者と演奏活動を共にしながら技術を向上しレパートリーを広げていくのが一般的である。芸術学校を卒業して文化芸術大学に進学する学生はほとんどいない。文化芸術大学では初心者から教え始めるため、レベルが合わないことが理由の一つである。

筆者はヤンゴン文化大学音楽科に１９９９年から2年間留学した。当時、留学生は筆者一人だった。そして、音楽科の学生のほとんどが初心者であった。学生らに入学動機を尋ねると、医科大学や工科大学などの人気大学に比べて成績的に入学しやすいこと、卒業後は公務員の職が保証されることを入学理由に挙げている学生が多かった。また、海外に行くのが難しい時代に、国際交流の一貫で派遣される可能性が高かったことも魅力だったようである。もちろん芸能に興味があって入学する学生も多数おり、中には幼い頃から楽器を習っていて大学とは別に外で自分の先生の元で訓練を受けている学生もいた。

写真2　ヤンゴン国立文化芸術大学卒業公演リハーサル（2011年8月27日筆者撮影）

現在50歳以上の音楽科の教員は殆どが学位を持たず、幼い頃に芸術学校を出てプロとして活躍するか芸術学校に残って教員になっていた者であり、音楽家として技術のある者が多い。一方、40代前後までの教員はほぼ全員が文化芸術大学の卒業生で、技術的には不十分な者も多い。彼らの一部は２０００年代後半より海外の大学に派遣され、修士号や博士号を取得している。それゆえ、今では自分の先生達より昇進し学科長になっているなど歪な構造も見える。

文化芸術大学では新たな創作も熱心に行われ、毎年開催される卒業公演では絵画や塑像の展示や、新しいタイプの音楽や舞踊などを堪能することができる。国の大きなイベントで活躍する音楽科の教員もおり、筆者と同年代の彼らの活動に最近刺激を受けることが増えてきた。幼い頃からプロとして訓練を積んできた教員があと10年もすれば退職し、若い世代の教員が主となっていく。文化芸術大学が今後どうなっていくのか興味深い。

Column 10

# さまざまな制約と検閲がつくる物語の余白

## ――ヤスミン・アフマド作品の魅力

山本博之

マレーシアのヤスミン・アフマド監督は51歳で亡くなるまでに長編を6作撮り、いずれも高い評価を受けている。その理由には、何度も脚本を練り直す物語の構想力や、演技経験が浅い人を積極的に使ってそれぞれの個性を引き出す力などいくつもの要素がある。マレーシア映画が向き合うさまざまな制約を乗り越えようとする工夫もその1つである。ヤスミン監督は映画制作の過程で何層もの制約に直面し、いろいろな方法で対応してきた。

1つ目の制約は社会の保守層からの批判である。ヤスミン監督は、批判されるのを承知の上で、夫が料理している隣で妻が摘み食いする場面や、主人が夕食の支度をしている隣でメイドがテレビドラマを見て大笑いしている場面を入れて、性差や社会的な立場による権力関係を逆転させてみせた。

2つ目の制約は、マレーシア映画を後押しする映画振興局のはたらきである。映画振興局は、例えばセリフに国語(マレー語)以外の言葉が多く入っていると「外国語映画」として振興の対象から外すため、映画振興という名のもとで表現方法の規制や誘導が行われ、結果として検閲のような働きをすることもある。ヤスミン監督は、マレー語のほかに英語や中国語やタミル語などのマレーシアで日常的に聞かれる言葉をセリフに織り込んだ作品を作った。マレーシアの劇場で公開されることはほとんど期待できないことを承知しており、それゆえ海外の映画祭に出品した。東京をはじめとする国際映画祭で高い評価を受け、海外での評価を知ることでマレーシアの人々もヤスミン作品を評価するようになった。

3つ目の制約は検閲である。マレーシアの検閲では、暴力や性表現のように多くの国でも制限されるものもあれば、共産主義やイスラム教のようにマレーシア社会に特徴的な制限対象もある。一例を挙げれば、天使を人間の姿で描くことは許されていない。『タレンタイム』(2009年)に登場する車椅子の謎の男は、振る舞いや言葉から天使のようにも思えるが、その正体は作品中で明らかにされない。もしこの男が天使だと作品中で言ってしまっていたら、この男が登場する場面を全部カットしなければ上映許可が出なかったはずで、印象がすっかり異なる作品になっていただろう。

マレーシアの検閲では、物語の筋は考慮せず、画面に映っているものだけを検閲対象にする。相手を倒そうと身構えた人の場面があり、続いて相手が倒れている場面があると、観客は筋を考えて、一方がもう一方を殴って倒したと理解する。しかし、実際に一方がもう一方を殴って倒している場面がない限り、検閲上は「殴って倒した」と解釈しない。

ヤスミン監督の『ムアラフ』(2008年)に、自分の母親を苛めている父親を少女が武術で倒す場面がある。少女が身構えた場面が切り替わると父親が倒れている。物語の筋を追えば少女が父親を倒したと理解できる。ただし、たとえ母親を守るためでも、少女が実の父親に暴力を振るう場面はマレーシアでは検閲に通らない可能性がある。途中の場面を抜くことで、検閲官にとって不適切な場面を見せず、観客には筋が見えるように工夫している。

過度の検閲を擁護するつもりはないが、多少の皮肉を込めて言うならば、検閲制度があったおかげでヤスミン作品は余白の多い作品になり、そこがヤスミン作品の大きな魅力になったと言える。自分で調べたり考えたりしなくても筋や結末がわかるように、劇中で全部説明してほしいと思う観客とは、ヤスミン作品は相性がよくないかもしれない。しかし、自分で調べたり考えたりするのを厭わなければ、深く広い解釈の余地が広がっている。

Column 11

# インドネシア映画におけるジェンダー表現と検閲システム

福岡まどか

活況を呈する現在のインドネシア映画業界において、多様なジェンダーやセクシュアリティの表現が追及される作品は少なくない。2003年に女性監督のニア・ディナタによって発表された『アリサン! *Arisan!*』は、都会の大人の男女の友情がテーマの映画であるが、主要登場人物の一人がゲイの青年として描かれる。その後の2006年に同監督によって製作された『愛を分け合って *Berbagi Suami*』では、ポリガミーをめぐる3つのケースが描かれ、そのテーマとともにやや過激な描写が論争を呼んだことでも知られている。2010年にラッキー・クスワンディ監督によってリリースされた『マダムX *Madam X*』は、インドネシアに伝統的に存在していたとされる女装者の青年とホモフォビアの男性との対立を軸に展開する。このように異性装者、同性愛者、一夫多妻などの重婚を主要なテーマとする映画、また作品の中にこれらの事例や人々を登場させる映画が多く見られるようになってきた。

人類学者のトム・ブルストーフが指摘するように、インドネシアには女装者やゲイの人々が少なからず存在してきた(Boellstorff 2005)が、1998年までのスハルト体制期の社会では、こうした多様なジェンダーやセクシュアリティの表現が表立って行われ許容されることはなかった。女装者やゲイの人々が存在していても、自らのアイデンティティについて社会にカミングアウトすることは難しい時代であったと言えるだろう。そうした状況が2000年代以降の映画の描写において変化を遂げげつつあるようだ。

映画の中でのジェンダーの描写についても変化が見られる。たとえば「女性性」の描き方について見てみると、2000年以前のインドネシア映画業界の中では、映画製作に携わる人々という点においても映画の中での表象という点においても男性主導の傾向が強く、女性は周縁的な位置づけにある傾向が強かった。現在のインドネシア映画界を牽引するプロデューサーのミラ・レスマナは、自らのプロデュースした女性戦士を主人公とする映画『黄金杖秘聞』に関するワークショップにおいて「従来の映画の中で女性が対象物（object）として描かれてきたのに対して女性を主体（subject）として描きたいと考えて活動を行ってきた」と述べ、さらに現在のインドネシアで重要な影響力を持つ女性監督たちの活躍についても言及している（2015年9月アジア・フォーカス福岡国際映画祭におけるワークショップにて）。インドネシアのメディアと政治との関連を研究したクリシュナ・センもまた、スハルト体制期の時代において映画というメディアの中で表現されてきた「女性性」はドメスティックな領域における良き母・良き妻としての理想的女性像に近いものであったと指摘する（Sen 1995[1993]: 119）。このようなステレオタイプ化された女性像の描き方も、2000年代の多様な作品の中で変化を遂げてきたと言えるだろう。

映画におけるジェンダーやセクシュアリティの表現は、国家主導の検閲システムとも密接に関わってきた。1916年に国内最初の映画検閲機関が設立され、インドネシアの検閲機関は所属する省庁や形態を変えながら映画の検閲を行ってきた。また1964年以降は情報省の管轄下に属し1965年には映画検閲協会（Badan Sensor Film）と改称し、長期にわたって表現活動を規制してきたことが指摘されている（Lindsay 2011: 176）。映画製作者たちは撮影前に脚本を提出して政府の許可を得ることが義務づけられた。国家統一を脅かす対象とされてきたのは、宗教、民族、人種、階級（インドネシアではこれらを総称してSARAと呼ぶ）などに関わる差異を顕在化させる作品や政治問題や政府批判を行う作品、また過激な暴力や性的な描写などである。またこうした検閲の延長線上に、国民のモラルや国家秩序の維持や全能の神への信仰との関連を配慮すべきという「倫理コード」も課せられた。

スハルト体制期の映画製作の中では国家統一において推奨される価値観からの逸脱を行うには、越えるべきハードルがあまりにも多かった。理想とされる「女性性」からの逸脱や、多様なジェンダーやセクシュアリティの描写を行うことは非常に困難な状況であったのだ。

1998年のスハルト退陣後、検閲は次第に緩やかになりつつある一方で、地域の自治体による規制の度合いの違いが顕在化する状況もある。またイスラーム主義者あるいは社会の人々による批判的見解や反対運動など、政府の検閲とは別の次元における社会的な規制力が働いており、映画の表現をめぐって論争を呼ぶ事例も見られる。検閲は通ってもイスラーム指導者協会の反対のゆえにタイトルの変更を余儀なくされたというケースもある。2010年にはインドネシアの首都ジャカルタでクイア映画祭 Q Film Festival の開催をめぐって反対運動が起き、一部の地域で上映を見合わせたこともあった。

現在インドネシアで活躍する映画人たちは、さまざまなやり方で検閲や社会的な規制と向き合っている。対抗的にこれらの検閲に挑んでいく創作者たちもいれば、一方で婉曲に自らの描写を作品の中に取り入れていく手法をとる創作者たちもいる。自らの追及する表現と社会において許容される表現との妥協点を模索しつつ、映画製作者たちはさまざまなやり方で創作に挑んでいる。

## 文献リスト


Boellstorff, Tom

2005 *The Gay Archipelago: Sexuality and Nation in Indonesia*. Princeton University Press.

Lindsay, Jennifer

2011 Media and Morality: Pornography Post Suharto. In *Politics and the Media in Twenty-first Century Indonesia: Decade of Democracy*. Krishna Sen and David T. Hill (eds.), pp.172-195. Routledge.

Sen, Krishna

1995 [1993] Repression and Resistance: Interpretations of the Feminine in New Order Cinema. In *Culture and Society in New Order Indonesia*. V. M. Hooker (ed.), pp.116-133. Oxford University Press.

Column 12

# 映画を通して広まった音楽

## ——マレーシア音楽・映画の父　P・ラムリー

福岡まどか

１９５０年代のマレー半島で映画スター、作曲家、歌手として活躍したP・ラムリー（１９２９－１９７３）は映画人として語られることが多いが、ここでは音楽家としての側面に注目してみたい。当時のマレー映画は、歌を聴くために観に来る人も多かったと言われており、映画は音楽や歌を広く流行させる主要なメディアであった。カセットテープが東南アジアで普及する以前の時代に音楽を流行させたメディアとしてはレコードと映画が挙げられるが、高価なレコードに比べて映画は庶民の手軽な娯楽として親しまれた。P・ラムリーは１９５０年代から１９７０年代にかけて映画を通して多くの名曲を広めていったアーティストである。

P・ラムリーはイギリス植民地時代のペナン島で生まれた。少年時代は日本軍の占領期であり、日本海軍が運営する学校で学び日本人の教師から日本の歌も多く習ったとされている。中年男性トリオによるコメディ映画『ドレミ』の中では、P・ラムリーをはじめとする３人の俳優が日本時代に流行した『愛国行進曲』をマレー語の歌と組み合わせて歌う場面も見られる。１９４５年にはペナンのラジオ局でギタリストとして演奏に参加し、当時ＮＨＫから来ていた日本人音楽家から作曲や演奏技法などを学んだ経験も持つとされている。またクロンチョン（ポルトガル起源の小型ギターを用いるアンサンブル）の楽団にもビオラ奏者として参加した。

優れた歌手であったP・ラムリーは映画の中でプレイバック・シンガーを使わずに自ら歌った俳優として知られている。１９５０年代以降、映画を自作・自演し、主題歌と挿入歌を作曲して自分で歌うというスタイルを確立し、数々のヒット曲を生み出していく。彼の映画と歌は近隣のインドネシアでも広く親しまれた。彼の作った音楽には、マレー音楽もあるが、当時の英領マラヤで流行していた欧米のポピュラー音楽、特にジャズの影響が色濃く見られるものが多い。広く知られている曲の中でも『アドゥ・サヤン*Aduh Sayang*』や『心の震え*Getaran Jiwa*』（楽譜参照）などは、ジャズの手法やリズムを取り入れたクールなサウンドで、現在まで多様なアレンジがなされている。その他にも、彼はルンバやマンボなどのラテン音楽、ハワイアン音楽、インド音楽などを作品の中に取り入れたとされている。

彼は映画の中では特にコメディに才能を発揮して、わかり易いシンプルな物語を演じて人々を楽しませたと言われている。だが楽曲の方はコミカルなものに限らずシリアスな内容のものも多く、抒情的なラブソングも見られる。魅力的な曲を作り、独特の甘い歌声でそれらの歌を披露した。彼の演技力や歌声のもつ魅力もまた曲のヒットの重要な要因となったと言えるだろう。1950年代前半には女優カスマ・ブーティとのコンビで知られ、50年代後半からはデュエットの相手であり3番目の妻でもあったマレーシアの国民的女性歌手サローマとともに多くの曲を発表する（田子内 2012）。1973年に44歳で短い生涯を閉じるがその間に約70本の映画と250曲の歌を作曲したとされている。

彼の曲は現在でも多くのアーティストによってカバーされて広く親しまれている。サローマの歌唱で知られてきた名曲『夜更けに*Bila Larut Malam*』は、1990年代にマレーシアの女性歌手シーラ・マジッドによって新アレンジでカバーされ、日本のCMソングとしても使われた。彼の楽曲には、現代の音楽シーンにも十分通用するクールで抒情的なメロディーとハーモニーを見ることができる。

マレーシアのクアラルンプールにあるP・ラムリーが晩年を過ごした家は、現在博物館として公開され、写真や楽譜、愛用の楽器や道具などが展示されており、P・ラムリー自筆の楽譜や代表作品の上映などを見ることができる。またペナン島の彼が生まれたとされる祖母の家も併設の博物館とともに公開されている。多くのCDやDVDなどの視聴覚資料に加えて、P・ラムリーが歌った曲の歌詞集とコードネーム付きの五線譜の楽譜集（マレーシア国立資料館 2007）も出版されており彼の曲を演奏して楽しむこともできるようになっている。

# GETARAN JIWA

作曲 : P. ラムリー
歌詞 : S. スダルマジ

譜例 『*Getaran Jiwa* 心の震え』の一部

**参考資料 楽譜集**

*Senandung Warisan.*『遺産の名曲を口ずさむ』Arkib Negara Malaysia 2007
譜例 『*Getaran Jiwa* 心の震え』の一部
楽譜集 *Senandung Warisan.*『遺産の名曲を口ずさむ』 Arkib Negara Malaysia 2007 pp.155

**参考文献**

田子内進 2012『インドネシアのポピュラー音楽 ダンドゥットの歴史──模倣から創造へ』福村出版。

**参考視聴覚資料**

P．ラムリー マレイシアの伝説 1992 ボンバ・レコード BOM2043（CD）
サローマ マレイシアの花 1992 ボンバ・レコード BOM2044（CD）

Column 13

# シンガポールにおける「ナショナル」なインド舞踊の発展

竹村嘉晃

２０１５年はじめのミャンマーの首都ネピドーでは、中国・アセアン文化交流年の最後のセレモニーとして芸能公演が華やかに行われていた。各国の代表団が舞台上で自国の伝統芸能を披露するなか、シンガポールの代表を務めたのはインド芸能を継承するインド系芸術団体のメンバーであった。プロジェクターから舞台上に投影されたシンガポールの国旗と高層ビル群の夜景を背景にして、かれらは南インドの古典舞踊であるバラタナーティヤムの創作作品を上演した。多民族国家シンガポールでは、インドの古典舞踊が「ナショナル」な伝統文化として位置づけられており、その継承・発展には国家との密接なつながりがみてとれる。

## シンガポールに渡ったインドの舞踊文化

シンガポールへのインド系移民の流入は19世紀初頭からはじまったが、インドの舞踊文化がシンガポールで広く認知されるようになったのは１９５０年代以降のことである。インド系有志によって１９４９年に設立されたシンガポール・インド芸術協会（ＳＩＦＡＳ）が著名なインド人舞踊家を招聘して舞踊公演やワークショップを開催したり、シンガポールを訪れたインド人舞踊家たちが芸術団体（Bhaskar's Academy of Dance、１９５２年他）を設立したことで、インド系の子女たちにはインドの舞踊を本格的に習得する機会がもたらされた。１９７０年代末から80年代にかけては、国の支援のもとでシンガポール国立大学芸術センターやラサール美術大学、南洋藝術学院などにインドの音楽や舞踊を学ぶコースが開講されたほか、政府系外郭団体の人民協会（People's Association）が運営するコミュニティ・センターでもクラスが開かれるようになった。こうした各種コースやクラスの受講者は、インド系だけでなく中国系やマレー系のシンガポール人も含まれている。近年では、教育省と芸術評議会（National Arts Council）の支援による芸術教育プログラムが中学校以上の教育カリキュラムに組み込まれ、伝統文化として

写真1　インド芸術フェスティバルでの上演（シンガポール、2014年筆者撮影）

インドの芸能を体験・鑑賞する機会も増えている。

## 「ナショナル」な伝統文化としての発展

シンガポールにおけるインド舞踊の発展には、芸術団体による普及活動や各種公演もさることながら、文化振興を進めてきた国家が大きな役割を果たしてきた。もともと英領期のシンガポールでは、植民者たちのアイデンティティの象徴である西欧の舞踊が広く受容されていた。多民族社会の大多数を占める中国系シンガポール人は、キリスト教に改宗するなどして大英帝国への忠誠を示すとともに、西欧化したコミュニティの生成を目指し、バレエなどの西欧文化を積極的に享受していった。その後、日本軍による占領統治を経た第二次世界大戦後には、シンガポール人としての文化的アイデンティティが模索され、舞踊がナショナル・アイデンティティと接合しはじめる。反植民地主義運動が高まるなか西欧の象徴であるバレエは拒絶され、中国系、マレー系、インド系の民族的ルーツへ傾倒する動きがみられた。とくに１９５０年代から60年代にかけては、各コミュニティにおいて舞踊などの伝統的な芸能を教授する芸術団体が相次いで創設され、中国系のライオン・ダンス、マレー系のザピン、インド系のバラタナーティヤムといった伝統的な舞踊文化が強化されていった。

マレーシア連邦から独立した１９６０年代後半以降、シンガポール政府は外国からの投資を推進する政策のもとで経済発展に力を注いできた。その傍らで、舞踊文化は国内外の文脈において、シンガポールの多文化社会を創成・促進するための宣伝媒体となっていった。中国系、マレー系、インド系の舞踊様式はシンガポールの「ナショナル」な伝統文化として位置づけられ、政府の肝いりで１９６８年に結成されたナショナル・シアター・ダンス・カンパニーを通じて国内外に紹介された。上演された作品は、各コミュニティの伝統的な舞踊とバレエを混成したものであり、新しい国の統一やシンガポール人という集合的アイデンティティを象徴しようとするものであった。ただし、この時期における「シンガポール文化」という表現が意味したのは、あくまで各コミュニティが維持する伝統文化の形式の集合体であり、互いは融合することなく保存・奨励され、個々のコミュニティは独自性を維持すべきだと考えられていた。

写真2　インド芸術フェスティバル（シンガポール、2014年筆者撮影）

### 伝統からコンテンポラリーまで

１９８０年代に入ると、シンガポールの舞踊文化は新たな展開をみせる。政治的文脈においてアジア的価値の言説が高揚したこの時期には、芸術分野にも同時代的な動きがみられ、「アジア性」の表象に傾斜した舞踊やパフォーマンスが登場した。それは、各コミュニティの伝統様式と今日のダンスシーンで主流を占めるコンテンポラリーの様式を混淆したものであり、シンガポール独自の舞踊文化が芽生える息吹といえるものであった。伝統様式と新たに創り出された作品の両方の文脈において、舞踊文化の多様性が享受されていったのである。シンガポールに伝わったインドの舞踊文化は、伝統からコンテンポラリーまでの幅広い文脈において、多民族国家シンガポールの文化として表れている。

# 第3部

# 近代化・グローバル化社会における文化実践

# 第9章　メディアから生まれるポピュラー音楽

## ――ミャンマーの流行歌謡とレコード産業

井上さゆり

## はじめに

１９０３年頃、ヤンゴン市のマハーバンドゥーラ公園でハルモニア奏者が舞台女優の歌を録音したフォノグラフを人々に聞かせていた。客に小さなイヤホンを与えて1回2ピャー[1]、芝居の録音は１ぺー（4ピャー）で聞かせたという。エディソンが１８７７年にフォノグラフを発明して25年後のことである。ミャンマーで音楽が録音され、売られるようになったのはこの頃からである。１９００年代初頭にフォノグラフ、そしてレコードが到来し、またたく間に産業として根付いた。歌は先ずレコード、１９２０年代以降に映画、そして30年代以降はラジオに乗って地方まで広がり、流行を生んだ。１９７０年代後半にカセットテープに取って代わられるまで、レコードは作詞作曲家[2]、歌い手、演奏家にとっては主たる生活手段となっていた。

ポピュラー音楽研究者のピーター・マニュエルは、「ポピュラー音楽をクラシックや民俗音楽と区別するもっとも重要な特徴は、マス・メディアとの深い結びつきだろう」と述べ、ポピュラー音楽が

1　ミャンマーの通貨。現在は使われていない。１００ピャー＝1チャット。

2　ビルマ語で「テーイェー・サヤー」と呼ばれるものを本章では「作詞作曲家」と訳している。「音楽の作者」の意味であるが、作詞作曲を両方手掛けている場合と、既存の作品を元歌にして歌詞だけ書いた場合のどちらも含む。コピー歌謡である場合もそのことは書かれていないため、元歌を知らないと作詞作曲の両方をしたのか判別は難しい。

メディアと共に生まれメディアを通して普及したとする。そして、「ほとんどのポピュラー音楽の真の発展は蓄音機の進化と密接に結びついていた。蓄音機は1900年には欧米で家庭用として広く売られ、1910年には第三世界へも入り込み始めた」と続けている（マニュエル 1992: 19）。グローバルに展開していったこの流れはまさにそのままミャンマーのポピュラー音楽史にも当てはめることができる。序章で福岡（ま）が述べているように、メディアの発展と普及はミャンマーを含む東南アジア諸国でほぼ同時期に起こっており、大量の流行歌謡やスター歌手を生み出した。ポピュラー音楽の創成期に寄与したのがレコードである。

ミャンマーのレコード史に関する主要な先行研究として次の二点を挙げることができる。ひとつは、フラトゥッによる『ミャンマー音楽の系譜』（Hla Htut 1996）である。古典歌謡から1990年代の流行歌謡までの歴史をたどりながら、レコードや映画、ラジオといったメディアとの関係についてまとめた著作として、ミャンマーの音楽史を把握する上で欠かせない文献である。もうひとつは、2015年に出版されたマウンマウンによる『ミャンマーのレコード史研究』（Maung Maung 2015）という、本文942ページ、付録のレコード・レーベルの画像だけで155ページもの大部の著作である。マウンマウンが収集した1万枚を超えるレコードのうち5131枚のレコードについて整理したもので、ミャンマーのレコード史研究の金字塔的著作といえよう。その他、流行歌謡で活躍した作詞作曲家や音楽家達の評伝や自伝などにおいてもレコード産業との関わりを垣間見ることができる。本章ではこれら文献に依拠して、ミャンマーにおける1900年頃のレコードの登場から1970年代後半のレコードの衰退までの時期に焦点を当て、レコードを中心に音楽産業が形成されていった過程をたどる。そして、レコード産業と音楽家らの関わりを描写し、音楽産業の中でポピュラー音楽が生まれていった様子を描き出す。

# 1. 広がる音楽

## 1. 1. 流行歌謡の登場

1885年にミャンマー最後の王朝が滅びイギリス植民地となる前後から、タチンジー（大歌謡）と呼ばれる古典歌謡に対して、民衆にとって親しみやすい新しい傾向の歌謡が登場する。後にカーラボーと呼ばれる流行歌謡、いわゆるポピュラー・ソングである。「カーラボー」とは「流行、現代」の意味である。もともとは一般名詞として流行歌謡を指していたが、後に社会主義時代が終わった1988年前後までの歌謡を指す時代区分的なジャンル名として定着した。さらに、ラジオ放送のプログラムの中で時代区分されたことから、1941年以前のカーラボー歌謡作品を「キッハウン（古い時代）歌謡」と呼ぶこともある。歌詞を集めた歌謡集も大量に出版されるようになるが、それら歌謡集の書名で「カーラボー歌謡集」、「キッハウン歌謡集」（Than Hlaing ed. 1970など）と総称されたことがこれら名称の定着につながった。日本の「大正歌謡」や「昭和歌謡」、さらには「歌謡曲」といった呼称に類した、おおまかな時代区分に基づく名称と考えてよい。

カーラボー歌謡の数は膨大で、全体数は不明である。歌詞集である『キッハウン歌謡集』（Than Hlaing ed. 1970）はレコードにプレスされたキッハウン歌謡、すなわち1941年以前のカーラボー歌謡を集めたもので、同書には400曲以上の歌詞が掲載されている。同じく歌詞集である『作詞作曲家達の後期カーラボー歌謡作品集第7巻』（Ministry of Information 2013）の序文によると、同書のシリーズの7巻までに収録された、1948年から89年にかけてラジオ放送局のミャンマ・アタンから放送された歌謡は１３２３曲であるという。実際には、ミャンマ・アタン放送局で演奏が流された数百もの楽団の曲のうちレコードになったものはミャンマ・アタン放送局に保存されているものだけで数万曲にのぼるという（Ministry of Information 2013: 序文）。

筆者が収集したカーラボー歌謡集、キッハウン歌謡集だけでも80冊余りあり、文庫本サイズの薄い小さなものから辞書のように大きなものまでサイズも様々である。一部の歌謡集に記載された通し番号から、このような流行歌謡の歌詞を集めた歌詞集がさらに数多く出版されたことが推察され、カーラボー歌謡の人気がうかがえる。

膨大なカーラボー歌謡には、タチンジーの作品をそのまま用い歌詞だけを変えたもの、西洋の歌謡の旋律を用いてミャンマー語の歌詞を付したものまで様々な作品があり、様式に一定の規則はない。一方で、カーラボー歌謡には聴いてそれとすぐ分かる特徴もある。それは、歌詞、旋律、リズム、音階とピッチ、曲の展開の特徴による。

タチンジーの歌詞の多くが王の威徳を讃えるものであるのに対し、カーラボー歌謡は仏教の教えを分かりやすく説いたものや恋愛についてなど民衆の感情に即した歌詞が中心となっていく。タチンジーの歌詞は韻文で一般の人々にとっても難解であるが、カーラボーは散文調で分かりやすい歌詞を用いているのが大きな特徴である。

１９３０年頃から旋律やリズムの面では外国の歌謡の影響を受けたものが見られるようになってくる。ギターやマンドリンなどの外国の楽器も使用するようになった。日本の戦後の歌謡曲と似た曲も多く、１９５０年代頃以降のカーラボー歌謡の後期[3]とされる時期の曲は、例えば『東京ブギウギ』（１９４７）などに雰囲気が非常に似ている。リズムや曲構成のスタイルにジャズの影響を受けた曲も数多く作られた。人気歌手であるマ・チィアウンの作品に『How old Ma Kyi Aung』や『Pagoda sister never, never』という英語タイトルの曲も登場した（Aung Lin n.d.: 203）。西洋的な歌い方やファッションの歌手も登場する。

3 ミャンマーがイギリスから独立した１９４８年以後、社会主義政権から軍政に移った１９８８年頃までのカーラボー歌謡を「後期カーラボー歌謡」と分けることもある。

音階やピッチについては西洋音楽の影響がさらに顕著に現れた。映画音楽やレコード歌謡の演奏に欠かせないピアノは、当初はミャンマー音階に調律されていた。ミャンマー音階は7音階で、ピアノの白鍵のみを用いる。主音をCとした場合、[4] C－D－E♭－F－G－A－B♭となる。E♭とB♭はナチュラルから約4分の1低い音階であり、ミャンマー音階の大きな特徴である。しかし、西洋音楽の影響を受けて、E♭とB♭音はそれぞれE、Bに変化していく。これはタチンジーの演奏においても見られる変化である。1940年代半ばになると、ミャンマー音階にはない半音を含めた12音階が演奏されるようになる。こうした新しい音階を最初に弾き始めた者はピアノ奏者のシュエピィエー（1909－1977）といわれる（Hla Shwe 1984: 333）。シュエピィエーはカーラボー歌謡の作詞作曲家としても代表的な人物のひとりであり、西洋音階を用いた作曲はその後広く普及していく。

曲の展開も西洋音楽の影響を受けていく。当時の世界中のポピュラー・ソングで多用されていたのはAメロとBメロで構成され、Aメロ8小節－Aメロ8小節－Bメロ8小節－Aメロ8小節の32小節による構成である。第二次世界大戦後のミャンマーの歌謡もこの構成を採用するようになっていく。当時のミャンマーのカーラボー歌謡はこの形式で作る際、Aメロを西洋的なスタイル、Bメロをミャンマー的なメロディーや拍子で作ることが多かった（Hla Htut 1996: 274）。西洋的でありながらどことなくミャンマー的に聞こえる歌は、このような部分的な要素のミックスによる。

タチンジーの旋律を利用した作品であっても、ミャンマー音楽にはなかった合唱を部分的に挿入し、リズミカルに編曲するなどの工夫がみられる。また、ミャンマー的な旋律をそのままに歌いやすくシンプルにしていった側面もカーラボー歌謡の特徴である。タチンジーの歌唱は歌詞の1音節にいくつかの音符をあてて引き延ばして歌うメリスマ唱法を多用し、歌うためにはある程度の訓練が必要である。それに対し、メリスマ唱法をほとんど用いないカーラボー歌謡は聞いてすぐ歌いやすいというのが最大の特徴といえよう。

1950年以降、ポリシー歌謡という、それ以前にはなかった政治思想を内容に入れた歌が現れ

4 ミャンマー音階で主音は「タンフマン」と呼ばれるが、昔は現在よりかなり高くEに近い音だったと言われている。その後、Dに近い音になり、さらに1936－37年頃に外国の楽器の影響でCを主音にするようになった（Hla Shwe 1984: 332）。1950年代から60年代にかけて現地で調査をしたウィリアムソンもピッチの変化を実証的に示している（Williamson 2000: 28）。

る。1962年以降の社会主義時代には建国の基本原理や愛国的な歌詞を入れた作品が多数作られた。1970年代以降はコピー歌謡と呼ばれる、外国のポップスやロックのカバー曲が増えていく。コピー歌謡だけでなくロックやポップスの影響を受けた作品は、アンプなどを利用した音響からステレオ歌謡とも呼ばれる。レコードの時代が終わりカセットテープに移行する中、ミャンマー的なカーラボー歌謡も作られ続ける一方、若者の間ではコピー歌謡、ステレオ歌謡が人気を博していく。

## 1．2．地方でのレコード人気とコレクター

1901年に、のちにミャンマーの代表的な映画会社・レコード会社となるエーワン（A－1）社の社長のピィ市在住のウー・バニュンがフォノグラフにミャンマーの歌謡を録音し、これを祭事に貸し出したという(Hla Htut 1996: 226)。その後、蓄音機とレコードが普及し始めると「機械の祭り（セッポエー）」という娯楽が現れる。これは、蓄音機を持っている者が村を回ってレコードを再生するもので、商売として大いに繁盛したといわれる。レコードや蓄音機は地方の仏塔祭、寄進祭、結婚式などの祭事で欠かせないものとなっていく。レコード1枚の定価が1チャットから7チャットであったが、中には100チャットまで出す者もいて奪い合うように買い、同じものを何枚も余分に買っていたという(Maung Maung 2015: 60)。新しいレコードが出たと知るや各地からレコード再生業を営む者らがヤンゴンへやってきてレコード店をまわって有名なレコードを買い占めたという。

キッハウン歌謡の作品や歌手達のことを書いた『キッハウン歌謡と郷愁』の著者のセイントゥエーは第二次大戦前生まれで、12歳の時にレコード歌謡を相当な数聴き、その頃聞いた曲は今でも耳を離れないと述べている。戦時中に田舎の親類の元に疎開している間、夜になると聴きにやって来る村人らに蓄音機を回して聴かせるのは幼い自分にとってこの上ない喜びだったと語っている(Sein Thwe 2013: 20)。

個人でレコードを収集し、愛聴する層も形成された。『ミャンマーのレコード史研究』を2015年に著したマウンマウンは、最初にレコードを手にした思い出について書いている。1962年6月1日に5年生の修了試験に合格し6年生に進級する際に祖母からご褒美として、クウェー・レーベル（His Master's Voice のことでそのロゴにちなんだ「犬レーベル」の意味。以下HMV）の卓上レコードプレーヤーとレコードをもらった。レコード収集を大人になるまで続け、収集したレコードは1万枚以上に上るという（Maung Maung 2015: gaw-gan）。

マウンマウンは他のレコード・コレクターについても調べる中で、2013年にレコードと蓄音機のコレクターであるダウェー市のコー・ヤンナウンソーという人物と知り合う。この人物は、いくつかの僧院に保存されているレコードの発掘もしているという。さらにタウンジー市テーチュン村に住むウー・ピィは古いレコードを1万枚以上所有しているという。マウンマウンが調査に行ったダウェー市のタウングー僧院のウー・トゥナンダ僧正によると、第四代住職のウー・ワーヤマは1910年にインドに行った際に12インチのレコードとイギリス製のアンプを買って帰った。僧院に保存されているレコードは600枚以上にのぼるという（Maung Maung 2015: 876）。このように各地に膨大なレコード・コレクションを有するコレクターが生まれたことが分かる。歌舞音曲を禁じる僧院でコレクションされていることも面白い。筆者が2013年に訪ねたマンダレーのある僧院でも、僧正がタチンジーやカーラボー歌謡が好きで大量のカセットテープを収集していた。

筆者は、1950年代から60年代にミャンマーでレコードを入手したアメリカの民族音楽学者ジュディス・ベッカー氏よりそのレコードを数年前に譲り受けた。ひとつは現地レーベルのセイン・レーベル社のレコードで、舞台上ではなく地面で演じられる「ミェーワイン」と呼ばれる古い芝居を録音したものである。ジャケットに収められたレコードを包む紙製の外袋にはタウンジー市の Thiri Trading Company と代理店名が記載されている。この代理店が扱っている品としてスピーカー、ラジオ、蓄音機、レコードと書かれている。パデーター社、ミャンマ・ゴウンイー社（Burma Pride、コロムビアを引き継

写真1　セイン・レーベルのレコード(筆者所有)

写真2　ブリティッシュ・バーマー社のレコード広告「1938年版新曲集」(Sein Thwe 2013: 59)

いだ会社)、エーワン社、クウェー・レーベル社（HMV）、セイン・レーベル社、テッカトー・ソー社といったレコード会社名が挙げられていて、これらの会社から毎月発売されるレコードをすべて予約購入できると宣伝文句が書かれている。ここからは、顧客に新しいレコードが待ち望まれていたことが想像できる。

他のレコードは、ミャンマー連邦革命政府文化省[5]から発売と記載されていることから1962年以降に販売されたと推測できるセット組のレコードで、うちひとつは宮廷奏者の弟子であったドー・ソーミャエーチィ(1891-1967)の歌唱によるものである。「古いタンザン歌謡」とある。タンザンとは「新奇な音」という意味で[6]、後にカーラボーと呼ばれていくものである。1枚目には15分15秒とレーベルに書かれている。もうひとつのレコードには、「ミャンマー伝統歌謡」とある。オーズィー(胴の長い一面太鼓)やドーバッ(両面太鼓)といった村落音楽で使用される太鼓の歌が収録されている。カーラボー歌謡のごく初期の歌謡や伝統歌謡もレコードとして売られていたことが分かる。

5 連邦革命政府は1962年から1974年まで続いた革命評議会の下に設けられた行政府である。

6 コンバウン時代(1772-1885)には、現在タチンジーの主要なジャンルとされるパッピョー(鼓歌)がタンザンと呼ばれていた。「タンザン」とは既存のものに対して新しい要素を持つ歌謡を指す言葉である。

## 1.3. 映画とレコード歌謡

１９２０年にミャンマーに映画が登場して以来、映画とレコード歌謡は相携える形で発展してきた。１９３２年に最初のトーキー映画が作られるまでのサイレント映画時代、当初は映画館で生演奏をつけていた。歌とピアノ、ヴァイオリンなどで演奏するカーラボー演奏専門の楽団が登場し、古典的なスタイルとは異なる歌謡が作られるようになっていった。そして、サイレント映画の劇場で歌手が歌っていた曲をレコード会社がレコードに録音するようになる(Maung Maung 2015: 54)。

トーキー映画が登場した後は、映画会社がレコード会社を設立し、映画で有名になった歌手に劇中歌以外の曲も歌わせてレコードにして販売するようになった。エーワン映画会社からエーワン・レコード社、ブリティッシュ・バーマー映画会社からブリティッシュ・バーマー・レコード社が設立された。劇中歌の歌手だけでなく他の歌手もそれらレコード会社に所属して歌うようになる。映画とレコードの提携は各国で見られ、例えば日本でも日本ビクターは日活と、日本コロムビアは松竹と提携し、主要な映画作品には主題歌を挿入してレコードを発売するという方式が取られるようになった(菊池 2008: 30)。

ミャンマー音楽研究者のフラシュエは、映画歌謡の旋律を用いて歌詞だけを変えた作品『ラ・カソン』[7]がレコードに録音されたり、レコード歌謡の旋律を用いて歌詞を変えた作品が映画歌謡として使用されたりした例について述べている(Hla Shwe 1975: 401)。いわゆる替え歌であり、既存の旋律を使い歌詞を変えるのは、タチンジーの創作でも主要な手法である。旋律が同じであると歌を覚えやすく、人気のある曲の替え歌の歌詞カードは、すぐに売れたという(Hla Shwe 1975: 401-402)。

7 この『ラ・カソン』はシュエピィエーがレコード業界で最初に作った曲である(Hla Shwe 1984: 269)。

## 1．4．ラジオ放送とレコード

ミャンマーでラジオ放送の試験的運用は１９３７年から始まり、１９３９年10月1日にBurma State Broadcasting Serviceというラジオ放送局がヤンゴンに開設され、ミャンマーのニュースや西洋音楽のレコードを放送して、本格的な運用が始まった。間もなく、タチンジー楽団、カーラボー楽団の演奏を放送し始めた。当初は楽団による生演奏を放送していた。その後、放送の主軸となったのはレコード歌謡で、既にレコードで有名になっていた歌手のマ・チィアウン、マ・エーミ、セインパーティらの歌を放送した（Maung Maung 2015: 63）。そして、タチンジーとカーラボー歌謡を交互に放送したという（Hla Htut 1996: 260）。

１９４６年に政府はロンドンのＢＢＣでミャンマー語放送を担当していたウー・キンゾウを、[8] ミャンマーで放送事業を監督させるべくヤンゴンへ呼び戻した。ウー・キンゾウは帰国途中インドに寄りミャンマーのレコード５００枚以上を集めて戻り、１９４６年2月15日にバマー・アタン局（英語名Burma Broadcasting Service）を開設した（Hla Htut 1996: 262）。その後、１９４８年にミャンマ・アタン（Myanmar Broadcasting Service）と名前が変わり、１９９７年にＭＲＴＶ（Myanmar Radio and Television）となり現在に至る。

１９５０年中頃になると、ラジオで有名になった歌手がレコード界に進出した。また、レコードがラジオ放送されるなど、レコードはラジオとも連携するようになる。レコードが音楽家にとって主たる生活手段になったのに対し、ラジオ放送の賃金はわずかであったため、ラジオは生活手段としてというよりは、音楽家が宣伝のために使用した側面が大きい。

ラジオ放送局は国営であったことから、徐々に愛国主義的な傾向を強めていく。第二次大戦後、西洋の映画、レコード、ラジオから外国音楽が大量に流入し、カーラボー楽団の一部は西洋の歌にミャ

8 ミャンマー音楽に関する著作や論考を英語で著した（Khin Zaw 1981 など）。

ンマー語の歌詞をあてて演奏していたが、こうした曲はラジオから排除されていった（Hla Htut 1996: 264-265）。１９６０年代までラジオではタチンジーやミャンマー的なカーラボー歌謡が中心的に放送されたという（Hla Htut 1996: 265）。西洋音楽の要素を取り込んだレコード界とミャンマー的なものにこだわったラジオ界とで、異なる音楽トレンドが形成されたといえる。

写真３『ラジオ歌謡集』表紙
（Cho Tei Than Taik n.d.）

　１９５０年代から６０年代にかけての約10年間に作られラジオで放送された歌謡は３６０００曲くらいあったという（Hla Htut 1996: 272）。筆者の手元にある『１９５１年８月-１９５８年８月まで7年間のラジオ歌謡集』（Cho Tei Than Taik 1958）を繰ると、約４８００曲のタイトルが目次に連なっている。この歌謡集からだけでも膨大な数の歌謡がラジオを通して広がったことが分かる。

## 2. レコードの登場

　ここまで見てきたように、流行歌謡であるカーラボー歌謡はレコードや映画と相携えて生まれ、さらにラジオを通して広まっていった。ここでは、最も古いメディアであるレコードが登場した経緯を見ていく。１９００年頃にミャンマーにフォノグラフが伝わった。フォノグラフはミャンマー語で「ダッロウン」と呼ばれる。１９０２年以降、ＨＭＶやコロムビアといった海外レーベルがミャンマーに進出し、1936年以降には現地レーベルが登場した。

表1は植民地時代（1886−1948）にミャンマーに進出した海外レーベルと、同時期に設立されたミャンマー資本の現地レーベルごとに、ミャンマーでの録音を開始した順にまとめたものである。レコード会社は様々なレーベルを作り、他会社の買収や売却を繰り返しているが、それらの詳細にはここでは触れない。また、レコードの数はレコード研究者のマウンマウンの収集したレコードのリストを集計したものである。

表1　植民地時代のレコード会社

| レコード会社 | 設立国、都市 | 設立年 | レーベル | レコードの数（枚） | ミャンマーでの録音開始 |
|---|---|---|---|---|---|
| グラモフォン | イギリス | 1897 | エンジェル | 242 | 1902 |
| | | | グラモフォン・コンサート・レコード（HMV） | 22 | |
| | | | グラモフォン・モナーク・レコード | 51 | |
| | | | HMV | 1961 | |
| ユニバーサル・トーキング・マシーン | — | 1899 | ゾノフォン | 1 | 1910頃 |
| フォノティピア | イタリア | 1904 | — | 1 | 1910頃 |
| ヴィロフォン | ボンベイ | 1914 | — | 3 | 1914頃 |
| オデオン | ドイツ | 1903 | — | 141 | 1925頃 |
| ツイン・レコード[9] | — | — | ツイン | 493 | 1928頃 |
| ユニバーサル・ラジオ・レコード | ミャンマー（海外資本） | — | — | 3 | 1928頃 |
| バーロフォン・レコード | ドイツ | 1896 | — | 364 | 1930頃 |
| コロムビア・フォノグラフ | アメリカ | 1887 | — | 1153 | 1931 |

9　人気歌手を主としたグラモフォンのレーベルＨＭＶに対して、新人や無名な歌手の録音を主としたレーベル。

| | | | | | |
|---|---|---|---|---|---|
| パテ | フランス | 1896 | — | 32 | — |
| ベカ | ドイツ | 1903 | 孔雀マーク | 14 | — |
| トーキング・ピクチャー・レコード | カルカッタ、ヤンゴン | 1005 | — | 1 | — |
| メガフォン | — | — | — | 2 | — |
| エーワン・レコード | ミャンマー | 1936 | ダビンウン | 163 | 1936 |
| ブリティッシュ・バーマー・レコード | ミャンマー | 1937 | — | 279 | 1937 |
| アウンミンガラー・レコード | ミャンマー | 1937 | グウェマウン | 16 | 1937 |
| アウンミャンマー・レコード | ミャンマー | 1937 | — | 12 | 1937 |
| ミャンマー・レイッピャー・レーベル・レコード | ミャンマー | 1938 | レイッピャー | 28 | 1938 |
| タキン・レコード | ミャンマー | 1938 | — | 1 | 1938 |
| グレート・ポーセイン・レコード | ミャンマー | 1939 | — | 153 | 1939 |
| ドバマー・レコード | ミャンマー | — | バンドゥーラ | 2 | — |

出典：(Maung Maung 2015: 73-302, 332-437) より筆者作成。

表1を見ると、植民地時代にミャンマーに進出した海外レーベルが13社、ミャンマーで設立された現地レーベルが8社であることが分かる。海外レーベルと現地レーベルそれぞれについて次に見ていく。

### 2. 1. 海外レーベルのミャンマー進出

ミャンマー音楽のレコード録音は、英グラモフォン社[10]のフレドリック・ガイズバーグ（1873-1951）の海外での録音活動によって開始され、ガイズバーグとジョージ・ディルナットが録

10 1898年に設立、後HMVと改称し1931年にEMIとなった。

音を行った。一回目が１９０２年、二回目が１９０４年、三回目が１９０６‐１９０７年である[11]。１９０８年、ディルナットはヤンゴンでミャンマーの最も有名な歌手であり芝居役者であるポーセイン（１８８２‐１９５４）の芝居を録音した（Murray 2013: 26）。

ガイズバーグは自身が記した回想録の中で、ミャンマーでのレコーディングの思い出が強く残っていることを以下のように述べている。

> そこには魅力的な人々、国があり、その音楽は私に強くアピールした。無気力なインド音楽に比べて、それは活力があり彩りがあった。これらの快活な人々はザッと呼ばれる娯楽を持っていた。歌と踊りがちりばめられたそのドラマの軸は、王子と王女の古い物語である。（中略）ポーセインは最も人気のある役者で、彼はつねに英雄的な王子役である。彼の歌劇団は自前の舟と外輪船でイラワジ川を下ったり上ったりしながら巡回し、それはミシシッピ川のショー・ボート一座のようであった。しかし、ボートは輸送と住居としてのみ使用され、公演は村の劇場か野外で行われる。夜9時に開始され一晩中続く。楽団は甘美な音階のベルと、バチで叩く竹製の打楽器から成る。完全なザッの40枚のレコードは私のミャンマーの録音プログラムにおいて多大なる利益を生み出す部分となっている（Gaisberg 1977: 64）。

この回想録からは、ミャンマーでポーセインのレコードが大きな利益をあげたことが分かる。これらのレコードは、人気のポーセイン一座を呼べない地方の祭事などで需要があったことは想像に難くない。英グラモフォン社に他社も続いた。パーロフォン、デッカ[12]、オデオンなどのレコード会社もミャンマーのレコード市場に参入し、レコード製造の規模もさらに大きくなっていく。１９３１年には、英グラモフォンと並んでミャンマーにおける二大レコード会社となるコロムビア社がミャンマーに登場した。

表１のレコードの枚数を見ると英グラモフォン社のレーベルＨＭＶとコロムビア社が圧倒的に多い。

11 ドイツでレコードをプレスし、現地で売るという方式であった（Murray 2013: 25）。

12 表１に示したマウンマウンのコレクションにはないが、デッカも進出していたことをフラトゥッが述べている（Hla Htut 1996: 227）。

マウンマウンが収集したレコードがミャンマーで発売されたレコードの何割であるかは明らかでないが、ＨＭＶのレコードが１９６１枚、コロムビア社のレコードは１１５３枚で、その次に多いツイン・レコードの４９３枚より際立って多い。ミャンマーではクウェー・レーベル（ＨＭＶ）とコロムビア社が最も知られているとマウンマウンが述べていることからも（Maung Maung 2015: 138）、ＨＭＶとコロムビア社のレコードが最も多く販売されたと考えることができる。

## ２．２．現地レーベル

ミャンマーの現地レーベルは、先に見たように植民地時代に８社が設立された。１９４８年の独立後、１９６２年に社会主義時代になるまでに28社、またその後１９８８年まで続いた社会主義時代に１１８社が設立されたことが、マウンマウンの資料からは確認できる。大会社だけではなく、個人宅でレコードをプレスするような家内工業的なレコード事業社も多数現れた。１５０社近くの現地レーベルの中での代表格が、１９３６年に設立されたエーワン社と１９３７年に設立されたブリティッシュ・バーマー社である。ＨＭＶやコロムビア社のリリース数には及ばないものの、表1からはマウンマウンが収集したものだけでも少なくともエーワン社が１６３枚、ブリティッシュ・バーマー社が２７９枚をリリースしていることが分かる。人気のある歌手のレコードは最少でもレコード1タイトルにつき７００枚くらいからプレスしていたようで、時に数千枚規模になっていたことから、レコード産業が盛んだった様子がうかがえる。

当初ミャンマーにはレコード録音所がなく、録音技師もいなかった。インドのダンダン・インディア録音所のエンジニアがヤンゴンに来ている時に順番に録音を行っていた。１９３６年頃からミャンマーのレコード会社が専門のドイツ人技師を雇うようになる。エーワン社、ブリティッシュ・バーマー社などの映画会社が録音技師を海外から雇いレコードを録音することができるようになった（Hla Tha Mein 1973: 22）。

１９４１年12月に日本軍のヤンゴンへの爆撃投下のために、レコード事業は停止を余儀なくされた（Maung Maung 2015: go）。戦後にレコード産業が再興した時[13]に最初に現れた会社は１９４８年設立のルッラッイェー社、１９５１年設立のミャンマ・ゴウンイー社、セイン・レーベル社であった。ミャンマ・ゴウンイー社はコロムビア社を引き継いだレコード会社であった。ルッラッイェー社は１９５２年に二つに分かれ、パデーター・レコード社とジャーマン・レコード社が設立された（Hla Htut 1996: 249）。戦後に再興したエーワン社、ブリティッシュ・バーマー社、オウンティンと息子社などの他、ヒンダター米取引レコード社（ＨＲＣ）、パイン・ラジオ代理店、テットー・レコード社（後にトーナイン・レコード社）とエベレスト山マークのスーパーハイ社などが著名なレコード会社として確認できる（Hla Htut 1996: 289）。ヤンゴンの現在のボウスンペッ通りはレコード会社でひしめいていたという。

戦後、東南アジアにレコードプレス設備が設置されたことと、録音における磁気テープの利用により、ローカルなレコードビジネスがより手軽なものとなった（Murray 2013: 35）。コストの低下とメジャー・レーベルの競合者がいなかったことから、インディペンデントのレコード会社は１９５０年代を通して東南アジアで急成長し始めた（Murray 2013: 37）。ミャンマーでもこの時期に家内工業的なレコード会社が登場する。

１９６２年からの社会主義時代、政府の調整によりレコード会社は93社にまで減るが[14]、それでも相当数のレコード会社があったといえよう。レコード原料の輸入を禁止した１９７０年から１９７２年の間、生計手段をほとんどレコードに頼っていた音楽家達の生活が苦しくなっていく。１９７０年代後半にカセットテープの登場によりレコードの時代は終わりを迎える。

13 アウンサン将軍らの演説レコード販売の新聞広告に基づき１９５０年10月12日にはレコード事業が再開していたことが分かるとマウンマウンは指摘している（Maung Maung 2015: go-gaw）。

14 外貨不足から輸入できる原料が減り配分制となった。一部の事業社は配分された原料を金額を上乗せして転売することもあった。そのため、政府は不適切なレコード事業社を登録から外した（Hla Tha Mein 1973: 12）。

# 3. レコード産業と音楽家

## 3．1．レコード会社との専属契約

英グラモフォン社やコロムビア社は、高額な給料を提示し契約を交わすことで、有名な作詞作曲家、歌手、演奏家を囲い込んでいった。レコード会社との専属契約はある程度の固定収入を約束する一方、競争をあおり、音楽家達の創作、演奏活動を強制、制限するものでもあった。

作詞作曲家として著名なシュエタインニュン（1909－1945）はコロムビア社のマネージャーのミスター・キースから保証金2000チャット、一曲に付き20～25チャットを得て作詞作曲をした。カーラボーの最初期の作詞作曲家のナンドーシェ・サヤー・ティン（1894－1949）は一曲に付き50チャット得ていたという（Hla Tha Mein 1973: 15）。このような契約方法は後に現地レーベルにも真似されていく。

専属契約による大量の作曲のノルマは時に作品の質の低下やゴーストライターの使用、盗作問題を引き起こした。既存の歌謡の旋律を再利用したり、自分の歌をそのまま別名で出すことで再度収入を得たりすることもあったという（Hla Tha Mein 1973: 16）。

レコード会社との専属契約の裏では、作詞作曲家が名前を変えて他のレコード会社のために作詞作曲することもあった。例えば、シュエピィエーはコロムビア社と専属契約を結んでいたが、ブリティッシュ・バーマー社ではナガーニーやサチャー、ダビンウン・レコード社ではキンサナ、チッモースウェ、ナンケーティーなどの様々な名義で作詞作曲をしていたという（Taw Win Mithazu Konpani ed.

2010: 112)。海外の巨大企業に搾取される一方ではない現地の音楽家のたくましさが垣間見える。

## 3. 2. ロイヤルティーを巡る問題

レコードの市場が拡大し、一タイトルのレコードが何百枚、時に何千枚もプレスされるようになると、それまで一曲いくらの買い取り方式で曲を売っていた音楽家達にロイヤルティーの概念が出てくる。独立の機運高まる時期には、外国資本の搾取に対抗する動きも出てきた。

レコード会社とのロイヤルティーを巡る問題について、竪琴奏者のウー・バタン（1912－1987）もその自伝で述べている。ウー・バタンは当時14弦だった竪琴を現在の16弦に変え、また優れた演奏で知られる、後世に大きな影響を与えた竪琴奏者である。当時ウー・バタンは録音1曲につき25チャットもらっていたが、司法に長けた知人から、録音先のコロムビア社は儲かっているのだから録音直後にまとめて代金をもらうのではなく、1枚売れるたびに1ペーをもらうようアドバイスされた。ウー・バタンはコロムビア社のキースと会ってそのことを請求したが、前払いで500チャットまでなら払えると提示され、いったん持ち帰る。しかし、共に要求をするはずであった音楽仲間達がキースから5000チャット渡されて懐柔されてしまった。その後、再度キースに会うと「1000チャットほしいのか2000チャット欲しいのか。1000チャット受け取れ。契約書を修正する」と言われたという。ウー・バタンは英語で書かれたその契約書が読めず内容も分からなかった。このことからウー・バタンはコロムビア社とトラブルになり、この時一度袂を分かった（Ba Than 1987: 71-76）。

このエピソードからは、レコード録音料を巡って、音楽家達が足元を見られる形でいいように契約をかわされていたことがうかがえる。そのことに音楽家達も気付いていたが、即金でもらえる額も相当な金額であったため、結局は黙り込むしかなかった。1930年頃の物価について、マウンマウンは、当時最高級の店のソバ1杯が1マッ、有名なイーコーリーパン食堂で食事をお腹いっぱい食べて1マッと3ムー[15]くらい、新車が3000チャットと述べている(Maung Maung 2015: 320)。1000チャットはかなりの金額であったといえる。

## 3．3．スター歌手と人気作詞作曲家

カーラボー歌謡はスター歌手を生み出すビジネス手法によって大きな人気を博した。本書第8章では福岡(正)がスンダ芸術におけるスター歌手について述べているが、スター歌手の誕生はポピュラー・ソングの大きな特徴のひとつである。カーラボー歌謡がそれまでの古典歌謡と大きく異なっている点は、各作品と歌手がセットになっている点である。カーラボーの歌詞を集めた歌謡集を繰ると、いずれの作品にも冒頭に作詞作曲家と歌手の名前がそれぞれ付されている。詠み人知らずの作品も多いタチンジーの歌謡集には見られない特徴である。歌手の人気が作品の人気にも影響するという、現在の音楽産業にも共通する要素が見られるようになる。

スター歌手の誕生を後押ししたのが高級版と廉価版の二種類のレコードを作ることである。ガイズバーグは、イタリアの人気テナー歌手エンリコ・カルーソなど世界各国の一流の歌手に録音することを納得させるために、通常のレーベルとは別の赤色のレーベルでレコードを販売することで高級感を演出するアイデアを思い付いた(中川 2015: 93)。ミャンマーのレコード産業でも同様の手法が用いられ、音楽家達の自尊心をくすぐり、購入者の購買意欲を煽った。ヤンゴンにおける英グラモフォンのエージェントであったMisquith & Co. 社は、HMVとは別にツイン・レコードを設立した。人気歌手のレコードをHMVレーベルで1チャット8ペーから1チャット12ペーまでの価格で販売し、新人歌手や無名歌手のレコードはツイン・レーベルで1チャット4ペーで売ったという(Than Hlaing

15 マッは1チャットの4分の1、ムーは1チャットの8分の1の補助貨幣。

1975: 32)。コロムビア社も紫レーベルと赤レーベルの2種類を作った。１９３３年初頭にコロムビア社と契約した歌手のマ・チィアウンは最も売れるスター歌手となり、紫レーベルでレコードを録音した。他の歌手は赤レーベルだった。紫レーベルは3チャット8ムーで、赤レーベルは2チャット12ムーで販売された(Hla Htut 1996: 231-232)。

カーラボー歌謡において歌手が注目される一方、レコードの円盤の中心部分に貼られたレーベルやレコード会社のカタログには作詞作曲者の名前は示されていない。そのため、ナンドーシェ・サヤー・ティンやシュエタインニュンら作詞作曲家達は宣伝のために一部の作品に自分の名前を入れて作詞している。[16] 作詞作曲家の名前を演奏の中でアピールすることにより、人気の作品は作詞作曲家名でも知られるようになっていった。

ナンドーシェ・サヤー・ティンは３００曲余りの作品を残し、一部の作品は自身が歌ってレコードに録音もした。日本の同時期の古賀メロディーのような、ミャンマー人の心に訴える曲調が現在に至るまで愛されている。大量の作品を残したシュエタインニュン、奏者であり作詞作曲家でもあったシュエピィエーも今でもファンの多い作詞作曲家である。シュエタインニュンの作品は２３１篇、シュエピィエーの作品は３１２篇がそれぞれの作品集より確認できる（Alinga Wut Yi Press 2009, Taw Win Mithazu Konpani ed. 2010)。

筆者は２０１０年3月19日にヤンゴンで開催された、シュエタインニュン生誕百周年記念式典に参加した。多数の著名な音楽家達がシュエタインニュンの作品を歌い演奏し、舞踊劇も交えた大掛かりなものであった。シュエタインニュンの姪は著名な歌手ターで、その息子はロックスターのゾウウィントゥッであり、彼らも参加する豪華な式典であった。シュエタインニュンが現在に至るまで人々の記憶に残る作詞作曲家であることが分かる。カーラボー歌謡は歌手だけでなく作り手の名でも知られ、親しまれていった。

16 例えば、マ・チィアウンが歌ったダゴン・サヤー・ティン作の「中国のエメラルドの地層」という歌には最後から2節目に「ダゴン・サヤー・ティンが大柱を建てたそうだ」という歌詞がある。この世で得難い愛に満ちた人々のことを、かつて人々の悪い行いが帝釈天によって閉じ込められた中国のエメラルドの地層にたとえた歌詞の途中で、ダゴン・サヤー・ティンの名前が唐突に登場している(歌詞は(Ministry of Information 1999: 49)を使用)。この曲は、当時の有名歌手マ・チィアウンがコロムビア社に移籍して最初に録音したレコードであり、１９３３年2月に発売された(Than Hlaing 1975: 50)。

写真４　シュエタインニュン生誕百周年記念式典で歌う姪のター（2010年３月19日筆者撮影）

写真５　左から４人目がシュエタインニュンの姪のター。有名な歌手ドー・イーイータン（右から３人目）らと（2015年９月６日撮影）

## 4. レコード時代からカセットテープ、CD、デジタルメディアへ

1960年代、外貨不足による原料の輸入不足からレコード事業は一気に衰退した。その後、1970年頃に登場したカセットテープに徐々に押されていく。マウンマウンは、レコードの最後の広告は1977年2月7日にチェーモン新聞に掲載されたもので、そのレコードは1974年に発売されていた「愛の許しを求めて厭われることを恐れて」というレコードだったと述べている(Maung Maung 2015: gaw)。レコード会社はカセットテープに録音する方式に切り替え、レコードは1974年頃から次第に姿を消していった(Hla Htut 1996: 318-319)。1960年からのレコード時代に一帯に会社がひしめいていたように、カセットテープのダビング店がヤンゴンのマハーバンドゥーラ通り、スーレーパヤー通り、アノーヤター通りに次々に現れた(Hla Htut 1996: 320-321)。

このような店も90年代以降は減っていった。筆者は2001年頃までは、ヤンゴンのダウンタウンにある「グレイト音楽録音所」という小さな店舗で、欲しいカセットテープをダビングして購入していた。ダウンタウンには他に同様の店舗はなかった。この店では多くのカーラボー歌謡がカセットテープで販売されていた。マンダレーでは、筆者の知る限り2007年にはまだかなり大きな店構えのカセットテープ店が一軒あった。店の半分をダビング設備が占め、大量のカセットテープが積み上げられていた。

1999年頃にはCDを売る店がスーレー・パゴダ通りに1軒あったが、1枚2000チャット(当時約400円)と当時の物価からはかなり高価であった。当時の大学教員の月給が5000チャット(当時約1000円)である。売られていたのは西洋のロックやポップスのオリジナルCDのみであり、プレーヤーも普及していなかった。その後、VCDプレーヤーの普及と共にMP3形式でコピー

写真6　マンダレーのカセットテープ屋（右手奥がダビング工房）
（2007年8月30日筆者撮影）

されたCDが普及し始めた。ミャンマーのヒット曲だけでなくタチンジー、カーラボー歌謡も容易に1枚200円ほどのCDで購入できるようになった。物価上昇により現在の大学教員の給料が約35万チャット（約2万8000円）なので、以前よりは買いやすい値段といえよう。近年は大きなスーパーの一角にはCDやVCD、DVDコーナーが設けられていることも多い。

1998年に政府によりごくわずかの利用者を対象にインターネットサービスの提供が開始された。しかし、筆者が現地にいた1999年からの2年間には、インターネットの権利取得に3000米ドルかかると聞いており、ごく一部の人しかインターネットには接続できなかったと思われる。その後携帯電話回線でのデータ通信が徐々に普及し、さらに2014年頃からはスマートフォンの爆発的な普及により、音楽ファイルをスマートフォンに入れて聴く人が増えた。このことで、デジタルメディアによる音楽の普及があっという間に広まった。現在では100円ほどでSIMカードを購入できる。ファイル共有アプリを利用して、音楽ファイルや動画ファイルをコピーし合っている風景も珍しくない。ミャンマーで多くの人が使っているフェイスブックには、カーラボー歌謡の貴重な古い音源も大量にアップロードされている。レコード時代、そしてカセットテープ時代と比べると、容易に、莫大な数の音楽を個人が所有できる時代となった。レコードと共に広まったカーラボー歌謡は、現在でもカーラボー歌謡と共に青春を過ごした年配者に愛聴されているが、一方で若者にも親しまれている。ミャンマー的なメロディーと趣のある歌詞が、現代のアップテンポで現地の人にとっても時に聞き取りにくい歌詞の歌に比べて味わい深く、さらにスマートフォンを通して容易に聴けるようになったことから、新たな聴衆も開拓しているといえよう。

## おわりに

本章ではミャンマーのカーラボーと呼ばれるポピュラー・ソングの誕生を、レコード史との関わりで見てきた。レコード産業は流行歌謡を生み出し、聴衆を開拓した。その後、映画とレコードが連携し、さらにラジオ放送も始まったことで広範囲に広がる流行歌謡が生まれることとなった。

音楽家達は、英グラモフォン社やコロムビア社といった巨大企業と結びつくことで、生きる道を探した。アマチュアの音楽愛好家からプロへの転向などもこのレコード産業によって促進された。当時の物価からは破格の謝金を得ながらも、一方ではさらに莫大な儲けを出しているこれらの会社に搾取されているという思いも音楽家達の中には芽生えてきた。１９７０年代には安価で手軽なカセットテープに押されレコードの時代は終わったが、その後もカーラボー歌謡の新しい作品は作られ続けた。カーラボー歌謡と呼ばれるのは社会主義時代が終わった１９８８年頃までの作品であるが、カセットテープやＣＤを通して親しまれ続け、そして現在ではインターネットを通して大量の作品を手軽に聴くことができる。

音楽が産業化される中で、優れた作品もたくさん生まれた。そこには愛好家達が常に存在した。カーラボー歌謡の愛好者は今でも多い。現在ではロックやポップスの他、ヒップホップやメタル、さらにデスメタルなど世界のトレンドとほぼ同じ音楽が若者の間では人気であるが、何気なく聴いているテレビの天気予報のバックミュージックなどにもカーラボー歌謡は使用されていて、若者の中にも知らずに馴染んでいる者が多い。結婚式や寄進祭などの祭事でもカーラボー歌謡が歌われることが多く、テレビでも古い映像を使ったカーラボーの演奏が頻繁に放送されるなど、今でも人気が続いている。

本章ではレコードを中心とするメディアの中でカーラボー歌謡が生まれてきた過程をたどってきたが、仏塔祭や布施祭、結婚式などの祭事で楽団や歌手による生演奏が広くみられることもカーラボー歌謡の流行には大きな意味を持つ。サインワイン楽団と呼ばれる打楽器を中心とした楽団や竪琴などの伝統的な楽器も、現在でも祭事においてはタチンジーではなくカーラボー歌謡を主に演奏している。ミャンマーにおいて日常生活の中で生演奏に触れる機会は非常に多い。マンダレーのミョウマニェイン楽団など、西洋の楽器をミャンマー音楽と融合させた楽団の功績も無視できない。このような生演奏とポピュラー音楽との関係についてはいずれまた論稿を改めて、ミャンマーにおけるポピュラー音楽史を多角的にみていきたい。

**引用文献**


（ミャンマー語）

Alinga Wut Yi Press
　2009. *Gandawin gita sasodaw-gyi Shwe Tain Nyunt hnit 100 pyi ahmat taya*（殿堂入り作詞作曲家シュエタインニュン生誕百周年記念）. Alinga Wut Yi Press.

Aung Lin
　n.d. *Pyidhu sapei gita youkshin*（国民の文学、音楽、映画）. n.p.

Ba Than, Saung U

1987 *Gita hnin bawa atwei acoun*（音楽と人生経験）. Sapei Beiman.

Cho Tei Than Taik

1958 *1951 August hma 1958 August ahti lazin htouk wei ge dhaw reidiyo cho tei than dwin 7 hint cho tei than*（１９５１年８月－１９５８年８月まで７年間のラジオ歌謡集）. Cho Tei Than Taik.

n.d. *1951 August atwe 1 sazaun 1 hma 1953 July atwe 2 sazaun 12 ahti 2 hnit atwet reidiyo cho tei than*（１９５１年８月１巻１号－１９５３年７月２巻12号まで２年間のラジオ歌謡集）. Cho Tei Than Taik.

Hla Htut, Sandaya

1996 *Myanma gita yei-si-gyaun*（ミャンマー音楽の系譜）. Sa-chit-thu Sa-zin.

Hla Shwe, Zagain

1975 *Youkshin gita hnin cano*（映画音楽と私）. Chanmyei Sapei.

1984 *Cano thi daw sandaya hsaya-gyi-mya*（私の知っているピアノ奏者達）. Sapei Beiman.

Hla Tha Mein

1973 Datpya tei（レコード歌謡）. Myanma naingan gita kaung-si (baho) (ed.), *Gita thuteithana sa-dan: hnahse ya-zu tei-gita thamain.*（未公刊史料：１９７３年８月13－17日開催参加者に配布した論集）.

Maung Maung, Thuteidhi

2015 *Myanma naingan datpya thamain thuteitana gyan*（ミャンマーのレコード史研究）. Chandha Sapei.

Ministry of Information, Myanma Athan

1999 *Tei-yei pinnyashin-gyi-mya i hkit haun tei thachin mya* vol. 2（作詞作曲家達のキッハウン歌謡作品集）. Sapei Beiman.

2013 *Tei-yei pinnyashin-gyi-mya i hnaun hkit kalabaw tei-mya*（作詞作曲家達の後期カーラボー歌謡作品集）. vol. 7. Ministry of Information.

Sein Thwe

2013 *Hkit haun tei hnin auk-me hbwe*（キッハウン歌謡と郷愁）. Nan Dewi Sapei.

Taw Win Mithazu Konpani (ed.)

2010 *Alinga kyaw zwa Shwe Pyi Aye hnit 100 pyi ahtein-ahmat anupyinnya bawa hmattan*（アリンガチョーゾワー・シュエピィエー生誕百周年記念芸術人生の記録）. Pahpet Sapei.

Than Hlaing

(ed.) 1970 *Hkit haun thachin paun gyouk*（キッハウン歌謡集）. Pagan Saouk-thaik.

1975 *Sitco hkit anupyinnya-shin-mya*（第二次大戦前の芸術家達）. Thuyatthati Sapei-taik.

（英語）

Gaisberg, Frederick William

1977 *The Music Goes Round.* Reprint. Ayer Co Pub.

Khin Zaw, U

1981 *Burmese Culture: General and Particular.* Sapei Beiman.

Murray, David

2013 Part I: The Record Industry in Southeast Asia. In *Longing for the Past: The 78 rpm Era in Southeast Asia.* Jason Gibbs, David Harnish, Terry E. Miller, David Murray, Sooi Beng Tan and Kit Young, pp. 23-42. Dust-to-Digital.

Williamson, Muriel C.

2000 *The Burmese Harp, Its Classical Music, Tunings, and Modes* (Northern Illinois University Monograph Series of Southeast Asia 1). Center for Southeast Asian Studies, Northern Illinois University.

（日本語）

菊池清麿

２００８『日本流行歌変遷史』論創社。

中川克志

２０１５「第５章レコード産業の成立」『音響メディア史』（メディアの未来⑤）、谷口文和、中川克志、福田裕大、pp. 81-98、ナカニシヤ出版。

マニュエル、ピーター

１９９２『非西欧世界のポピュラー音楽』中村とうよう訳、ミュージック・マガジン。

# 第10章　インドネシア・インディーズ音楽の夜明けと成熟

金悠進

## 1、はじめに

私は2016年10月30日、インドネシアの首都ジャカルタで開催された音楽フェスティバル、「シンクロナイズ・フェス2016（Synchronize Fest 2016）」に参加した（**写真1**）。様々なジャンル・地域・世代を超えた100以上のミュージジャンが集結する大型フェスであった。ポップからパンク、メタル、ジャズ、そして国民的大衆音楽ダンドゥット（dangdut）まで多種多様なジャンルが集結した。現地日刊紙『コンパス』も「パンクスからロマ兄貴まで」（ロマ兄貴のロマとは「ダンドゥットの王」とも称される著名ダンドゥット歌手ロマ・イラマの愛称）という見出しを掲げ、そのジャンル横断性を誇示した。出演者の活動拠点・世代も様々である。しかし、出演者リストを眺めると1990年以降に結成したインディーズ出身・所属のミュージシャンが過半を占める。主催したのはインディーズ・レーベル（独立系音楽ソフト会社）、「ディメジャース（Demajors）」。2000年にジャカルタで設立され、現在最も幅広く精力的に活動するレーベルの一つである。ディメジャース創設者で主催者のデヴィッド・カルト（David Karto）[1]は、インドネシアの国是「多様性の中の統一」を引き合いに、「イン

1 デヴィッド・カルトについては丸橋による「現地レポート東南アジアのトコ・カセット訪問記（5）」も参照されたい。

ドネシアの様々な要素を同時化（シンクロナイズ）したムーブメントである」と強調した（同フェス案内文より）。インディーズはその単なる一つの構成要素ではない。このような大舞台で多くのインディーズのミュージシャンが他のメジャーのそれと横一線で並び「共演」したこと自体大きな意味がある。何より、その共通の舞台を創出したのはインディーズ・レーベルであったことは重要である。

写真1　筆者撮影

本論は90年代をインディーズ以前／以後の起点とし、その実践の系譜に迫ることで、インドネシアにおけるポピュラー音楽の大きな構造的変動を１９７０年代から２０１０年代を射程に論じるものである。インドネシアにおけるポピュラー音楽研究が増えてきているとはいえ、まだあまり多くないのは序論（福岡まどか論文）で見たとおりである。加えて、ポピュラーカルチャーの「第２の定義」である、大量生産や商業主義に還元されない「インディーズ」の文化実践に関する研究はさらに少ない。インドネシアの音楽産業の主流／メインストリームのみを見るだけでは「インドネシアの大衆音楽とは何か」という大きな問いに接近することは困難であろう。本論ではインディーズのインドネシア大衆音楽史における位置付けを明らかにし、その見取り図を描きたい。

## 2、70年代――ロックの盛衰

後述するように、インディペンデント(independent)の略称としての「インディーズ」[2]という西洋的概念がインドネシアに輸入されたのは90年代頃とされる。もちろん、それ以前に70年代頃から、自主独立的に活動するミュージシャンは存在した。しかし、当時の音楽の担い手にとって大手（メジャー）か独立(インディーズ)かといった峻別は問題ではなかった(Taufiq Rahman 2016)。本節では、のちのインディーズ台頭の構造的背景を知るため、70年代の音楽地図、とりわけ当時台頭してきたロックとダンドゥットの位置付けについて触れたい。抽象的に結論を先取りすれば、「ロック＝砦の世界」と「ダンドゥット＝路地の世界」の間の空白を埋めるようにしてインディーズは台頭した。

インドネシアのロックはスハルト権威主義体制の発足と抱き合わせるように開花した。その始まりは１９６７年である。１９６７年という年は、初代大統領スカルノからスハルトへ権力が委譲され、スハルトが実質的に最高権力者となる政治的転換期である。[3]反欧米的な左寄りのスカルノがロックなど西洋音楽を排斥しようとした一方、冷戦期に西側陣営の支援を受けた親欧米的なスハルトが西洋音楽の輸入を解禁し始めた。政治的には抑圧されつつもこの文化政策の恩恵を受けた若者らがビートルズなど「ロックの本場」欧米への憧憬の念を抱き、自らバンドを組み始めた。１９６７年はスラバヤの伝説的ハードロックバンド、アカ(Aka)など堰を切ったように多くのロックバンドが結成された最初の年である。同時に、１９６７年はバンドンの大学生らが中心となって若者向け娯楽雑誌『アクトゥイル(*Aktuil*)』を創刊した年でもある。『アクトゥイル』は主に同時代の国内外のロックを取り扱う当時では貴重な視覚的情報媒体となった(竹下 2011)。これ以後インドネシアは約10年間にわたるロック黄金期を迎える。１９７５年には、『アクトゥイル』編集者の尽力によりディープ・パープルの記念すべきジャカルタ公演が実現し、同じ舞台でジャカルタのロックバンド、ゴッド・ブレ

2 インドネシアでは「インディー(indie)」と発音するが、本論では日本で一般的な表記である「インディーズ」を使用する。

3 １９６５年の「9．30事件」を契機に共産党シンパが何十万人と虐殺され、スカルノは失脚し、実質上の軍事クーデターによりスハルトが第２代大統領に就任した。

ス（God Bless、１９７３年結成）が前座を務めた。同年にはプログレッシブロックの先駆、バンドンのジャイアント・ステップ（Giant Step、１９７３年結成）が１stアルバム『Mark-1』をリリースし、ロックは絶頂期を迎える。

これが「砦の世界」の話である。「路地の世界」はそれとは異なる。のちにインドネシアを代表する大衆音楽ダンドゥットの世界である。表にあるように、ロックとダンドゥットの世界はやや二極化していた。ロックは娯楽施設でレコードを販売し英語と母国語で演奏、一部の西洋かぶれの金持ち大学生だけがそれを享受できる世界である。一方、ダンドゥットは道端でカセットを売り母国語で演奏、当時の圧倒的多数派である低所得労働者が享受する世界である。このような両者の分極的世界は１９７５年に顕在化する。

ロックがひとつの飽和点に達した１９７０年代半ば、ダンドゥット歌手のロマ・イラマ（Rhoma Irama）率いるソネタ（Soneta、１９７３年結成）の代表曲『Begadang』が大ヒットしダンドゥットの影響力が飛躍的に増した。そしてこの１９７５年を起点にインドネシア音楽界における歴史的出来事が起こる。ロック側からのダンドゥットへの侮蔑的発言である。ジャイアント・ステップのボーカル、ベニー・スバルジャ（Benny Soebardja）は、音楽誌面上で「ダンドゥットは単調なリズムで、下劣で、価値のない音楽である」と痛烈に見下し、『アクトゥイル』編集者などロック関係者はダンドゥットに軽蔑的意味を込めて「田舎者の（kampungan）音楽」と呼んだ（田子内 2012）。この背景にはロックがダンドゥットに商業的脅威を感じたことが指摘されているが（Pioquinto 1998: 73-79）、より重要なのは、ロックの主な担い手となったバンドンなど都市ブルジョア大学生の特権階級意識を露呈した点である。ベニー・スバルジャや『アクトゥイル』編集者の多くは当時ほんの一握りであった大学進学組である。これによってロックとダンドゥットの「社会的」分断が表面化したとも言われている（Weintraub 2010: 106）。

この出来事を境に、ロックは70年代末に一時不遇の時代に入る。ロック人気を支えた『アクトゥイル』の売り上げも低迷し、後述するようにロック黄金期の担い手もロックから距離を置き始める。一方、ダンドゥットは「田舎者」という否定的形容詞を自虐的に宣言することを可能とし(田子内 2012)、同時に、「庶民(rakyat)の音楽」という広く大衆に受け入れられる肯定的形容詞を自分たちの文化的所有物とすることを可能とした。ロックとは対照的に、ダンドゥットは80年代に入りより一層国内の大衆音楽界を席巻していく。

表:ロックとダンドゥットの二極構造

| | ロック | ダンドゥット |
|---|---|---|
| 演奏・流通空間 | 娯楽施設 | 路上 |
| 歌詞 | 英語・母国語 | 母国語 |
| 支持層 | 中上層 | 低所得層 |

出所:Wallach (2008)、Weintraub (2010) をもとに筆者作成。あくまで大まかな傾向に過ぎないことは注記しておく。

## 3、80年代――ポップの隆盛とスター誕生

70年代半ばのロック、なかでもハードロックは大衆性より芸術的な前衛性を強調し一部の熱狂的支持者を生んだものの、70年代末にはそのような前衛志向も影を潜め始める。前衛性が濃度を薄めるなかで突出したのは大衆志向である。すなわち、80年代はロックがポップ界に浸透し大衆に消費されていく時代である。[4] 70年代のポップは、ロックのようにダンドゥットを蔑視することはなかったが、同じ外来音楽としてその支持層等においてはほぼ同型(=砦の世界)であった。当時から現在に至るまで、ポップは国内の人気ジャンルのなかで常に高い支持を獲得し続けているが、80年のポップ旋風は特に顕著であった。それを支えた基盤としてデジタル機器の登場や産業化などインフラ面での整備だ

4 音楽社会学者の南田が日本を事例に述べたように、ロックのエンターテイメント志向(大衆志向)の突出は、ポップ領域への限りなき接近を意味する(南田 2001)。

けでなく「ロックのポップ化」も同様に重要であった。この事実上の「ロックの死」に代替的に台頭したのが、ポップ・クレアティフ、ダンドゥット、フォークである。

１９８０年代はスハルトの開発が波に乗る高度成長期である。カセットが広範囲に普及し、一般市民の生活水準が向上するなか、音楽関係者は芸術性よりも大衆消費志向を最優位に置き始める。このような80年代の上昇機運を体現したのがファリスＲＭ（Fariz RM、１９７７年デビュー）などの「ポップ・クレアティフ（Pop Kreatif、クリエイティブ・ポップ）」である。主に都市中上層に消費される高度に洗練されたお洒落ポップであり、日本のニューミュージックに近い（北野 1995b）。ポップ・クレアティフは、80年代におけるその商業的成功を背景に、国内メディアが既存のポップ（ポップ・インドネシアなど）と差異化するために作り出した新しい音楽ジャンルとも言われる（Denny Sakrie 2015: 123）。メディアがわざわざ新しい名称を必要とするほど80年代のポップの突出は明らかであった。歌詞においても「恋愛（cinta）」を主題とする楽曲が増えていった（Theodore KS 2014）。

一方、ダンドゥットとフォークは一部の富裕層ではなく、より幅広い大衆を魅了した。ジャカルタ発祥のダンドゥットは80年代になると全国的な大衆音楽として流行する。支持層も低所得層から中間層へと広がりをみせ、地域・社会階層を超えた「国民音楽」に昇華していく（田子内 2012）。フォークは、エビートＧアデ（Ebiet G. Ade、１９７９年デビュー）や後述するイワン・ファルス（Iwan Fals、１９７５年デビュー）などカリスマフォーク歌手の登場によって隆盛する。

加えて、70年代におけるロックの担い手も、80年代になるとポップで親しみやすい大衆志向の楽曲制作に向かっていった。とりわけクリシェ（Chrisye）は80年代ポップ・クレアティフの旗手となった。クリシェは、スカルノ大統領の息子、グル・スカルノプトラ（Guruh Sukarnoputra）らとグル・ギプシー（Guruh Gipsy）のメンバーとして１９７６年にプログレッシブロックアルバムの金字塔とも言われる『グル・ギプシー』を発表し、商業性を度外視した極度に前衛的な表現手法をとったが、その翌年には、音楽性を１８０度方向転換し、メロドラマ映画『Badai Pasti Berlalu』のサウンドトラックや「作曲コンテスト（Lomba Cipta Lagu Remaja, LCLR）」で持ち前のポップセンスを存分に発揮し、80年代のポップスターとなった。

あるいは、上述した70年代ハードロックを代表するアカやゴッド・ブレスも、1978年を境に大衆路線に進む。アカはポップ・ムラユ（Pop Melayu、ダンドゥットの基礎となったムラユ音楽と西洋音楽の融合）に路線変更し「非ロック（non-rock）」化していく（Taufiq Rahman 2016）。ゴッド・ブレスは多くのロックファンの批判を受けながらも、ダンドゥットに一時転向し成功する（Denny Sakrie 2015: 62）。

このような音楽産業における商業的大衆志向は、80年代の高度成長期と重なり、楽観的で時に体制順応的な色彩を持つ。この時代性のなか、社会派のカリスマも例外的に現れた。イワン・ファルスとスランクである。[5]

フォークロック歌手のイワン・ファルスはまさに「ロックの精神」を自ら体現していた。「インドネシアのボブ・ディラン」と称されるイワン・ファルスは、1981年『バクリおじさん（Oemar Bakri）』でスハルトの権威主義を皮肉り、これがヒットする。鋭い社会批判を表現する楽曲を次々と出していき「不満の肖像」と評された（もちろん社会批判だけでなく日常生活の歌も多いが）。

イワン・ファルスの台頭は、上述した70年代におけるロックとダンドゥットの二極構造を揺るがした。イワン・ファルスは「流し」として路上を歩きながら母国語で歌い、「周縁」を代弁することで若者からも絶大な人気を集める稀有なフォークロック歌手となった。[6] ダンドゥットの文化的所有物たる「被支配者性」はフォークロックにおいても十分その資格を得た。

イワン・ファルス人気の後を追うように登場したのがジャカルタのブルースロックバンド、スランク（Slank、1983年結成）である。「インドネシアのローリングストーンズ」という異名にふさわしくジャカルタの若者の不良っぽさを売り物にしてロックの王道を歩んできた。歌詞は80年代、90年代の若者らしい「気ままで身軽な」日常感覚だけでなく、言論統制、独占資本、環境問題、官僚主

5 ロマ・イラマも「社会派」として知られるが、その性格は次第に体制順応的なものになっていった。

6 イワン・ファルスについては竹下のコラム20も参照されたい。

義などの社会状況に対する問題意識を、くだけた口語表現や若者言葉を交えて際どく明け透けに歌う（北野 1995a）。イワン・ファルス同様、若者を中心に絶大な人気を誇り、路上少年含むスランカーズ（Slankers）と呼ばれる巨大ファンコミュニティをつくりあげ、ダンドゥットの文化的所有物を侵食していった。

その意味で、スランクは、「『アンダーグラウンド性』と『商業性』という二項対立を架橋すること に最も成功したバンド」（Sen and Hill 2007）であったともいえる。だがより重要なのは、基本的に80年代は、ソロ活動だけでなく、バンド形態をとりつつもポップ歌手、ダンドゥット歌手、フォーク歌手などその象徴となる「個人」に光を当てることでテレビなどメディアがスターを生み出してきた面があるなかで、スランクはロック「バンド」として商業的成功を収めたことである。これはのちのインディーズ時代におけるバンド・ブームの予兆ともいえるが、「スランクがインディーズの先駆者」と語られることはあまりない。後述するように、90年代半ば以降、スランクの音楽的影響有無に関わらず、当時全世界規模で流行した欧米の本場のメタルやパンクに直に影響を受け、商業性よりアンダーグラウンドであることを志向するバンドが雨後の筍のように続出した。さらに彼らはインディーズ・レーベルを設立し、そこから成功するバンドも現れた。インディーズの幕開けはスランクの世代より少し遅い90年代半ばまで待たなければならない。

イワン・ファルスやスランクのような「社会派」ミュージシャンの大衆化はそれ自体画期的ではあるが、80年代においてあくまで彼らは例外的存在である。重要なのは、90年代以降、のちのインディーズ世代に「イワン・ファルス、スランクの後継者」と呼ばれるような新世代の社会派カリスマを生んだという意味での象徴的役割であろう。[7] 加えて、90年代以降、彼らのような批判精神を表現するミュージシャンは単なる一部の例外ではなくなっていった。

7 例えば後述するＳＩＤやマージナルなど。

## 4、90年代――インディーズの創造　先駆者たちの実践

90年代以降、「インディーズ（indie）」「アンダーグラウンド（underground）」「オルタナティブ（alternatif）」などを冠する概念が音楽メディアにおいて頻出するようになる。80年代の欧米のロック概念がインドネシアに輸入されたかたちである。上記概念にジャンル分けされる90年代のミュージシャンは、①同時代の欧米で流行したオルタナティブロックに影響を受け、②自主独立（インディーズ）のDIY（do it yourself）的活動形態をとり、③時に激しい（アンダーグラウンドな）パフォーマンスを志向する。ただし各々の定義は曖昧であり現地メディアにおいても文脈次第となりやすい。例えば「アンダーグラウンド」は、インディーズやオルタナティブと互換可能な概念として使われる場合や、単にメタルやパンクなど過激なサウンドを基調とするジャンルとして括られることもある（Wallach 2008）。インディーズも一般的に「自分の好きなように好きな音楽をする」という基本理念を持つがインディーズ・ポップ（indie pop）などジャンルを指し示す場合もある。重要なのは上記概念が含有する価値観とその実態である。それは既存のものに対する「乗り越え」、あるいは何らかの「異議申し立て」である。すなわちここで述べるべきは、90年代のインディーズとそれまでの音楽シーンとの相違点である。以前（80年代まで）との差異化を通じて初めて「インディーズ」という概念が実態を伴うようになる。では90年代のインディーズはいかなる特色を持つのか。

第一に、規模が違う。イワン・ファルスやスランクらと90年代以降のインディーズ・ミュージシャンとでは楽曲販売数やライブ動員数など、規模が決定的に異なる。イワン・ファルスなどは単独公演で10万人規模の観客動員数を獲得できるが、インディーズのそれは数千人から1万人規模である（Baulch 2007: 30-31）。楽曲販売数も、自主制作を基本とするインディーズは1千枚以上が完売できれば成功、1万枚売り上げとなれば大成功である。インディーズは基本的に80年代のような大衆志向

を前提としていないのである。

第二に、流通・販売形態の違いがある。これまでは、都市部の娯楽施設では国内外のメジャーなロック／ポップが、一方、路上屋台ではダンドゥットなどのカセットが陳列されたように、その流通形態は二分化していた。しかし、インディーズはその中間に位置する。インディーズは「ディストロ（distro、distribution outlet の略）」と呼ばれる様々なマーチャンダイズを取り扱う独立系小規模店の流通網を利用してカセットやCD、Tシャツを販売した（Wallach 2008: 78-85）。モールなどの大規模正規店と屋台などの零細非正規店の間に、新たな中間装置としてディストロが誕生し、インディーズ・シーンの活性化に寄与した。これは80年代から90年代にかけての分厚い中間層と若年層の台頭と相関する。90年代のインディーズの担い手の多くは70年代に生まれ、80年代の開発を享受した若年中間層である（Luvaas 2012）。彼らは70年代の超富裕層と貧困層という社会階層の二極構造を超えた第三極として登場した。中間層は自らの手持ちの資本で自由に好きな音楽をするためにインディーズの手法をとった。このようなＤＩＹ精神から生まれたディストロとインディーズのミュージシャンは共同歩調をとった。

第三に、次節で述べる90年代初頭のバンドンの音楽シーンとの比較である。インディーズ・シーンはしばしばその「都市」のイメージと密接に結びつく。80年代から90年代は首都ジャカルタだけでなく地方都市においても都市化が進んだ時代である。都市において多様な主体による様々な音楽実践が交錯する。後述するように、90年代にバンドンから多くのインディーズバンドが同時代に集中的に輩出されることによって、「バンドン＝インディーズの発祥地」の認識が定着していった。インディーズの先駆がバンド名や人名ではなく、「バンドン」という都市名とともに認知された点は興味深い。インディーズにおける重要要素である「共同体主義」（特定の集団や仲間といった帰属意識）が都市＝地域から発生した。インディーズにとって重要なのは、同じ時期（世代）に同じ場所（地元）で、仲間や友達同士で共同体（コミュニティ）を築き、複数のバンドを同時多発的に結成し、複数の物語を作り上げ共有することである。つまり、同時代性や共有する場所、所属／仲間意識、象徴的出来事といった数々の条件が整って初めてインディーズの「シーン」が形成される。

### 発火点、バンドン

90年代前半、国内インディーズ・シーンの発祥地となったのはバンドンであった（Luvaas 2012: 59, Theodore KS 2014, Denny Sakrie 2015）。バンドンは70年代のロック黄金期の磁場となったように、この街は長らく幾多の人気ミュージシャンを輩出してきた（Wallach 2008）。その背景を知るには、都市における「場」を考える必要がある。

第一に、音楽シーンを活性化させる様々な文化装置のなかでも大学の存在は大きく、新たな音楽シーンの担い手となる若者たちを輩出する倉庫となる。バンドンは、小さな街の中に名門バンドン工科大学（ＩＴＢ）を筆頭に約50もの高等教育機関を擁するインドネシア屈指の学園都市である。大学は意欲的で挑戦的な多くの中間層の若者を供給する。高校や大学などの校内敷地や文化祭関連イベントはインディーズのミュージシャンが公演する重要な場を提供してくれる。

第二に、バンドンの地理的優位性がある。産業の中心であるジャカルタ首都圏に組み込まれない適度な距離感（１８０km）を保ち、中央に対する周縁性（「ジャカルタとは違う！」）や非商業主義を強調することで差異化を可能とする。一方で、情報の中心でもあるジャカルタとの地理的近接性によって音楽コミュニティ間の情報交換を他の地域に比して容易にすることができるため、最先端の流行を更新し続ける。

バンドンがしばしばアンダーグラウンド音楽の中心地（Baulch 2007, Taufiq Rahman 2016）と言われるように、90年代のインディーズ・シーンはメタルが支配的であった。当時バンドン郊外のウジュンブルンでは地元のメタル好きが「たむろ（nongkrong）」するメタル・コミュニティ、「ウジュンブルン・

レベル（Ujungberung Rebels）」が自然発生的に形成され、この場を拠点にジャサッド（Jasad、1990年結成）、バーガーキル（Burgerkill、１９９５年結成）、ビサイド（Beside、１９９７年結成）など数々の人気メタルバンドが活躍の舞台を広げていった。

メタル台頭の背景の一つとして、海外の人気バンドの来イ公演がある。１９９２年にブラジルのメタルバンド、セパルトゥラ（Sepultura）がジャカルタとスラバヤで公演を果たし、１９９３年にはメタリカのジャカルタ公演が実現した。軍と警察による厳重警備のなか、会場に入ることができなかった何百人もの熱狂的ファンが暴動を起こし、のちに「メタリカ暴動」と呼ばれる事件を引き起こした。その話題性もあってジャカルタに限らず全国的にメタルの存在が知れ渡った。高校・大学時代にこのライブを見て80年代メタルに影響され、国内でメタルバンドを組み始める若者が相当数いた（小笠原 2016）。さらに１９９６年には欧米の大手レーベル協賛による「オルタナティフ・ポップ・フェスティバル（Alternatif Pop Festival）」が開催され、フー・ファイターズら90年代のアメリカを代表するロックバンドが出演し、国内からは後述するバンドンのパス・バンド（Pas Band、１９９０年結成）らインディーズの先駆的バンドが出演した。バリからも同フェスに参加したバンドがあり、全国向けテレビ放送されたことで、メタルやパンクの存在がバリ島内でも認知されるようになった（伏木 2009）。バリでは90年代初頭にメタルが、90年代後半からパンクがシーンの中心となり（Baulch 2007）、後述するようにＳＩＤ（正式名Superman Is Dead、１９９６年結成）のように現在国内外で活躍するポップパンクバンドを生み出した点でこのフェスの意義は大きかった。

同フェスに出演したバンドンのパス・バンドは、インディーズ初の成功事例を提示した。インディーズの「成功」とは２パターンある。①インディーズでは通常、多く売れても千枚程度で成功と言われるが、それが1万枚以上の売り上げを記録してしまうというパターンと②インディーズからメジャーに進出するというパターンである。パス・バンドの場合は、１９９３年、自主制作ミニアルバム『Four Through The Sap』を３ヶ月で1万枚以上売り上げ、国内メジャー（アクアリウス（Aquarius））と契約することで人気を急速に拡大した。一方、１９９２年に結成したバンドンの伝説的ハードコアバンド、プッペン（Puppen）は、１stアルバム『This is Not a Puppen』（１９９６年）が約1万枚の売り上げを記録するがメジャーには進出せずに非商業主義的姿勢を貫いた。同作品内の収録曲『Sistem』は新世代（90年代）における初の反体制歌となった。80年代に反体制歌として支配的であったイワン・ファルス流のバラード調から一転、テンポが速く激しいパフォーマンスを身上とするハードコアの反体制歌の誕生は革命的ですらあった（Herry Sutresna 2016: 55）。両バンドは地元バンドン市内で自主制作・流通・宣伝をＤＩＹ的に実践し、採算性や売れ線を重視しない作品であったにもかかわらず、ほとんどの販売店で約1万枚が短期間で売り切れとなった。このような象徴的出来事は後世に語り継がれる。プッペンは２００２年に解散するも、バーガーキルはプッペンの代表曲『Atur Aku』を繰り返しカバーし、アルバムに収録し、テレビで生演奏することで、「伝説のハードコアバンド＝プッペン」の物語を後世のインディーズ・シーンに再起させる。さらに、プッペンのボーカルだったアリアン（Arian）は、２００２年にはジャカルタで人気メタルバンド、スリンガイ（Seringai）を結成し大成功するなど音楽界の第一線で活躍する人物となった。

　プッペンのような反体制的バンドが生まれた背景には、90年代に再燃した学生運動とメディア規制の緩和がある。80年代に抑圧された学生運動は、１９８９年のバンドンでの10年ぶりの街頭デモ以降息を吹き返した。同年、民放テレビ局が初めて開局し、以降多くの民放局が生まれ、メディアの規制緩和も進展した。１９９５年にＭＴＶインドネシアがラジオ放送を開始したことは、若者に貴重な音楽情報源を与えることとなり、ＭＴＶから流れる欧米の最先端の音楽を享受する世代が出現した。こうした学生運動の再燃とメディア規制緩和によってインドネシア国内に政治的・文化的自由空間が出現し始めた。このような時代性のなかで、スハルト政権の腐敗・癒着・縁故主義（ＫＫＮ）などに対して抗議するミュージシャンが現れた。特に反権力を信奉するパンクやハードコア、ヒップホップはプロテストとしての性格を90年代後半以降強め始めた。例えばバンドンのヒップホップ、ホーミサイド(Homicide、1994年結成)やメタルのジュルジ(Jeruji、1996年結成)、ジャカルタのパンク、マージナル(Marjinal、1995年結成)、ハードコアのストレート・アンサー(Straight Answer、1996年結成)、バリのSID、ナフィクラ(Navicula、1996年結成)などはその代表格である。このなかには、90年代後半の反スハルト運動が頂点に達する改革(レフォルマシ)運動に直接的・間接的に参加するものもいた。ホーミサイドの急進左派的ラッパー、ウチョック(Ucok)は1996年に結党した社会民主主義的非合法政党の民主人民党(Partai Rakyat Demokratik, PRD)に一時的に参加したことがあり、マージナルの中心的存在であるマイク(Mike)とボブ(Bob)は学生運動に参加する中で知り合った経緯を持つ。彼らは極端な例ではあっても80年代のイワン・ファルスとスランクのような例外ではないのである。当局は彼らの政治的活動に危機意識を抱き、ときには路上ミュージシャンらに暴行を加えることもあった。

とはいえ、90年代のインディーズの担い手が全て政治的であったわけではない。[8] 政治運動には関与しないが、商業主義には距離を置きつつ、楽しく学生同士で趣味的に好きな音楽をインディーズで実践し、時に成功する事例が2000年代に出現する。以下で述べる第二世代の登場である。

## 5、2000年代——インディーズの全盛　第二世代の登場

上述した90年代のインディーズ草創期の担い手をインディーズ第一世代とするならば、2000年代のインディーズ全盛期に登場したのはインディーズ第二世代である。この区分けは恣意的なものではなく、例えば後述するバンドンのインディーズ・シーンの立役者ヘルフィ(Helvi)もバンドンのインディーズの世代区分をこのように大きく2つに分ける。[9] 具体的には、第一世代であるパス・バンド、プッペン、そしてインディーズ・ポップの先駆ピュアサタデー[10](Pure Saturday)と第二世代

8 ちなみに、社会派ミュージシャンの政治的メッセージとその活動を過大評価し、まるでスハルト政権の崩壊に影響を与えたかのような見方も一部あるが、その実証性はほとんどない。

9 ヘルフィとのインタビュー(2015年9月8日)。

10 1994年にバンドンの大学仲間で結成、同年4月にバンドンで開催された音楽コンテスト(Festival Unplugged Se-Jawa dan DKI)で優勝したバンドである。出演者の多数がメタルやパンクを占める中で、ポップ路線を全面的に打ち出しつつもその大会を制した、インディーズ・ポップの草分け的存在である(Idhar Resmadi 2013)。

であるハードロックバンド、シギット（The Sigit、１９９７年結成）、そして後述するモッカ（Mocca、１９９９年結成）である。このように区別する理由として２０００年代の特徴を２つあげる。第一に、１９９７年アジア通貨危機以降、インディーズを支える音楽装置（レーベルなど）が本格的に整備された。第二に、大学の音楽仲間が次々とバンドを組み、上記音楽装置のもと成功する物語が紡ぎ出されていった。この２点をジャカルタとバンドンを事例に見ていく。

### ジャカルタの実践

ジャカルタにおける２０００年代インディーズ・シーン台頭の立役者となったのがデヴィッド・タリガン（David Tarigan）である。現在国内随一の音楽収集家として著名なデヴィッド・タリガンは１９９１年に国営テレビＴＶＲＩで放送されたニルバーナのライブ映像に衝撃を受けた一人である（Luvaas 2012: 125）。彼は90年代にＩＴＢ卒業後、大学仲間であったピュアサタデーのイヨ（Iyo）、そしてディストロで最も成功した「アンクル３４７（Unkl347）」のデンディ・ダルマン（Dendy Darman）と１９９９年に独立系音楽雑誌『リップル（Ripple）』を創刊し、ディストロと協力してバンドンのシーン活性化に一役買った。

デヴィッド・タリガンは多くの優れたミュージシャンが自分の周りで自主的に活動しているにもかかわらず音楽産業界の主流において日の目を見ないことにもどかしさを感じていた[11]。２００１年には実家のあるジャカルタに戻り、２００４年に友人とインディーズ・レーベル「アクサラレコード（Aksara Records、通称アクサラ）」を設立し、アクサラ所属の人気ミュージシャンを多数輩出する。その多くはジャカルタ芸術大学（ＩＫＪ）出身のバンドであるが、そのジャンルは多様で、ロック、ニューウェーブ、ポップ・ジャズ、エレクトロなど様々である。

なかでも、男女６人組のホワイトシューズ（正式名White Shoes & The Couples Company）の登場

11 デヴィッド・タリガンとのインタビュー（２０１６年９月１日）。

は画期的であった。ホワイトシューズは90年代末にジャカルタ市内チキニ地区にあるＩＫＪの大学仲間でバンドを組み、２００2年に正式に活動を開始する。チキニの骨董品街スラバヤ通りでアナログレコードを収集し国内の過去の音源（60年代ロックや80年代ポップ）を聴き漁る。ホワイトシューズは90年代の欧米一辺倒的な激しいアンダーグラウンド音楽とは異なり、ジャズやポップ、映画音楽、欧米ロックなど古今東西多種多様な音楽を現代風に「編集」する新しいインディーズ・ポップバンドとなった。あえてレトロなファッションやＣＤジャケットを「魅せる」ことで視覚的にも郷愁を感じさせる。２００5年にアクサラから１stアルバムを発売し、アメリカや日本のレーベルからも音源をリリースすることで海外での活躍が国内で評価されるという逆輸入効果をも生んだ。

加えて、新世代のインディーズ若手映画監督が２００5年、２００6年、２００7年と3年3作続けてアクサラのインディーズ・ミュージシャンの楽曲を起用した。[12] 映画のサウンドトラックへの楽曲提供は、ホワイトシューズに限らずインディーズの存在を広く世間に認知させていった。ジャカルタではインディーズ音楽・映画界の新世代同士が協働することで相乗的宣伝効果を生んだ。

70年代から２０１０年代を俯瞰し、その大きな流れをみると、ホワイトシューズ以降は欧米を絶対的な参照軸としなくなってきたことがいえる。例えば、ホワイトシューズの『地方の歌をうたって（Menyanyikan Lagu2 Daerah）』（２０１3年）は、「はじめに」で触れたジャカルタのインディーズ・レーベル、ディメジャース（Demajors）からリリースしデヴィッド・タリガンがプロデュースした作品であり、西ジャワのスンダ民族の伝統音楽など古い地方音楽を参照しポップに再構成しているが、これは後述するように「伝統と現代の融合」といった「インドネシア的」とされる外部からのまなざしに対して意識的である。[13] ホワイトシューズ以前のミュージシャンは「インドネシアのボブ・ディラン」などと海外ミュージシャンの国内版のごとく説明されることがあったが、ホワイトシューズはそのような形容を無効化していった。[14]「ホワイトシューズ以降」とするのはそれぐらい大きな意味を持つ。

12 順に、『Janji Joni』（監督・脚本ジョコ・アンワル／製作ニア・ディナタ）、『Berbagi Suami』（監督・脚本ニア・ディナタ）、『Quickie Express』（製作ニア・ディナタ／脚本ジョコ・アンワル）。

13 ちなみにこのアルバムは、スカルノ時代の地方芸術振興政策に乗っかり「地方の歌」を歌うと見せかけて、スカルノが禁止したロックサウンドを組み込んだ挑発的作品という側面もある。

14 音楽社会学者の南田（2001）の言葉を借りれば、70年代のロックは同時代の英米の流行の直接的な反映としての「横の流れ」に意識的であり、国内固有の音楽通史、系譜引き継ぎ、あるいは乗り越えといった「縦の流れ」は２０００年代以降になって初めて現れてきた。

**バンドンの実践**

90年代から2000年代にかけてバンドンにおけるインディーズの開花と全盛を下支えしたのはインディーズ・レーベルとディストロの先駆者、ヘルフィ（Helvi）である。ヘルフィは同時代のオアシスなどブリット・ポップに影響を受けた一人である。1993年にプッペンのマネージャーとなり、翌年にはパス・バンドのドラム、リチャード・マター（Richard Mutter）らと国内初のディストロ「リバース（Revers）」を設立し（当初は音楽スタジオとして開設）、その翌年には国内初の自主企画メタルフェス「バンドン・ブリシック（Bandung Berisik）」を開催するなど、地元インディーズ・シーンの生みの親となった。1997年のアジア通貨危機によって輸入品価格が急騰し、外国産の商品に依存していたリバースは閉店したが、ディストロはむしろこれを機に急拡大する。「ベンチャー精神」を持つ各主要都市の若者が、リバースを始めとするバンドンでの実践を模倣し、新たに地元に国内商品を取り扱うディストロをつくり始めた（Wallach 2008：86-87）。通貨危機は結果的に地元のインディーズ音楽の制作・流通・販売の活性化をもたらした。ディストロは若者の手軽な起業となり、バンドンでは2000年代半ばまでに200店舗が開設し、全国で700店舗にまで増殖・拡大した。これによって、ディストロの流通網が広がり、国内インディーズの商品の販売・消費の促進につながった（金 2017）。リバースを畳んだヘルフィはさらに地元のシーンを盛り上げようと1999年にインディーズ・レーベル「FFWD（正式名Fast Forward Records）」を設立し、アクサラ同様、2000年代のインディーズ・シーンを支えることになる人気ミュージシャンを多数輩出した。なかでもインディーズ・ポップバンド、モッカ（Mocca）の史上最大の商業的成功は国内全土のインディーズ・シーンに衝撃を走らせた。

モッカは90年代末にバンドン私立工科大学（ITENAS）の友人同士で結成し、1999年にFFWDに所属、本格的にバンド活動を開始した。女性ボーカルの歌声とフルートにボサノバやジャズなどの要素をポップに仕上げ、第一世代（90年代）のメタルを中心とする「バンドン＝男性ボーカルで荒々しい過激な音楽」の印象を刷新した。モッカを世間に知らしめたのは２００２年の恋愛ソング『Me and My Boyfriend』である。このビデオクリップが、翌年のインドネシア音楽ＭＴＶ賞（Penghargaan MTV Indonesia）の最優秀ビデオ賞に選ばれた。さらに同曲が収録されている１stアルバム『My Diary』（２００２年）は、国内インディーズ史上初めて15万枚以上という驚異的な売り上げによって空前の大ヒットを記録した（Luvaas 2012: 128）。特徴的なのは、モッカのメンバーや楽曲に「民族」や「伝統」といった帰属意識・要素はないことである。モッカは「ワールドミュージック」のような異国情緒的消費を相対化しつつ国内外の市場で成功してみせた。歌詞もすべて英語であり母国語に比べて国内音楽市場の規模は小さいにもかかわらず、インディーズでこれだけの売り上げを記録したこと自体画期的であった。これを契機として、バンドンのインディーズが全国規模で知れ渡るようになった。[15]

このように見ると、ホワイトシューズとモッカの両者は極めて類似した実践を行ってきたが、これらをジャカルタとバンドンの都市比較という面から考察することも可能である。

ホワイトシューズは、海外志向でありつつも政治経済の中心＝ジャカルタを拠点とし、楽曲面でも母国語詞で古今東西の要素を融合させる。このような実践はしばしば「インドネシアらしさ」という国籍が付与される。[16] 例えば、ドキュメンタリー映画『ホワイトシューズ、チキニにて（White Shoes & The Couples Company di Cikini）』（２０１６年）では複数の音楽関係者やファンが「初めて聴いた時、インドネシア的な音楽だと思ったよ」「インドネシア音楽が何かと聞かれたら、ホワイトシューズだと答えるね」と語る。これまでインドネシアのロック／ポップなど西洋音楽が舶来品として認識されていたなかにあって、ホワイトシューズの実践はインディーズの国産化を決定づけるものだった。

一方、モッカはその無国籍性を前景化する。モッカは、オランダ植民地時代から「ジャワのパリ」と呼ばれたように極めて欧風化した街、バンドンを拠点にする。モッカは英語詞で洗練された無国籍性を前面に押し出すことによって、「どこかよその（elsewhere）音楽」として振る舞う（Baulch 2003,

15 ＦＦＷＤのハードロックバンド、シギット（The Sigit）のレクティ（Rekti）とのインタビュー（２０１５年３月13日）。

16 オランダ植民地時代に「雑種」音楽と捉えられたインドネシアの大衆音楽クロンチョンが、独立後に国家を代表する「国民」音楽となる過程については土屋（1991）を参照。

Luvaas 2012)。そこにインドネシア国籍の付与の余地はなく「インドネシアらしさ」といった国民的なるものは後景化する。この対比的な2つのバンドが矛盾することなく消費され始めたのが２０００年代である。

いずれにせよ、両者の成功物語の背後にはデヴィッド・タリガンやヘルフィのプロデュース力があった。彼らは音楽産業の中心からは一歩外れた周辺で活動しつつも、「マイナーな音楽はマイナーでやっていこう」という周縁至上主義に凝り固まるのではなく、音楽産業の外野から、音楽産業の主流／メインストリームに対する革新を迫ったのである。

一方、90年代の第一世代の社会派ミュージシャンは１９９８年スハルト体制崩壊によって共通の強い敵を一時喪失したかにみえた。しかし、同時期のアジア通貨危機によってジャカルタなど都市部では物乞いをする路上少年（anak jalanan）が溢れ、「スハルトなき時代」は都市貧困層の増大と格差拡大という問題を表面化した。マージナルはジャカルタ郊外の孤児が非行に走らぬように彼らを受け入れる生活共同体「タリンバビ（Taring Babi）」を継続して運営し社会の不平等を批判し続けた。さらに、１９９８年の詩人・活動家ウィジ・トゥクル拉致事件と２００４年の人権活動家ムニール毒殺は、民主化以後の未解決事件としてミュージシャンの政治的活動に十分な理由を与えた。過去の人権侵害の「忘却に抗う（menolak lupa/lawan lupa）」ための闘争の継続として、マージナルやホーミサイドのウチョック、ＳＩＤのジェリンクス（Jerinx）らは音楽を通じた社会活動を継続している。近年は急速に進展する都市開発に対しても異議を唱える。例えばジャカルタ湾やバリのブノア沖の埋め立て事業計画といった共通の争点に対してマージナルとＳＩＤは反対派の先鋒として共闘する。単に反体制歌を歌うだけではなく、実際に地域住民と同じように路上デモに直接参加する。

このように、様々な意味で２０００年代は「熱い」インディーズの時代だった。その熱さは今も冷めやらない。しかし、徐々にその温度は下がっているようだ。

## 6、2010年代——インディーズの隘路　成功物語の終焉？

最後に2010年代の音楽シーンの現時点での状況を示しつつ、今後の展望を示したい。

私の知る限り、2000年代のような成功物語が最近聞こえてこない。私は現地でしばしばインディーズでも「インディーズでもやっていける」という成功体験はもはや物語ではなく、インディーズの全盛期は2000年代であったと聞く。「インディーズでもやっていける」という成功体験はもはや物語ではなく、インディーズの多くのミュージシャンが表舞台で活躍しているように、良い意味で「成熟」を迎えつつある。成熟という意味では、インディーズからメジャーに「昇格」、あるいは欧米メジャーから音源をリリースするという傾向があげられる。90年代のインディーズの先駆者パス・バンドやSIDらは既に国内外の大手レーベルと契約して成功している。興味深いのは、そのSIDのジェリンクスが自身のツイッターで、メジャーとインディーズに違いがあるのかと本質を突く疑問を提示したことである（@JRX_SID 2017/3/31）。インドネシアに限らずメジャー／インディーズの境界は往々にして曖昧化する。すでにメジャーと契約しているミュージシャンが「インディーズ」と呼ばれることもあり、インディーズ・レーベルに所属していることが「インディーズ」の絶対条件でなくなってきている。

しかし問題は、そのような言説レベルでの差異ではなく産業構造としてのインディーズの社会経済的な問題である。2010年代の今、インディーズのミュージシャンは音楽だけではますます生計を立てられなくなってきている。確かにインディーズの担い手は都市中間層の若者に多く、豊かな文化資本が彼らの活動を経済的に下支えしていたのは事実である。だが「超」のつく大金持ちではない（Luvaas 2012）。当然、中間層であるからこそインディーズでも何とか工面できる。しかし、制作、流通、宣伝、ツアー活動など諸々の費用をほとんど自費で賄うには負担も大きい。ミュージシャンたるもの、ファッションなど見た目にも気をつかわなければならないし、社会派ミュージシャンなどはしばしばスポンサーなしで無償でライブをする。自分の好きな音楽・やるべき活動をし続けるのはそれほど簡単ではない。そのためミュージシャンの多くは兼業でタトゥー、デザイナー、そしてカフェやディストロの経営者として収入を補うこともある。しかし、このような個人経営もうまくいくとは限らない。ディストロは2000年代に全盛期を迎えたが、2010年代のインターネット通販の時代を迎えると多くの実店舗型のディストロは閉店／開店休業状態となった。

インディーズにおけるインターネットの役割は一長一短である。2010年代には、インドネシアの音楽市場においても、CDなどのパッケージ販売からデジタル配信への移行が日本以上に急速に進んできた。ネットの普及やスマホなどのモバイル端末の進化により、Myspace や Spotify、YouTube などの音楽配信サービスを音楽関係者が販売・宣伝媒体として活用するのは当然になりつつある。多様な音楽や情報にアクセスできることは楽曲制作面において前の世代との差異化（乗り越え）を促し、より多数の聴衆への楽曲配信を可能とした。一方、楽曲の一部は無料同然で入手可能になり、広告収入等だけでは十分ではなく、音楽関係者の懐事情は必ずしも良くない。さらにインフラの不足がその状況を悪化させる。急速な都市化と人口増加・過密化に伴い、インディーズにとって楽曲販売機会の逸失を補填する貴重な収入源となるライブが深刻な会場不足により困難なものとなりつつある。

このようなインディーズの構造的な問題は、インディーズの記号化につながる。つまり、本来的な意味での自主独立（インディペンデント）という理念が空洞化し、「大きな組織」（軍や企業、政府）に頼らざるをえなくなってしまう状況が生じるのである。

例えば、軍はライブ会場の不足を補填してくれる。特に軍事都市バンドンは軍への依存度が高い。きっかけは2008年、バンドンのアジア・アフリカ文化センター（AACC）で行われたメタルバンド、ビサイドらが出演するライブで、11人の少年たちが死亡した事件である。整備されていない会場で、収容能力を大幅に超過する枚数のチケットがダフ屋によって売りさばかれ、フロアはすし詰め・酸欠状態になったのである。メディアはこれを批判し、一般市民のなかでメタルに対する悪印象がつきまとうようになった。[17] この「ＡＡＣＣの悲劇」以降、警察はライブ許可を渋るようになり一時公共の場での音楽活動が停滞した。そこで音楽関係者は広大な敷地面積を持つ軍用地をライブ会場として積極的に活用した。軍は治安対策にも重要な役割を果たしてくれるため、メタルなど暴動が危惧される場合でも安全である。もちろんこのような場での軍批判は自主規制、あるいは単なる「ファッション」となりインディーズの社会的メッセージ性は弱体化する。

軍用地に限らず多くのライブ会場で目にするのは大手たばこ会社の巨大広告である。インドネシアでは以前からたばこ会社が音楽業界の最大スポンサーとなっていた。インディーズはたばこ会社の支援によりチケット代を安く抑え観客を増やすことができる。たばこ業界としても近年の政府による公共空間での広告規制によって、音楽など娯楽イベントは格好の広告機会の場となる。このようなインディーズとたばこ会社の依存関係は深化し、「大企業には頼らない」などといったインディーズの非商業主義的姿勢は大義名分的なものとなる。

写真２　Bekraf（創造経済庁）のロゴ。筆者撮影

たばこ会社だけでなく政府も音楽産業の支援に乗り出した。２０００年代半ば以降、政府が国内の音楽産業を「創造産業（industri kreatif）」の重要な構成要素の一つとして包括し支援し始めたのである。２０１５年に設立された創造経済庁（Bekraf: Badan Ekonomi Kreatif）は海外ツアーや国内フェスへの資金提供を行い始めた。[18] 同庁は「はじめに」で述べたシンクロナイズ・フェスの主な協賛となるなど（**写真2**）、各音楽イベントを積極的に支援している。海外志向が強いインディーズにとって国外でのライブは悲願

17 元プッペン・現スリンガイのアリアンの話（VICE Indonesia 2017/03/20: Menggila Bersama Seringai, Raja Heavy Metal Indonesia: VICE Meets）。

18 音楽イベントに限らず、例えば、デヴィッド・タリガンが手がける「イラマ・ヌサンタラ（Irama Nusantara、２０１３年設立）」は歴史に埋もれた過去の国内音楽のアーカイブ活動として創造経済庁との協力覚書に合意した。

である。しかしその資金はインディーズでは工面できない。基本姿勢として政府への依存を避けたいインディーズとはいえ「カネ」は切実な問題である。だが、インドネシアに根付く官僚主義的体質のせいか、資金提供のための条件や基準が曖昧で、制度が未だ定まっておらず、突如支援を中止したりする例もある。このような政府との協力関係を「連携（kolaborasi）」と呼び肯定的に捉える見方もあれば、「クリエイティブ（kreatif）」という美名の下での「やりがい搾取」であるとしてやや批判的にみる見方もある。政府による支援は、インディーズによる政府批判を鈍らせ、メッセージ性はあったとしてもプロパガンダに取って代わるかファッションとして「消費」される可能性もある。

インディーズはいま、ジレンマに立たされているともいえよう。

## 7、おわりに

90年代に開花したインディーズは、①70年代のロック対ダンドゥットに現れる社会的分断、②80年代における音楽の大衆消費志向を乗り越えるかたちで出現した。90年代のインディーズ第一世代の登場と活躍は2000年代におけるシーンの制度化へと発展した。すなわち、ディストロとレーベルの設立は、第二世代の成功物語を生み、インディーズは全盛を迎える。さらにホワイトシューズのような過去の国内音楽の参照・編集と「欧米＝本場」志向からの脱却は乗り越えの定式となった。2010年代になるとインディーズの記号化とともにやや悲観的な現実世界が顔を出し、成熟を迎える。もちろんこれらは大まかな相対的傾向性を示したものであり、個々具体的な逸脱事例は数多く存在することは付記する必要がある。

現在、新世代のインディーズがインドネシアの過去の音楽を再評価し影響を受けて楽曲を作成し、それらが支持されていること自体、インドネシアの音楽産業の充足化を意味していよう。インディーズによる乗り越えの繰り返しはインドネシアという巨大な若者市場において、さらなる激しい競争を生み、今後の音楽シーン全体のさらなる活性化につながるだろう。ただし、その展望は必ずしも明るくはない。

## 引用文献


Baulch, Emma

2003 Gesturing Elsewhere: The Identity Politics of the Balinese Death/Thrash Metal Scene. *Popular Music* 22(2):195-215.

2007 *Making Scenes: Reggae, Punk, and Death Metal in 1990s Bali.* Duke University Press.

Denny Sakrie

2015 *100 Tahun Musik Indonesia.* Gagas Media.

伏木香織

２００９「メディア・コングロマリットによるイメージ戦略多――ポップ・バリとローカル・アイデンティティ」『東京藝術大学音楽学部紀要』34:139-156。

Herry Sutresna

2016. *Setelah Boombox Usai Menyalak.* Elevation Books.

Idhar Resmadi

2013 *Based on a True Story*: Pure Saturday. Unkl347.

金悠進

２０１７「「創造都市」の創造――バンドンにおける文化実践とアウトサイダーの台頭」『東南ア

ジア研究』55(1):71-102。

北野正徳

1995a「インドネシアのポピュラー音楽概観」『インドネシアのポピュラー・カルチャー』松野明久編、pp. 9-26、めこん。

1995b「ポップ・クレアティフの抒情のゆくえ」『インドネシアのポピュラー・カルチャー』松野明久編、pp. 27-42、めこん。

Luvaas, Brent

2012 *DIY Style: Fashion, Music and Global Digital Cultures (Dress, Body, Culture)*. Bloomsbury Academic.

南田勝也

2001『ロック・ミュージックの社会学』青弓社。

小笠原和生

2016『デスメタルインドネシア　世界2位のブルータルデスメタル大国』パブリブ。

Pioquinto, Ceres

1998 A Musical Hierarchy Reordered: Dangdut and the Rise of a Popular Music. In *Asian Cultural Studies* 24: 73-125.

Sen, Krishna and Hill, David

2007 Rock'n'Roll Radicals. *Inside Indonesia* 52 (Sep 30, 2007 published online, http://www.insideindonesia.org/rocknroll-radicals).

竹下愛

2011『新秩序期インドネシアのポピュラー・カルチャー——若者向け娯楽誌にみる「新しさ」の構築』、大阪大学大学院言語社会研究科博士論文。

田子内進
　２０１２『インドネシアのポピュラー音楽　ダンドゥットの歴史——模倣から創造へ』福村出版。
Taufiq Rahman
　2016 *Lokasi Tidak Ditemukan: Mencari Rock and Roll Sampai 15.000 Kilometer.* Elevation Books.
Theodore KS
　2014 *Rock 'n Roll Industri Musik Indonesia.* Kompas.
土屋健治
　１９９１『カルティニの風景』めこん。
Weintraub, Andrew
　2010 *Dangdut Stories: A Social and Musical History of Indonesia's Most Popular Music.* Oxford University Press.
Wallach, Jeremy
　2008 *Modern Noise, Fluid Genres: Popular Music in Indonesia, 1997-2001.* University of Wisconsin Press.

# 第11章　人形は航空券を買うことができるか？

## ――タイのルークテープ人形にみるブームの生成と収束

津村文彦

### 1．幸せの人形

東南アジアのタイから２０１６年１月に次のようなニュースが報じられた。

**タイで幸運呼ぶ人形がブーム、航空券販売騒動も**（ロイター　２０１６年１月27日）[1]

タイで幸運をもたらすとされるプラスチック製の人形が社会現象となり、航空会社が乗客として扱うと発表するなどの騒ぎに発展している。

人形は「ルク《マ》テープ《マ》」（子供の天使）と呼ばれ、等身大の赤ん坊の大きさ。価格は１５００―３万バーツ[2]（約５０００―10万円）。店舗やオンラインで販売されている。

航空会社のタイ・スマイルは、人形を機内に持ち込む乗客から料金を徴収し、軽食などを提供すると発表したが、民間航空局は、人形が麻薬の密輸に悪用される可能性があるとして、人形用のチケット販売を禁止する方針を示している。

1　http://jp.reuters.com/article/look-thep-idJPKCN0V60EC（２０１７年２月10日取得）。

2　１バーツはおよそ３．５円（２０１８年１月10日現在）。

本章では、ルークテープ人形とそれをめぐる騒動[3]について検討したい。この人形は2015年半ばから流行し、航空券販売騒動の一週間をピークに、その後は急激に衰微していった。「幸運をもたらすプラスチック製人形」と聞くと、単なる商品文化の一例と思うかもしれない。しかし突如タイ社会に立ち現れ、大いなる議論を巻き起こし、また突然に姿を消していった特異な状況を適切に理解するためには、ルークテープ人形をめぐる多様な言説を精査し、現代の宗教文化が複雑なコミュニケーションの絡み合いによって構成されていることを検討する必要がある。

本書の序章で福岡が論じているように、東南アジア文化の特徴として、「多様性」や「混成性」がある。近年ではインターネットやメディアの普及を背景に、「文化のグローバルなフロー」が活発化して、多くの文化表現が断片化、商品化、脱地域化しつつある。こうした多様で動的な状況のなかにルークテープ人形を配置することで、現代タイにおける文化実践の混淆性を考察することが本論の目的である。

## 2. モノをめぐる宗教実践とポピュラーカルチャー

現代の宗教の諸相をポピュラーカルチャーの視点から分析するにあたって、近年活発な「宗教とマテリアリティ（物質性）」の議論が参考になる。ドイツの著名な社会学者マックス・ヴェーバーが説いた「宗教の世俗化」論の想定とは異なり、宗教的なものは物質文化や商品文化への親和性を増しながらも、その聖性を減退させるわけではない（Pattana 2008a:1）。むしろ聖性を帯びたものは商品化するなかで、宗教領域とその他の領域が結びつき、新たな象徴的価値を生み出している。

現代の宗教実践では、物質的な形がつねに要請される。モノは時間を越えて存在し、それに関わる人々の意図や行為を歴史的に蓄積しながら、時代ごとに異なった文化実践を構築する。アメリカの文

3 「ルーク」は子供、「テープ」は人間界より高位の天界と、そこに住む人を意味する。

化人類学者ウェブ・キーンは、宗教実践における物質性について次のように語る。

> 口頭伝承は文字として書かれる。書かれたテクストは、口づけされ、隠され、首に巻かれ、灰にして飲み込まれ、美しく装飾的に描かれ、美学的に楽しまれる。供物は祭壇を必要とし、祭壇は図像を支え、図像は芸術として売買され、芸術作品は特別なオーラを帯びる。……モノはひとたび使われると、また異なった使い方を生み出す。次々と新たな実践を生み出し、社会的な文脈を越えてモノは循環する(Keane 2008:124)。

このように、書かれたテクストや供物などのモノは人々の行為を通して感受され、歴史性を帯びながら非物質的力を発揮して、さらに新たな宗教実践を生み出してゆく。モノを単なる対象(object)と見るのではなく、主体(subject)として捉えるような視座は、アクター・ネットワーク理論で知られるブルーノ・ラトゥールらの議論する「エージェンシー」とも関連する。エージェンシーとは「何らかの力を及ぼすことによって状況を変容させる力」(Latour 2005:71-72)である。聖なるモノというエージェンシーは、その周辺に特定の語りを蓄積し、祝福や呪いと結びつく(Lynch 2010:49-50)。モノは人々の感覚や経験と語りを通じて理解され、社会的・文化的に共有されてゆく(Morgan 2010: 14)。モノをめぐる人々の語りや相互行為、つまりコミュニケーションを通じて、あるモノが宗教的な意味づけがなされたエージェンシーとして立ち現れる。その意味で、現代の宗教は、具体的なモノをめぐるコミュニケーションから理解する必要がある。

こうした考え方は、コミュニケーションからエージェンシーの定立を捉える人類学者の杉島敬志の視角とも重なる(杉島 2014)。杉島は、複数の相容れない考えが並存しながら同時並行的に作用する状態を「複ゲーム状況」と呼び、コミュニケーションのなかで立場やアイデンティティの違いを生み出す「エージェンシー」が定立される状況に注目する。多様で混淆的な現代の文化現象を分析する際には、複数の相対立する言説が同時並存する状況を視野に入れねばならない。ルークテープ人形をめぐっては、胎児の死霊か天の神か、荷物か人間か、治安の維持か個人の自由か、仏教か呪術かなど相互対立する言説が、ある時期に無数に生成し、やがて公的な言説が表れるとルークテープ人形を取り巻く環境が整理される。それぞれのコミュニケーションを精査することで、いかなる「ルークテープ人形」なるエージェンシーがタイ社会に新たに位置づけられたかを探っていく。

続いてタイの文脈に目を移すと、仏教の商業主義は「プッタパニット（*phuttha phanit*）」と呼ばれる。この語は1980年代後半に生まれたもので、都市住民向けに瞑想実践を説くタンマカーイ仏教運動や護符信仰の広がりを批判的に論じるなかで用いられた（Pattana 2008b:125）。1990年代に「宗教の商品化」が活発化して、都市での霊媒カルトの興隆（田辺2013）やチュラロンコーン大王信仰や著名な仏僧ルアンポー・クン師信仰のような経済的成功を願う信仰実践（Jackson 1999a, 1999b）、宝くじの番号占いなど、多層的な宗教の商品化が展開している。

タイのポピュラー仏教を研究するパッタナーは、近年のタイ仏教に見られる変化を「ハイブリッド化」と呼び、市場経済の浸透に伴う宗教の商品化、都市化と人の移動の活発化、仏教サンガの権威低下、マスメディアでの情報流通、精霊信仰の視覚化などをその表れとして論じる（Pattana 2012: 31-33）。パッタナーの言うように、現代タイにおいて多様な宗教実践の変容が見られることは確かである。しかしそれらを単に貨幣経済や商品経済と結びつけ「現代における呪術復興」の文脈のみで捉えるのではなく[4]、それが人々の間でいかに語られ、実践され、理解されているかを具体的に描き出し、その宗教実践の複雑さを民族誌的に捉えることが求められるであろう。次節以降では、ルークテープ人形をめぐる様々なコミュニケーションを、主にタイの新聞メディアで報じられた語りや実践を題材に考察したい[5]。

4 南アフリカの妖術を分析したコマロフ夫妻は、グローバル資本主義の浸透のなかで抵抗としての妖術が興隆する局面を「オカルト経済（occult economy）」と呼んで分析した（Comaroff and Comaroff 1999）。

5 タイの新聞は、世界的にも知られる英字紙のバンコクポスト（*Bangkok Post*）とネーション（*The Nation*）、およびタイ字紙デイリーニュース（*Delinio*）、カオソット（*Khaosot*）、マティチョン（*Matichon*）、サヤームラット（*Sayamrat*）、タイラット（*Thairat*）を主たる対象とした。いずれもバンコクに拠点を置く著名な全国紙である。

## 3. ルークテープ人形とその奇跡

ルークテープ人形は２０１５年夏ごろから急激に流行し始めた。２０１０年代に新たにタイ社会に出現したこの人形には、天の神（*thewada*）が宿り、持ち主の願いを叶えてくれると信じられ、外出するときも人形を連れて行き、レストランでともに食事をする。公共の場で人形を本当の子供のように扱うことから、ルークテープ人形は同時に多くの批判に晒されてきた。

まずは人形によってもたらされた奇跡譚を見てみよう。

バンコク在住でラジオのＤＪをしているＰ氏は、占い師からルークテープ人形を手に入れた。ある日、人形に着せる服を買って帰宅すると、携帯にメッセージが届いて、仕事の依頼が入った。そこで人形に「もっと大きな仕事をちょうだい」と祈ると、友人が電話をかけてきた。映画の出演依頼だった。それでも半信半疑だったので、「いますぐ仕事のオファーをくれたらゴールドのネックレスを買ってあげる」と話しかけると、たちどころに電話がかかってきた！（ネーション紙 ２０１６年1月28日）

ピッサヌローク県で化粧品店を経営する40歳の女性。２０１３年に店を借りて靴を売っていたが、うまくいかなかった。ルークテープの話を聞いて、1万2千バーツでルークテープ人形を手に入れた。最初は信じていなかったが、すぐに売れ行きがよくなり、いまは化粧品を売っている。人形を自分の子供のように世話している。（デイリーニュース紙 ２０１６年2月1日）

ルークテープ人形の奇跡譚には、新しい仕事が入る、商売が良くなる、宝くじが当たるなど、経済的成功に関わるエピソードが多く、まさに「宗教の商品化」の好例である。ルークテープ人形の創始者とされる人々も、経済的な幸運を奇跡譚として語る。[6]

ノンタブリー県のDN氏は現在「ルークテープの家」で人形を販売している。かつて占い師を訪ねたときに不思議な体験をした。男の子の人形が涙を流しながら「一緒に行きたい」と心に語りかけてきた。「お金が入ったら連れて帰ってあげる」と心の中で返事をしたところ、夕方に大金を偶然手に入れて買うことができた。人形を連れて帰ると、次々と良いことが起こった。人形をアーントーン県の寺院に連れて行き、僧侶に聖化してもらった。それ以来ルークテープ人形が有名になって、スターやセレブが訪れて人形を買っていくようになった。彼らが写真をインターネットに投稿すると爆発的に広まった。（デイリーニュース紙 2016年1月26日）

ノンタブリー県のMB氏もルークテープ人形の創始者とされる。ウマー女神[7]の霊媒で、占い師をしている。幼い頃から人形が好きで、呪術を使って人形に命を吹き込もうと試みた。「ペットちゃん」と名付け、人形を娘と同様に育てた。ある日ペットちゃんが夢に現れて「お金儲けを手伝ってあげる」と言った。ベビーカーに乗せて遊園地に連れて行くと、偶然テレビ番組の取材を受け、それをきっかけに多くのメディアで紹介された。ルークテープ人形が売れるようになって、いまは多くの店舗を展開している。（バンコクポスト紙 2016年1月27日）

これらの語りにはいくつかの共通点が指摘できる。人形との偶然の出会い、超自然的な人形との交流、経済的な成功体験などである。当初は創始者たちが手に入れた人形は聖化儀礼（プルックセーク/*pluksek*）なしに奇跡を引き起こしたが、現在ではルークテープ人形は聖化を通じて特別な力が宿ると信じられている。プルックセークは「眠っている特別な力を目覚めさせて、聖なるものに変化させる」ための行為で、新しい護符などへの入魂儀礼である。僧侶が人々に護符などを分け与える際、その

6 タイの護符信仰について、石高（1997:176）は、現実感のある奇跡譚を通して効能と経済的価値を高め、所有者の社会における卓越性を引きだすものと位置づける。

7 シヴァ神の妻パールヴァティ女神の別名。

モノを口元に近づけて呪文を唱え、息を吹きかけることで聖化する[8](石高 1997: 165-166, 津村 2015:209-210)。また聖化儀礼では豊穣性を意味する植物の種子を人形に入れることもある。広く販売されているルークテープ人形はプルックセーク儀礼を経たもので、価格には儀礼の執行費用も含まれている。

ルークテープ人形がブームになった要因の一つに、本物の子供そっくりの外観がある。アメリカで生まれたリアリスティック・ベイビー・ドール（Realistic Baby Doll）が人形としての原型とされる。月齢や年齢に応じて身体各部が本物同様に作られた小児科医療の実習用人形をもとに、１９９０年代後半にアメリカの芸術家が塗装や植毛を施して、肌や静脈の色まで忠実に再現したのがリアリスティック・ベイビー・ドール[9]である。２００２年にはアメリカのネットオークションサイトeBayで販売されるようになり、世界中に広がった。現在も、タイ国内で流通している人形はアメリカや中国からの輸入品で、これに聖化儀礼を施したものがルークテープ人形となる。

アドラ・ドール（Adora Dolls）など人気ブランドの人形は高価である。たとえば「チャイルド・エンジェル」というルークテープ人形の販売サイト[10]では、ディズニーのお姫様のようなドレスを来た人形が数千から数万バーツで売られている。ルークテープ人形を販売するウェブサイトでは、人形の顔がはっきり見えるように写真が提示される。容姿は人形を選ぶ際の重要な要素である。最近ではもっと安くて小さいが写実的ではない人形も流通している。10㎝ほどの大きさで、キーホルダーが付いたルークテープ人形は、２００バーツほどから購入することができる【写真1】。

ルークテープ人形が爆発的に流行するようになったのは２０１５年半ば以降である。芸能人がフェイスブックやインスタグラムなどのＳＮＳに写真を投稿して一気に広がった。人形と一緒にドライブする写真、街のカフェで人形と一緒に食事をする写真、可愛らしい洋服を着せた人形の写真などが投稿されると、フォロワーのあいだでシェアされて瞬く間に人々に知られるようになった。

他の東南アジア地域のポピュラーカルチャーの受容と同様に（序章、第10章、第13章など）、ルークテープ人形に興味をもつのは都市中間層の人々が多く、特に20代から50代の都市在住の女性がルー

8 呪術的イレズミ（*sakyan*）を施すときにも、僧侶や呪術師などの彫り師が同様の聖化儀礼を行う（津村 2017: 47）。

9 リボーン・ベイビー・ドール（Reborn Baby Doll）、ライフライク・ドール（Lifelike Doll）とも呼ばれる（KritsanaPr 2015:95-105）。

10 ウェブサイトは http://www.childsangel.com。

写真1　キーホルダータイプのルークテープ

クテープ人形ブームを支えている。[11] 彼女たちはオシャレな新しいものと一緒に撮ったセルフィー写真をＳＮＳに投稿し情報発信する。ルークテープ人形のブームは都市在住で経済的に余裕のある女性を中心に、セレブな生活に憧れるファッションへの志向も織り込みながら生成したものといえる。

ルークテープ人形は新しく生まれたものだが、人形に特別な力を見出す心性は、以前から見られる。１９８８年放送（チャンネル７）のテレビドラマ『人形：ワタシ、オウチニ、カエリタイ（*Tukta: nu yak klap ban*）』[12] では、少女の魂が宿る人形が描かれた。

カンボジアの人形工場で一人の少女が働かされていた。過酷な労働で体調を崩し、手元の人形に自分の願いを込めた。「もう一度家に帰って、両親に会いたい」。

その人形が工場から出荷され、タイの女の子の手に渡った。女の子は「トゥクター姉ちゃん」と呼んだ。[13] トゥクター姉ちゃんが家に来ると、不思議なことが起こり始めた。女の子が人形と会話をして「具合が悪い」とか「熱がある」とか言うようになった。やがて人形から声が聞こえてきた。クメール語で「ワタシ、オウチニ、カエリタイ」と語っていた。

女の子と母親は人形工場で働いている子が苦しんでいるに違いないと思い、助け出そうと決意した。人形の助けを借りながら、ようやく人形工場に辿り

11 ネーション紙 ２０１６年1月27日。

12 原作はワーニット・チャルンキットアナン（Wanit Charungkitanan）の同名の小説（KritsanaPr 2015:145）。

13 トゥクターは「人形」を意味するが、同時に女性の名前にも用いられる。

着き、働かされていた子供たちを救出した。しかし人形に宿っていた少女は、熱病にやられてすでに亡くなっていた(KritsanaPr 2015: 145-148)。

人形に霊魂が宿り、特別な何かを引き起こすという心性は、このドラマにも反映されている。人形を素材にしたドラマと、その背景にある人形をめぐる信仰は、ルークテープ人形を支える一つの要素といえよう。また人形をめぐる信仰には、宗教的な原型も存在する。

## 4. 原型としてのクマーントーンとルーククロック

ルークテープのもう一つの原型がクマーントーン(*kumanthong*)である。特別な力を持つ死んだ胎児の霊魂を指し、火に炙って乾燥させた遺体に金箔を貼ったモノも同じくクマーントーンと呼ぶ。「クマーン」は男児または王子、「トーン」は黄金を意味し、女児の場合は「クマーリートーン」と称する。このクマーントーンにも、ルークテープと同じく不思議な話が語られる【写真2】。

クマーントーンを友達にもらったのは14歳のとき。人形をベッドの上に置いて、毎日赤いソーダを供えていた。[14] ある晩、寝ていると冷たいものが額に落ちてきた。気にしないで寝ているとまた落ちてきた。赤いソーダだった。人形を高い棚に移したら、落ちてこなくなった。それ以来、良いことが立て続けに起こった。現在の自分の仕事も助けてくれている。(バンコクポスト紙 2016年1月31日)

子供のころクマーントーンの兄弟の霊が家にいた。ある日、家族で車に乗ってバンコクの叔母さんの家に出かけた。叔母さんの家に入ろうとすると、家族の一人が突然涙を流して、地べたに座り込んだ。

14 赤いソーダは赤色の市販の炭酸飲料。飲料水とともにクマーントーンやルークテープに供えることが多い。ほかバナナなどの果物、トーンイップ、トーンヨートなどの菓子も合わせて供えられる(KritsanaPh 2015:37)。

小さい子供のような口ぶりで「家に入れない」とつぶやいた。何かを悟った叔父さんはすぐに線香に火をつけ、土地の守護霊に許しを乞うた。泣きじゃくっていた人はニコリと笑って「これで入れる」と言った。クマーントーンが一緒に来ていたのだ。（タイラット紙2016年1月31日）

写真2　寺院に納められたクマーントーン

クマーントーンの歴史は古く、アユタヤ時代『クンチャーン・クンペーン物語』にも描かれる。[15] 中部スパンブリーを舞台に、美男で武芸と呪術に秀でたクンペーン、醜男だが金持ちのクンチャーン、幼なじみの美女ワントーンの三角関係を軸に描いたタイ古典文学のなかに、主人公のクンペーンがクマーントーンを製作する場面が描かれる。

> 旅の途中、クンペーンは盗賊の娘ブアクリーと結婚して、ブアクリーは身ごもった。しかし父の命令で妻ブアクリーは夫クンペーンに毒を盛る。命が狙われていると悟ったクンペーンは、妻を殺し、腹から胎児を取り出して立ち去った。森のなかの寺院の中で、定められた呪法に従って儀礼を執行し、死んだ胎児を炎で炙った。作り出したクマーントーンの助けで、無敵の力を手に入れた（Baker & Pasuk 2010:1193-1194）。

死んだ胎児の霊をめぐる信仰では、ルーククロック（*luk krok*）もよく知られる。[16] ルーククロックは、死

15 『クンチャーン・クンペーン物語』はアユタヤ王朝のラーマティボディ二世期の出来事を脚色した物語で、19世紀にラーマ二世、ラーマ三世やスントーンプー、クルーチェーンなどの詩人が共同執筆した（冨田 1997:256）。

16 ルークは「子供」、クロックは「干からびた」の意。子供のミイラのような姿で呪具として流通する。

産の子供を乾かして製作する。異常に小さい、角がある、腐らないなど、特別な死産児に呪術師が儀礼を施して作る。ルーククロックに宿る死霊の世話をすると代わりに助力が得られるとされる（Textor 1973:349-357）。またラックヨム（*rak yom*）は、死んだ子供の霊を閉じ込めた呪具で、対になった2つの木像とプラーイ油[17]（*namman phrai*）を小瓶に詰めたものである。ラックヨムは他者を攻撃するための危険な霊魂と考えられている【写真3】。

写真3　バンコクの仏具市場で売られる様々な呪具

タイでは子供の霊に特別な意味づけがなされている（Sinnot 2014:296-300）。荒々しい大人の「異常死の霊（*phi taihong*）」に比べると、幼い子供の霊は力が弱く操作が容易とされることに加え、タイの親子関係に内包される「恩義（*bunkhun*）」の観念も背景にある。子供は面倒を見てくれる親から「恩義」を受け、それに「報恩」する義務を負う。男児なら僧侶として出家し、女性なら家事や賃労働で報恩する。この報恩関係は子供の霊とその保持者の間にも見出される。クマーントーンを持つ者は、霊魂を自分の子供のように扱い、自身を父や母として位置づけ、仮想的な親子関係を措定する。

クマーントーンはときに別の名称で呼ばれる。天の神テーワダーが守護する「クマーンテープ（*kuman thep*）」、邪悪な霊が宿った「クマーンプラーイ（*kuman phrai*）」、死霊ピーの名で呼ばれる「クマーンピー（*kuman phi*）」などいくつかの名称があるが、いずれも広義のクマーントーンの下位区分といえる。こ

17　プラーイ油は産褥死の女性から抽出する油で、恋愛呪術などに用いられる（津村 2015: 37-38）。

のように考えると、伝統的な呪術信仰と親子関係に根ざしたクマーントーンが、現代的にアレンジされ都市中間層によってファッション志向も絡みながら受容されたのがルークテープだといえよう。

しかし個々の信奉者にとっては「クマーントーンやクマーンプラーイ」と「クマーンテープ」の違いが強調される。「クマーントーンは単なる死霊のピーに過ぎず、クマーンテープはより高位の存在（Sinnot 2014:305）」、あるいは「クマーンプラーイは異常死の霊で危険だが、クマーンテープは良い霊魂で徳を積むと助けてくれる」[18]と語られる。クマーンテープと他のものを区別して、天界のテーワダーと死霊のピーを異種のものとする言説である。しかしかつてピーは悪霊だけでなく、人々を守護する自然霊や先祖霊も意味した。ピーを否定的な存在とみなしそれを排除することでテーワダーに純粋な善性を見出す視線はきわめて現代的である。

さらにルークテープと比較すると、呪術的な人形をめぐる理解の錯綜が明らかになる。クマーントーンを製作するＯＭ氏によると、ルークテープ人形は僧侶が単に聖化しただけのもので霊魂はないが、クマーントーンは死んだ胎児の霊から作られ、面倒を見ると代わりに助けが得られる[19]。同じくクマーントーンを作るＣＫ氏によると、ルークテープ人形は近年の発明で根拠がないが、クマーントーンは師匠から伝承された長い歴史をもち、死んだ胎児の霊から作る特別な存在という。

一方、ルークテープ人形を販売するＫＳ氏によると、ルークテープは「仏陀の威光（*khunphra*）」によって聖化されたもので、戒律を守り功徳を積むことで奇跡が得られる。世間で言われているように天の神が宿るのではなく、仏陀拝礼のための道具である。徳を積むことが大切なので、人形には回向（*uthit bunkuson*）のため供物を捧げるべきと語る[20]。ルークテープの販売サイトを運営するＫＧ氏は、クマーントーンは黒魔術で作られるが、ルークテープ人形は積徳で育てるものであり、人々を善行に導く道具であると説明する[21]。

クマーントーンの支持者は伝統と呪術に基づいて正統性を主張するのに対して、ルークテープの支持者は邪悪なピーに対する善なるテーワダーとして位置づけ、仏教と積徳行を正当化の根拠とする。

18 デイリーニュース紙２０１６年１月30日。

19 バンコクポスト紙 ２０１６年１月31日。

20 デイリーニュース紙２０１６年１月28日。

21 バンコクポスト紙 ２０１６年１月27日。

さらにこれらの議論に無関心な人は、ルークテープはクマーントーンの単なるアップデート版と見なす。たとえば、東北タイ・コーンケーン県のバラモン僧P師は、修行所でルークテープもルーククロックも販売するが、両者をさほど区別しない［写真4］。

写真4　ルークテープを物色する中国人

子供のミイラを模した粘土製のルーククロックには、プラーイ油を擦り込み、異常死の遺骨などを中に入れている。だが見た目が気持ち悪い（naklua）ので、最近の人はかわいらしい（narak）ルークテープ人形の方を選ぶ。ルークテープ人形はビニール製で、プラーイ油は擦り込めない。だからプラーイ油を入れたガラス瓶を人形の首に付けて、同じ効果を持たせている。ルークテープ人形はルーククロックの現代版である（2016年1月14日インタビュー）。

死んだ胎児霊をめぐる信仰だけを見ると、クマーントーンやルーククロックは、ルークテープの原型かもしれない。両者ともに報恩という親子間の互酬関係が埋め込まれており、フェイスブックでシェアしやすいように外観をより柔和にアレンジしただけのようである。しかし、両者をめぐるコミュニケーションに焦点を移すと、ルークテープとその原型を単なる等価物と見なすことはできない。伝統と呪術によって真正性を主張する立場（クマーントーン製作側）と、道徳と仏教によって自らを正当化する立場（ルークテープ制作側）、さらに両者の区別に関心を示さない立場がみられる。ルークテープは単なる過去の信仰のアップデート版というよりは、伝統的な家族関係を土台にしながらも、宗教的な志向のズレの狭間にルークテープ人形が生成したといえるだろう。

## 5. ルークテープ人形をめぐる騒動

ルークテープ人形は数年前から愛好家の間で流行していたが、２０１５年より芸能人のＳＮＳを介してより多くの人に知られるようになった。そうなると愛好家だけでなく、批判者や傍観者もインターネット上に出現する。ルークテープ人形をめぐるコミュニケーションが一気に噴出する契機となったのは、冒頭で述べた航空券の販売をめぐる騒動であった。

### 5-1. タイ・スマイル航空による人形向けの航空券

２０１６年1月23日に、タイ・スマイル航空がルークテープ人形の座席販売を検討しているとテレビや新聞などのメディアが報じて話題となった。

報じられたタイ・スマイル航空の乗務員向けガイドライン[22]には、「人形の航空券がなければ手荷物として扱うが、人形の座席を購入すれば、乗客名簿にルークテープ人形の名前、所有者の氏名、人形の数を記載して座席に座らせる。人形の座席は窓側に限定し、非常口付近の座席も利用できない。軽食と飲み物も提供し、離着陸時にはシートベルトの着用を義務づける」など[23]が記されている[24]。

すでに人形を座席に座らせた事例は40を越えるという。タイ・スマイル航空が航空券販売を検討するようになったのは、乗客が無断で人形を空席に座らせ、乗客の人数確認に手間取って出発が遅れる

22 このニュースは、日本を含む海外でもロイターやブルームバーグなどの通信社を通じて1月26日に報じられた。ただし一般販売の告知ではなく、乗務員向けのガイドラインでの記述が報じられたに過ぎない。

23 隣にルークテープ人形が座るのが嫌な場合はチェックインカウンターで申し出ることで座席の変更を認める旨も示されている（ネーション紙２０１６年1月28日）。

24 ネーション紙２０１６年1月24日。

事案が発生したため、また人形に軽食や飲み物を求める乗客が相次いだためだという。手荷物は上部の収納棚か座席下に収納する必要があるが、ルークテープ人形では収納場所をめぐってトラブルが発生したとも報じられている。[25]

しかし、他の航空会社の対応を見ると、ノックエアーは「ルークテープ人形は手荷物として扱うが、追加の座席購入を認める」、バンコク・エアウェイズは「ルークテープ人形は手荷物である。保安検査を通過して機内の規則を守るかぎり問題ない」とする。[26] タイ国際航空ではルークテープ人形を着席させた事例はなく、ライオン・エアではルークテープの持ち込みはあるが、追加で座席購入した事例はない。[27] 他の航空会社が人形に特別な配慮をしていないところを見ると、タイ・スマイル航空の報道は、意図的かどうかはともかく、ルークテープ人形を利用したプロモーションともいえる。結果的に、この件は大きくメディアに取り上げられ、1月27日にはタイ航空局、航空会社、空港関係者が集まって協議を行うことになった。

協議では次の三点が確認された。(1)ルークテープ人形は手荷物である。(2)ルークテープ人形は収納棚か座席下に収納しなければならない。(3)定められた安全基準に従い、X線検査を含む保安検査を通過しなければならない。[28] タイ航空局のチュラー局長によると、「国際民間航空機関(ICAO)に則った国際航空法に従うなら、乗客とは人間を指す。人形に航空券を販売してはならない。追加の座席が必要なら、乗客の氏名で購入して保安規則に従う必要がある。違反すると、1年以下の懲役、4万バーツ以下の罰金またはその両方が科せられる。人形には豊穣性を象徴する植物の種子が入れられることがあるが、外国への渡航では検疫も必要である」と指摘する。こうした指示を受け、タイ・スマイル航空は人形向け航空券の販売を取りやめた。その後は航空券販売をめぐる報道は一切見られなくなった。

航空券をめぐる一連のやりとりに表れたルークテープ人形は、前節で分析したものとは異質である。宗教実践の文脈では「子供霊信仰の継承」や「積徳実践の勧奨」というエージェンシーが付与されて

25 カオソット紙 2016年1月25日。
26 ネーション紙 2016年1月28日。
27 カオソット紙 2016年1月28日。
28 カオソット紙 2016年1月28日。

いたが、ここでは航空会社にとって「乗客のニーズ」、航空局にとって「安全な航行の妨げ」、「国際法の違反」を意味する人形として議論され、前章で見たような呪術をめぐる言説が入り込む余地はない。ルークテープ人形をめぐるコミュニケーションの多義性は、これだけに留まらない。報道が加熱したこの時期にはさらに異なった相互行為が展開された。

### 5-2. ルークテープ人形向けのプロモーション

人形向けプロモーションを企画したのは航空会社だけではない。たとえばビュッフェレストラン「ホット・ポット・ビュッフェ（Hot Pot Buffet）」では人形向け価格をフェイスブックで告知している。[29]

110㎝以下の人形は無料、110～130㎝の人形は159バーツ（子供料金）、130㎝以上の人形は通常料金で食事を提供します。ホットポットは、子供も、大人も、ルークテープも、心よりお待ちしています。ルークテープの誕生日パーティーならルークテープ分は無料です。ただし残した場合は百グラムあたり百バーツをいただきます。（カオソット紙 2016年1月26日）

国内の長距離バスを運行するボーコーソー社やナコンチャイエー社も人形向けプロモーションとして、子供料金と同額で人形に座席を販売するとした。代金には食事と飲み物も含まれる。[30] ほかにも美容院、洋服屋、ホテル、語学学校などがルークテープ向けサービスについて、いずれもフェイスブックやLINEなどインターネット上のSNSで広告を展開した。

一方、ルークテープ人形の流行に批判的な企業も出現した。たとえば、サコンナコン県のあるリゾートホテルでは、ルークテープ人形のホテルへの持ち込み禁止をフェイスブックで告知した。人形を気味悪く思う宿泊客もいるためとオーナーはその理由を説明する。インターネット上ではこうした立場

29 バンコクの日本食ビュッフェレストランの「ネタ・グリル（Neta Grill）」も同様のプロモーションを行っており、ルークテープ人形は無料とされる。2015年12月にはおよそ30件のルークテープ人形の来店が見られた（バンコクポスト紙2016年1月26日）。

30 マティチョン紙2016年1月27日。

への賛意が寄せられた。[31]

いずれもSNSを介してコミュニケーションが行われたことには注意が必要であろう。SNSがルークテープ人形の流行の基盤であり、企業もSNSをプロモーションに活用することで、人形の保持者かどうかは問わず、人々にシェアされることで話題となりプロモーションが成立する。ルークテープ人形はあくまで「広告のツール」であり、それは持ち込み禁止をアピールする立場でも同様である。インターネットメディアを通じた「情報拡散のエージェンシー」としてルークテープ人形を捉えることができるだろう。

### 5-3．ルークテープ人形と犯罪

航空券販売騒動の最中の1月27日の夕方、チェンマイ空港の駐車場で、覚醒剤が詰められたルークテープ人形が見つかった。事前の通報を受けて警戒を強めていたところ、駐車場内の休憩所でルークテープ人形が入った持ち主不明のバッグが発見された。人形の胸には縫った跡があり、内側に覚醒剤200錠が隠されていた。[32] チャックティップ警察大将によると「覚醒剤を隠すなどの違法行為に用いられる可能性がある。ルークテープ人形は個人の自由であるが、それを隠れ蓑に犯罪を行う者がいる」[33]と注意を促している。

同日、タイ経済警察は、バンコク都とノンタブリー県の3箇所の市場でルークテープ人形の販売店に立ち入り調査を行った。輸入物品には関税がかかるが、納税証明書を提示できない店舗から合わせて五百体ほどの人形を押収したと報じられた。サムペーン市場の販売員は「人形が売れるようになったのはこの二週間ほど。最近は一日に二十体ほど売れ、顧客には外国人もいる。求める人に売っているだけで、何が違法なのかわからない」と語る。[34]

ここでは、ルークテープ人形は「覚醒剤の隠し場所」、「脱税物品」と位置づけられ、犯罪を助長する

31 バンコクポスト紙 2016年1月28日。

32 デイリーニュース紙 2016年1月28日。

33 カオソット紙 2016年1月28日。

34 カオソット紙 2016年1月28日。

モノとして警察の取り締まり対象になる。一方、ルークテープ人形は趣味や信仰の問題で、個人の自由を侵害すべきでないとして、過剰な警戒や犯罪と結びつける言説に批判的な立場も反作用的に出現する。

## 5-4. 不確定な社会と希薄な人間関係

航空券販売騒動がメディアを賑わすなかで、ルークテープ人形の流行の背景について大学教授など知識人がそれぞれの立場から解説を行った。「ルークテープは現代社会に広がる不安を示したもの。タイ人は昔から不安があると精霊に助けを求める」、「ルークテープは操作可能だから流行する。世話をすると見返りが得られるという互酬性が支えている」、「近年のタイの政治・経済状況[35]が人々の不安の根源である。確かでないものに対処するために神秘の力に頼る」など、先行き不透明なタイの社会状況のなか、不確実性への対抗としてルークテープが受け入れられたと説明する。[36]

またタイ精神衛生局のジェッサダー局長によると「人は感情的依存を必要とする。自分に足りない何かを求め、心の安定のためにオカルトに依存することがある」と言う。[37]「友人など頼る人がなく寂しいときには心の拠り所が必要で、そんな人がルークテープを求める」[38]と現代の希薄な人間関係を問題の背景に措定する論者も見られる。サヤームラット紙に寄稿したセーリー・ポンピット氏は語る。

現代のタイ社会の問題は、人間関係が弱体化していることにある。家族、友人、職場など、人はみな別々のところに住んで別々のところに向かう。携帯電話をいくつ持っても、孤独は癒やせない。……農業の時代は終わり、もはや戻ることはできない。産業化が進んでカネばかりになった。カネは道具にすぎないのに、資本主義ではカネが目的になっている。何をしても孤独のままで、人生は虚しく感じられる。失われた人間関係を埋め合わせるために、ルークテープが生まれたのだろう(Seri 2016: 5)。

35 2006年のクーデター後の経済悪化とチャトゥカムラームテープ護符の流行を、2014年のクーデター後のルークテープ人形の流行を類似したものと捉える議論もある(カオソット紙 2016年1月28日)。

36 バンコクポスト紙 2016年1月31日、マティチョン紙 2016年1月27日。

37 バンコクポスト紙 2016年1月26日。

38 カオソット紙 2016年1月28日。

こうした議論では、ルークテープ人形は精神的な病理と同一視される。かつての農村共同体をノスタルジックに想起しながら、不確実な政治・経済状況への無力感に対する心の処方箋として機能主義的にそのエージェンシーを位置づける。

## 5-5. 仏教から見たルークテープ人形

さらに宗教界でもルークテープをめぐって議論が交わされた。一連の騒動のなか、人形に聖化儀礼をする僧侶がたびたびメディアに報じられた。ノンタブリー県ブアクワン寺の副住職ウィナイ師はその一人である。ウィナイ師の僧坊には毎日人形を抱えた信者が列をなす。師は人形の顔と手足、背中に呪文を書き、金箔を貼って聖化する。「人形が幸運をもたらすのではない。クマーントーンのように人形を拝むだけでは何も得られない。大切なのは善行を積むことで、人形の聖化は仏法を伝えるため」とウィナイ師は語る。[39] 対機説法の一つとして弁解するが、タイ仏教当局はこの活動を問題視した。

仏教振興を図る行政機関である国家仏教庁は、「ルークテープ人形の聖化儀礼は戒律違反に当たる可能性がある」として警告し、タイ仏教サンガを統括する大長老会議は、各県の仏教協会に対して人形の聖化儀礼に関わる寺院と僧侶の調査を命じた。[40] タイ仏教は僧侶が呪術に携わることを公的に禁止しているが、現実には僧侶には呪術的実践も期待されている。たとえば購入した自動車やバイクに僧侶が聖化儀礼で安全祈願をすることは珍しくはない。国家仏教庁によると、問題は人形に儀礼を行うことではなく、人々を誤った方向に導くことだという。僧侶は正しく仏法を伝えなければならないのに物欲を煽っており、金銭を目当てに儀礼を行っている可能性もあると強く非難する。[41]

ルークテープ人形がブームになる以前は、人形への聖化儀礼はさほど問題視されなかった。これに関わる僧侶への批判が急激に強まったのは、まさに航空券販売騒動の最中である。テレビや新聞などメディア取材を受け、僧侶は「善行のきっかけ」と説明し、仏教当局は「信者を惑わす害悪」として

39 バンコクポスト紙 2016年1月31日。

40 バンコクポスト紙 2016年1月27日。

41 デイリーニュース紙 2016年1月28日。

否定する。強制還俗の可能性を当局から示唆されると、僧侶は聖化儀礼をやめ、マスコミも報じなくなった。サンガがこれに関わる僧侶と寺院の調査を命じたことで、ルークテープ人形は正統か異端かの「踏み絵」として機能し、仏教によるルークテープ人形をめぐるコミュニケーションにひとまずの終止符が打たれたといえる。

## 6. ルークテープというブームの終焉

ルークテープ人形をめぐる一連の騒動は、2016年1月末の1週間ほどに凝縮して展開された。ルークテープ人形は以前から存在していたし、ブームの兆しも1年ほど前からうかがえた。しかし人形向け航空券販売の報道がなされた1月23日を境にして、ルークテープ人形を取り巻く環境はすっかり変容した。もともと関わりのなかった多様な人々が、人形をめぐるコミュニケーションに突如参与し、それぞれの領域に引き付けながら互いに異なった主張をメディアを通じて展開した。

前節までの議論を整理すると、(1)テーワダーなど天の神や仏教的積徳/クマーントーンなど伝統に根ざした呪術・ピー信仰、(2)顧客のニーズ/国際航空法に基づいた航行の安全、(3)プロモーションの素材、(4)犯罪の助長/個人の自由、(5)現代タイ社会の不安定な政治・経済状況、(6)積徳を促す道具/仏法の誤った実践などの異なった位置づけが見られた。ほかにも「ブームに乗って国内で人形生産を行えば、価格が低迷する天然ゴム生産の刺激になる」[42]というものや、「ブームが過ぎたあと大量に廃棄される」[43]ことを危惧する声も報じられている。それぞれのコミュニケーションのなかで、異なったルークテープの意味づけがなされ、それを正当化するエージェンシーが定立される。様々な語りが一つの像を取り結ぶことなく、互いに折り合いの付けられないルークテープ人形というエージェンシーがタイ社会に立ち現れた。

42 バンコクポスト紙 2016年1月27日。
43 カオソット紙 2016年1月28日。

それはもっともなことである。というのも、クマーントーンなどの原型はあるが、まったく新しいマテリアリティ（物質性）を持つものとしてルークテープ人形がタイ社会に初めて出現した。その不可解で未知の物体は、航空券販売をめぐる騒動をきっかけに表舞台にまで引き上げられたが、過去に存在しなかったモノをどう考えればよいか、共通理解がないままに多様な議論が一気に噴出した。期待と警戒、愛着と気味悪さなど多様に交錯する思惑が、インターネットやテレビ、新聞などのメディアを介して爆発的に広がって、多様な価値観と意味、複数のエージェンシーを合わせ持つようなルークテープ人形がコミュニケーションのなかで新たに作り出された。これは、ポピュラーカルチャーの文脈では、ルークテープ人形という「ブーム」がまさに生成した局面である。

写真5　捨てられ寺院で保管されているルークテープ人形

　しかし、「ブーム」は2月初めにたちまち収束する。もちろん以降もルークテープ人形を求める人はいるし、聖化儀礼を行う僧侶や呪術師は存在する。しかし2016年2月以降ルークテープ人形のメディアへの露出は驚くほど一気に減少した。また人形が大量に廃棄されたと報じられたのも2月初めである。[44] バンコク近郊のサワンアーロム寺（ナコンサワン県）では、数十体のルークテープ人形が境内のあちこちに放置された**[写真5]**。人形を育て始めたが怖くなった、世話をしたのに奇跡が起こらなかったなど、様々な理由から捨てられたという。[45] このブームの突然の終焉を理解す

**44** タイラット紙 2016年2月1日。

**45** ブーム収束後の2017年3月に筆者が寺を訪れたときには、10体ほどのルークテープ人形が、寺院内カーリー女神祠の脇に置かれたガラスケースに納められていた。祠近くの売店の女性によると、当時大量の人形が捨てられたが、同時に奇蹟を求めて持ち帰る人も多くいた。そのため現在保管されている人形はわずかな数だと語っていた。

る際、これまで論じた人形をめぐるコミュニケーションが大きな示唆を与えてくれる。

航空券の販売をめぐっては、協議のあとタイ航空局が国際法に基づき「人形は荷物である」と明言し、タイ・スマイル航空は販売を断念した。チェンマイ空港では、警察が人形に隠された覚醒剤を暴くことで、人形の反社会性を主張した。僧侶による聖化儀礼については、国家仏教庁と大長老会議が人形への聖化儀礼を強く否定した。新しく社会に立ち現れたルークテープ人形について、当初は特定の言説が卓越することなく、複数の相容れない論理が互いを牽制しながら自由に展開していた。しかし「ブーム」と呼べるほど社会の中で特別な存在感を発揮し始めると、それをめぐるコミュニケーションに変化が生まれる。互いに競合的なコミュニケーションのうち、特別に方向づけるような強力な言説が出現すると、それまで相容れなかった複数のコミュニケーションが整理され修正される。ルークテープ人形については、タイ航空局と国際航空法、タイ警察、国家仏教庁と大長老会議などの言説がそうした卓越的な力を発揮した。権威的な言説に先導され、輻輳するコミュニケーションがそれぞれの領域のなかで収束し、特定のエージェンシーが卓越する。ルークテープ人形の不可解さは解きほぐされて権威的な言説に従いながら、新たに出現したモノはタイ社会のなかに固定的な位置を獲得する。

ルークテープ人形は突然発生し、衰えていった一つの宗教的な流行である。しかしこれを単に宗教の商品化、現代の呪術復興と捉えるだけでは、この流行の突然の発生と収束を理解することはできない。多様なコミュニケーションの爆発的な生成と、権威的な言説によるコミュニケーションの収束を丹念に記述することで、ルークテープ人形のみならず、ポップカルチャーにおけるブームの生成と終焉の一つのメカニズムを見出すことができる。

## 引用文献


Baker, Chirs and Pasuk Phongphaichit

2010 *The Tale of Khun Chang Khun Phaen.* Silkworm Books.

Comaroff, Jean, and John L. Comaroff

1999 Occult Economies and the Violence of Abstraction: Notes from the South African Postcolony. *American Ethnologist* 26 (2) :279–303.

石高真吾

１９９７「タイ国における護符信仰――ワットウ・モンコン入門」『南方文化』24: 163-177。

Keane, Webb

2008 The Evidence of the Senses and the Materiality of Religion. *Journal of the Royal Anthropological Institute* (N.S.) 14 (S1) : 110-127.

Jackson, Peter A.

1999a The Enchanting spirit of Thai Capitalism: The Cult of Luang Phor Khoon and the Post-Modernization of Thai Buddhism. *South East Asia Research* 7 (1) : 5-60.

1999b Royal Spirits, Chinese Gods, and Magic Monks: Thailand's Boom-time Religions of Prosperity. *South East Asia Research* 7 (3) : 245-320.

Kritsana Phayakon (KritsanaPh)

2015 *Tukta luk thep: mai chuea ya lop lu!?* Samnakphim DK Publishing.

Kritsana Pram (KritsanaPr)

2015 *Pathihan tukta luk tep: asacan haeng sattha bandan coklap somupratthana.* Samnakphim Yonroi.

Latour, Bruno

2005 *Reassembling the Social: An Introduction to Actor-Network-Theory.* Oxford University Press.

Lynch, Gordon

2010 Object Theory: Toward an Intersubjective, Mediated, and Dynamic Theory of Religion. In *Religion and Material Culture: The Matter of Belief.* David Morgan (ed.), pp.40-54, Routledge.

Morgan, David

2010 Introduction: The Matter of Belief. In *Religion and Material Culture: The Matter of Belief.* David Morgan (ed.), pp.1-17, Routledge.

Pattana Kitiarsa

2008a Introduction: Asia's Commodified Sacred Canopies. In *Religious Commodifications in Asia: Marketing Gods.* Pattana Kitiarsa (ed.), pp.1-12, Routledge.

2008b Buddha Phanit: Thailand's Prosperity Religion and its Commodifying Tactics. In *Religious Commodifications in Asia: Marketing Gods.* Pattana Kitiarsa (ed.), pp.120-143, Routledge.

2012 *Mediums, Monks, & Amulets: Thai Popular Buddhism Today.* Silkworm Books.

Seri Phongphit

2016 Sangkhom thai nai yuk lukthep. *Sayamrat* 2016年2月3日, p.5.

Sinnot, Megan

2014 Baby Ghosts: Child Spirits and Contemporary Conceptions of Childhood in Thailand. *TRaNS: Trans-Regional and -National Studies of Southeast Asia* 2 (2): 293-317.

杉島敬志

２０１４「複ゲーム状況への着目――次世代人類学にむけて」『複ゲーム状況の人類学：東南アジアにおける構想と実践――』杉島敬志（編）、pp. 9-54、風響社。

田辺繁治
２０１３『精霊の人類学』岩波書店。
Textor, Robert B.
1973 *Roster of the Gods: An Ethnography of the Supernatural in a Thai Village*. HRAFlex Book.
冨田竹二郎
１９９７『タイ日大辞典』めこん。
津村文彦
２０１５『東北タイにおける精霊と呪術師の人類学』めこん。
２０１７「美しくも、きたないイレズミ――タイのサックヤン試論――」『年報タイ研究』16:39-60。

# 第12章　越境するモーラム歌謡の現状

## ――魅せる、聴かせる、繋がる

平田晶子

## 1．はじめに

東南アジア大陸部のタイとラオスでは、モーラム（*mo lam*）という長編物語歌の担い手による文化的営為が受け継がれてきた。タイ語とラオス語で「モー」とは「何かの専門的知識を有した有識者」、「ラム」とは「言葉の抑揚にしたがって歌うこと、またその歌」を意味する。このモーラム歌唱文化圏を構成する人びととは、タイ国内の全人口の3分の1を擁する東北地方（別称イサーン地方）やラオスの首都ビエンチャン以南から最南端に位置するアッタプー県までの地域に暮らすタイ・カダイ語族タイ系のラオやプータイ、オーストロアジア語族カトゥイック系の人びとである。モーラムは、主に各地域の村落社会の冠婚葬祭、年中行事、宗教儀礼などに招待され、依頼内容に応じて歌の内容を選びながら披露する。笙の奏者であるモーケーン（*mo khaen*）は、モーラムの横に寄り添い、呼吸、リズム、間の取り方などに合わせて伴奏する。

このようにモーラム歌唱文化圏に暮らす人びとの生活様式の一部に組み込まれた文化的営為は、既存研究では主にタイやラオスの二つの国民国家や各村落社会という閉じた空間においてのみ展開しているように描写される傾向が多かった。たとえば、タイ東北地方に居住するラオとは、「高床式住居に住み、餅米を食し、モーラム芸を興じる」と説明されるように（Miller 1985, Seri Phongphit 1990）、モーラムは常にラオを示す伝統文化的アイコンの一部として記述されている。他方、ラオスのラム歌唱をまとめた黒田は、音楽人類学的アプローチによってラム歌唱の営為を低地ラオが営む農耕社会にみる人間の音文化として捉え、農村の暮らしを構成する歌垣の社会的意味を明らかにしている（黒田 2008）。しかし、これらの研究は、村落社会を中心に描くものであったことから、グローバル化する現代社会にみる文化表現の多くが「脱地域化」、「商品化」していく状況、さらにはグローバル化が進行する中でしばしば既存の文化的表現が境界を越えて流通しながら読み替えられていく状況に（福岡（ま）による序章参照）主眼を置いてこなかった。

人類学者アパデュライは、こうしたグローバル化の状況を「グローバルな文化フロー（global cultural flow）」と呼び、「脱領域化（deterritorialization）」をグローバル化の主要な傾向として位置づける（アパデュライ 2004:69-79）。ここでいうフローは、エスノスケープ（民族の地景）、テクノスケープ（技術の地景）、ファイナンススケープ（資本の地景）、メディアスケープ（メディアの地景）、イデオスケープ（観念の地景）の間に存在している乖離《かいり》構造の増大に合わせて生起しており、またその様相は乖離的と理解されている（アパデュライ 2004：77）。グローバル状況下の文化を理解する作業自体は、ローカリティ自体が発現してくる歴史プロセス——ローカル化——を吟味することでもあり、それゆえにグローバル化の力が、ある国家、ある地域のローカリティを揺さぶる状況を確認できる（アパデュライ 2004：44-45）。そこで、こうしたアパデュライの発想に倣い、本章は、グローバルな文化のフローとしてモーラムを捉え直し、既存の研究が提示してきた閉じた空間——村落社会、国民国家の枠組み——を遥かに超えたモーラムをめぐる文化的実践の新たな展開を追っていくことにしたい。特に２０００年代以降、タイやラオスのモーラム歌謡界ではＣＤやＶＣＤなどへの商品化が始まり、モーラム歌謡の製作者は、「売れる旋律」「売れる民族表象」を、消費者側が意識している以上に意識して戦略的に生産していることから、改めて道具的な旋律や民族表象について考えさせられる。モーラム歌謡の生産・流通・消費の循環は、商品化された地域の音楽市場に流通するだけではなく、もはや国家の枠を超え、革命期に逃亡していった難民などを中心に米仏等で形成されるディアスポラ[1]のコミュニティが受け皿となりながら構築されている。まさにアパデュライが提起した5次元の地景のなかでも、移民や難民や亡命者や外国人労働者といった移動する集団や個人が構成しているエスノスケープ、商品化されたモーラム歌謡がより高度な音楽技術やインターネット上の配信サービスによってより広域で消費されていくテクノロジースケープ、メディアによってモーラムの歌謡の世界観を創造するメディアスケープなど、パースペクティヴに応じて構築されている。

更にグローバル状況下のモーラムの新たな展望を端的に示す事例としては、この四半世紀にも満たない月日を経るなかで、タイやラオスの伝統音楽がオンライン・コミュニティに台頭する現象が指摘できる。１９９０年代、情報通信技術（携帯電話やインターネット）は急速な発展を遂げ、欧米諸国からアジアやアフリカなどへと普及していった。欧米を中心に発展してきたメディアや情報通信技術を中心としたテクノロジーの急速な拡充に対応していく人間の姿は、「テクノロジーを飼い馴らす人びと」と形容されるなど（Silverstone and Haddon 1992、Silverstone and Hirsch 1992）、世界規模で起きている情報通信技術への適応やその社会的な影響などが検討されてきた（Miller and Slater 2000）。こうした研究群の蓄積と共に科学技術は、人間の暮らしと共に形成されてきたコミュニティを衰退させるのではないか、という問いが立てられた。ところが、その答えは、衰退させるどころか人間のコミュニケーションの在り方に様々な影響を与えているという共通見解を提示している。

その活性化を助長したのが、２０００年代以降、インターネット上に登場したオンライン・コミュニティである。オンライン・コミュニティは、新たな社会集団の創造的な空間となり、これまでになかった見知らぬ者同士がオンライン・コミュニティ上での対話的なコミュニケーションを行えることで関

1 元々住んでいた国家や民族の居住地を離れて暮らしている国民や民族の集団ないしコミュニティ、またはそのように離散すること自体を指す。

心が高まってきた(Castells 2001, Jones 1995, Delanty 2003)。たとえば、YouTubeは自作の動画をアップロードしてオンライン上で不特定多数の人と共有し、地理的・物理的に距離のある人間と人間が一つの情報について恣意的な書き込みができる。メディア社会学の研究者達からは、こうした討議を交わすことを許すような参加型文化(*participatory culture*)という新しいコミュニケーションの営為が注目されている(Mueller 2014, Rotman 2010, Green & Jenkins 2009)。

本章で取り上げるタイやラオスのモーラムの状況をみてみても、オンライン・コミュニティは、2000年代以降の二ヶ国内におけるインターネットの普及と共に徐々に形成されており、近年ではその数が益々増加傾向にある。2017年4月20日に検索した折、Googleのサイトから3つのキーワードを英語で打ち込むと、動画/すべての項目で記録できたヒット件数は次の通りである。「Mor lam」(7万8200件/1630万件)、「Lam Lao」(44万5000件/118万件)、「Lam Tangwai」(6950件/1万3600件)である。これらの数字から読み取れることは、こうした音楽ジャンルやモーラムの曲名に関心を寄せながら動画や音楽情報サイトを制作する人びとが存在し、これらを享受する一定の視聴者がいることである。なかでもYouTubeやVimeoなどで配信されるモーラム関連の音楽動画サイトの制作者や視聴者の出身国を調べていくと、その中にはタイやラオスの国内外に暮らすラオのディアスポラがいる。このディアスポラは、1970年代、革命前後にラオスから国外へ亡命したインドシナ難民、1980年代以降の出稼ぎ労働移住ピーク期に移住したタイ、ラオス出身の移住者などいくつもの層に分かれる。そして、ディアスポラは、オンライン・コミュニティ上でモーラム音楽の動画を中心に配信し合い、対話するなど、興味深い展開も見受けられる。

アパデュライは、フランス哲学家ドゥルーズやガタリの思想を受け(Deleuze and Guattari 1987)、現代のローカリティの生産は、脱領土化を遂げ、ディアスポラ的でトランスナショナルな様相を呈するようになった世界で執り行われると指摘している(アパデュライ 2004: 335)。それに相当する場所が、まさにオンライン・コミュニティであるならば、そこに参画する人びととは、政府に規制されることなく、また国籍に捉われることもない、ポスト国民国家的なアイデンティティを醸成できるような場所を見つけだしたといえる。オンライン・コミュニティ上でモーラムに関心を寄せた人びとが集まる情景を書き留めておくこと、またこのような状況が生じる所以を改めて考察の対象に加えることは、モーラムという歌唱文化の底流に横たわり、求心性を発揮する旋律の存在に目を向けることに繋がると考える。

そこで本章は、文化のフローとして地域芸能を捉える視角でタイとラオスの二国間で歌い継がれてきた芸能に注目し、モーラム歌謡の担い手たちが商品化の過程を通して旋律や民族表象を戦略的に利用していることや、グローバル状況下、村落社会や国民国家の枠組を超えてオンライン・コミュニティへとモーラムの歌謡が脱領域化している状況を描写する。その上で、そこに集まる人びとがタイやラオスだけではなく、むしろ既に国外に居住するディアスポラの人びとが中心となって、グローバル化現象下、旋律や民族性と関わるローカリティがオンライン・コミュニティに浮上しながら、外部から希求されるようなノスタルジアの意匠をまとうようになっていることを明らかにする。

## 2. モーラム歌謡の旋律共有圏の拡がり――二国間関係からグローバル状況下へ

これまでのモーラム研究は、タイまたはラオスという国民国家や村落社会における歌唱文化の担い手に焦点をあてながら個別に論じてきたため、二国間またはグローバル状況下にみるモーラム歌謡の動態を論ずるには幾許かの限界があった。しかし、商業化、商品化が進んだグローバル状況下のポピュラーカルチャーを理解する為には、新たな視角を提示する突破口として二国間で共有されるモーラム歌謡の旋律の存在に注目する必要があるだろう。地域別にみる歌謡の呼称の差異はその地域的な区分をするためのものであって然程《さほど》重要ではないが、モーラム歌謡をよく理解するためには、むしろモーラムの旋律に関する一定の知識が不可欠である。

モーラム歌謡は、タイとラオスの両方でも、各県、地域で歌い継がれる、当地の旋律をもつことが特徴的である。次ページの地図で示す通り、ラオス側には代表的な旋律の種類が合計14ある。北部のカップの旋律の種類は6つ、[2] 南部のラムは8つである。これらの旋律名の特徴といえば、旋律名に地名が用いられる点にある。北部のカップには、カップ・シエンクワーン、カップ・サムヌア、カップ・トゥム・ルアンパバーンなどがある。他方、南部のラムには、ラム・マハーサイ、ラム・タンワーイ、ラム・サラワン、ラム・シーパンドンなどがある。いずれも県名、市名、村名などが後続し、「カップ・〇〇」と「ラム・〇〇」となっている。その他には、ラム・プータイのように民族名称が旋律名につけられる。

他方、次ページの地図の丸で囲った部分は、タイの東北地方で歌われる旋律の名称である。タイ側のモーラムも地域や民族性に富んでいる旋律名が顕著であるが、各地域にみるリズムの違いなどが強調されることが多い。下線を引いて強調しているようにタイの東北地方には、ラオス側でも共有されている旋律がある。たとえば、ラム・コーンサワン、ラム・プータイ、ラム・タンワーイ、ラム・サラワンなどである。いずれもが、モーラム音楽産業界で売れる旋律として知名度が高い旋律である。

二国間のモーラム歌謡およびの愛好家や視聴者たちは、バラエティに富んだ旋律に合わせた独特の節回しやリズムの特徴を覚えており、どの節回しで歌われているかを聴き分けることができる。モーラム歌謡の鑑賞の愉しみ方は、こうした旋律に関する知識を共有しているかどうかにも左右される。たとえば、ラムの音楽が流れている場所で聴き手同士の会話はこのモーラム鑑賞の愉しみ方を示唆している。もし、コンサート会場などでモーラムの音楽が流れ始めた場合、しばらくすると聴き手たちは我れ先にと「これは、ラム・コーンサワンだね」、「ラム・トゥーイが始まった」「これはラム・サラワンだ」などと口々に曲の旋律名を確認し合う。まさにラムの聴き手の間でカップとラムを聴く上で共有されておくべき知識の体系が内在しているかのようである。つまり、二国間で聴かれるラム／モーラムの音楽を鑑賞する上で旋律のバリエーションを愉しむ行為こそが、ラムを愉しむ為の鍵ともいえる。

2 ラオスのビエンチャン県以北で歌われる当地の歌謡をカップと呼ぶ。カップを歌う者は、モーカップ（*mo khap*）と呼ばれる。ラオス人研究者の間では、北部と南部のそれぞれの歌の相違点は何かという議論がしばしば持ちあがることがあるが、その違いは特になく両者共に抑揚をつけて歌う民謡を意味している（Kiankhamsonmi 1997 : 3）。逆に北部のカップと南部のラムにみる共通点は、ケーンを利用することである。全国津々浦々の各地域で唄われる北部と南部の当地歌謡を一括りにして「カップ・ラム（*khap lam*）」と呼ぶこともある（Kiankhamsonmi 1997 : 3）。なお、本章の対象はラムであるため、本文中の議論ではカップについて特別に言及することはないが、全国に及ぶカップとラムを合わせた当地歌謡を表現するときや、いわゆる国民文化的な指標として商品化されたカップとラムを指すときは「カップ・ラム当地歌謡（*khap lam thong thin*）」と区別して表記する。

図　モーラム、カップ、ラムの旋律の拡がりと多様性
（筆者作成2015）

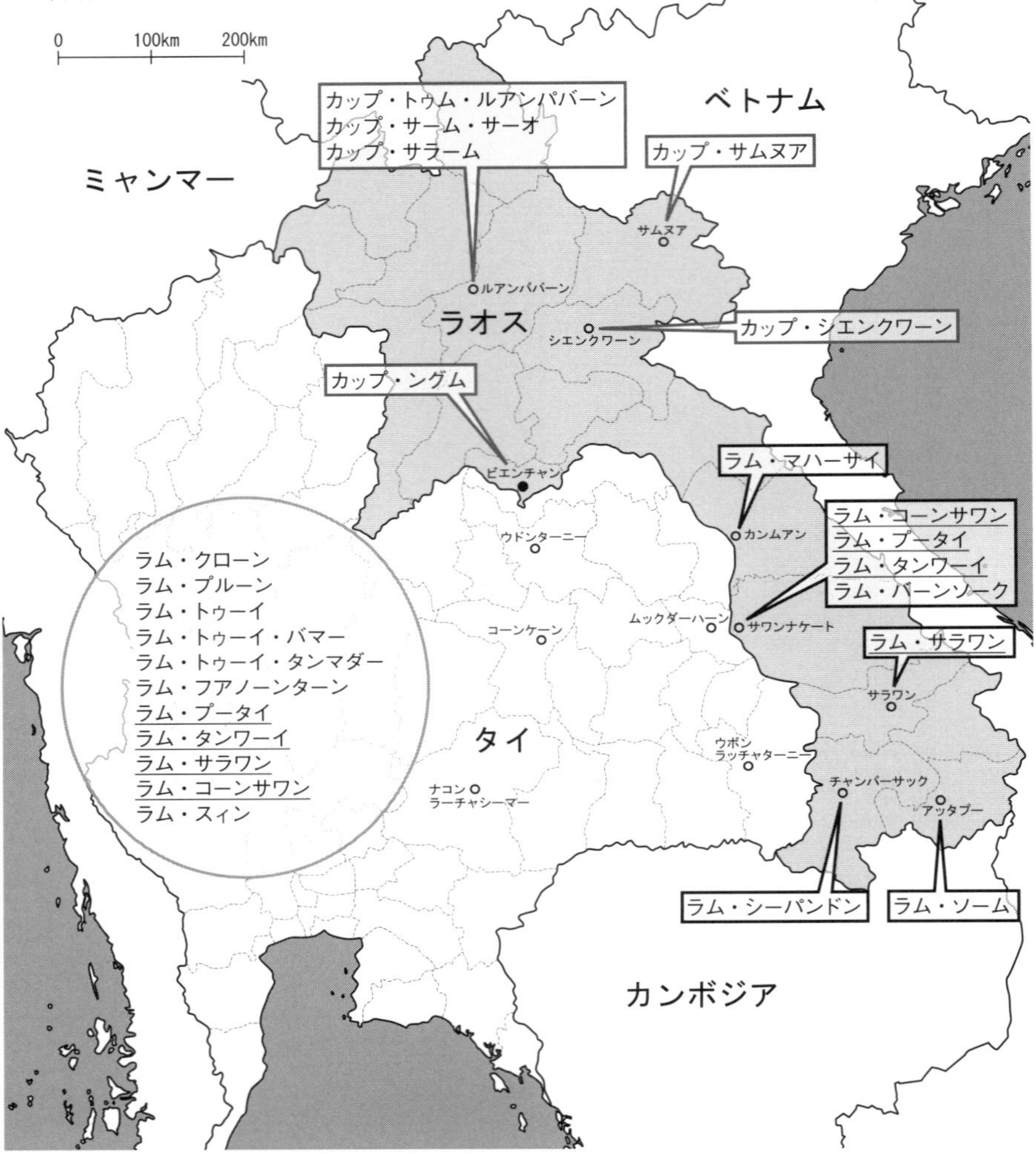

## 3. エスニシティ表象の戦略的創出

1970年代から1980年代にかけて欧米諸国で始まったCDやVCD開発の恩恵を受けて、モーラム歌謡界でも、2000年以降、地域芸能・音楽をCDやVCDなどに商品化する技術を受容してきた。こうしたCDやVCDの導入によってモーラム公演がそもそもその場に居なければ体感できない一回性や即興性を売りにしていたところ、繰り返し再生できるようになった。いつでも、どこでも、何度でも、聴くことができるようになったモーラム歌謡のCDやVCDは、その鑑賞や消費の形態が変化していくことで、鑑賞領域を広域化させた。

こうしたグローバル状況下の二国間にみるモーラムという歌唱文化を考える際、もう一つ考慮すべき点として挙がるのが、複雑な民族表象の問題である。モーラムの歌唱文化は、既存の先行研究ではラオの音楽と形容されてきたが、実際はラオだけではなく、全国津々浦々に居住するラオ以外のエスニシティを名乗る人びとをも含んでいる。言語学的に分けてみれば、タイ・カダイ語族のプータイ(*phuthai*)やタイダム(*thaidam*)、オーストロアジア語族(ここではラオ・トゥンと表記)のカム(*khmu*)、カタン(*katang*)、マコン(*makong*)等である。

近年のモーラム歌謡の商品化においては、こうしたラオとラオ以外の人びとのエスニシティを戦略的に利用する傾向がみられる。多民族混住状況を鑑み、モーラム歌謡の商品化の過程でエスニシティは、歌謡の担い手たちやCD制作者によってどのように戦略的に活用されているのであろうか。ここでは、事例として2010年10月のラオス・カンムアン県市街地にある私営音楽制作会社がCD制作企画に向けてタイ系やラオ・トゥンのモーラムたちと打合せの際の会話を取り上げる。

音楽制作会社であるBLカンパニーは、今回のCD制作に二人のモーラムの名手を選んだ。男性モーラムは、タイ側のラオ人の母とラオス側のプータイの父の間に生まれ、国内で屈指のモーラムの名手として知られるシエンである。他方、女性モーラムは、サワンナケート県チャンポーン市出身のブルー・カタン族の血を引く唯一の女性モーラムのヌアンが選ばれた。現在はウトゥンポーン市Ｐ村のモーケーンのニンと結婚して２０００年から同居している。サワンナケート県在住の女性モーラムのヌアンは、歯切れが良く力強いハスキーボイスと県を代表する４大旋律を得意とする実力者であり、県内外のモーラムの音楽制作会社から注目されていた。加えてヌアンは、４大旋律のラムをラオ語だけではなく、ブルー語（*phasa bru*）でも歌える。４大旋律に加えて、ヌアンはバイリンガルの言語能力（ラオ語、ブルー語）をもち、両方の言語で歌えるモーラムは、国内で他のモーラム女性を探しても見つけだすことは容易ではない。Ｐ村でラム歌謡の商品化が始まったのは２０００年代以降のことであった。ヌアンとニンが結婚してから、二人でラム歌謡の公演に出かけるようになり、二人の名前は徐々に県内外に知れ渡るようになった。２００５年以降、ヌアンとニンは県内外のレコード会社からもＣＤ制作企画の話が持ち上がるようになり、『ラオ・トゥンの歌』というタイトルでアルバムを発売した。

２０１０年10月20日、ＢＬカンパニーの所長ブンミーは、夕食も終わった頃の時間帯を選んでヌアンの自宅を訪れた。次のアルバムを作成するための事前打合せのためである。現在はタイ側に住んでいる男性モーラム・シエンも同行していた。ヌアンは、ブンミーとシエンにもてなしの水を差しだし、寛いだ様子で談話を始めた。以下は、打合せ中の彼らの会話である。

ブンミー：「ラオとソンパオ（*lao lae son phaw*）」というテーマでラム歌謡の掛け合いのＣＤ制作を手掛けたい。プータイ族の男がカタン族の娘に求愛するという設定で。

シエン　：そうだな、普通はプータイ同士でラムを歌っているけれど、プータイがカタンを口説くというのはこれまでになかったな。

ヌアン　：旋律はラム・プータイとラム・タンワーイの両方を使うのはどうかしら？

シエン　：いいな。男性モーラムはラム・プータイで訊ねて、女性モーラムはラム・タンワーイで答える。これまでのCDにはなかった設定だ。

ブンミーとシエンは、「ラオとソンパオ（*lao lae son phaw*）」というモーラム歌謡のCD制作企画を手掛けたいと提案した。ここでいう「ソンパオ」とは、ラオ語で「民族」を意味するが、具体的にラオ・トゥンの人びとを指している。何気ない3人の会話の端々からは、音楽制作会社もP村のヌアンも、彼ら自身の「民族（*son phaw*）」の出自を意識しながら、これまでのラム歌謡のCDにはなかった民族表象の混淆による新奇性を追求しようとしている点が見て取れる。

CD制作のプロットは、ラオの男性がソンパオの女性に求愛する設定でよく使われるテーマである。男女のモーラムは、定型詩から成るラムの1節（*yok nung*）を掛け合い形式で5節ずつ歌い上げる。シエンは、ラムの旋律に言葉を乗せながら頓智や質問を投げかけ、それに対してヌアンが答える。シエンの出自は、タイ・カダイ語族プータイであることから、ここでは彼にとってラオもプータイも、ラオス国内で制度的に民族分類として用いられてきた「ラオ・ルム（平地ラオ）」に位置づけられる。ここにラオとモン・クメールという民族表象の混淆が浮き上がる。商品化のプロセスでラム歌謡の担い手自身が自らの民族表象を客体化するとき、ラムの旋律自体に内在する民族性は民族表象と対になって明示されるのである。

収録日にヌアンはラオでもなくプータイでもない、ソンパオの女性らしさを象徴すると誇れるブルー・カタンの民族衣装を身にまとった。ジャケットは、鮮やかな紺地の生地で襟元にはラオ・トゥンの人びとが好む基本色の赤・黄色・緑の刺繍が入っている。織物巻スカートは、黒色と白色を基調色にしたラオ・トゥンの女性が着る木綿の生地が使われた。上下のいずれもがこの収録の為に仕立てられたものである。ヌアンは「これこそが、カタンの女の衣装よ」と胸を張って誇らしげに満面の笑みを浮かべた。「ソンパオ」という民族表象を一つの音楽作品の制作過程で視聴者の関心を引き付ける一つのアイコンとして用いていることを彼女自身も認識している。

P村の人びとは、商品化の過程を通じてエスニシティという表象をも文化的資源にしながら、国内のラオにとってはエキゾチックで国内のカタンにとっては伝統回顧的となるような、作品としての「ラム歌謡」を意識的に制作している。こうした状況が起こるのも、タイの東北地方やラオスが多民族から構成される国家であり地域であるという特徴にも関係しているともいえる。

## 4. 国外への流通経路の構築——ディアスポラ・コミュニティとのつながりから

ヌアンは、彼女自身のキョウダイ18人中、兄4名が内戦中に反政府組織（パテート・ラーオ）の対抗勢力に加担した。そのため、4人の兄は独立以降に国内で生活していくことが困難となり、1980年代前後に政治難民となってアメリカへと移住した。ヌアンは「アメリカには、私と同じ言葉を話す同胞が沢山住んでいる。兄たちがどこで生きているかは分からないけど、ブルー語でラムを歌えば、きっと私が生きていることは届くはず。ラム・タンワーイを聴けば、故郷を思い出してくれるでしょう」と境遇を話した。

ヌアンの語りからも判るように、過去のインドシナ戦争中、家族や恋人や友人を亡くしたラオス人は数多く存在する。ラオスから国外へと逃亡したインドシナ難民といえばモンやラオが中心に取り上げられているが（安井 2001、竹内 2004）、ヌアンの語りのようにラオスから逃亡した難民のなかにラオ・トゥンの人びともいたことは事実であろう。モーラムは、こうした国境を超えたアメリカやカナダやフランスなど様々な場所にラムの旋律を共有できる観衆としての同胞が住んでいることを忘れてはいない。このような歴史的・社会的な背景は商品化されたラム歌謡のCDの流通経路の構築で有利に働くこともある。以下に、ラオスの歴史的文脈を考慮し、ラム歌謡の流通経路が本国と移住先で暮らすディアスポラ・コミュニティのネットワークを活用してラム歌謡が脱領域化していく状況を記述していく。それを示す事例として、２００９年６月22日サラワン県で遭遇した出稼ぎ労働経験者の語りを紹介する。

２００９年６月17日から同月25日まで筆者はサラワン県タートファイ村のモーラムの作詞家兼薬草師のブンタ（当時、78歳）のもとを訪ねた。ブンタの家は国道に面している。住居はラオ人が暮らす高床式住居である。戦中、ブンタはパテート・ラオの軍人であり、音楽をこよなく愛していたことから片時も楽器を離さず演奏していた。自宅には、ブンタが作詞した軍歌やラムの詞が書き込まれた紙切れが１００枚以上もある。その多くは、１９６０年以降にブンタが書き綴ってきた戦いと革命の内容である。たとえば、サラワンにおける戦争の記録、服役中の経験、国家への愛国心、戦友への想いなどである。一つ一つの歌詞に刻まれた歴史の断片は、ブンタが辿ってきた過去の記憶そのものとも映る。そして中でも、ブンタが大事にしている歌詞は、戦中に病死した最初の妻を想うラム・サラワンの節で歌ったものであった。

ブンタは、一枚一枚の紙切れに綴られたラムの歌詞に刻まれた言葉をラム・サラワンの旋律に乗せて口ずさみ、過去の歴史を懐かしむようにして振り返る。戦争と共に歩んできた過去を振り返るとき、ブンタの目にはうっすらと涙が浮かんでいるようであった。「当時は、こんな風にしてすすり泣いた」と再現もした。ブンタの身体の内部では、目前に居ない亡き妻を想いながら、彼女と共に生きた過去の自己と今を生きる自己を結びつけながら、ノスタルジアが生起しているといえるだろう。

一人の人間の生の軌跡を辿ると、そこにはラオスが経験した「35年間の戦争」の歴史がつきまとう。しかし、これは個人史であると同時に必ずしも限定された個人史ではない。戦争に明け暮れた時代を過ごした40歳以上の世代のインドシナ難民の人びとであれば、取り戻すことのできない時間であり、また消すこともできない記憶でもある。そして国内に生きる人びとだけではなく、国外に生きるディアスポラの人びとも、こうした戦争の記憶のなかで今を生きている。タイ側とは異なるラオス独自の歴史の歩みは、ラム歌謡の創作において負の遺産として描かれる一方、文化的媒体の商品化の過程においては新たな流通経路を生みだす背景的要因となって広域化を促すこともある。

同年6月22日、ブンタの家に一人の中年男性トンシーがふらりと訪ねてきた。お互い親しげな口調で話し合う二人の間柄は、同じサラワン県出身者同士でかつて同部隊に所属していた戦友の関係であった。トンシーは、1991年からアメリカ合衆国・ミネソタ州に出稼ぎ労働者として渡り、11年間国外で生活してきた。トンシーの場合、1975年の独立と政変以降、旧政権の関係者や新しい社会体制に反対した人びとが難民となったインドシナ難民とは異なる。トンシーは、政治難民として国外へ逃亡した人びとが移住先で一定の居住を確保した後、本国に残った家族や親族を移住先国へ呼び寄せ、出稼ぎ労働者として入国した。トンシーは、今回のラオス滞在で故郷を再訪して何としてでもブンタに会いたかった理由を次のように話した。

アメリカにいたら、沢山のラオスのCDが売られている音楽市場に気づいた。アメリカではラオ寺院で開催される式典や週末のホームパーティーでラオス国内のCDが一枚5ドルで売れるのさ。チャンパーサック（ラム・シーパンドンとカップ・ソーム）、ルアンパバーン（カップ・トゥム）、ビエンチャン（カップ・ングム）、サワンナケート（ラム・タンワーイ）などとカップ・ラム歌謡が売れている。ところが、サラワン県のラム・サラワンは？　と探してみても、VCDはどこにも見当たらない。そこでサラワン県の旋律をなんとかアメリカで売り込みたい。カンムアンのBLカンパニーの社長さんに話を持ちかけてみないか。サラワン県に住むラム・サラワンの名手たちを4、5名集めて当地民謡をVCDにする。ケーン、ガチャッピー（三弦の楽器）、コーン（太鼓）、クイ（縦笛）、チンチャップ（鈴）の5人が伴奏者となって後方で演奏する。男女のモーラムを共演しているところをカメラで撮影する。VCD制作は完成だ。そして俺がプロモーターとなって、サラワンの旋律（*thamnon salawan*）をアメリカで広めることができないか。

まずは、少額の資金を探してきて、村のモーラムたちに歌詞（*kloan*）を与え、訓練のための時間を与える。ブンタが住んでいるタートファイ村でモーラム連合（*samakhom molam*）を設立してもいいかもしれない。しかし、問題は後継者が見つからないことだ。ラムの名手の不足が大きな問題である。天賦の才を受け継いだ者がいるなら連れてきて、こちらからスカウトしよう。彼らがラム・サラワンに思い入れがあるなら育て、応援し、後援しよう。俺（トンシー）と家族は何としてもサラワン県出身の歌い手を探し出し、アメリカに招聘し、モーラム・ツアーを組んで調整してあげたい。アメリカで売れたCDの収益はサラワンの地に戻す。

（2009年6月22日　サラワン県）

トンシーが話した計画は、一見、懐かしき旧友との歓談の一幕として受け止めることができる。しかし、ここで注目すべきは、むしろラムの旋律空間を広域化するために一役買おうとしているトンシーのような存在である。言い換えれば、トンシーの存在は、村落社会という閉ざされた空間で演じられていたラム・サラワンの旋律を村落社会および国民国家という枠組だけで消費するのではなく、戦争の記憶を共有できる同胞たちによって支持されるモーラムないしカップ・ラムの音楽市場へと脱領域化する契機を与える。そしてトンシーの話からも、出稼ぎ先のアメリカには、カップ・ラム歌謡やモーラム歌謡を祖国の懐かしのメロディーとして消費するラオス出身のディアスポラの音楽市場があることが分かる。

本節で取り上げたブンタとトンシーは、ラオスの「35年間の戦争」の記憶を共有している点において共通点をもっているので、互いの存在が、過去を思い起させる象徴的存在でもあると同時に、サラワンという出身地の当地歌謡を生産し、流通させようという意志をもった相互関係を形成している。こうした二者間関係は、決してブンタとトンシーの場合においてのみ見られる特異な事例ではなく、ラオス国内外に暮らす戦争を経験した世代またその次世代とも類似した背景や経験を共有できる。ブンタのような存在が作ったノスタルジアの感情を生起するラム歌唱は、ディアスポラにとっては祖国への愛慕や郷愁の消費行為でもある。そしてこうしたディアスポラにとってのノスタルジア消費の存在に気づいたモーラムの中には逸早く音楽活動の拠点をラオスから国外へと移した者もいた。たとえば、サワンナケート県出身の中堅モーラム歌手ラッサミー（30代前半）は、ラオスからアメリカへと移住したディアスポラの人びとのためにモーラムの歌を届けたい想いと経済的富を得るための一種の出稼ぎの目的でアメリカ全土のディアスポラたちが集う音楽パブやバーなどで日夜音楽活動を続けている。ラッサミーは、南部のラムだけではなく北部のカップの旋律でも歌うことができるため、公演依頼も枚挙に暇がない。依頼主や観客がどこの出身であっても、観客のリクエストや期待に応じて公演を提供できる自信を持っており、実力者として知られている。

ラッサミーは、２００８年に制作したＶＣＤアルバムがヒットしたことから、ラオス国内では一躍有名モーラム歌手として名を馳せた。国内ではビア・ラオ製造元のラオ・ブリュワリー・カンパニーなどのビール会社や音楽楽器製造会社、自動車製造会社との共催または後援の音楽コンサートなどから依頼を受けて出演する売れっ子モーラムである。コンサート会場では、１枚１２０００キープ（１０００キープ＝13円に相当、約１６０円）でＣＤを販売していた。しかし、ラッサミーは自身のアルバム発売からしばらくしてアメリカで暮らす親族・親戚の受入れを頼りに渡米してしまった。本人に拠れば、アメリカ・フレズノにあるディアスポラ・コミュニティに音楽活動の拠点を移した方が、一晩の稼ぎが良い事を知ったからだという。２００９年に渡米前にラオス国内で筆者がラッサミーに会うことができたとき「今の暮らしのままでは豊かではない。車も家も買いたいという気持ちからアメリカに行く」と話した。しばらく音信不通が続いたが、最後に連絡が取れた２０１０年10月の時点でラッサミーはアメリカに暮らすディアスポラ・コミュニティを中心に拠点を築き上げ、チップも含めて一晩で１０００～２０００ドルの収益を上げていった。仮にラオスでモーラムのコンサートで公演したとしても、当時一晩で稼げる金額はその10分の一に満たなかった。アメリカでの音楽活動で稼いだ金額から、ラオスで暮らす両親には新築の家を建て、彼女自身はラオスで乗用する三菱のパジェロも購入した。フレズノ、ユタ、サンフランシスコ、テキサスなどのラオ寺院での旧正月や仏教行事の折に触れて公演依頼が入る。また週末のホームパーティーなどにも招待されると、モーラムの歌を数曲歌い、客人をもてなし、チップを貰うこともできるという。それは1ドル、10ドルのことが多いが、時には気分が高揚した視聴者が100ドルをくれることもあるそうだ。

カップ・ラム歌謡の流通にみるラムの旋律は、ディアスポラ・コミュニティを基盤に置きながら、その担い手と享受者の双方の要求をノスタルジア消費の対象として満たすものであった。移住先のディアスポラは、本国を想起させる懐かしのメロディーを求め、他方、モーラム個人は彼らの要求に応える形で確実な経済的富を獲得する機会を得る。とくにディアスポラ・コミュニティにおける音楽活動は、モーラム歌手にとって高額な収入源を得られる出稼ぎ労働の一種でもあり、本国での一家の生計を十分に担うことができるだけではなく、職業的歌手として自活できる社会的土壌の確保のライフラインとしての役割も担っている。このようにしてラムの旋律が消費され続けるモーラム音楽市場は、歌手とディアスポラの双方がノスタルジアを消費する欲求のもと、目的を共有する上に成り立っている。

## 5. オンライン・コミュニティにおけるモーラムの芸能実践

まず、本節ではモーラムの歌謡が商品化される過程で旋律、民族表象、芸術文化をめぐる文化的表現が戦略的に用いられていることを、次にラムの旋律が村落社会や国民国家の枠組みにおいてだけではなくインターネット上に登場したオンライン・コミュニティで共有されるモーラムの様相について記述する。

オンライン・コミュニティは、モーラムやラム歌謡の旋律、民族表象によって視聴者たちの心を惹き寄せる求心力を持ち、参加型文化的営為のあり方を可能にした場でもある。そこでは互いに顔を合わせたこともない者同士がオンライン上でコメントを書き込みながら、一つの情報や題材について討議し合うような姿を散見することができる。

これはモーラムにおいても同様に見ることができる。ここでは、タイの芸能・音楽事務所大手ＧＭＭグラミー社[3]の手掛けた一枚のアルバムがYouTubeにアップされたときのオンライン・コミュニティ上での出来事を取り上げる。２００９年６月、ルークトゥン[4]・モーラムの中堅実力歌手ターイ・オーラタイ[5]は、６枚目のアルバム『モーラム・ドークヤー（一輪の雑草の花――モーラム）』を発売した。２００２年に処女作『コンクリートの森に咲く一輪の雑草』で順調なスタートを切ったオーラタイは７年間の月日を費やして本アルバム制作を手がけてきた。その期間中にオーラタイは、驚異的な音楽活動を続け、多くのルークトゥン・モーラムの音楽ファンたちを魅了してきた。２００２年から２０１５年までの間オーラタイは、10枚のシングル・アルバムを制作している。これらのシングル・アルバムのうち14曲はレコード会社による特別アルバムとして制作された。このような形でアルバムが制作されることはあまりなく、この驚異的な経歴からも、オーラタイ本人の歌手としての実力がわかる。タイ国内最大手のエンターテイメント配給会社ＧＭＭグラミー会社から、ルークトゥン音楽業界で生産・消費とともに一位の座に君臨するグラミー・ゴールド会社（１９９５年創立）へ移籍してからのオーラタイの音楽活動の勢いは留まる所を知らなかった。近年では、演劇や映画の主題歌なども歌ったり、音楽活動の幅を広げている。さらには、タイの音楽芸能・芸術関係で40以上もの勲章をこの10年弱の期間で受賞するなどして実力を誇示している。

このアルバム『モーラム・ドークヤー（一輪の雑草の花――モーラム）』は、２００２年の『コンクリートの森に咲く一輪の雑草』でオーラタイが一躍有名になった後、更にタイの東北地方出身者のルークトゥン・モーラム歌手としてのオーラタイの知名度を上げるのに拍車を掛けた作品としても位置づ

3 ４１１ページ参照。

4 ４１１ページ参照。

5 １９８０年ウボンラーチャターニー県生まれ、２００２年から今日までルークトゥン、ルークトゥン・イサーン、モーラムなどを中心に歌う歌手として音楽活動を続ける。近年ではポップ系の音楽も手がける。

けられる。オーラタイのファンクラブのホームページでも宣伝されている通り、[6]このアルバムは市販で販売されるモーラムのＶＣＤという単なる商品ではなく、東北地方を代表するモーラムという音楽芸能を文化芸術（*sinlapa watthanatham*）の作品として手がけられたことから、各方面から高い評価を受けていた。

　評価の第一は、アルバムを構成する曲目についてである。アルバムは、全部で12曲を収録している。そのうちの11曲はモーラムの旋律、残りの1曲は一般の歌謡曲である。なかでも、11曲中4曲は東北地方で有名なモーラム歌手のカバー曲となっている。こうしたカバー曲を混入する芸能経営戦略はモーラム業界では頻用される視聴者の関心を狙った選曲の技法でもある。さらにこのアルバムの中のラム歌謡の旋律の半分は、網掛け文字で示したカップ・シエンクワーン、ラム・サラワン、ラム・コーンサワン、ラム・タンワーイ、ラム・プータイなどのように、メコン川対岸のラオスでも歌われているカップやラムの旋律が用いられていた。ラムの旋律の求心性という観点から触れておくと、ラオス側で唄われるこれらのラムの旋律は、このアルバムの中のラム歌謡の10曲中の半数を占めるものであり、消費者は必ずしもタイ東北地方の人びとだけではなく国外に暮らすモーラムのファンをも含んでいた。

| No | 曲名（タイ語） | 曲名（和訳） | モーラム歌謡の旋律名 |
|---|---|---|---|
| 1 | イサーン・ラム・プルーン | イサーンのラム・プルーン | ラム・プルーン |
| 2 | ヤーハイ・ケア・カーンディアオ | 片想いにさせないで | ラム・トゥーイ |
| 3 | サラワン…ヤールーム・サラワン | サラワンを忘れないで | ラム・サラワン |
| 4 | ハック・マーテー・チャーコーン | 前世から愛していた | ラム・プータイ |
| 5 | ブン・ナコンパノム | ナコンパノムを見つめて | ラム・ファアノーンターン |
| 6 | ヘーンンガーンカーオニアオ | 糯米（モチゴメ）の労働力 | 歌謡曲 |

6 オーラタイ・ファンクラブのホームページでも公示されていたように、オーラタイ自身も音楽関係者も、「（このアルバムは）夢の作品であり、関係者皆さんの団結と堅い意志の中で作られました。それは、美しき芸術文化です。（守っていくべき対象として）保護という言葉を使えばいいのかもしれないのですが、どの世代も、時代も、この土地に生きる人びとと共に息衝いていくものであってほしいと願います。それは失われることもなく、廃れることもなく、人びとの心のなかに刻み込まれ、感動を与え、受け入れられていくものでしょう」という想いをこのアルバムに込めている（２０１２年11月検索 http://www.orathaiclub.net）。

| | | | |
|---|---|---|---|
| 7 | ジャオ・イン・ラム・スィン | ラム・スィンの女王 | ラム・スィン |
| 8 | ジープ・レーオ・ボー・コー | 口説くだけで求婚せず | カップ・シエンクワーン |
| 9 | アオジャイ・チュアイドゥーアーイ | お兄さんを気にしている | ラム・ドゥーム |
| 10 | ナムター・ロンボンティーノーン | 寝床に落ちた涙 | ラム・コーンサワン |
| 11 | イーク・コンティキットホート | 恋しいもう一人 | ラム・タンワーイ |
| 12 | タンチャイ・ルーム | 忘れたい | 歌謡曲 |

**表　オーラタイのアルバム曲目**

第二に、このアルバムの使用言語である。本来モーラムやラム歌謡とは、ラオス語で歌われるべきところだが、その担い手たちはバンコクを拠点に発展を遂げるタイ音楽産業界に身を置き、標準タイ語を多用し歌謡を制作してきた。しかし、モーラム音楽関係者たちの間でオーラタイが成し遂げた一つの偉業として本アルバム制作が評価されたのは、ＧＭＭグラミー会社をスポンサーとして契約を結びながらも、本アルバムはラオ語で収録されてタイのテレビでも、オンエアされたことであった。ＧＭＭグラミー会社は、過去にルークトゥン・モーラムのジャンルでアルバムを5枚制作してきたが、どれも標準タイ語で、またはそれを交えて歌わせた。しかし、この6枚目のアルバム制作はラオ語で実現化した点からルークトゥン音楽産業界においてもインパクトがあったといえる。

第三に、このアルバムは、ラオ語で歌われた点が評価されただけではなく、視覚的にも優れていたことである。このアルバムの各曲で選ばれる音楽映像制作の撮影場所には、東北地方の歴史的に由緒ある観光地が選ばれ、美しい映像や写真がたくさん使用されている。アルバムの表紙を飾る女性はオーラタイ本人である。オーラタイは、東北地方のサコンナコン県、ムックダーハーン県などで暮らしているプータイの伝統的な民族衣装を着ている。衣装の生地は、群青色を基調とし、東北地方の織物模様が巻きスカートの部分に施されており、腰に巻かれた深紅色の兵児帯《へこおび》が映える。舞踊で用いられる手の型——ジープ（親指と人差し指をつまんだ形）とウォン（手を反らせるように立てた形）をとっているため身体の弧を描くような腰の曲線が目立つ。[7] 普通のプータイの衣装スカートは踝《くるぶし》辺まで長いスカートであるのに対して、オーラタイが着ている民族衣装のスカートは短めである。身体のラインが綺麗に出るようなタイトな仕上がりで現代風にアレンジされている印象を与える。

　こうしたタイ語での生産が集中する音楽産業界がタイ国内の東北地方を舞台にモーラムを伝統芸術作品として再生産する行為は、このアルバムを手にした人びとにとっては過去にあった懐かしき古き良き伝統であり、もう取り戻すことはできない姿を想起させるような、伝統回顧的な感情に刺激を与え得る。これを端的に表した事例が、オーラタイの動画がオンライン・コミュニティの空間内にアップロードされた時のことである。２００８年に既にYouTube動画としてアップロードされた本アルバムのラム・サラワンの旋律で歌われた『サラワン、約束を忘れないで（*Salawan... Ya Luem Sanya*）』の動画は、２０１２年11月23日の時点で既に30万１９１０回が再生され、アルバムの中でも一番多い再生回数を記録した。その後、２０１５年12月21日にＧＭＭグラミー社によって正式動画（オフィシャルＭＶ）として再登録され、２０１７年２月時点で『サラワン、約束を忘れないで』の視聴回数は52万５２２５回である。本来、YouTubeは動画を見るだけの人も多いところ、視聴者たちはこの動画のページに英語、タイ語、ラオ語などでコメントを書き込んだ。旧版サイトでは２０１２年７月の時点で76件、新版サイトでは２０１５年10月までに１９１件のコメントが書き込まれていた。オンライン・コミュニティに登場したモーラム音楽ファンは、タイやラオスに暮らすラオス人やタイ人だけではなく、アメリカ、カナダ、フランス、ドイツ、日本、デンマークなどで生活しているディアスポラ、移住労働者、学生なども含む。また時としてモーラム音楽の外国人ファンも混在している。こうした一部の人びとによって書き込まれたコメントは、遠隔地で暮らすラオ系の人々に故郷への想いを募らせ、一種のナショナリズムを喚起するかのような一体感を作り出す。たとえば、国内に住む人びとのコメントは、オーラタイの歌唱力を絶賛するものであったり、モーラムという歌

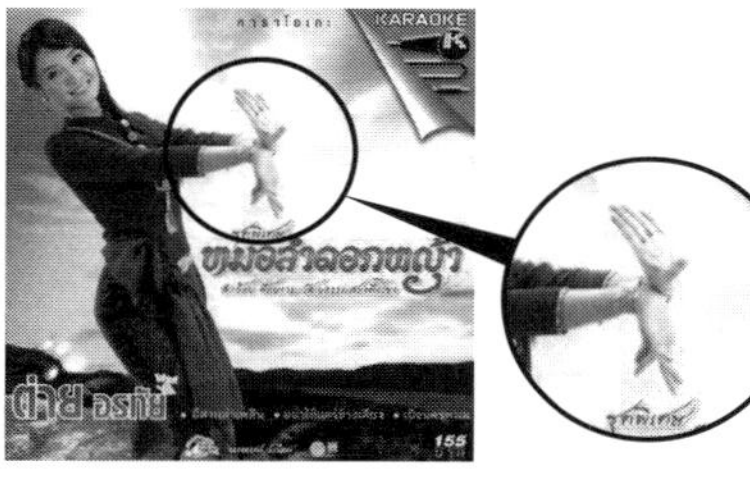


7 オーラタイのアルバム『モーラム・ドークヤー』CDジャケット。

唱の営為をイサーン芸術文化として誇示したりもする。単独のコメントに対し、中には「返信」欄から旋律や動画の映像について同感したり、参照し合ったり、ときにはタイとラオスの歴史的な領土割譲の経緯に関わる問題を持ち出したりもする。

ところが、一方で国外に暮らす、ラオ語が分かり、モーラムを聴くディアスポラの中には、故郷を懐かしみ、ノスタルジックな感情を抱くことで故郷への帰還を切望するコメントも見受けられる。タイの東北地方のローイエット県出身の男性（30代前半）は、「20代から40代までの東北地方出身の世代であれば、サラワンと聞けば、少年少女が一緒に輪になって踊っている古き良き昔の光景が目に浮かんでくるものだ。ラオスでは、サラワン県として行政単位を構成する一部だけれども、もう取り戻すこともできない美しい郷愁のイメージだ」と説明する。こうしたコメントの書き込みやタイの東北地方の人びとが抱くサラワンのイメージに関する語りからは、ラムの旋律だけではなく、民族衣装や踊りのイメージも、今を生きる自己が置かれた環境下ではもはや見ることもできない、古き良き故郷の「伝統文化」に位置づけられ、伝統回顧主義へと誘導するような商品として流通していることがうかがえる。

## 6. 消費されるノスタルジアとしてのモーラム歌謡——オンライン・コミュニティから

ところが、オンライン・コミュニティ上でのラム歌謡の共有現象は、必ずしもすべてが音楽産業下にみる戦略的な音楽制作によって用いられているだけではなく、その担い手たちの意図とは無関係に生じ得るものであり、タイやラオスの国外に住んでいるディアスポラの力によっても形成されている。オンライン・コミュニティにみる人びとの文化的営為に注目した人類学研究者のウィルソン等は、YouTubeなどの動画を共有するオンライン・コミュニティにおいて、実際に対面で会ったことがある人もない人も相互に交流を図ることができる、画面を介した人間の対面的コミュニケーションとそこに生じる相互作用についても留意する必要性を主張している（Samuel and Peterson 2002）。というのも、モーラムという音楽産業界においても、YouTubeで形成されたオンライン・コミュニティは、音楽家の意図とは無関係の所で、モーラムの旋律やイメージなどから生じる懐かしさを求めた世界中のディアスポラやモーラムの外国人ファンがアクセスしたくなるような求心性を発揮する。そこでのモーラムの旋律やイメージは、ただ観て聴いて愉しむ音楽作品としてだけではなく、共通の関心や経験などを共有する者同士のコミュニケーションを可能にする一つの文化的資源として存在している。

　これを端的に示した事例は、２０１０年12月27日、アメリカ・ラスベガス在住のソンベルナード（仮名）というラオ・ディアスポラの一人が、YouTube上にヌアンのラム歌謡のＣＤをアップロードした時のことである。YouTubeの曲の紹介文には、「モーラム、ラオ起源、ラオの音楽」と書かれている。この映像制作の企画は、サワンナケート県文化局のカム氏が県を代表する伝統文化として記録しておくための文化保存活動の性格が強い。公演で用いられる主要な旋律は、ニンとヌアンが最も得意とするラム・バーンソークが選ばれた。歯切れの良いリズムで歌われるのが特徴的である。公演場所は、Ｐ村の雑木林を背にした畑の一角が選ばれた。演者たちは、茣蓙《ござ》の上に座り、ラオスを代表する掛け合い形式の歌唱形態をとる。共演者は、Ｐ村のヌアンとニンのほか、二人の家の真向かいに住んでいる地縁関係にあるルアムとルアムの妻シーパー、加えて5歳から10歳前後のＰ村の女子児童たちである。ラム・バーンソークの陽気でリズミカルな演奏に合わせ、ヌアンはラムを歯切れよく歌う。女子児童たちは正座をしながら、両手を左右に靡《なび》かせる様に軽やかに踊る。喩《たと》えるとそれは両手を頭上でゆっくりと左右に大きく動かす沖縄のカチャーシーに近く、胸部の前で両腕をゆっくりと大きくしなやかに靡かせる動きである。7分2秒のラム歌謡の動画は、３つの部分から構成されている。第1部では、決まり事のプロローグとして男性モーラムが、競演する女性モーラムの美しさや既にパートナーがいるかどうかを確認する。その後、女性モーラムは男性モーラムに対して質問を投げかける。

第2部では、女性モーラムが男性モーラムを「黒い馬のような醜い男だ」と比喩するところから始まり、外見の醜さとは裏腹に内面の面白さや賢さを見極めさせようと頓智を出していく。第3場面は、女性と男性のモーラムが双方に好意を示しながら別れを告げる場面である。

勿論、P村のヌアンとニンは、こうした彼ら自身のラム歌謡の公演がYouTube動画としてオンライン・コミュニティに集うラオ・ディアスポラにアップロードされ、また共有されていることなど気づいていない。筆者は、ヌアンとニンにこうした状況になっていることを伝え、訊ねたところ、「いつの間に私はテレビのなかにいるわね！　誰がテレビに出してくれたの？（本人はインターネット自体がどのような媒体か分からないため、筆者のパソコンをテレビだと思っている）世界中の人びとに私のラムを観てもらえているなんて嬉しい」と満面の笑みを浮かべた。

２０１７年２月時点でこの公演の視聴回数は13万４９７１回と記録され、35件のコメントが投稿されている。公開している投稿者の居住地を確認してみると、動画へのアクセスはラオス、タイからだけではなくアメリカ、カナダ、フランス、オーストラリアなどにも広がっている。35件のコメントの内容を分類してみたところ、①歌詞内容（１）、②かっこいい、楽しい、美しい、可愛いなどの賞讃の声（20）、③ラオスのタイの東北地方のラムの違いについての説明、④タイ側の若者たちが慣習に興味を示さない（２）、⑤ラムの旋律の確認（３）、⑥ラオスとタイ東北地方の領土に関する歴史（３）[8]、⑦故郷への郷愁（４）、⑧不明（３）となっている（括弧の中はコメント数）。

タイ音楽産業のモーラムの経営戦略とは異なり、P村のモーラムのラム歌謡は、欧米諸国やオーストラリアなどに住むラオ・ディアスポラたちによって村落社会からオンライン・コミュニティへとある意味では掬い上げられたといえる。投稿されているコメントからも分かるように、ディアスポラの中にはラオ語で話せず、英語やフランス語で書き込みをする者もいる。幼少期に国外へ逃亡した世代であれば、完璧なラオス語を書くことはできず、むしろ移住先の国の言語を話すことを得意とする者もいる。また、言語だけではなく、たとえ本国不在中で移住先に居ても、コメント欄には自信あり

8　書かれたコメントには積極的・肯定的な意見もある一方で、シャムとラオスの敵対関係や領土問題を持ち出し、モーラム文化の所有者はタイなのかラオスなのかという論争的な話題を書き込み合う会話も見られる。こうした歴史をに関するコメントは、不用意な対立感情を煽り得るとして２００９年11月にYouTube上から削除された。その後、２０１１年11月にアップロードされ、２０１３年２月18日の時点で20万７６９回の視聴回数を記録し、１８１コメントが寄せられた。

げな様子で「これはラム・プータイ！」「ムックダーハーンやナコンパノムあたりのラム・プータイ」など推測しながら、ラムの旋律を明示し合う。事実、ヌアンたちの動画は、ラム・プータイではなく、ラム・バーンソークの旋律である。また項目の第2章でも触れたラム・タンワーイ、その原形とされるラム・クロンニョの旋律を歌ったモーラム歌謡の動画なども、ラム・サラワンと同様にオンライン・コミュニティ上で多くのディアスポラたちの心を摑み、その視聴回数は100万回を超える。コメントを書き込む人びととの反応は、「ラム・タンワーイだ！」と当てあうなど自信ありげな様子で断言し合う。こうした何のラムの旋律かを伝え合う行為は、ラム歌謡を消費する場所が村落社会からオンライン・コミュニティに変わっても連続的な行為として実践され続けている。

また故郷への郷愁を湧き起す要素としては、旋律以外にも風景や民族の歴史について書き込みがあることからも読み解ける。たとえば、オーストラリアのシドニー在住者等は「単純に伝統的で座って歌うタイプのモーラム。でもうっとりするくらい可愛らしい」、「この素朴な感じが好感を抱く。これがまた効果的で私の心をくすぐり、そして涙が出てくるほど懐かしい光景。とても可愛い子どもたちと素敵な女性たち。ソンベルナード（動画を投稿してくれて）感謝しています」と書き込んでいる。また感極まった様子のフランス在住ディアスポラは、「この人たちは何て美しい人たちなのでしょう。お母さんも、お父さんも、他の女の子たちも、とても美しい人たち。仏は彼らを庇護するでしょう」と、いかにも仏教徒らしい発想で発言するなど、故郷で受け継がれる音楽を堪能している様子である。特にP村の人びとを「男性」「女性」ではなく、「お父さん（*phor*）」「お母さん（*mae*）」と呼ぶ光景は極めて素朴で飾らないラオ人的発想から成る表現だといえる。

写真　YouTube上で公開されるP村のモーラム

## 7. おわりに

近年、タイやラオスの音楽産業会社の傘下で制作されるタイ・ポップやラオ・ポップなどは、海外の音楽（欧米、タイ、日本など）の影響を受け、国内の音楽市場で圧倒的なシェアを有している。一方、モーラムについては、一つの音楽のジャンルとして確立されているものの、少なからず「古く、田舎っぽい」印象を与える。しかしながらも、ノスタルジアを求める人びとからの需要がある。勿論、タイ及びラオスのモーラムの音楽制作者側は、視聴者や消費者の欲求を満たすために、懐メロや懐かしの衣装や風景という感情を生起させるような、ラム歌謡の旋律や民族表象を意識して利用している。それと同時に、こうした懐かしさを求めるラオス国外に住んでいるディアスポラの存在も察知している。

そして2000年以降にインターネット上に登場した、ディアスポラ的オンライン・コミュニティには、ラオスやタイから国外に逃亡した難民・ディアスポラやモーラムの外国人ファンなど、さまざまな背景をもつ人びとが集まってくる。オンライン・コミュニティ上で配信されるモーラムの旋律や映像を鑑賞しながら、お互いに一度も顔をみた事がなく、異なる個人的背景をもつ人びと――難民、ディアスポラ、学生、労働者、社会人など――が緩やかな紐帯を確認し合う（Hirata 2013：109-110）。こうした状況について、本章の結論としては、もはや国民国家やタイとラオスの二国間の境域地域という枠組みを遥かに超えたディアスポラ的オンライン・コミュニティという21世紀ならではの居場所をモーラム歌謡は見つけだしたといえる。そして、その居場所の特徴として次の二点を指摘できる。第一に、オンライン・コミュニティでは、ラムの旋律と民族表象を文化的資源として活用することで、ラオ語が理解できる者もできない者も、国外からのメンバーを含む多国籍的な成員を求心する力が働いていることである。これについては、タイの東北地方やラオス国内のラオ人以外の視聴者を含んだオンライン・コミュニティ上に集ったモーラムの視聴者は、感想や意見を自由に書き込み、意見を交換し合い、自己の存在を主張することで、「モーラムの音楽が解る」「ラオ語でコミュニケーションできる」「ラオの文化に関心がある」などと、共通する点を探り合っていたことから理解できる。そして第二に、オンライン・コミュニティに集まるディアスポラの間では、現在、暮らしている国や地域ではもはや見ることはできず、今後も二度と体験することはできないかもしれない、かつての古き良きラオの伝統文化との繋がりを希求するような伝統回顧主義の力が働いていることである。グローバル化によってラム歌謡の消費場所が国民国家や村落社会からディアスポラ的オンライン・コミュニティへと移ったとしても、モーラム歌謡の消費、生産、流通の還流のなかに視聴者を惹き寄せるような求心力が発揮されている。

21世紀のグローバルな状況下、今後もモーラムの音楽は関心を寄せる音楽技術者、視聴者、プロモーターなどによって発見されることで新たな「居場所」を見つけながら消費され、受け継がれていくことであろう。

## 引用文献


Appadurai, Arjun
1996(2004) *Modernity at Large: Cultural Dimensions of Globalization.* University of Minnesota Press.(『さまよえる近代――グローバル化の文化研究』門田健一訳、吉見俊哉解説、平凡社。)

Castells, Manuel
2001 *The Internet Galaxy: Reflections on the Internet, Business, and Society.* Oxford University Press.

Delanty, Gerard

2003 *Community.* Routledge.

Deleuze,Gilles and Félix Guattari

1987 *A Thousand Plateaus : Capitalism and Schizophrenia*. B. Massumi (trans.). University of Minnesota Press.

Green, Joshua and Henry Jenkins

2009 The Moral Economy of Web 2.0: Audience Research and Convergence Culture. In *Media Industries: History, Theory, and Method.* Jennifer Holt and Alisa Perren (eds.). pp. 213-225. Wiley-Blackwell.

Hirata Akiko

2013 The Representation of Ethnicity as a Resource: An Understanding of *Luk Thung Molam* and Traditional *Molam* Music in Northeastern Thailand in a Globalization Epoch. *The Journal of Thai Studies* 13:95-116.

Jones, Steven G.

1995 Understanding Community in the Information Age. In *Cybersociety: Computer-mediated Communication and Community*. Steven G. Jones (ed.), pp. 10-35, Sage.

Kiankhamsonni, Kavin

1997 *Khap ngum Sinlapa vatthanatham phunmuang lao.* Vientiane.

黒田清子

２００８『低地ラオ社会における歌唱文化「ラム lam」の実態——音楽人類学形成史を背景として』日本文書。

Miller, Daniel and Don Slater

2000 *The Internet: An Ethnographic Approach.* Berg Publishers.

Miller, Terry E.

1985 *Traditional Music of the Lao: Kaen Playing and Mawlum Singing in Northeast Thailand.* Greenwood Press.

Mueller, Bryan

2014 Participatory Culture on YouTube: A Case Study of the Multichannel Network Machinima (Media@LSE MSc Dissertation Series). London School of Economics and Political Science.

Rotman, Dana

2010 The 'WeTube' in YouTube: Creating an Online Community through Video Sharing. *International Journal of Web Based Communities* 6 (3) :317-333.

Samuel M. Wilson and Leighton C. Peterson

2002 The Anthropology of Online Communities. *Annual Review of Anthropology* 31: 449-467.

Seri Phongphit

1990 *Thai Village Life: Culture and Transition in the Northeast.* Moobaan Press.

Silverstone, Roger and Leslie Haddon

1992 The Individual and Social Dynamics of Information and Communication Technologies: Present and Future (RACE project 2086). Unpublished report for RACE Project 2086. SPRU CICT, University of Sussex.

Silverstone, Roger and Eric Hirsch

1992 *Consuming Technologies: Media and Informataion in Domestic Spaces.* Routledge.

竹内正右
　２００４『ラオスは戦場だった』めこん。
安井清子
　２００１『空の民の子どもたち――難民キャンプで出会ったラオスのモン族』社会評論社。

## 注釈

**3**　１９８３年11月、タイの芸能／音楽事務所大手ＧＭＭグラミー（GRAMMY）はレーワット・プッタナンとパイブン・ダムロンチャイタムによって設立され、数多くの有名な歌手を輩出し、音楽レコード制作を手がけてきた。近年では、ＡＳＥＡＮ音楽芸能動向に合わせて、新規領域ビジネス――有料放送ＴＶ、デジタルＴＶなどに参入することを発表し、注力している。また４億６９９４万バーツを売却するなど巨額の資金を有する。デジタルＴＶビジネスでは年間20億バーツを投資する予算を組み、45万件～60万件の有料放送加入者を予測していて、２０１４年内に１００万件の加入者を目指す。社員数は２０１０年時点で５２１５名。会社員に対する年間給与の総支給額88億６３９７万バーツ（約３１６億２９４５万４８３８円相当）。

**4**　ルークトゥンとは、タイ語で直訳すると「田圃の子」という意味である。しかし、タイ国内で「ルークトゥン」といえば、タイのカントリーミュージックのジャンルの一つとして確立している。１９３８年、ヘーム・ウェーチャコンが『農民のお嫁さん（jao sao chaw rai）』を作詞・作曲し、カムロン・サムブンナノンが歌ったことで、タイ国内初のルークトゥン音楽歌謡が誕生した。１９７０年代になると、タイ国内の若者間でルークトゥンの人気が下降したため、ソンサック・プランワッタナクン（Songsak Prangwattanakul）がアメリカのフォークソングバンド風にアレンジしてアコースティックギター、ハーモニカ、バンジョーを導入し、再興させた。

# 第13章　「ラヤール・タンチャップ」の現在
## ——変容するインドネシア野外映画上映の「場」

竹下愛

### はじめに

「ラヤール・タンチャップ」という言葉は、インドネシア人の多くにひとつのノスタルジーの感覚をもたらす言葉だろう。夜の帳のなか、野外に組まれたスクリーンで夜通し映画を上映するラヤール・タンチャップは、古くから庶民の間で親しまれてきた娯楽の形態である。主に婚礼をはじめとする祝い事の余興として農地や空き地で営まれてきたこの銀幕の催し物は、かつては貴重な娯楽であり、ひとときに1000人以上動員することも珍しくなかった。しかし都市開発で空き地が消え、一方で多様なメディアや遊興施設が普及した現在では次第に影をひそめ、もっぱらエキゾチックな過去の表象として語られるものになった。

もっとも、ラヤール・タンチャップは過去の記憶としてあえなく消滅したわけではなく、たとえば都心から30キロも離れていない首都ジャカルタの周縁地域においては人びとの暮らしの場にあって現在も根強く存続している。さらにはそうした実相を知る機会を持たない都心に住居や仕事を持つ中間層の人びとにとっても、「ラヤール・タンチャップ」はショッピング・モールやイベント会場でこのところよく目にするレトロな風情の「新しい」催しものとして、むしろなじみあるものになりつつある現状がある。

ポピュラー・カルチャーが、社会とそれをとりまく諸条件の日常的なせめぎあいのなかに生み出され、同時に該当の社会空間のありように作用する一連のプロセスである（Du Gay, P. et al.2013）とすれば、近代化やグローバリゼーションの波に消失することなく、むしろその波に洗われることで多様に形を変え、複数の意味生成の場を生み出しているラヤール・タンチャップは、過去の遺物ではなくれっきとした「現役」のポピュラー・カルチャーである。本章はそうしたラヤール・タンチャップの「場」と、そのオーディエンス[1]（観衆／情報を受容する人）の変容のプロセスを、ラヤール・タンチャップの発祥と発展のセンターであった首都ジャカルタの周縁地域における聞き取りと参与観察を交えて描き出す試みである。

社会学者のギデンスは、場所と空間という二つの概念について、対面的なコミュニケーションによって支えられる地理的に限定された社会関係の現場を「場」と呼び、そうした現場から遠く離れたところで営まれつつ、同時に「場」への影響をもたらす諸条件が編成する「空間」と区別している。そして近代化とは、諸制度やインフラの発達によって場所的なものが空間的なものと物理的には分離されると同時に、そうした「場」が一層空間的なものに強く作用され、変容する過程を指すと述べる（ギデンス 1993: 30）。各々が個別的でローカルな「場」の祝祭として営まれてきたラヤール・タンチャップが、国民国家のイデオロギーやグローバルな消費文化が織り成す諸空間といかにしてせめぎあい、また組み込まれ、変容を遂げてきたのか――このような問いに立ち、本章はまず、開発政策と連動して成長したスハルト政権期におけるラヤール・タンチャップの発展をたどる。さらにポストスハルト期における衰退と復興について触れ、最後にデジタルメディアがバーチャルなコミュニティ空間や国産映画の配信ネットワークなどの創出を媒介することで、新たなラヤール・タンチャップの「場」を

1 なお、ロスは次のように述べる。「オーディエンスになることによって、人々は複雑な現代生活をしっかりと進み、複雑多様な社会、文化体験を能動的にそして満足のいくように楽しんでいる」（ロス他、2003 : 7）

生み出しつつある近年の現象をみてゆく。ラヤール・タンチャップというポピュラー・カルチャーが紡ぎ出す社会史の断片から、変容する現代インドネシアの社会意識の成り立ちを覗き見てみたい。

## 1.「ラヤール・タンチャップ」とは――発祥と展開――

「ラヤール・タンチャップ」という名称は、映画上映のためのスクリーン(ラヤール)を張るための二本の支柱を地面に打ち付けて(タンチャップ)固定することから発祥した俗称である。ラヤール・タンチャップの業界団体として70年代に発足し、政府の認可を得たインドネシア巡回映画業者協会(略称:PERFIKI)[2]によると、ラヤール・タンチャップは、1.結婚式や割礼など祝い事や各行事の余興、2.事業体による製品セールス、3.政府や自治体による政策宣伝や社会啓発、4.一般商業上映など、大きく分けて4つの目的に基づいて営まれてきた。このうちチケットの販売で運営される商業上映は、「グリミス(小雨)」が降ると「ブバル(中止)」を余儀なくされることから、略して「ミスバル」とも呼ばれてきた。この「ミスバル」がジャカルタやバンドンなどの植民地都市に出現したのは1900年代の初頭であり、植民地支配者の文化であった「ビオスコプ(映画館)」に対する対抗と模倣という両義性を携えた娯楽の場として発展した。その後、日本占領期には日本軍による国策プロパガンダ映画の巡回上映がさかんに行われ、同時に独立を呼びかける若き日のスカルノ初代大統領の演説なども上映された。こうしてインドネシア全土に紹介された野外映画の形態は、複製技術の恩恵がもたらす「モダン」な娯楽形態としてとりわけ首都のジャカルタで定着し、50年代には地域の伝統芸能に代わって様々な祝いの場で営まれるようになった。「ラヤール・タンチャップ」という通

2 Persatuan Perusahaan Pertunjukan Film Keliling Indonesia.

称が定着したのはこのころである（Dewan Pengurus Pusat PERFIKI ed. 1993: 34）。

ラヤール・タンチャップの設備はきわめて簡素で、映写機とスクリーン、そして機材運搬用の小型トラックの三点が基本のユニットとなる。電源には自家発電用のディーゼルが利用され、サウンドシステムには上映地近隣のモスクにあるスピーカーが借用されることもある。あとはオペレーターが一人、ないしは二人いれば上映が可能なラヤール・タンチャップは、辺境の地でも容易に準備ができ、かつ無料で楽しめる庶民の娯楽として、後述するスハルト政権下の開発政策の展開に乗って80年代半ばごろまでには国内ほぼすべての州にも普及した。

ラヤール・タンチャップの場では、その時々の興行主の予算規模によって使用されるスクリーンの大きさが異なる。一方、上映に用いられるソフトは16ミリか35ミリのセルロイドフィルムが主流であり、近年もデジタルの再生機が用いられることはまれである。スクリーンの大きさに合わせて画像を調整することやトラブルへの対処が難しく、野外上映には不向きであるとみなされているからである。

## 2. スハルト期のラヤール・タンチャップ

インドネシア独立の前後から庶民に親しまれたラヤール・タンチャップは、とりわけスハルト政権下の開発政策の展開とパラレルにひとつの国民的文化として発展した。南ジャカルタ市周縁地区の事例[3]を参照にラヤール・タンチャップの社会史を辿ってみたい。

3 本章の報告は、2012年3月から2016年8月にかけて実施した南ジャカルタ市ジャガカルサ地区での参与観察と聞き取り調査に基づく。

## 南ジャカルタ市ジャガカルサ地区の事例

首都ジャカルタでラヤール・タンチャップは、国内全域に普及する70年代以前から地域住民の暮らしと深く結びついていた。南ジャカルタ市と西ジャワ州の境界に位置するジャガカルサ郡もそうした地域のひとつである。ジャカルタ首都特別州の最南端に位置し、２０１６年現在およそ３万人の人口を擁する２８００平方キロメートルほどのこの地域は、おもに下層の居住区として知られる６つの町から成る首都ジャカルタの周縁地区である。現在は州政府によってブタウィ文化[4]特別保護地区として指定されているこの地区は古くはブタウィ人地主層が所有する広大な農地や森林が広がっていた地域であり、地主たちは祝い事のたびに人々を所有する土地に招き、規模を競うようにして古くから伝わる芸能を催すのを習わしとしていた。ラヤール・タンチャップは、そのような場で上演される伝統芸能に代わるものとして50年代にはこの地域に定着していた。その後、70年代の半ばごろからはスハルト政権下の開発政策にともなうスプロール化によりジャカルタ中心部からの移住者が流入し、この地域では急速に宅地の造成が進められた。隣組と呼ばれる行政単位に基づく区画整備によって低所得層の居住区として再編されたこの地域はにわかに賑わいを持つようになり、ラヤール・タンチャップの頻度や規模もまた飛躍的に拡

写真１　ジャガカルサ地区の婚礼の模様

4　オランダの植民地となったバタビア（現在のジャカルタ）に、17世紀ごろからアジア各地から労働力として集められた人々の末裔の文化。周辺のジャワ人、スンダ人などとの混血がすすみ現在に至る。

大した。

インドネシアでテレビ放送が始まったのは65年であるが、この地域の配電が完了したのは80年代半ばから90年代初頭にかけての時期であり、多くの住人たちは日常的にテレビ番組を視聴する習慣を持たなかった。そうした70年代の半ばから90年代初頭にかけての時期にまだ数多く存在していた「広場」や「空き地」は、地域が組織化されてゆく過程において人びとの日常を支える重要なインフラであった。広場や空き地は子供たちの遊び場であり、またそれを見守る母親たちの井戸端会議の場として情報流通のセンターにもなった。

ラヤール・タンチャップは、そうした日常の場に様々な露店からなる夜市も呼び込んで賑わいをもたらし、非日常的な祝祭空間に転換させる契機にもなっていた。子供たちもこの日は夜遊びが許され、主婦たちも普段はしない化粧をして集まった。地域内ではどこかの広場や空き地で毎週末のようにこのようなラヤール・タンチャップが営まれ、少なくとも500から1000人前後の観衆が集まった。

ラヤール・タンチャップが始まるのはふつう「ハビス・イシャ」、すなわちムスリムが一日に行う最後の礼拝が終わる夜8時ごろで、そのころには会場には食べ物や飲み物のほか、雑貨や簡易賭博の露店が軒を連ねた。会場には近隣の住人だけでなく、噂を聞きつけた人々が他集落からも押し寄せ、会場周辺の大木は、少しでもスクリーンがよく見えるようよじ登る子供たちで鈴なりになった。

ラヤール・タンチャップの会場では通常5本から6本の映画が続けざまに明け方近くまで上映され、観客たちはいつでもその場で眠れるようにサルンを巻き、コーヒーやピーナツ、地面に敷くための新聞などを持参して訪れた。上映される映画はもっぱらシリーズもののインドネシア映画であった。70年代にはブタウィ人のヒーローとして知られる怪盗・シ・ピトゥンのシリーズのほか、同じくブタウィ人喜劇王ベンヤミン・Sが繰り広げるコメディー、ロマ・イラマやエルフィ・スカエシら大衆歌謡ダンドゥットの歌い手が主役を張るメロドラマなどが人気を博し、80年代以降はお笑い三人組ワルコップＤＫＩ、ホラー映画の女王スザンナ、アクション映画のヒーロー、バリー・プリマらが活躍するシリーズが登場した。それぞれのシリーズ映画は、ジャンルやストーリーは異なっても、いずれも観客である庶民階層の人々の価値規範や日常意識を基盤として展開された。ヒーローやヒロインはきまって欧米風の容貌をもちながらも土着的な日常を営み、そうした日常の秩序に危機をもたらす他者や規範からの逸脱者に対して戦いを挑み、敗れてもやがて神通力を得て復讐に及んだ。喜劇の主人公たちも庶民の代表として描かれた。彼らの目線にはどこまでも他者として映る外国文化や都市のモダニティに対して、彼らは時にへりくだり、無知をさらしながらも、挑発や揶揄を面白おかしく展開した。こうしたシリーズもの主人公たちは、オーディオビジュアル媒体がほぼ不在の社会空間にあって、共通のイメージとシンパシーをもって観客たちの意識をつなぐアイコンとなった。

無料で映画鑑賞できるラヤール・タンチャップは地域の若者世代にとっても貴重な娯楽であった。携帯電話はもちろん固定電話も普及しておらず、地域の情報はすべてクチコミか、モスクのスピーカーを用いた地域内放送が頼みであった当時、若者たちは数キロ離れた場所で行われるラヤール・タンチャップの情報を聞きつけると、確認のためわざわざ人を送った。そして詳細が明らかになると十人以上が徒党を組み、途中迷うものが出ないよう身に着けたサルンの端を互いに結び合わせて数キロ先の会場に徒歩で出かけた。オートバイや車といった移動手段は皆無であったからだ。帰り道も徒歩であった。うっそうとした茂みや林がまだ多く残っていた帰りの夜道はホラー映画を見たあとではいやがうえにもスリルに溢れ、もはやサルンの端を結び合わせるのは抜きで肝試しに突入するのがお約束になった。徒歩での遠い道のりに起こる空腹やのどの渇きはもっぱら道端の木になっている果実や畑から盗んだ作物で癒した。方々から集う若者たちにとってラヤール・タンチャップの場はもはや単なる映画鑑賞のためだけの場ではなかったのだ。[5] さらに、スクリーンに映し出される映像はスクリーンの両面から鑑賞が可能であるため、スクリーンの裏サイドはきまって若者たちの交流スペースとなった。ここで恋人や伴侶を得る若者たちもあったが、同時に地元の若者たちと外からやってきた若者グループが些細な理由で乱闘を起こすことも少なくなかった。

5 セルトーは、「歩行」という行為を、民衆が既成秩序としての地理システムを独自のやり方で操作し、自らのものとしてゆく「発話行為」にも等しいプロセスとして位置付けている。ラヤール・タンチャップをめぐるジャガカルサの若者たちの記憶はそのような空間的実践の一例だろう（セルトー、1987）。

90年代以前のジャガカルサ地区を知る人たちにとって、ラヤール・タンチャップをめぐる集合的な記憶はおよそ以上のようなものである。もっともこうした記憶や回想は、ジャガカルサ以外の地域でラヤール・タンチャップを経験した多くの人々が個人のブログや手記の中で述懐しているものと広く共通している。これらの「語り」はAVメディアやインターネットがなく、ショッピング・モールなどの大型商業施設もなかった時代の多くのインドネシア人にとって、ラヤール・タンチャップの場が包括的な娯楽の場であったことを示すものであり、常に個々の語りの主体とこれらの場所の身体的実践を通じた結びつきのもとに紡がれている。

**開発政策下のラヤール・タンチャップ**

一方、このようにのどかで情緒的な回想をもって語られるラヤール・タンチャップの全盛期は同時に、経営の拡大を目論むラヤール・タンチャップの業者たちと、彼らを取り込みエージェント化することでラヤール・タンチャップを開発政策推進のための上意下達のツールとして機能させてきたスハルト体制との蜜月期でもあった。78年には、現在も存続する前述のインドネシア巡回映画業者協会(PERFIKI)の前身であるインドネシア巡回映画館協会(PERBIKI)[6]が発足した。当時の副大統領アダム・マリクの支持を取り付け、国内唯一の業界連として政府の認可を受けることに成功したこの団体は間もなく「フィルム・マスック・デサ(映画が村にやってくる)」をスローガンに、映画を通じた開発政策推進運動を西ジャワ州の村落地域で展開する。さらにプロジェクトの成功を認められたこの団体は正式に情報省の命を受け、家族計画キャンペーンや移住政策などの政策プロパガンダ映画を、ジャワ島内のみならずインドネシア全土の津々浦々で上映するミッションを遂行した。86年には、かつてイリアンジャヤ州知事も務めた陸軍将軍アクブ・ザイナル氏がこの団体の会長に就任し、与党ゴルカルのための集票活動のほか、76年にインドネシアの27番目の州として併合した東ティモールへの

6 Persatuan Bioskop Keliling Indonesia

特別プロジェクトチームの派遣など、体制維持のためのプロジェクトがさらに強化された（コンパス紙 1978年7月12日）。92年5月から翌年の6月まで展開された上述の東ティモールにおける特別プロジェクトでは、ジャカルタから空軍機によって持ち込まれた映写用機材が陸軍の小型トラックによって運搬され、ゲリラの襲撃に備えて陸軍の部隊が配備された。そうしたなかで主に上映されたのは、スハルト大統領の独立戦争における活躍を描く『ジャヌール・クニン』に代表される国威発揚のためのラインナップであった。そしてこれらの上映に携わった業者たちの中からは、政府との蜜月関係のなかで利潤をあげ、数百人以上の社員を抱える企業体に成長する事業主らが台頭した。[7] このようにしてPERFIKIは、インドネシア全土のローカルな「場」ににわかな「祭りの空間」を創出し、映画テクストの集合的な消費がもたらす中央集権的な国民国家への参加のイメージをテコに、全国津々浦々の人びとのローカルな生活の場をナショナルな空間へと編成する即戦力としての役割を担った。

## 3. ポストスハルト期のラヤール・タンチャップ——衰退と復興——

97年にインドネシアを襲ったアジア通貨危機と、続く98年のスハルト政権崩壊は、インドネシアの社会空間に急速な変容をもたらした。情報規制の緩和や市場のグローバル化、それに伴うメディア産業や消費文化の展開は、人々の社会意識を従来のローカルな対面的コミュニケーションの場から新たなメディアが編成するバーチャルな空間へとシフトさせる契機となった。このようなポストスハルト期の社会変容のなかで、ラヤール・タンチャップという文化形態はいかなるものとして継承され、受容されたのか。

7 92年に東ティモールへの特別プロジェクトチーム派遣の先陣をきったティト・フィルム社はそうした企業のひとつである。中古の映写機とトラックそれぞれ一台を資本に、社長自らがオペレーターとして86年に立ち上げたこの会社は、93年には国内5か所の支社に200人を超える従業員を擁する企業に成長している（Pudjiasmanto 1994）。

### ラヤール・タンチャップの衰退

開発政策のエージェントとして、娯楽映画の多様化を触発しつつ全国で展開されたラヤールタンチャップは、ジャカルタとその近郊においては90時代の終盤にさしかかるとにわかに衰退した。それは一般家庭へのテレビの普及と90年代以降の民放局の増加に伴う番組の多様化、地域開発による空き地の減少、大型商業施設への娯楽の移行など、いずれもラヤール・タンチャップの場で唱道されてきた開発政策の成果そのものがもたらした皮肉な帰結とも言えた。さらに97年にインドネシアを襲った経済危機や、それに続くスハルト体制の崩壊、管轄省庁としての情報省の解体がそうした状況に追い打ちをかけた。よるべき大樹をなくした前述のPERFIKIは形骸化し、企業体の多くも倒産、あるいは拠点を地方へ移すなど経営を縮小した。一方、２０００年代に入ると各世帯にはテレビだけでなく、ＶＣＤやＤＶＤの再生機器と海賊版の安価なソフトが流通し始め、ジャガカルサ地区のような下層の居住区でも映画やゲームの個人消費が新たなライフスタイルとして一般化した。さらに、地域からは空き地が失われ、代わって建てられる各種の消費の空間が庶民の日常を侵食し、そこへの参与を煽るようになった。ラヤール・タンチャップを限られた娯楽のセンターとして成立させてきたローカルな場が、「インドネシア」という国民国家の空間を襲った政治的、経済的変動、それに付随する消費文化や貨幣経済の浸透という現象ににわかにさらされ始めたのだ。

### ラヤール・タンチャップ復興

ラヤール・タンチャップは、90年代終盤の急速な社会変容の波に呑まれて消失し、もはや過去の遺産となった——現在、ラヤール・タンチャップをめぐるインドネシアの都市住民の一般的な理解はそのようなものである。[8] しかしながら、ジャガカルサ地区とその周辺でラヤール・タンチャップを営んできた業者たちはそうした見解を一様に否定する。

8 たとえば近年、マスメディアにみられるラヤール・タンチャップに関する言説は、いずれもそれを「過去のノスタルジー」や「風前の灯」として位置づけるものである。たとえば２０１７年２月にコンパス紙はラヤール・タンチャップに関する同紙の意識調査の結果を紹介している。これによるとラヤール・タンチャップを「見たことがある」という80%余りの回答者のうち、およそ70%が「復興を望む」と回答している（コンパス紙２０１７年２月５日）。こうした数値からも、ラヤール・タンチャップを過去の遺産とみなす多くの人々の認識を見て取ることができるだろう。

80年代の終わりから複数の事業主のもとでオペレーターを務めてきたある業者は、90年代の終わりから2000年代の初めにかけて受注が激減し、ひと月10件以上あった受注件数が1、2件たらずとなったと話す。ところが2000年の半ばごろからは、ひところVCDの普及にのって流行した大衆歌謡・ダンドゥットのステージにかわり、ラヤール・タンチャップがふたたび祝いの場の賑やかしとして人気を回復した。区画整備が進み、家屋や小型商店が密集するようになったこの地域からは次第に広場が消え、ラヤール・タンチャップはもっぱら路上や民家の軒先といった限られたスペースで営まれる小規模なものに変わったものの、受注件数自体は再び以前の勢いに迫り、毎週末には複数の箇所での上映をかけもちで引き受けることが常態化した。断食明けや独立記念日の前後などの繁忙期にはさらに受注が増加するようになった。

このようなラヤール・タンチャップ再興の背景には、前提としてジャカルタ市周縁地区の継続的な人口増加と、それに比例した各種祭礼の需要の増加がある。また一度は凋落したラヤール・タンチャップの人気が再び回復した理由には、たとえば前述のダンドゥットのステージなどと比較したばあい、費用を低コストに抑えられること[9]や、世代や属性を超えて多くの人びとがともに楽しめるものであることがあげられるだろう。[10]予算にゆとりがなくとも祝い事には余興を欠かせない地元のニーズをリーズナブルに、また安全に満たす娯楽として再評価されているのである。

一方、そうしたラヤール・タンチャップの新たな需要とともに、ジャガカルサ地区やその周辺における業者の数が増加した。彼らの多くは地元を拠点として主に個人や地域コミュニティが催す小規模なイベントの設営を扱う零細業者で、スハルト政権期には大手の事業主のもとでオペレーターとして働いていた。彼らの多くは廃業や事業の縮小に追い込まれたかつての雇い主から機材やフィルムを買い受けて個人で業務を立ち上げている。併せて各種イベントに必要なテントの貸し出しや設営、仕出しなどを行う業者も多い。

2010年には、ジャガカルサ地区と隣接する西ジャワ州のデポック地区の業者らが中心となって、

9 ラヤール・タンチャップに支払われる一晩あたりの上映料金は70万から100万ルピア（およそ7000円から10000円）が相場である。これは、楽団や歌い手など複数のスタッフを必要とするダンドゥットのステージの上演料の3分の1ほどである。

10 マレー音楽にインド歌謡、ロックなどの要素が加わって70年代につくりだされたダンドゥットは大衆的なダンス音楽として成長し、とりわけ2002年には歌姫イヌル・ダラティスタのダンスパフォーマンスのヒットにより一世を風靡した。しかしイヌルのセクシャルなパフォーマンスは賛否両論を呼び、成人男性の視線を意識した扇情的なステージは地域の良俗を乱すものとして警戒される傾向にあった。

ラヤール・タンチャップ業者の親睦会を立ち上げた。「巡回映画業者連（ＧＦＫ）」と称するこのグループの立ち上げにあたり、発起人が所在を把握した南ジャカルタ市一円とその周辺地域の業者の数は２００業者あまりで、最終的に入会した業者の数はジャガカルサ地区周辺では98業者であった。一方グループ発足の当初、加入した事業主のほとんどが、政府の認可を受けた公式業界団体として存続する前述のPERFIKIに事業登録をしていなかった。近年ジャカルタ市周縁部のラヤール・タンチャップ再興を支えてきたのは、もっぱらこのような「無認可」の業者たちなのである。このことは、スハルト体制期はPERFIKIという公的ルートを経ずしては困難であった当局への諸々の許可申請が、スハルト体制の崩壊とともに有名無実化した経緯と決して無関係ではない。また、２０００年代以降は電話やオートバイといった通信手段や移動手段の使用が拡大し、業者間の交流や互助的関係を一層緊密にした。前述のＧＦＫのメンバーは２０１６年現在も月に2度、情報交換の場として頼母子講《たのもしこう》の会合を持っている。スハルト時代からラヤール・タンチャップに携わってきたこのグループのメンバーはあくまで旧式の映写機とセルロイドフィルムを用いた「古き良き」ラヤール・タンチャップの形態を維持することを指針としており、会合を通じて映写機やフィルムのメンテナンスに関する情報交換や機材やフィルムの貸し借りなどの交渉が互助的になされている[11]。仕事をお互いに紹介しあうことも会合の重要な目的のひとつである。ジャカルタでは結婚式などの儀礼を自宅で行うのは主に庶民階層であり、そうした人々はスマートフォンが普及した現在でも生活に必要な情報はインターネットからではなく対面的な人間関係から得られるものを利用する。そのためホームページを通じて一般に広告を出しているラヤール・タンチャップ業者はきわめてまれだからである。

### グローバル化の影響

ポストスハルト期に再生したラヤール・タンチャップの場とそのオーディエンスは、スハルト期の

11 スハルト政権期にはラヤール・タンチャップでは、新作・旧作ともに、当局の検閲通過証明の添付された政府指定業者の貸し出すフィルムの使用が義務付けられていた。現在はそうした指定業者の払い下げたフィルムのほか、映画館の商業上映に用いられたのち、著作権上の規約により鋏を入れられ廃棄されたフィルムを補修したリサイクルのフィルムが用いられている。

それと比較した場合、なんらかの差異に特徴づけられるのだろうか。ジャガカルサ地区内の町内会が主催したラヤール・タンチャップ[12]を事例としてみてみよう。

この日、ラマダン（断食）明けのお祝いとして町内のバドミントン・コートで開催されたこのイベントには、およそ50人から60人余りの地元のひとびとが訪れた。その昔はさながら夜市のようだったといわれたほどの賑わいはなかったが、日没後の会場にはすでに揚げ物などのスナックやおもちゃを売る屋台が数軒並び、親子連れも多く集まってきた会場は、ちょっとした夜の社交場となっていた。この日は2面のバドミントン・コートからなる会場に、２つのスクリーンがほとんど間をおかないで並置されていた。映し出されていたのは別々の映画であり、上映にあたっていたのはいずれも別々の業者だった。このように、一つの場所に複数の業者たちが個別にスクリーンを設置してそれぞれ異なる映画を上映するのが近年のラヤール・タンチャップを特徴づける新たなスタイルであり、時には限られたスペースに５つ以上のスクリーンが並置される。このようなスタイルはショッピング・モールなどにある都市型のシネプレックスを模したものであり、スクリーンの数が多ければ多いほど主催者の株が上がるとみなされている。

一方、スクリーンの裏側にもユニークな光景がみられた。反転した映像の鑑賞が可能なスクリー

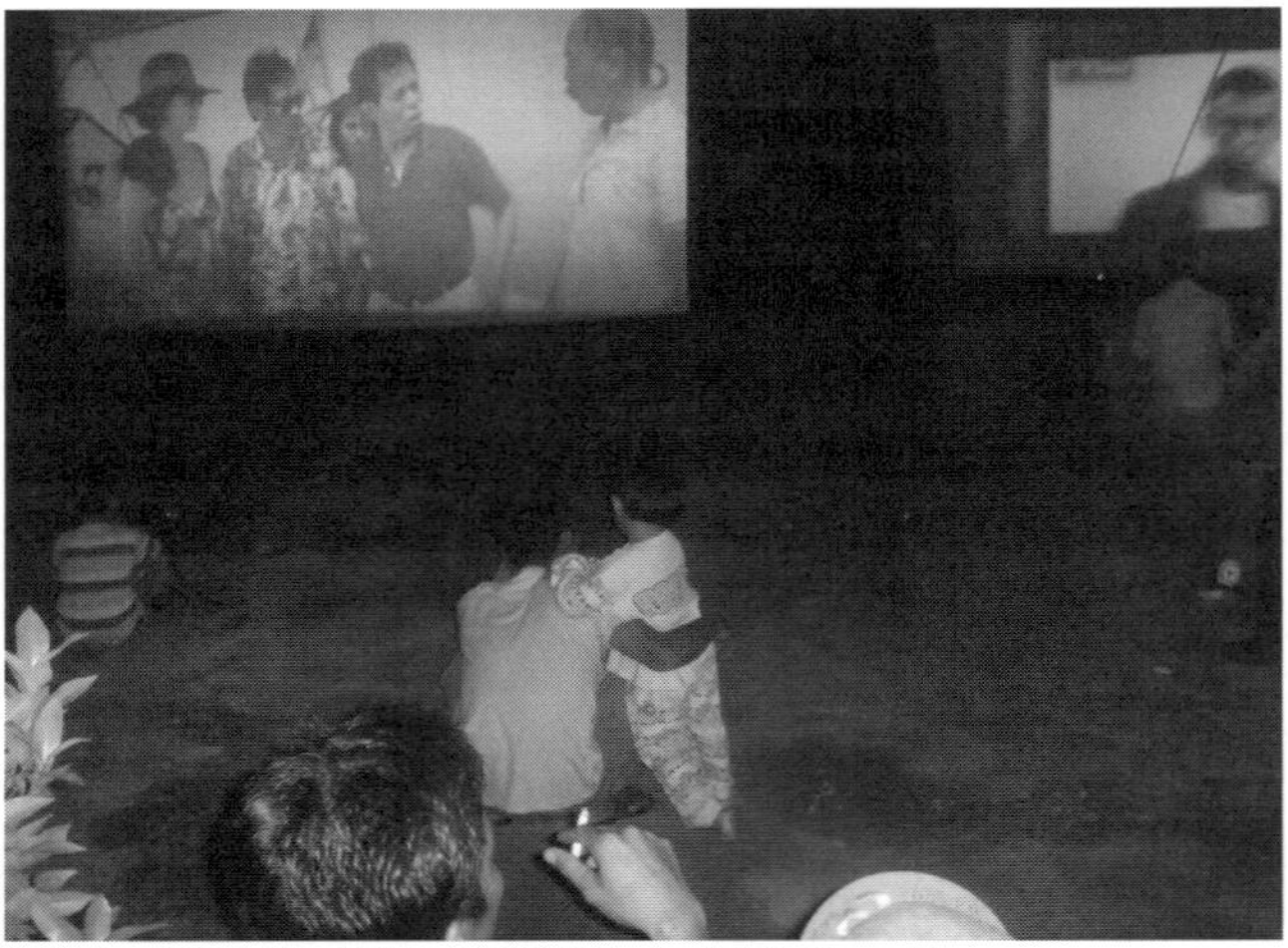
写真２　近年のジャガカルサ地区のラヤールタンチャップ

12　２０１２年９月初旬にジャガカルサ地区で行った調査に基づく。

ンの裏サイドはかつての全盛期と同じように若者たちに占められている。しかしながら以前と明らかに異なっているのは、若者たちが一様にオートバイでこの場に乗り付け、スクリーンではなくお互いのオートバイの品評に勤しんでいることである。このようなスクリーン裏サイドの「ショー・スペース化」は長期ローンの普及で外国製のバイクを手に入れる若者が急増していることを反映した、近年のラヤール・タンチャップにみられる一つの特徴である。そして、このようなスクリーンの複数化やその裏側サイドのショー・スペース化といった現象は、近年のラヤール・タンチャップが、それ自体もまた、グローバルな消費文化の影響と無縁ではないことを示している。

### オーディエンスの嗜好と情報消費の傾向

ところが、以上にみたような今日的な現象とはうらはらに、近年のラヤール・タンチャップで上映されているのは、もっぱらローカルで、「レトロ」な国産映画が主流である。前述のジャガカルサ地区でのラヤール・タンチャップでは、当日二つのスクリーンがそれぞれに上映したトータルで10本の映画のうち、7本までが70年代から90年代初頭にかけて制作された国産のシリーズ映画であり、2000年代以降に制作された国産映画はわずか1本、あとの2本はインド映画と香港映画であった。上映業者は、PERFIKIが指定するレンタル・フィルム業者から新作の国産映画のフィルムを調達することは可能だが、コストが割高になることや手続きが煩雑であることから、手持ちのレトロ映画のフィルムを使いまわすほうが収益は上がるという。しかしそうした理由だけでなく、イベントの発注者やオーディエンス自身が新しい映画よりも90年代以前に制作されたレトロな映画を好んでいることから、これらのラインナップを選定しているのだという。

このような上映業者らの談話を参考に、当日集まっていた10歳代から60歳代まで各年代の男女5名、合わせて30名のオーディエンスを対象に簡単なアンケート調査を実施した。その結果、回答者である

30名全員がラヤール・タンチャップで見る映画として古い映画を支持し、先の業者たちの証言を裏付ける結果となった。それでは、なぜ古い映画を選ぶのかという問いに対しては、ストーリーが単純で理解しやすい、または懐かしいからという理由にくわえて、近年のテレビドラマや映画の大半が一様に都市に住むエリート層の生活空間を舞台に展開されている「非日常的世界」であるのとは違って、スザンナ、ピトゥン、ベンヤミンなどの「古き良き」シリーズ映画は日常的な道具立てを持ち、回答者自身にとっての身近な生活と地続きであるかのような世界に親しみを覚えるからという主旨の回答が多く寄せられた。

さらに、これら30名のオーディエンスを対象に、情報消費に関して同じく口頭でアンケートを行ったところ、以下のような結果が得られた。

1. 30名全員の世帯がテレビを所有
2. 30名中24名の世帯がＤＶＤなどの再生デッキを所有
3. 30名中22名が個人の携帯電話を所有（10－40歳代では全員）
4. 15名がソーシャル・ネットワークにアクセス（うち10－30代で13名）

これらのアンケートの結果から、この場にいたオーディエンスの多くが、かつてのラヤール・タンチャップの全盛期とは違ってデジタル媒体を通じた娯楽や情報の消費を日常的に行っている人たちである、という推測が可能となった。

## ラヤール・タンチャップ再興の持つ意味——アンケート回答に基づく考察——

以上のような観察の結果が示しているのは、オーディエンスの情報テクノロジーやグローバルな消費文化への親和性と、ラヤール・タンチャップの場への変わらない愛着やレトロな国産映画の「ローカルさ」に対する支持の間にある、ある種のアンビバレンスである。

携帯電話やインターネット、ＤＶＤなどのデジタル媒体が、いわば個人の日常の中に、非日常的な「フローの空間（Castelles, 1996）」をポータブルに呼び込むツールであるならば、ラヤール・タンチャップは、日常の場そのものを非日常へと転換し、祝祭の空間に作り替える契機である。「場」を通じての対面的関係が情報流通や日常生活を支えた時代から、そうした「場」の役割をメディア空間がとって代わろうとする時代への急速な転換[13]が人々の意識に便利さと引き換えの戸惑いや疎外感を引き起こしていると仮定すれば、ラヤール・タンチャップの生み出す祝祭は、そうしたアンビバレンスを調停するひとつのカタルシスの場になりうる。またこのような「場」の在り方は、デジタル媒体のもたらすグローバルな空間フローの展開の中で、その固有の場所性を侵食されるローカルな日常の場からのひとつの抵抗を含むものでもあるとも解釈できる。いずれにしても今日のジャガカルサ地区にみられるラヤール・タンチャップの場は、グローバルなフローの空間とローカルな日常の場がせめぎあうプロセスが創出する、新たな意味生成の場であると考えられるのである。

13 メイロウィッツは、電子メディアが浸透した社会では従来の場所と特定の状況の対応関係が無効になり、「場所性の意味の喪失」が起こると指摘している。（メイロウィッツ、2003）

## 4. 都市空間の中のラヤール・タンチャップ

グローバル化のもたらす「場」の浮上と、そこから展開する新たな空間的実践の流行は、すでにみたような都市の周縁だけではなく、都市の中心部においてもみられる。都心部に近い中間層の居住区では地域のイベントの場でラヤール・タンチャップが営まれる機会が増えた。また、ラヤール・タンチャップをテーマ化した各種のイベントが都心のパブリック・スペースやショッピング・モールで営まれるようなった。ジャガカルサ地区での事例に引き続き、都心部でのラヤール・タンチャップ再評価についてみてゆきたい。

**都心部でのラヤール・タンチャップ**

従来、前述のGFKに加盟する業者たちはジャガカルサ地区以南の周縁地区を営業の拠点としてきた。ところが2010年ごろから彼らのもとにはクマン地区やマンパン地区など、都心により近い中間層が住む地域からの発注が増え、営業エリアがジャカルタの中心部に向かってにわかに広がりはじめたという。区画の整備されたこれらの地域では、住人のために設けられた広場も多く、道路を封鎖することで広域な空間を確保することもできる。もっともこうした地域の住人は通過儀礼の祝いの席を自宅に設けることは比較的少なく、ラヤール・タンチャップが営まれるのは独立記念日や断食明けの祝日など、公のイベントがほとんどである。好まれる映画のラインナップはここでもレトロな旧作が中心である。

2016年の8月、南ジャカルタ市屈指の大型モールの裏手に位置するチランダック地区の住宅街で行われた独立記念日を祝うラヤール・タンチャップの場には、封鎖された地域内の道路50メートルを埋め尽くす観客が訪れた。子どもたちは設営の段階から興味深げにスクリーンや映写機の周囲に集まり、上映がはじまると子供から大人までがスクリーンに熱中した。交じっている若者世代には携帯電話を繰るものもない。ジャガカルサ地区の住民より高い経済力や移動性を持ち、より「モダンな」ライフスタイルをもつとみられるこのエリアの人びとの、ラヤール・タンチャップという「レトロな」娯楽に向ける関心の高さがうかがえた。この日のイベントは地域に住む複数の有志たちが中心となり、彼らが幼少のころに味わった「古き良き祭りの喜びと伝統を地域の子供たちや若者たちに残したい」という意思に基づいて開催したものであった。こうした事例が示すような市街地におけるラヤール・タンチャップへの関心は回数、集客の規模ともに年々拡大の傾向にあるという。

## ラヤール・タンチャップの「シミュラークル」

一方、都市住民のラヤール・タンチャップへの関心の高まりとパラレルに、ジャカルタの中心部ではそうした都市住民の心性に訴える野外映画の様々なイベントが盛んに営まれるようになった。そのさきがけとなったのは政府観光省が２００６年に第61回目の独立記念日を記念して開催したイベントである。インドネシアを代表する61本の旧作映画を、設置された61面のスクリーンで同時に上映するという趣向で営まれたこのイベントは、スハルト政権の崩壊とともに開店休業状態にあったPERFIKIが、同組織への新規登録を希望する業者の募集を試みたところから実施にこぎつけ、後述するこの組織の再編の端緒になった。

興味深いのは「ノスタルジーの祭典」(コンパス紙 ２００６年8月20日)として営まれたこのイベントが、２００６年のワールドカップをきっかけにスポーツ・バーやショッピング・モールなどで「ノバール」[14]と呼ばれる「パブリック・ビューイング」が流行したことにヒントを得て実施されたということである。[15] いわばグローバルな文化現象によるローカルな伝統の触発を経て実現したこのイベントは、翌年にはジャカルタ市の2か所の会場でも行われている。

また２０１１年からは、断食明けを祝う「ルバラン・ブタウィ」と呼ばれる大型イベントが、独立記念広場など市内中心部に位置するパブリック・スペースで例年開催されている。首都特別州政府の主催でブタウィ文化をテーマに3日にわたって行われるこのイベントの最終日の夜には大スクリーンを用いた「ラヤール・タンチャップ」で、ベンヤミン・Sやシ・ピトゥンなど、「ブタウィ」にちなんだおなじみの映画が上映され、この大型イベントの目玉となった。もっともそれは、ラヤール・タンチャップという既存の娯楽に場所性とむすびついたアイデンティティ表象としての意味を付与した「シミュラークル」であるという点で、ジャガカルサ地区で営まれる日常的実践としてのラヤール・タンチャップとは異質である。同様に近年では、ショッピングセンターでインドネシアやブタウィのローカリティをテーマ化した物産展やフードフェアが頻繁におこなわれ、しつらえられたラヤー

14 「一緒に観る」を表すインドネシア語 nonton bareng の略

15 PERFIKIの旧幹部、ハルド・スコヨ氏のコメントに基づく(２０１２年3月3日にジャカルタにてインタビュー実施)

ル・タンチャップがそのような場でローカルなレトロ映画を上映することが多い。野外に常設されたマルチビジョンを用いて国産映画の上映イベントを開催するショッピング・モールもある。モールに代表される「場所性から切り離されたモダニティの空間」は、「場所的なものにアイデンティティの起源を求めること自体が魅惑的なイメージとして生産され、消費されていく」空間なのである（吉見 2003：155）。

写真3　ショピングモールのラヤール・タンチャップ

一方、グローバル化の波は消費文化のアンチテーゼとしての環境保全やパブリック・スペースの有効利用への関心も促している。２００７年にジャカルタ首都特別州の環境保全条例[16]が出され、市街地に点在した公園の整備が進んだことと並行してこうした公園を文化活動のセンターとして活性化する各ＮＧＯやボランティア団体の活動が拡大し（コンパス紙２００８年８月６日）、その一環としてラヤール・タンチャップが週末の公園で営まれるようになった。「パブリック・スペースをモールから公園へ」と提唱するこれらの活動[17]は、それ自体が都心の公園を都市の住民が日常的に利用するニューヨークやロンドンなど欧米の大都市のスタイルに触発された、グローバルな活動である。

　また近年、パブリックスペースにおける野外映画上映が先進諸国の都市部を中心に流行し、全世界に広まりつつある[18]。このようなグローバルな野外映画

16 都市整備に関する２００７年インドネシア共和国法律第26号

17 たとえば「秘密の公園プロジェクト（Hidden Park Project）」としてジャカルタ、バンドンで公園活性化運動を展開する「リーフ・プラス財団」や、フォード財団などから資金援助を受けて、ジャカルタ市内各地の公園で映画上映会を実施する文化団体「ルアン・ルパ」などがこうした活動にあたっている。

18 都市のパブリック・スペースを利用した野外上映のパイオニアには90年代初めからニューヨークで開催されているブライアントパークサマーフェスティバルがあげられる。その後２０００年代以降から、首都ワシントンをはじめとする全米の大都市のほか、パリ、ロンドン、東京、香港と世界中で開催されている。

上映のブームと、ラヤール・タンチャップの接合ともいえるイベントがジャカルタでもしばしば開催されている。例えばジャカルタの州政府が運営する映画文化団体・キネ・フォーラムは、例年映画館で行っていたシネマ・フェスティバルを２０１３年に「ミスバル２０１３」と称する野外映画イベントへと装いを改めた。さらに翌年にはより大規模な「ミスバル２０１４」が開催されている（コンパス紙　２０１４年12月12日）。「ミスバル」とはラヤール・タンチャップの別称であり、会場のしつらえも竹で組まれたローカル色溢れるものであった。もっとも、設置されたスクリーンや機材は大型シネプレックスで用いられている最新のものであり、オーディエンスは都市に住む映画通の人びとである。市内2か所の会場で5日にわたって行われたこのイベントで上映されたのはすべて国産映画であり、往年の名画とラヤール・タンチャップ御用達のレトロな喜劇やアクション映画が混在するプログラムであった。「ミスバル２０１４」の空間は、ラヤール・タンチャップが身上とする「ローカルさ」や「レトロさ」をエキゾチックな表象として消費するためのスペースとして構成されていた。

写真４　ミスバル2014

## 5. デジタル化時代のラヤール・タンチャップ――おわりにかえて――

首都ジャカルタの周縁地域にみる、日常に侵入する「グローバルな空間」への抵抗としてのラヤール・タンチャップ再興と、市街地で見られるローカリティとレトロスペクティブへの憧憬としてのラヤール・タンチャップへの関心の高まりは、どちらもグローバル化を基軸としながらも、実際には相反するオーディエンスの心性に依拠することで展開している。市街地からジャガカルサ地区までの、距離にすると30キロ足らずの間に生じている「ラヤール・タンチャップ」の意味の差異は、そのままジャカルタという無数の階層格差から成る社会空間がそこに生きる人々にとって持つ、それ自体の意味の差異を示しているものかもしれない。しかしながら、社会空間のあらゆる格差を超えて浸透する各種の電子媒体はすでに、「遠近法の解体された世界への参与を強いられる世界」(マクルーハン 1987)への入り口として、市街地とその周縁地区の格差を単純な中心／周縁という図式で捉えることを不可能にしている。加えてフェイスブックやツイッターなどのソーシャル・ネットワークは、社会的、物理的な格差を超えて人々をバーチャルな同一空間へといざなうだけでなく、利用者を受動的な情報の受信者から能動的な発信者に主体化するものでもある。本章の締めくくりとして、電子媒体の普及という脱場所・空間的現象が近年のラヤール・タンチャップをめぐる環境を新たに再編している二つの事例を挙げておきたい。

### PLTIの発足

インドネシア・ラヤール・タンチャップ協会(PLTI)[19]は２０１４年に、ジャカルタ市西端と隣接す

19 Persatuan Layar Tancap Indonesia

るタンゲラン地区の若手のラヤール・タンチャップ業者らによって発足した。スハルト時代からラヤール・タンチャップを本業としてきた業者たちからなる前述のGFKとは異なり、子ども時代のノスタルジーからラヤール・タンチャップに興味を抱き、自分で上映用の機材やフィルムを入手して、実益を兼ねた趣味として本業のかたわら上映活動を行う30代前後の層が組織の中核である。フィルム用の映写機を所有せず、DVDデッキなどを使用するものも少なくない。組織の発足と同時にフェイスブックの公開グループアカウントも開設された。プロフィールの欄に「ラヤール・タンチャップの愛好者、趣味とする者、インドネシアにおける伝統の発展に努める者のため」と紹介されているこのグループアカウントへの登録者数は1年足らずの間に1000名を超えた。その数はその後3年間に6倍以上になり、2017年1月現在はインドネシア全土のみならず、香港やシンガポール、タイ、オランダなど諸外国からも登録がある。登録者の大半はラヤール・タンチャップの単なる愛好者が占めているのだが、ポスティングのほとんどはグループを立ち上げたメンバーと、彼らと直接交流をもつようになったジャカルタ市とその近郊の登録者らによるもので、ラヤール・タンチャップの上映活動を実践的に行っている者たちが中心である。フェイスブックは彼らにとっての情報交換の場でもあり、機材やソフトの売買からメンテナンス、人材の募集などの情報が交わされる。

興味深いのは、そうしたメンバーらにとってはこのフェイスブックの公開アカウントが、ラヤール・タンチャップの上映を趣味とする彼ら自身のひとつの自己表現の場になっていることである。アカウントには彼らが自ら改造した映写機やフィルムのコレクション、スクリーンなどの画像のほか、映写機を繰る彼ら自身や、彼らが設営したスクリーンに映し出される映像など、彼ら自身を主題とする画像の数々が連日競い合うように投稿されている。その一方で、彼らが上映する映画を観るために集まっているはずの観衆の画像はなぜかほとんど投稿されていない。彼らにとってはラヤール・タンチャップの現場以上に、国内外のフォロワーたちがまなざしをむけてくれるフェイスブックのバーチャルな空間こそが、ラヤール・タンチャップをアイデンティティの根拠としている彼ら自身の本命の現場なのだろう。

　このようなバーチャル志向に則って組織されているこのグループのオフ会イベントは、それ自体も異空間を思わせるものだ。メンバー間の親睦を図るためにしばしば開催されるこのイベントは、ジャカルタ市の周縁に未開発のまま残されている広大な土地にグループのメンバーらがそれぞれの映写機やスクリーンを持って集い、夜通しフィルムを回し続けるという趣向で行われる。毎回、数十のスクリーンが並ぶイベントの会場にはわずかながら夜店もたちならび、ふだんは荒涼とした郊外の空き地にわかに賑わいが生み出される。周囲に住宅地もなく、交通機関もないこのエリアには、近隣の工業団地で働く若者たちや家族連れがもっぱらオートバイで乗り付ける。一方、上映されるのは、インド、香港、タイ、ハリウッド映画などの外国映画であり、国産映画はまれである。土地には十分なゆとりがあるにも関わらずスクリーンとスクリーンのあいだにほとんどスペースが取られていないため映画の音声はほとんど聞き取れない。しかし複数の言語による音声が大音響でぶつかり合い、それぞれのスクリーンが異なる国々の映像を展開している無国籍な空間は「どこでもない、どこか」であり、訪れた人々をバーチャルで非日常的な祝祭の空間へと誘っているのである。[20]

写真５　PLTIオフ会（１）

写真６　PLTIオフ会（２）

20　民族音楽研究者のサットンは、ジャワにおいては複数の芸能が同一の場所で同時に上演されることで生み出される「ラマイ（賑やか）」なサウンドスケープが伝統的に祝祭空間を演出してきたものであることを指摘している（Sutton, 1996）。PLTIの会場で並置された複数のスクリーンが同様な「ラマイさ」を創り出しているのは興味深い。

## PERFIKIの再編

PLTIの事例が示しているのは、電子メディアの発達は、従来のラヤール・タンチャップが前提としてきた「場所性」のコンセプトからそれ自身を解放し、バーチャルな空間へと再編するものであるということである。しかし同時に電子メディアは、ラヤール・タンチャップとあらゆる辺境の「場」との結びつきを叶え、今ふたたびナショナルな空間として再編するためのツールとしても注目されている。前述のPERFIKIの近年の取り組みを見てみたい。[21]

スハルト政権の崩壊後、後ろ盾を失って求心力を失ったPERFIKIは、映画業界や民間の企業体と提携して野外を利用した新作映画の上映や商品の販売促進のイベントを手掛けるなど民間セクターと手を組んで活動を継続してきた（チェンドラワシ・ポス紙　２０００年2月25日）。２００６年に前述の61回目の独立記念のイベントを成功させてからは、教育文化省が開始した教育現場への良質な国産映画導入のプロジェクト[22]に協賛し、同省が推進する「グローバル化の波にさらされる若い世代にナショナルな文化の価値を再認させる試み」に乗り出した。折しもこの時期は国産映画産業の急成長がみられ、地方ではヒット作の上映のための映画館が不足する事態も生じた。そうした中でPERFIKIは全国の教育施設を同省が導入した専用車で巡回して上映活動を行い、インフラ不足を補った。

その後、ＦＩＦＡのオフィシャル・パートナーとして２０１４年のワールドカップブラジル大会のサテライト配信によるパブリック・ビューイングを全国で設営したPERFIKIは、そのノウハウを生かして２０１５年に「シネマ・オンザロード」と銘打って、全国津々浦々への映画配信のプロジェクトを立ち上げた。全国の自治体が持つ公設の会館や広場において、PERFIKIが指定する業者がサテライトを通じて配信される国産の映画を毎週末の月６日間、有料で上映するというプロジェクトである。２０１９年までにインドネシア全土にネットワークを拡張することを目標に掲げるこのプロジェクトはマレーシアと国境を接する北カリマンタン州を皮切りに、東カリマンタン州、ヌサ・トゥンガラ州という、テレビやインターネットの普及が遅れた「辺境の地」から開始された。サテライトやデ

21 近年のPERFIKIの活動、および後述する「シネマ・オンザロード」については、２０１４年にPERFIKIの新会長として就任したソニ・プジサソノ氏のコメントを参照（２０１６年8月27日にジャカルタのPERFIKI本部にてインタビュー実施）

22 インドネシアの教育文化省は２０１２年、「国民としてのキャラクター構築」の一環として教育現場における優れた国産映画の上映推進を決定し、35ミリフィルムの映写機が搭載された巡回映画上映のための大型車両20台を導入。２０１４年までに60台に増加したが、全国網羅のためには６００台が必要とされている（コンパス紙　２０１５年10月10日）

ジタルによる情報配信の技術提供は、パナソニックやコンパスグループなどの民間企業が行っている。プロジェクトを遂行するのは地元在住者であり、PERFIKIからの指定を受けたのちにデジタルデコーダーやマルチスクリーンなど上映に必要とされるインフラを購入して業務を立ち上げる。観光省や教育文化省の協賛を受けているこのプロジェクトには公的な助成がつき、指定の業者は業務立ち上げのための資金融資とPERFIKIから派遣された職員からの指導も受けられる。

　配信されるのは、「インドネシアの統一」「国土の保全」という国が掲げる「レフォルマシ・メンタル（精神革命）」[23]の発揚にふさわしいとみなされる新旧の国産映画であり、新作映画に関しては興行収益の10パーセントが映画製作者に還元される。プロジェクトを通じて国内の映画産業の振興もはかるという試みである。また映画上映の場では、PERFIKIが製作した公衆衛生の向上や薬物の撲滅などを掲げる社会啓発の広告が同時に上映される。国境に近いエリアでは「ニセ外貨の見分け方」を解説する広告が用いられるなど、ローカルな事情に即応した情報が提供されている。

　２０１６年の4月には、各自治体へのプロジェクトの宣伝をかねた「国産映画の日」の記念イベントが全国各地で開催された。このイベントを通じて、西ジャワ州やバリ島など比較的首都に近いエリアにおけるプロジェクトの始動体制が整備された。「ワールドカップ」を国内全域に持ち込んだノウハウとメディアを転用し、「ラヤール・タンチャップ」というローカルな場の、全国を網羅するナショナルな空間ネットワークへの再編を構想するPERFIKIの新たな取り組みは、「場」と「空間」のいずれもがグローバル化とバーチャル化を免れない今日のインドネシアにおいてひとつの必然なのかもしれない。

　ローカル、ナショナル、グローバルの交差する新たな「ラヤール・タンチャップの空間」を、そのオーディエンスたちはどのような「場」として経験するのだろうか。彼ら・彼女らの意識のスクリーンに映し出される社会変容のプロセスから目が離せない。

23　２０１４年にインドネシア共和国第7代大統領に就任したジョコ・ウィドドは国策の柱として「レフォルシ・メンタル（精神革命）」を提唱。「レフォルマシ（改革）」を掲げた過去16年間の国家改革を実現させるために、まず国民一人一人の意識革命が必要であると説いている。

## 引用文献


Castells, Manuel

1996 *The Rise of the Network Society*. Blackwell.

Dewan Pengurus Pusat PERFIKI (ed.)

1993 *Mengenal Bioskop Keliling Lebih Jauh*. Dewan Pungurus Pusat Persatuan Perusahaan Pertunjukan Film Keliling Indonesia.

2012 Data Organisasi PERFIKI Masa Bakti 2009-2014.

Du Gay, P., S. Hall, L. Janes, H. Mackay, and K. Negus

2013 *Doing Cultural Studies: The Story of the Sony Walkman* (Culture, Media and Identites series). Sage.

ギデンス、アンソニー

１９９３『近代とはいかなる時代か――モダニティの帰結』松尾精文、小幡正敏訳、両立書房。

ロス、カレン、バージニア・ナイチンゲール

２００７『メディアオーディエンスとは何か』児島和人他訳、新曜社。

マクルーハン、マーシャル

１９８７『メディア論』栗原裕他訳、みすず書房。

メイロウィッツ、ジョシュア

２００３『場所感の喪失――電子メディアが社会的行動に及ぼす影響 上』安川一他訳、新曜社。

Pudjiasmanto

1994 *Layar Tancap: Membagi Kebahagiaan*. PT. Tito Film.

セルトー、ミシェル・ド

１９８７『日常的実践のポイエティーク』山田登世子訳、国文社。

吉見俊哉
2003『カルチュラル・ターン、文化の政治学へ』人文書院。

Sutton, R. Anderson
1996 Interpreting Electrinic Sound Techology in the Contemporary Javanese Soundscape. *Ethnomusicology* 4(2):249-268.

Van Heeren, Katinka
2012 *Contemporary Indonesian Film: Spirits of Reform and Goasts from the Past.* KITLV Press.

（雑誌・新聞記事など）

Adam Malik Dukung Konsep Bioskop Keliling. *Kompas*, 12 Juli 1978.

Astra Motor Jayapura Hadirkan Honda Cinema di 4 Kota. *Cendrawasih Pos*, 25 Februari 2000.

Nostargia Layar Tancap, Kacang Rebus dan Hujan. *Kompas*, 20 Agustus, 2006.

Pemkot Kembalikan Ruang Public yang Terampas. *Kompas*, 6 Agustus 2008.

Kineform Misbar 2014 Mendekatkan Film ke Masyarakat. *Kompas*, 12 Desember 2014.

Pemutaran Film Layar Tancap Sasar Daerah Terpencil. *Kompas*,10 Oktober 2015.

Republik Layar Tancap. *Kompas*, 5 Feburari 2017.

http://68mobile.blogspot.jp/

Column 14

# 東南アジア映画で増す、韓国CJグループの影響

坂川直也

最近、東南アジア映画でも、韓国のCJエンタテインメントのロゴを見かける機会が増えた。フィリピンの新鋭監督ミカイル・レッドによる『バードショット』(2016)でCJのロゴを観掛けた時、「ついに、フィリピンまで」と驚いたほどだ。

CJエンタテインメントは、韓国の企業グループ、CJグループ傘下のエンターテイメント事業を担う企業である。CJグループは傘下にシネマコンプレックスの企業CJ CGVを持っていて、CJは映画製作のみならず、シネコンの双方から東南アジアに展開している。CJ CGVが東南アジアでもっとも成功している国がベトナムだ。CJ CGVベトナム有限会社(CGVベトナム)の2016年業績は売上高1兆8230億VND(約92億円)で、昨年度から利益3倍増である。2016年末時点でCGVベトナムは38のシネコン、247のスクリーンを展開し、ベトナムの映画館市場シェアの43%を握っている。また、CJ CGVは2014年からインドネシアにも進出、2015年からCGVブリッツを展開している。CGVブリッツはインドネシアに22のシネコン、175のスクリーンを所有し、2020年までに88のシネコン、600のスクリーンに拡張する目標を掲げている。

CJエンタテインメントは、東南アジアのCJ CGVのシネコンに多くの観客を呼び込める、ヒット作を製作するために、地元の映画製作会社との合作を積極的に行っている。その代名詞が大ヒット韓国映画『怪しい彼女』(2014)のリメイクプロジェクトだ。2015年に中国版、同年末にベトナム版も製作され、当時、ベトナム映画歴代興行記録1位の大ヒットをした。そして、2016年に日本版、タイ版、2017年にインドネシア版も製作された。さらに、『怪しい彼女』に続き、韓国映画『サニー 永遠の仲間たち』(2011)の日本・ベトナム・米国版製作も新たに始まっている。

CJエンタテインメントが一昔前の韓流と違う点は、国籍を問わず、才能ある映画人に機会を与え、韓国第一主義から脱却し

つつある点だ。たとえば、ベトナムでは、日本の落合賢監督による『サイゴン・ボディガード』（２０１６）を制作。韓国ではなく、インドネシアン・ホラーの金字塔『夜霧のジョギジョギモンスター』（１９８０）のリメイク『悪魔の奴隷』をジョコ・アンワル監督と組んで制作し、２０１７年度インドネシア映画で最大のヒット作となった。ＣＪは東南アジアで着々と影響力を増している。つまり、東南アジア映画の世界では、クールジャパンではなくホットコリアの時代なのだ。

写真１　『サニー 永遠の仲間たち』
ベトナム版のポスター

写真２　『悪魔の奴隷』新旧ポスター

Column 15

# ステージからモスクへ？

金悠進

「最近ミュージシャンがイスラームに傾倒しているらしい」

現地調査の度にインドネシアの友人から聞いてはいたが、にわかには信じられなかった。友人の誘いもあり、礼拝を見学するためモスク（イスラーム教の礼拝所）へ同行した。

モスクは十分に広大だが、多くのイスラーム教徒で埋め尽くされている。熱心なイスラーム教徒の増加を肌で感じた。前方で弱冠35歳の説教師がイスラームの教えを説いている。時折冗談を交えリラックスした雰囲気である。目の前に座った20代と見られる若い男性は、メッシュキャップにネルシャツ、黒のスキニーデニムにスニーカーとスケーター風のストリートファッションである。よく見ると彼の背中には、「真の男はモスクで5回礼拝する（Real Man Shalat 5 Times At Masjeed）」と、しっかりとイスラームへの敬虔な信仰心を刻み込んでいる。そして、彼のあご髭はたくましい。

近年インドネシアでは社会のイスラーム化に伴いムスリマ（イスラーム教徒の女性）のヴェール着用が増加している。男性もイスラーム服を着用するが、特に都市部の若い中間層は西洋的なファッションにイスラームの信仰心をクールにデザインしているようだ。街中ではアラビア文字をデザインしたTシャツも販売されている。

モスクの周りを見渡すと、特段さしたる装飾が無いものの、「シフト（Shift）」と書かれた巨大な横断幕が一つ掲げられていた。「シフト（＝転向）」とはバンドンの若者が中心につくったイスラーム主義団体で、別名「若者のヒジュラ（聖遷）運動」、合言葉は「さあ、モスクへ」。ここには多くの元ミュージシャンが入っているという。私の論文（10章）でも言及した人気メタルバンド、ジュルジ（Jerují）のボーカルは「神の導き（ヒダヤ）」を受けて覚醒し、バンドを脱退した後、音楽活動から一切手を引き、バッソ（肉団子）料理屋を営みながら「シフト」の一員として宗教活動に加わる。このようなミュージシャンのイスラーム化の流れがバンドンに限らず、ジャカルタ、ジョグジャカルタ、スラバヤなど都市部で後を絶たない。なかには音楽をハラム（禁止）と考える急進的なものもいる。音楽界から引退しイスラーム主義化（ヒジュラ）した元ミュージシャンは、仲間をモスクに勧誘し、時に宣教（ダッワ）活動をする。ミュージシャンの「聖地」はライブステージからモスクにシフトしつつある。

写真　「シフト」のウェブサイト（http://pemudahijrah.com/）

Column 16

# アセアンのラーマーヤナ・フェスティバル

平松秀樹

２０１６年の４月20日から24日にかけて、ラッタナコーシン（バンコク）朝２３４周年を祝う記念行事の一環として、アセアン諸国のラーマーヤナ劇が一堂に集うラーマーヤナ・フェスティバルがバンコクにて開催された（ASEAN Plus Ramayana Festival 2016）。参加国は、マレーシア、ブルネイ、ベトナムを除くアセアン諸国とラーマーヤナの発祥の国インドである。オープニングとクロージングでは参加国の演者全員が国立劇場の舞台に勢ぞろいし、共同で一つの出し物を演じている。特徴的なのは、最初の演目で、各国のラーマ王子が勢ぞろいし、みんなで一つの巨大な弓を持ち上げて、アセアンの団結を示すというところである（インドも加わっているが）。最終日の「アヨーディヤーへの凱旋」でも再び勢ぞろいするのであるが、各国のラーマ王子にそれぞれの個性があって大変興味深かった。

最も目を引いたのは、カンボジアのラーマ王子である。女性が演じており、しかも大変小柄で華奢な女性である。[1] 舞台上の立ち位置はインドが筆頭でそのあとは英語のアルファベット順に並ぶので、常にインドの大柄で威風堂々としたラーマ王子の隣に位置していて、極めて対照的であった。演目が終わった後のフィナーレの参加者全員のダンスの時も、大所帯のインドメンバーがはしゃいでのりのりなのに対して、カンボジアは女性のみの少ない参加者で、しっとりとして上品な踊りを披露していた。しかも、カンボジアのラーマ王子は王冠を被らない。忘れてきたのかと余計な心配をしてみたが、いずれの出し物でも被っていなかったので、そういう慣例なのであろう。

1　タイのラッタナコーシン（バンコク）朝初期に宮廷内で女性だけで演じられた舞踊の影響がカンボジアへ伝わったとのこと（元チュラーロンコーン大学、現タイ・ペンクラブ会長トリーシン・ブンカチョーン博士のご教示による）。

個人的には、伝統の人形劇の音楽にあわせて演者の踊りも人形劇風の動きをするミャンマーの出し物が一番好奇心を引いた。軽快なテンポで心地よく、見ていてあきることなく楽しい。伝統舞踊なのに、「キュートでポップ」に感じてしまう。といってフィリピンほどには現代風過ぎて突飛過ぎることもない。ミャンマーのラーマ王子が緑色の大きな仮面をつけているのも新鮮であった。タイの「コーン」は日本語では通常「仮面劇」と訳されるが、ラーマ王子、弟のラック、シーター姫は現在では仮面を被らない。昔は、今のミャンマーあるいは日本古代の伎楽面のように、頭がすっぽり入る仮面を被っていたらしいが。

シンガポールの演技はダンスがメインであった。インド系のシンガポール人が演じていたが、一糸乱れぬといってもいいぐらいの揃った踊りは圧巻であった。フィリピンは、衣装も踊りもコンテンポラリー・ダンスのようであった。あるいはロンドンで「ライオンキング」でも見ているような、極めて現代的なミュージカル仕立てとなっており、今回の出し物全体のなかでは異色であった。伝統芸能として伝承されたラーマーヤナ劇ではなく、あたらしく創出された演劇であろう。

写真　Asean Plus Ramayana（パンフレット表紙）

ラオスは、筆者が見た感じではタイとほぼ同じであるが、タイ人にいわせると着ている衣装が粗末だという指摘があった。そういわれてみると、たしかにタイのように細部まで精巧なつくりとはいえない感じがする衣装である。ラオスで気になったのは、必ず踊りのリズムがおくれる演者が一人いることで、だれかが急病でピンチヒッターとして連れて来られたのであろうかなどと、ここでも余計なことを思ったりもした。ただフィナーレの伝統の踊りの場面では、タイ人の観客にはみな踊り出すほど大うけであった。タイの東北部と共通のリズムなので、観ているほうの身体も勝手に躍動するのであろうか。

インドネシアは、白猿王ハヌマーンの衣装が文字通り猿っぽくて、筆者には初見であり、ハヌマーンのイメージ研究の大いなる参考になった。インド風のハヌマーンともタイ風のハヌマーンとも全く違う。また上半身の肌を露出したラーマ王子が「シートー・シートー」といいながら、シーター姫を求めて観客に語りかけるなど、観客参加型（融合系?）の舞台であったので、観客は喜んでいた。

タイの演技は、見慣れているせいか観客も寝ている人やこっそり携帯をいじりだす人が多かった。王宮で洗練されてきたので、猿軍団の演技以外は優雅なゆっくりとした動きが続き、あくびがでるのもわからないでもないが。

しかし、その行住坐臥《ぎょうじゅうざが》、一挙手一投足の動きに注目してみると、深淵である。その奥深さは、能の深淵さ幽玄さにも通じるものがある。演者の一挙手一投足の動きそれぞれに何年もの修行が必要であり、かつ、それを理解するための、こちらの鑑賞眼が試される。タイの仮面劇を歌舞伎と比す者もいるが、江戸時代の庶民が十分堪能できた歌舞伎などとちがい、正鵠《せいこく》を得ているとはいえない。とはいえ筆者は、まだ道浅く、鑑賞の修行が全く足りていないので、目に見えるもの以上の意味を読み取ることはできない。演目を何度も見たことがあるせいか、あるいはその日の早朝に日本からの便で到着したばかりのせいか、気が付けば、となりの観客と同じく迂闊にもうとうとしてしまっていた。その深淵さの理解に到達するチャンスは、果たして今生において来るだろうか。

ラーマーヤナ演劇は、大陸部ではアンコール陥落後にカンボジアからタイへ、アユタヤ陥落後にタイからミャンマーへと、人の移動とともに演劇の技巧が伝わったとされ、それぞれの国で舞台芸術としての様式を洗練させていった。大陸部でも島嶼《とうしょ》部でも、過去の歴史の確執とは関係なく、現在、アセアンに共通する誇るべき伝統文化としてのラーマーヤナ物語があり、少なくとも団結し理解しあえる共通の文化基盤たるものが存在するというのは、幸運ではないかと筆者は感じた。

Column 17

# 変化する各地のカプ・ルー

馬場雄司

メコン川流域には、笛などの伴奏に合わせて男女掛け合いの形式で歌を唱う者たちがみられる。よく知られているのが、東北タイからラオスにかけて居住するラオの人々の文化とされるモーラムであるが、北部タイにも、チャーンソーと呼ばれる歌師が存在する。モーラムはケーン（笙）の伴奏により、チャーンソーは、ピー（横笛）とスン（弦楽器）などの伴奏により歌うが、これらは近年、ベース、ドラムやダンスが伴う新たなスタイルでも演じられるようになった（モーラムについては本書平田論文参照）。

写真１　チャーンカプ（雲南西双版納）

筆者が第３章でとりあげた中国雲南省からタイ北部にかけて居住するタイ・ルーの人々の中でも、チャーンカプという歌師が儀礼などの場で活動してきた。チャーンカプは扇で顔を隠して、ピー（横笛）の伴奏で歌い、彼らの歌はカプ・ルーと呼ばれる。彼らが新築儀礼や結婚式で歌う姿はタイ・ルーの本拠地シプソーンパンナー（中国雲南省西双版納タイ族自治州）の風物詩としても知られてきた。

こうしたスタイルのカプ・ルーはシプソーンパンナーにおいても、近年大きく変化をとげている。モーラムやチャーンソーのように、電子楽器を交えたものはみかけないが、歌い手自身がＶｉｄｅｏ　ＣＤを作製し、雲南からミャンマー、タイに至るルートで売られるようになった。筆者が２００４年にシプソーンパンナーを訪れた際には、すでに中国「辺境」においても村内で用いられるようになっていた携帯電話で、チャーンピー（笛の吹き手）とチャーンカプ（歌い手）が連絡を取り合い、歌う為に招かれた儀礼の場で落合う姿があった。そして、儀礼での歌が終わってのち、チャーンカプはおもむろに自分のVideo CDを取り出し、周りに集まっている人々に売り始めた。冷戦後、国境は開かれ、「辺境」は外部への窓口となったのである。

シプソーンパンナーでは、カプ・ルーはタイ族文化の代表的なものとして、テレビ番組の中でもしばしば取り上げられ、官製のVCDも発売されている。カプ・ルーを文化として保存する組織も存在している。公的な文化保護政策と市場と関わる芸能者の意図は微妙にズレをもちつつその存在を保つことにつながっている。

タイ北部にも主に200年程前に、当時の戦乱でシプソーンパンナーから移住したタイ・ルーの人々が多くの県にまたがって居住しており、全国タイ・ルー協会によってそのつながりや文化復興の試みが行われている。しかし、カプ・ルーを組織的に保護しようという大きな試みはみられず、第3章で述べたナーン県N村の例のように、ナーンのタイ・ルーの趨勢《すうせい》としては衰退の方向にある。しかしながら、カプ・ルーは何らかの形でタイ・ルーの文化の象徴と考えられてもいる。ナーンのタイ・ルーの儀礼ではチャーンカプは消滅したが、BGMとして、シプソーンパンナーのカプ・ルーの録音が流されている。その一方、チェンマイ県ドーイサケット郡のタイ・ルー村落のように、村人たちがカプ・ルーを復興するために自分たちが学び、小学生にも教える活動が行われているところもある。さらに、この村では、ギターを交えたタイ・ルー・フォークソングも作られるなど、新しい動きもある。

写真2　タイ・ルー・フォークソング（ポスター）

YouTubeにも、様々なスタイルのカプ・ルーが現われるようになった。伝統的スタイルのものもあれば、ポップなアレンジのバックミュージックで踊りながら、伝統的な歌い出しの決まり文句「ナー・バッデオ・ワンニー（今日、この時）」から始まる歌を歌う、新たなスタイルのものも見られる。ラオス北部に移住したタイ・ルーの人々のものである。タイ・ルーの本拠地シプソーンパンナーでは、文化大革命で衰退した仏教の復興の中心になってきた寺院の僧侶や、タイやミャンマー・シャン州で出家経験を持つ者が、90年代からタイ・ルー・ポップスのバンドの創設に関わり、タイのポップスをタイ・ルー語に翻訳演奏するなど、新たな動きもある。広い意味での、カプ・ルーの新展開である。

Column 18

# スマホは複数持ち

井上さゆり

写真1　スマートフォンが普及し始めた頃。機能を確認し合う若者（2013年9月3日筆者撮影）

2014年前後からミャンマーにおいて携帯電話が急激に普及し始めた。多くの人がガラケーを経ずに一気にスマートフォンを利用し始めた。それ以前は自宅に固定電話を引いていない人も多かった。筆者が電話をかける際には、電話のある近所の家に電話をして呼び出してもらっていた。筆者が留学していた2000年頃、携帯電話の権利を取得するためには3000米ドルかかると聞いていた。もちろん携帯電話も固定電話も持たない留学生活だった。寮母さんの部屋に1台だけある電話で国内通話のみできた。その後2011年～13年頃に固定電話を引く家が増え、携帯電話も普及し始めた。

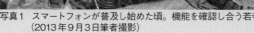

現在、ミャンマーでは携帯端末は数千円程度から手に入り、スマートフォンも1万円前後で手に入る。SIMカードは100円ほどで、料金はプリペイドカードで支払う。インターネット接続もパソコンよりスマートフォンでの接続の方が普及しており、フェイスブックなどのSNSを使ってメッセージや画像、動画などを送り合う。

筆者が20年来お世話になっている70代半ばの先生の携帯電話にある時連絡をすると、「今ムドンに来ていてサイカー（自転車の横に座席をつけた自転車タクシー）に乗っているから後で」と言われた。つくづく時代が変わったと思った。筆者が現地でタクシーに乗っていた時にも、どの運転手もひっきりなしに携帯電話を受けたりかけたりしている。ある時は、タクシーの運転手が奥さんらしき人に電話をかけ「今夜のおかずは何だ？　豚肉？　俺が豚肉を食べないってことがまだ分からないのか」などと話していた。このように特別な用事がなくても頻繁に電話をしあう風景をよく見るようになった。日常の密接な人間関係が携帯電話の世界にも持ち込まれた感じである。

気になるのは、携帯電話、特にスマートフォンを何台も持ち歩いている人が多いことである。2台持っている人はざらである。スマートフォン番号を聞くといくつも教えてくれ、どれにかけても出るという。スマートフォンを複数持つ理由を尋ねると、SIMカードごとにヤンゴンでよく繋がるもの、地方でよく繋がるものなどがあるため、端末ごとに別会社のSIMカードを入れて使い分けているという。「ということは地方によく行くのか」と聞くと「滅多に行かない」と言われる。

知人の年配の男性にスマートフォンを6台持ち歩いている人がいる。その方に訳を尋ねてようやくすっきりした。「興味があるから」。スマートフォンというツール自体が面白くて買ったという人が一番多いのではないかと思う。

筆者がお世話になっているマンダレーの先生の自宅にも2012年に固定電話が設置された。現在先生はガラケー1台、スマートフォンも1台持っている。ガラケーは住んでいる地区で配給があった、スマートフォンは子供たちが買ってくれたとのことである。先生は早朝に市場に行く以外はほとんど外出しない。自宅の固定電話が置かれた台の上に携帯電話とスマートフォンを二つとも置いたままで、どの電話にかけても出てくれる。最近では固定電話の調子が悪いので、筆者が電話をする際にはスマートフォンにかけることが多くなった。このように電話を複数持つメリットはある。

写真2　スマートフォンが普及。サインワインの練習でスマートフォンで録った録音を確認中（2014年9月6日筆者撮影）

Column 19

# IT化が進む農村社会

馬場雄司

第3章でもとりあげたナーン県ターワンパー郡のN村は、筆者が30年近く通い続けてきたタイ系民族の一つタイ・ルーの人々の村落であるが、とりわけ90年代に進められた開発により大きく社会が変貌した。その変貌の一つに、コミュニケーションの手段がある。

筆者が初めて訪れた1990年時点では、この村の人々と連絡をとるためには、手紙の他、郡の電話局に電話をし、電話局の人が村人にメッセージを届け、村人がまた折り返し電話局から電話をかけるという手続きで進められ、なかなか連絡がつきにくかった。1993年には村内に電話局ができ、1995年には村内に電話ボックスができ（1年間電話機なしのただの「ボックス」であったが）、並行して、固定電話も普及しはじめた。しかし、そうこうしているうちに、90年代後半には、携帯電話の方が普及し、寺院にパソコンが設置され、寺院とはメールのやりとりができるようになった。今世紀になると、一般の村人も携帯電話を使うのが当たり前となり、最近では、寺院の境内でフリーWi-Fiが使用でき、また、多くの村人が、スマホでフェイスブックに興じている。フェイスブックにはN村の公式ページも設けられ、様々な行事がそこで紹介されるようになった。また、村の女性たちが、フェイスブック上で、タイ・ルー語で会話を行う様子もうかがわれる。

筆者もこの村の村人から多くの友達リクエストをうけ、つながっているが、それは、現在、N村に居住している人ばかりではない。他県、特にバンコクに仕事などで移住した人々も含まれ、筆者の記憶にない人々も含まれている。両親とともにバンコクに移住した女子学生から、ある日、友達リクエストが来た。筆者は母親とはわずかに面識があるが、その娘とは会ったことがない。日本語を勉強しているらしく、日本語で「日本に留学したい、でも行きたい大学に問題があるみたいですが、大丈夫ですか」などといったメッセージをもらったこともある。バンコクに移住した村人から日本語でフェイスブックのメッセージをもらうような現状におののいている。

公式ページをフェイスブック上にもつ村は多い。村の文化資源のアピールは、SNSの世界にまで広がり、文化復興・文化保存にも一役買うようになったのである。こうした新たな手段で、次世代の伝統文化への関心を惹くことも期待されている。村の公式ページと村人の利用目的はそれぞれである。村人は好奇心をかき立てられつつ離れた親族・友人たちとネットワークを築く新たな手段を獲得している。そしてそれは海外にもつながる。それは村のつながりとは別のつながりを紡ぎ出すのか、その行方は定かではない。

また、村のイベントをスマホで動画撮影する村人達の姿もよくみかけるようになった。およそ30年の確かに変化した村の姿がそこにある。

写真　村のイベント動画をスマホで撮影する村人

Column 20

# 「ラテ風味」のイワン・ファルス

## ――インドネシアのカリスマプロテストソングシンガーの現在

竹下愛

近年、インドネシアでは「カフェ文化」が花盛りだ。「スターバックス」に始まる欧米発コーヒーショップの国内でのフランチャイズ拡大に加え、コーヒー豆産出国ならではのローカル性をエキゾチックに打ち出すエコ・フレンドリーなカフェなどが登場し、Wi-Fiも無料で使えるクールなスポットとして若者世代の憧れの場所となっている。

写真1　往年のイワン・ファルス

「トップ・コーヒー」は、そのような「カフェブーム」のさなかに登場したインスタントコーヒーの新ブランドである。そして、そのイメージキャラクターはイワン・ファルス。「インドネシアのボブ・ディラン」の異名を持つシンガーソングライターだ。なるほど、80年代の初めから現在に至るまでインドネシア全土の若者たちの間で伝説的な人気を誇り、2004年には米国『タイム』誌の選ぶ「アジアン・ヒーロー」として同誌の表紙も飾ったイワンは、「ローカルかつグローバル」ないまどきの「カフェ気分」にふさわしいカリスマとして起用されたのだろう。もっともイワンの「カリスマ性」は、「カフェ」に代表される消費文化そのものがインドネシアではまだもの珍しかった時代に根拠を持つ。スハルト政権下にストリート

写真2 トップ・コーヒー広告のイワン・ファルス

ミュージシャンとして活動を始めたイワンは、失業中の若者や新聞売りの少年、場末の売春婦など、社会の底辺に生きる人々の悲哀をリアルに歌い上げ、同時に「開発」を旗印に私腹を肥やす為政者や取り巻きの実業家たちを痛烈に批判した。そして、そうしたイワンのプロテストソングの数々は、長髪にヒゲづらの見るからに革命家然とした当時のイワンの風貌をアイコンに、スハルトの開発独裁政権崩壊から20年が過ぎる現在もなおグラスルーツの若者たちの間では圧倒的な人気を保っている。親世代から聴き覚えた往年のイワンの歌の数々を、ようやく手に入れた携帯電話に無料でダウンロードして聴いている彼らの多くもまた、若さを使い捨てられるグローバル産業の飽和した労働力として不安定な日々を送っているからだろう。

しかしながら、「トップ・コーヒー」のCMに登場するすでに60代手前にさしかかった現在のイワンにはかつての面影は微塵もない。すっかり白くなった髪の毛を短く切り揃え、ソファに腰かけて満足げにカップをすすり、「なんというクラス感……」と称賛する恰幅の良いイワンはさながら悠々自適な老後を送る退役軍人のようでもある。さらに別のCMでは、初老のイワンはモダンな造りの部屋の中で若者たちに囲まれている。およそイワンのプロテストソングは聴いたこともなさそうなこぎれいでファッショナブルな若者たちのひとりが彼に差し出すのは、若者向けの新製品「トップ・コーヒー・ラテ風味」だ。「オジサンが若かったころのミルクコーヒーにはかなうまい」。そう呟いてカップを受け取るイワン。彼の記憶がモノクロでよみがえる——往年のイワンの歌には、しばしば「グラス一杯のコーヒー」が登場する。それは庶民のオアシスである「クダイ・コピ（コーヒー屋台、コーヒースタンド）」ではおなじみの、水もお茶も兼用の粗末なグラスで供される粉コーヒーだ。そうした「クダイ・コピ」にあって練乳がたっぷり入った「コピ・スス（ミルクコーヒー）」は、かつては「ロティ・バカール（トースト）」とならんで「欧米」を感じさせる特別なアイテムであり、誰かがそれを注文しようものなら、「目が青くなるぞ」などとやっかみ半分にからかうのがお約束であった——ところが、くだんのCMで「イワンおじさんの記憶」が展開する場所は「クダイ・コピ」ではなく、今どきのモールの片隅にもありそうな「レトロ」で「ビンテージ」風な店構えの「カフェ」なのだ。カウンターでは「バリスタ」が、ソーサー付きの豪奢なカップにポットでなみなみと練乳を注ぎ入れる。

あのころのイワンはどこに行ってしまったのだろう、ふとそんな思いがよぎる。だが、きっと、イワンも必死なのだ――無料のダウンロードや動画サイトの登場で音楽業界の衰退が叫ばれて久しい。リスナーやファンの増加は必ずしもミュージシャンに収益をもたらさなくなったのだ。だったら、ちゃんと「売れるもの」を売るしかないではないか。

デジタルメディアの拡散は、あらゆる階層の人々が等しく手軽に情報にアクセスすることを可能にした。それと同時に消費文化のイデオロギーもまた、階層を超えて若者たちの意識に浸透し、「カフェ的」なイメージ消費の世界へと誘導を繰り返す。

そう、きっとイワンは誰よりも知っているのだ。「カフェ」にはあまり行けない今どきのイワンの若いリスナーたちが、せめてもの「カフェ気分」を味わうために相変わらず粗末なグラスに溶かしてすすっているのが、今も無数にある「クダイ・コピ」に、数珠つなぎにぶら下げられた「トップ・コーヒー・ラテ風味」の分包なのだということを。

写真3　クダイ・コピ（コーヒースタンド）

現地レポート

# 東南アジアのトコ・カセット（カセット店 toko.kaset）訪問記

丸橋基

Vol. 1

思い返せばこの30年、インドネシアやアジアで聴いたラジオやカセット店から流れる曲が忘れられず始めた、現地で音源を仕入れて売るという単純な仕事が現在も僕の仕事だ。今もYouTubeなどは殆どみず、現地で情報を集めCD、テープそしてレコードを探して聴いて「これかな？」なんていいかげんな仕事を続けている。そんな研究という感覚から程遠い僕に福岡まどか先生からコラムの依頼が来た。改めて考えてみてその土地の音源屋さんが、僕にとってとても重要な学校であり仕事場であることに気づき、アジアの音楽そのものの事より（もちろん一番重要ですが）コラムとして書けることはこれかなと、今回２０１７年４月にホーチミン、バンコク、ジャカルタへと買い付けに行く仕事に足していつも通ってきたジャカルタのお店やレーベルの代表者に歴史や現状、これからの事などを現地の音源屋さんに簡単に聞いてきた。専門的なことはわからないが、なんとなくその場の空気感が伝わればというコラムなので、レコード屋のオヤジとだべる感じで気軽にお読みください。まずは導入編から！

僕が初めて東南アジアを旅したのは22歳。今から36年前、友人と訪れたミャンマーだった。当時は欧米音楽好きの僕の旅の目的にアジア音楽はなかった。それでもテープ屋さんには行き、何故かそのシステムに興味がわいた。店がレコード会社からマスターテープを預かり、客が高級な日本製か安物の生テープを選びダビングして購入、印刷したジャケットは別売で、殆どの客は曲名をタイプで打ってもらうという、日本人には不思議な購入システムだ。店はダビングの本数分を会社に支払うというシステムだったように記憶している。貧乏旅行だったのでテープは買わず、その後街で知り合ったイスラム教徒のミャンマー人に映画館で見かけた看板の映画のサントラ盤をダビングテープで貰った。後で調べたらなんとインド映画で、当時ミャンマーでもヒットしたらしい『クルバニ(Qurbani)』(1980/監督 フェロズ・カーン/音楽 ビドウ)(**写真1**)の音楽で(ミャンマーでインド映画が普通にヒットしていたとは!)歌はパキスタン出身のナジア・ハッサン、インド風ディスコ音楽でもちろんミャンマーらしさは全くない。後ほど知り合った大連生まれの中国人に「大連でも子供の頃インド映画がよくかかっていた」と聞いてインド映画の広がり方にビックリ。その後色んな国でインド映画を見ることになった。

## Vol.2

僕が初めてジャカルタを訪ねることになったきっかけは1枚のレコードだった。前述のミャンマーに一緒に行った友人は当時中古レコード店の店長をしていて、彼とその店のオーナーから直接アジアからカセットを買い付けて販売する店を一緒にやらないかという誘いに乗り、まずどこへ? すぐにジャカルタへ! と決定した。その理由の一つが**写真2**のレコード『snakeman show/死ぬのは嫌だ、恐い。戦争反対』だ。このリアルでコミカルな作品の収録曲には、バリのガムランやホルガー・シューカイの名曲などがあり、そのなかでも不思議なアジアの哀愁を醸し出していた『ブンガ・ダーリア(Bunga dahlia)』(歌 スーディア)というインドネシアの曲に僕はなぜか魅了された。そんな感じの曲を求めて1983年ジャカルタへ飛んだ。1日の活動費を宿泊含め2000円! に決めると、自然と宿はJl.Jaksaの500円宿へ。この安宿通りジャクサからほど近いJl.Agus Salimに今も存在している店が老舗ドゥタ・スアラ(Duta Suara)だ。80年代は何度もこの店に通い1回に300本以上のテープを仕入れていたものだ。奥行きのある大きな店で真ん中に島状にテーブルがあり、記憶では15台近い数のテープデッキが置かれ老若男女がテープを何本も重ねて視聴していた。当時店はいつも混んでいて現在のように空いていることはなかった。現在はもちろんCDがメインだ。90年代まで筋向かいにもデルタ(Delta)という店があったが今はない。

写真1　インド映画OSTのCD/QURBANI(music india/CDF009)

写真2　snakeman show/死ぬのは嫌だ、恐い。戦争反対

写真3　CD : Duta Suara / V.A. / In celebration of duta suara's 45th musical anniversary

２０１７年に開店45周年記念アルバム（**写真３**）をsony music entertainment indonesiaと共同プロデュースした、そんな老舗の2代目ダニエル・スハルジャン氏に話を聞いた。

**話：ダニエル氏（２０１７／４／27談）**

元々の場所はこの店の数軒横にあるカフェの所で１９７０年にオープン、１９８０年（**写真４**）に今の場所に移転した。父は店を始める前は露天商で下着を売ってお金を貯めて、３人の友人と共同経営で店を始めたんだ。

70年代はレコードからカセットに移行した時代で店を始める前から売れることは予想していたらしく、実際70年代中頃から80年代は好調で、86年までは店の2階に住んでいたけど家を買って移り住んだよ。70年代は店でテープをダビングして売っていたこともあったけど、80年代はレーベルから直接仕入れるようなった。貴方が初めて来た83年頃は1階だけだったけど、86年に2階を開けてその後ＣＤとＤＶＤを置いた。

80年代初めは海外物が良く売れたけど後半には国内物も売れだした。ダンドゥット（インドネシア歌謡の1ジャンル）はエルフィ・スカエシやロマ・イラマに関しては90年代も良く売れたよ。全体的にはＰＯＰなものが売れたね。欧米物ではマイケル・ジャクソン、国内物ならティティ・ＤＪやメメスといったAQUARIUS、MUSICAやINDO SEMAR社の物がよく売れた。

僕自身は96年から２０００年までオーストラリアで高校に通っていたんだけど、父が２０００年に倒れて店を継いで17年になる。実際ここ数年ＣＤ販売はダウンロードに押されて売れていないし、以前14軒あった店も今はこの本店（**写真５**）だけになったけど、今レコードがブームになっているようにＣＤやカセットも、また戻ってくると

写真４　1980年のドゥタ・スアラ店舗写真

写真５　現在のドゥタ・スアラ　(jl.Haji.Agus.Salim no.26A)

思っている。カフェなんかも経営してるけど、やっぱり父が始めたこの仕事は続けるよ。

## Vol.3

日本では80～90年代の中頃までは、僕が勤めていた店をはじめ、東京や大阪の輸入盤専門店やWAVEといった大型店でも、インドネシア、タイやマレーシアのPOPSはカセットが中心的に流通していて実際よく売れた。一度の買い付けの量も多いときは1000本近くに増え、その頃は、ジャカルタ北部グロドックの卸売店でもっぱら仕入れるようになった。しかし1998年の暴動でほとんどすべての卸売店が焼かれてなくなった。レコードに関しては1980～90年代、全くと言って良いほど仕入れ販売をする事はなく、もっぱら個人的な趣味として、コレクターには有名な骨董屋通りのスラバヤ通りjl.surabayaへ買いに行っていた。2000年に独立した頃から徐々にカセット以前の60～70年代のレコードに興味が出てきて、自然と自分の店plantationでも中古のレコードを置くようになった。

スラバヤ通りには今も数軒の中古レコード&カセット店があり中でも2代目リアン氏の店は古くから多くのミュージシャンや音楽好きに有名な老舗だ。そんな氏に昔話を語ってもらった。

**話：リアン氏（2017／4／27談）**

父親（アミルディン・ナスション）が店を開けたのが確か1963年頃で同じ通りにあと2軒のレコード店があった。当時はレコードが200ルピア（1960年代後半のレート計算で約200円）位で、買う人も少なく在庫も少なかった（現在では8万ルピア位から高いものは250万ルピアなんてものも。2018年初頭のレートで673円～21000円）。レコードの他にオープンテープのリールなどの音楽に関するもののみ売っていた。

写真6　90年代のジョクジャカルタのカセット店
（写真提供：Dr.チンタ 斎藤浩氏）

僕は1972年小学校5年生の頃から学校帰りに来て店を手伝っていたよ。70年代はカセットの時代でドイツのBASF社のテープにジャケット写真を貼り付けた海賊盤を3本50ルピア位（1970年のレート計算で約50円）で売っていた記憶があるね。コーヒーが50ルピア（現在はインスタントで3000ルピア、カフェだと3万ルピア位から）だから安いね。その頃は電気もなくて家からバッテリーを持ってきてナショナルの小さなテープレコーダーで視聴させてた。商品は行商人から仕入れることも。テント張りで壁も電気もなくて、箱を積んで売って商品は毎日ベチャ（becak／インドネシアの3輪自転車タクシー。現在のジャカルタではほぼ消滅した）で持って帰ってた。客は骨董を探しに観光バスで来る旅行者が多くて外国・国内物混ぜて売ってたね。72年頃からロック、ソウル、ディスコクラシックが売れ出した。

80年代から日本人もたまに来るようになったよ。2003年頃からは外国人がインドネシアの古いPOPSやロックのレコードを買うようになって商売はピークだったね。フィリピン、マレーシア、香港など海外の中古レコードやローカル物もたくさん売れたし。

この長屋形式の建物（**写真7**）は90年代に入ってからジャカルタ市が作って電気も通してくれたんだよ。スラバヤ通りが立ち退きにあうなんて噂もあったけど、ちゃんと登記簿もあってしっかりお金も払っているから大丈夫だ。昔は商売許可のステッカー代を払う程度だったけどね。まあ今はあんまり儲からないけど、親父が始めたこの仕事はこれからも続けていくよ。結婚はしていないけどこの仕事が彼女さ。

写真7　現在のリアン氏の店 リアン・レコード
（Lian record / jl.Surabaya no.56, Menteng Jakarta pusat）

## Vol.4

2013年の年末ジャカルタの音楽好きに震撼が走った。1980～90年代を代表するPOPレーベルの直営店として長く愛されたアクアリウス（Aquarius）の最後の直営店ブロックM地区のマハカム通りの店が営業不振で閉店に追い込まれたのだ。この店の閉店は何度も通った僕もショック受けた。さらに、その後インドネシア最大のチェーン店ディスク・タラ（Disc Tara）全店、ドゥタ・スアラの各モール内支店、ムシック・プラス（Music+）のブロックM店など主なCD店が姿を消し、追い打ちをかけた。そのような状況下で、ここ10年程ジャカルタのPOPシーンをインディーズと中古盤という別の面から支えてきたのが南ジャカルタのブロックMの中心にある庶民派の老舗大型商業施設ブロックM・スクエア（blok.m.square）の地下の一角で中古盤を販売する店達だ。そんな中で、34才で自らインディーズレーベルの運営、そして彼の感覚でセレクトした新譜と中古盤販売と、若者と音楽マニアに対応する店、ワルン・ムシック（WarungMusik）のアグス・スサント氏（**写真8**）に話を聞いた。

**話：アグス氏（2017／4／27談）**

僕は元々コレクターで2000年位から趣味で海外のパンクやメタルといったカセットやレコードを集めていたんだけど、2009年頃からeBayでそれを売り出した。そうしたら海外から古いインドネシアのレコードやカセット、たとえば1960年代後期の女性ロッカーのダラ・プスピタなどの問い合わせがきたんだけど僕は全然知らなくて。それで調べてみたらそれらが凄くカッコよくて古い音源を集めだしたんだ。スラバヤ通り、タマン・プリンの市場、それからバンドンにも行ったよ。最初は自分用に探していたけど、後にインターネットで外国の客に販売したんだ。それが当たってどんどん増えたんだけど、そうしたら他の店も真似して売り出して、今度は海外からの注文のインドネシアの古いレコードを探すのが難しくなってきたんだ。そこで逆に外国からインドネシア人が欲しい海外のレコードを仕入れて売るようにしたんだ。外国から直接やってくる客と交換したりして、現在で

写真8　ワルン・ムシックとアグス・スサント氏（WarungMusik/BLOK M SQUARE lt.basementblok.m B No.161 jakartaselatan）

写真9
アグス氏のMajemuk Record作品

は海外物と国内物の売上比率は半分ずつだ。開店当初インドネシア人が買っていくのは海外物が中心だったけど最近は自国の物を買うようになったよ。ある意味外国人が再発見させてくれた。僕が運営するレーベル、マジュムッ・レコード（Majemuk Record）の作品もすでに24枚の作品を発売して海外でも売れている（前ページ**写真9**）。

最近メジャーなCDを売る大型店やレーベルがクローズしているけど、中古盤店やインディーズ熱は逆に上がっているように思う。リスナーはTVやラジオで聞けたり、ダウンロードで買える物ではなくて、本当に自分達が聴きたい質の高い音楽をインディーズに求めていて、僕たちはそれを敏感に感じて昔の入手困難な音源を発掘したり、メジャーからは出ないユニークな若いアーティストの作品を出す事が、ビジネスとしては小さいけれどインドネシアの音楽シーンを引っ張る力になっていると思うし、これからも絶対になくならないと思うよ。

## Vol.5

ワルン・ムシックのあるブロックMスクエアの東側を出てすぐの所に2016年東京国際映画祭で上映された映画『珈琲哲学（原題：Filosofi kopi）』（2015／インドネシア映画）の舞台となったカフェ、フィロソフィ・コピ（filosofi kopi）が実際に営業している。そんなサブカルチャーな側面と、ある意味インドネシア庶民の主流派の商業施設が混然一体となっているブロックM地域は南ジャカルタの文化の中心的な場所だ。ブロックM地域からファトマワティ通りをさらに南下すると、日本人にしてインドネシア音楽&アートの今昔とジャカルタの若者達をつなぐ（今回のインタビューで通訳も担当してくれた）シュン（syun）氏が中心となって運営するカフェ・モンド（café Mondo **写真11**）が見えてくる。カフェ・モンドを横目に見てさらに南にいった所に最後に話を聞いたデヴィッド・カ

写真11　café Mondo（Rossi Musik Building. 4th FL jl.Fatmawati Raya no.30B Jakarta Selatan）

写真10　blok m squareで購入したCD「The Gang of Harry Roesli/Philosophy Gang（la munai/LMN-102）」1973年の作品の再発盤

ルト氏が運営する、現在インドネシアで最もユニークな活動をしているインディーズレーベルのディメジャース（Demajors 次ページ**写真12、13**）の事務所兼仕事場がある。事務所と呼ぶにはあまりにも心地よくリラックスでき、日本を含めて今まで訪ねた音楽事務所の中で最高の場所だ。2階には、カルト氏の友人デヴィット・タリガン氏が仲間3人と運営する「イラマ・ヌサンタラ（Irama Nusantara）」（貴重なインドネシア大衆音楽のアーカイブと紹介が活動の中心）のスタジオもある。このタリガン氏は、Demajorsの作品の中でも最重要なバンドWhite《ホワイト》 Shoes《シューズ》 &《アンド》 The《ザ》 Couples《カップルズ》 Company《カンパニー》（次ページ**写真14**）のプロデューサーでもある。このDemajorsの事務所は実際毎日夕方になるといろんなアーティスト達が自由に出入りして交流する場にもなっているようだ。そのDemajorsの運営者、カルト氏に夜遅くまで話を聞いた。

## 話：デヴィッド・カルト氏（2017／4／27談）

実際Demajorsを作ったきっかけを話し出すととても長くなる。僕はジャカルタの北部＝コタ地区のマンガ・ブサール通りで中国人の家系に生まれ育ったんだけど、中学1年の頃すでにテープデッキを何台か使ってベストテープを作っていた。毎週土曜日にモバイルディスコってのがあってグロドックの電気屋でミキサーを改造してデッキ2台使って出張パーティーをやってた。その頃僕はガジャマダプラザにあったローラースケートパークのメンバーで、その内にスケートパークのＤＪをやるようになってた。高校生の頃は伝説のＤＪトミーファンズがパサールバルにスタジオを作って、そんな彼に誘われて昼は高校に行って夕方から朝3時までＤＪ修行の毎日。その頃のマンガ・ブサール通りは沢山のディスコが出来て高校3年の頃は何軒もはしごでＤＪをしてた。その後ティファニーという大型ディスコを経てからＴＯＰ10（トップスプル）という店で昼はＤＪス

写真12　Demajors 1

写真13　Demajors 2

クールの先生、夜はDJという生活さ。TOP10はレコードの数が凄くて、ジャカルタにはDJ用のスペシャル盤はなかったからシンガポールへ買い付けに行ってたね。それからインドネシア中でDJをやったよ。そして1990年代に前述のトミーファンズやジャッキー・サプトラといった有名DJがファンコットと呼ばれるコタ地区独特のグルーヴビートのベースを作り出した後、高校の頃から10年間26歳頃まで長年続けたDJどっぷり生活に飽きて僕は南ジャカルタに移ったんだ。

そこでDJ時代に培ったノウハウやツテで「コンテナ」を積み上げたレコード店を始めたんだ。それがDemajorsの始まりだ。2000年頃だね。最初は5人で1人1万円の資本金=5万円で始めたんだ。後に人気バンドSore《ソーレ》で活躍するメンバーもいたよ。時代は完全にCDになってたな。そして2003年コンテナの店にSOVA《ソーファ》という2人のアーティストがやってきて彼らの作品が最初のリリースとなった。それからソウルやJAZZを吸収したメジャーではリリースしないインドネシア独特のPOPSを出すようになったんだ。2004年には確か1000枚単位でディスク・タラやアクアリウスといったお店に卸していたね。そして2007年にインドネシア・インディーズの伝説の1枚EfekRumahKaca《エフェックルマーカチャ》のデビュー作が同じ頃若者に影響を与えていたレーベル、アクサラ(Aksara)で出て、完全にインディーズの時代が到来した。

それからインディーズの時代が続いているけど、確実にCDの売り上げは落ちてきている。確かにメジャーのビジネスはダウンロードやリングトーン(携帯電話の着信音)の販売に向いているよ。でもそれは僕たちがやりたい事とは違うし、すでに古いような気がする。インドネシア・インディーズのリスナーは音楽の質を求めているし、僕らはスピリチュアルな音を提供したいんだ。そういう意味ではダウンロードやMP3の向こうには良い音質でスピリチュアルな音楽を求めるリスナーが実は待っているんだ。誰も2秒や3秒の曲じゃ満足できないしね。

写真14
White Shoes & The Couples Company
Album Vakansi

追記:文中のDemajorsの事務所は2017年12月に移転しました。
インタビュー通訳協力:泉本俊介氏(café Mondo)

# あとがき

福岡正太

この論文集は、２０１３年10月から２０１６年３月まで国立民族学博物館にて行われた共同研究「東南アジアのポピュラーカルチャー――アイデンティティ・国家・グローバル化」の成果をまとめたものである。

以下に研究会の開催記録と発表内容を記す。

第１回　２０１３年11月２日(土)
福岡まどか「東南アジアのポピュラーカルチャー研究にむけて」
各メンバーより　研究テーマの紹介と展望

第２回　２０１４年２月22日(土)　14：00－18：00
福岡まどか「研究成果のテーマ設定検討と今後の予定」
福岡まどか「インドネシアのコミックにおけるジェンダー表現」
小池誠「インドネシア映画における宗教と結婚をめぐる葛藤」

第3回　2014年7月5日(土)　14:00-18:00
竹下愛「巡回野外映画上映会「ラヤール・タンチャップ」の現在」
コメント　コメンテーター　福岡正太
丸橋基「インドネシアにおける1960年代の録音資料紹介——ロカナンタの資料を中心に」
総合討論

第4回　2014年10月11日(土)　14:00-18:00
井上さゆり「ビルマの近現代歌謡と現代の演奏」
馬場雄司「メコンの歌師の現代的展開と『伝統』へのこだわり」
総合討論

第5回　2014年11月24日(祝・月)　13:00-17:00
津村文彦「妖しげなるものの姿——タイのピー表象を手がかりに」
山本博之「マレーシア映画に見る混成性と境界性」
総合討論

第6回　2015年2月21日(土)・2月22日(日)
坂川直也「ベトナム映画のニューウェーブ(新潮流)——B級映画都市サイゴン復活以後」
竹村嘉晃「〈インド舞踊〉は国家と踊る——シンガポールにおける文化・芸術政策とインド芸能の発展」
篠崎香織「東南アジアにおける大衆文化の担い手としての華人——秩序転換に揺れた100年」
平田晶子「グローバル化するタイ東北地方音楽モーラム——聴かせる・魅せる・繋がる」

第7回　２０１５年7月11日(土) 13：30－17：30
福岡まどか「アイデンティティと身体表象を考える――インドネシアにおける異性装の事例から」
ウィンダ・スチ・プラティウィ「インドネシアの若者におけるコスプレ文化の誕生」
福岡正太「ファッション・デザイナー――インドネシア女性の生き方のモデルとして」

第8回　２０１５年10月24日(土) 14：00－18：30
岡光信子「インド映画の変容と東南アジアにおけるインド映画の受容の一例」
山下博司「インドの文学世界と現代東南アジア――受容・継承・交流をめぐるいくつかの事例に寄せて」

第9回　２０１６年1月9日(土) 13：30－17：30
福岡正太「スンダ音楽の「モダン」の始まり――ラジオと伝統音楽」
平松秀樹「タイのポピュラーカルチャー再考」
総合討論

第10回　２０１６年2月6日(土)・2月7日(日)
福岡まどか「成果発表に向けて　序論：東南アジアのポピュラーカルチャー　構想発表（1）」
鈴木勉「シネマラヤの10年――映画を通した自画像の再構築」
各メンバーによる執筆論文の構想発表（1）
盛田茂「映画をとおしてみるシンガポールの現代社会――『シンガポールの光と影――この国の映画監督たち』紹介」

第11回　２０１６年8月6日(土)13：00－18：00
福岡まどか「成果発表に向けて　序論：東南アジアのポピュラーカルチャー　構想発表(2)」
各メンバーによる執筆論文の構想発表(2)
見市建「インドネシアにおける大衆文化　イスラームと地方首長の『キャラ立ち』」
総合討論

第12回　２０１７年2月26日(日)13：00－18：00
福岡まどか「成果発表に向けて　序論：東南アジアのポピュラーカルチャー」
各メンバーによる執筆論文の内容発表
池田茂樹(スタイルノート)「東南アジアのポピュラーカルチャー研究に関する芸術・音楽の側面からの考察」
総合討論

以上の12回の研究会のうち、第6回の竹村嘉晃氏と篠崎香織氏と平田晶子氏、第7回のウィンダ・スチ・プラティウィ氏、第8回の岡光信子氏、山下博司氏、第10回の鈴木勉氏、盛田茂氏、第11回の見市建氏には外部講師としてのご発表を引き受けていただいた。また、メンバーの寺田吉孝氏と京都大学大学院生の金悠進氏には議論を深めるのに貢献していただいた。なお、第6回の坂川直也氏には２０１６年度からコアメンバーとして研究会に参加をいただき、論考を執筆していただいた。鈴木氏、盛田氏、平田氏、金氏にも論考をご執筆いただき、ウィンダ氏と竹村氏にはコラムをご執筆いただいた。すべての方に論考の執筆をお願いすることはかなわなかったが、研究会での議論を通して新たな知見を得ることができた。ここに記して皆様に深く感謝を申し上げたい。

私たち研究会のメンバーが東南アジアとつきあうようになってからも、私たちと東南アジアの関係は大きく変化してきた。私たちにとってグローバリゼーションは議論の上での概念であると同時に、東南アジアとの関わりにおいて、日々、様々な出来事を通して実感してきた現象である。そしてポピュラーカルチャーが急速にそして大きく発展するのを目の当たりにしてきた。

その急速な変化は東南アジアだけで起こったものではなく、日本の社会で起こった変化とも連動していた。私たちは、技術の進展や新しいメディアの誕生をほぼ同時期に経験し、世界で起こる同じ出来事の影響を受けてきた。私たちは同時代を生きる隣人であり、もはや他人事として彼らの文化について語ることはできない。もちろん地政学的な位置の違い、歴史文化的背景の違い、政治経済的状況の違いは、文化的表現に相違をもたらしている。その違いはそれぞれが立つ位置を照らしており、自分たちを振り返り、相互の関係を映しだす鏡でもあると言うことができるだろう。どのようにして東南アジアのポピュラーカルチャーが生み出されるかを知ることは、隣人としての東南アジアの人々を理解し、交流していくための重要な手がかりであると私たちは考えている。

しかし、対象とするポピュラーカルチャーは、茫洋《ぼうよう》としてつかみがたい。マスメディアを通じて多くの人々に消費される文化で、経済成長とともに厚みを増した都市の中間層に支えられて発展してきたものとひとまずとらえることができるだろう。しかし、細かく検討していくと、必ずしもその枠にあてはまるものばかりではない。「都市のおしゃれなポップス」に「田舎のダサいローカル歌謡」のような対比の図式は存在する。しかし、そのどちらもが私たちの関心の対象となっている。ハイカルチャーとの対比でポピュラーカルチャーをとらえることもあるが、ハイカルチャーと思われてきたものも、それを全面的に支えるパトロンがいなくなった今、ポピュラーカルチャー同様、多かれ少なかれマスメディアを通じて商業的な成功を目指さざるを得ない。また、芸術的・古典的なものとポピュラーなものの境界はどんどんあいまいになり、貪欲に発展するポピュラーカルチャーは、それらと対比的にとらえられてきたジャンルの表現も取り込んでいる。ポピュラーカルチャーは、あらゆる層に浸透していく性質をもったものであると言うことができるだろう。

また、どんどん新しいものが生み出され、変化していくこともポピュラーカルチャーの特徴の1つである。多様化と細分化が進み、独自の表現を求めて先鋭化しサブカルチャー化やアンダーグラウンド化するジャンルもでてきて、ごく限られたファンに熱狂的に支持されるようなものも現れている。さらにインターネットの普及とソーシャルメディアの発展により、背景に経済活動は認められるものの、必ずしも商業的な成功を目指さずに、自分を発信することを目的としたコンテンツの作成も目立つようになってきた（より多く稼ぐことを目標としたYouTuberなる職業？ も生まれているようだが）。そこでは表現としてのおもしろさの追求に主眼がおかれ、その成功はクリックの多さによって測られるようになっている。

さらに意識的なコンテンツの制作と受容ばかりでなく、人々の日常生活の端々に、ポピュラーカルチャー的なものが浸透しているのも現代の特徴と言えるだろう。何気なく身につけるもの、日常生活で使うもの、読む雑誌、視聴するテレビ番組など、あらゆる場面に様々な広がりをもつポピュラーカルチャーとの接点がある。雑誌で見たファッションやテレビで見た俳優のしぐさを真似てみるなど、日常のライフスタイルそのものがポピュラーカルチャー化しつつある。そうした場面では、必ずしも「真」「善」「美」などの大げさな価値観ではなく、「カワイイ」や「かっこいい」、「オシャレ」という比較的気軽な価値観で選択がなされることも多い。しかし、そうした小さな選択が大きな流れを形成しブームを引き起こしたりする現象もみられる。

民族や国家を単位とする文化という見方にポピュラーカルチャーの発展をからめとってしまうことはできない。まずは東南アジア各地でめまぐるしく展開するポピュラーカルチャーに目をこらしてみることが必要だ。私たちが研究会を通して発見したことの1つは、そこに新しい文化的表現を生み出す人々の大きなエネルギーがあるということだった。オタク的な関心とも言われるかもしれないが、それらは私たちを惹きつけてやまない魅力をもっている。この本の読者には、まずはこうした東南アジアのポピュラーカルチャーの生き生きとした姿を知っていただきたいと思っている。

多くの研究発表が焦点をあてたことの1つは、取り上げたポピュラーカルチャーにおいて、どのような価値観のぶつかり合いや重なりがみられるかということだった。民族の伝統やナショナリズムあるいは宗教に加えて、エスニシティ、ジェンダー、社会階層、世代などの違い、またカワイイ、かっこいいといった流行まで、様々なレベルの価値観が1つのジャンルの表現において相剋《そうこく》している。そしてそのバランスは比較的短期間のうちにどんどん変化していく。文化は変化するということは、すでに長く論じられてきたことではあるが、その変化が日常生活の細部にまで及び、技術やメディアの進展とともに比較的短期間にめまぐるしく変化し、地域の中で多様化すると同時にそれらを越えたものと連動しているということがポピュラーカルチャーの1つの特徴かもしれない。それを丹念に読み解いていくことは、現代世界における東南アジアの人々の生き方の一端を知ることにつながっている。

本書を通じて、ポピュラーカルチャーから見える東南アジアの全体像を読み取ることは難しいかもしれない。しかし、それぞれの論考により、東南アジアのポピュラーカルチャーがいかにして多様性を(再)生産しているのかということを示すことはできたのではないかと思う。本書が東南アジアのポピュラーカルチャーを多くの読者に知っていただくきっかけとなり、また、さらにその研究を発展させていくことに少しでも寄与できることを願っている。

本書の出版にあたっては、株式会社スタイルノートの池田茂樹氏に構想段階から大変お世話になった。最終の研究会にご出席いただいて、各自のドラフトについての議論に参加してくださったことは、我々にとって非常に刺激的な経験となり、また同時に出版へのモチベーションを高めることができる機会となった。また同社の薄井真生氏にも編集および印刷データの作成でお世話になった。ここに記して深く感謝いたします。

なお、本書出版にあたり、館外での出版を奨励する国立民族学博物館の制度を利用した。2名の匿名の査読者からは、的確かつ建設的な意見をいただいたことに感謝いたします。

# 執筆者紹介（五十音順　＊は編者）

**井上さゆり**（いのうえさゆり）――9章、コラム2、9、18
大阪大学大学院言語文化研究科言語社会専攻 准教授
〔学位〕
博士（学術）東京外国語大学大学院地域文化研究科地域文化専攻
２００７年
〔専門〕
ミャンマー音楽、ミャンマー文学
〔研究テーマ〕
ミャンマーの音楽と文学の研究に従事。１９９９年から２００１年、ヤンゴン文化大学（現ヤンゴン国立文化芸術大学）音楽科に留学し竪琴と古典歌謡の歌唱を学ぶ。２００７年以降はドー・キンメイ氏に竪琴を師事。特に古典歌謡の構造や伝承方法について研究を行う。近年は近代歌謡の調査も行う。
〔主要著作〕
『ビルマ古典歌謡の旋律を求めて　書承と口承から創作へ』（２００７年 風響社）、『ビルマ古典歌謡におけるジャンル形成』（２０１１年 大阪大学出版会）、*The Formation of Genre in Burmese Classical Songs*（２０１４年 大阪大学出版会）。

**ウィンダ・スチ・プラティウィ**（Winda Suci Pratiwi）――コラム1
〔学位〕
修士（文学）桃山学院大学大学院文学研究科比較文化学専攻
２０１６年
〔専門〕
文化人類学、地域研究（インドネシア）
〔研究テーマ〕
インドネシアのリアウ大学で日本語と日本文化を学び、日本に留学後は、日本のサブカルチャーであるコスプレがインドネシアでどのように広まったかという研究に取り組んだ。

**金悠進**（きむゆじん）――10章、コラム15
京都大学大学院アジア・アフリカ地域研究研究科 博士課程
〔学位〕
修士（地域研究）京都大学大学院アジア・アフリカ地域研究研究科
２０１６年
〔専門〕
地域研究（インドネシア）
〔研究テーマ〕
インドネシアの音楽を中心に研究。西ジャワ州のバンドン市を拠点にインドネシアの主要都市を調査地とし、若者の文化実践の比較考察を通して、音楽と歴史、政治、社会との関わりなどを研究している。
〔主要著作〕
「「創造都市」の創造――バンドンにおける文化実践とアウトサイダーの台頭」（２０１７年『東南アジア研究』55巻 1号）。

**小池誠**（こいけまこと）――6章、コラム3

桃山学院大学国際教養学部 教授

〔学位〕

博士（社会人類学）東京都立大学大学院社会科学研究科 2004年

〔専門〕

社会人類学、地域研究（インドネシア）

〔研究テーマ〕

1985～88年にインドネシア東部のスンバ島の親族と儀礼について調査し、その成果をまとめた。その後、インドネシアを中心に家族・親族・婚姻の社会人類学的研究を進めている。また、インドネシアのポピュラー文化、とくに映画と音楽にも関心をもち、メディアのグローバル化との関係で研究を進めている。

〔主要著作〕

『インドネシア――島々に織りこまれた歴史と文化』（1998年 三修社）、『東インドネシアの家社会――スンバの親族と儀礼』（2005年 晃洋書房）、『生をつなぐ家――親族研究の新たな地平』（編著 2013年 風響社）ほか。

**坂川直也**（さかがわなおや）――4章、コラム14

〔学位〕

修士（地域研究）京都大学大学院アジア・アフリカ地域研究研究科 単位取得退学 2014年

〔専門〕

東南アジア映画史、地域研究（ベトナム）

〔研究テーマ〕

ベトナムを中心に東南アジア映画史を調査している。サイゴンを中心としたベトナムの娯楽映画の復活に関心を抱き、ヒーローアクション映画、アニメ映画、そしてお化け映画などに注目している。また、現在、ベトナム国民映画の変遷を通して、映画におけるナショナリティの表象についても研究をしている。

〔主要著作〕

『映画秘宝EX激闘！ アジアン・アクション映画大進撃』（共著 2017年 洋泉社）、『別冊映画秘宝 21世紀ホラームービー年代記（クロニクル）』（共著 2017年 洋泉社）。

**鈴木勉**（すずきべん）――5章

国際交流基金アジアセンター文化事業 第2チーム長

〔専門〕

国際文化交流

〔研究テーマ〕

主要な関心テーマは国際文化交流における国際貢献、文化創造、文化協力。国際交流基金で30年間にわたり国際文化交流を実践。バンコク日本文化センター、ジャカルタ日本文化センター等の勤務を経て、2005年から2010年までマニラ日本文化センター所長。マニラ勤務時代は日本文化紹介を含め双方向の文化交流を重視し、数々の日比共同制作事業や文化協力事業、ミンダナオにおける文化を通した平和構築事業などに従事。帰国後はほぼ毎年シネマラヤの視察を行っている。一般財団法人フィリピン協会評議員。

〔主要著作〕
『フィリピンのアートと国際文化交流』（２０１２年 水曜社）、『フィリピンを知るための64章』（共著 ２０１６年 明石書店）

**竹下愛**（たけしたあい）――13章、コラム20
東京外国語大学 非常勤講師
〔学位〕
修士（文学） 大阪外国語大学大学院外国語学研究科 １９９７年
博士（学術） 大阪大学大学院言語社会研究科 ２０１１年
〔専門〕
地域研究（インドネシア）、メディア・文学研究
〔研究テーマ〕
インドネシアの現代文化・文学研究。雑誌やポピュラー小説など印刷媒体の分析から若者層の世代意識の形成過程を辿る。近年はデジタル媒体普及がもたらすリテラシーの変容と、リアルな対面的コミュニケーション志向の高まりというパラドキシカルな現象に着目。フィールド調査を中心に研究を行っている。
〔主要著作〕
『インドネシアのポピュラー・カルチャー』（共著 １９９６年 めこん）、『サマン』（訳書 アユ・ウタミ著 ２００７年 木犀社）。

**竹村嘉晃**（たけむらよしあき）――コラム13
人間文化研究機構総合人間文化研究推進センター 推進センター研究員
南アジア地域研究国立民族学博物館拠点 特任助教
〔学位〕
修士（音楽学） 沖縄県立芸術大学大学院音楽芸術研究科 ２００１年
修士（人間科学） 大阪大学大学院人間科学研究科 ２００３年
博士（人間科学） 大阪大学大学院人間科学研究科 ２０１２年
〔専門〕
芸能研究、文化人類学、地域研究（インド、シンガポール）
〔研究テーマ〕
インド芸能に関する人類学的研究に従事。とくに南インド・ケーララ州北部に伝わる神霊祭祀と実践者をめぐる今日的な状況に関する民族誌的研究を行う。２０１２年以降は、シンガポールのインド系移民におけるインド舞踊の発展に関する研究に着手し、芸術文化政策の動向や新しいメディア環境における伝承・実践・創作過程の変容などに関心を拡げている。
〔主要著作〕
『神霊を生きること、その世界――インド・ケーララ社会における「不可触民」の芸能民族誌』（２０１５年 風響社）、『現代インド６ 環流するインドの文化と宗教』（共著 ２０１５年 東京大学出版会）、「「伝統」を支える多元的位相――シンガポールにおけるインド舞踊の発展と国家」（２０１６年『舞踊學』38号）ほか。

**津村文彦**（つむらふみひこ）――11章、コラム４、５
名城大学外国語学部 教授
〔学位〕
修士（学術） 東京大学大学院総合文化研究科 １９９９年

博士（学術）東京大学大学院総合文化研究科　2012年
〔専門〕
文化人類学、地域研究（タイ）
〔研究テーマ〕
タイの精霊信仰に関する宗教実践の研究を進める。特に東北タイの悪霊ピーポープと祓除専門家モータムをめぐる宗教的知識を検討する。また息を吹きかけて治療するモーパオなどの伝統医療師についても関心を拡大。現在は東南アジア大陸部に広がる呪的イレズミ、また呪術実践における感覚の役割について調査を進めている。
〔主要著作〕
『呪術の人類学』（共著　2012年　人文書院）、『複ゲーム状況の人類学――東南アジアにおける構想と実践』（共著　2014年　風響社）、『東北タイにおける精霊と呪術師の人類学』（2015年　めこん）ほか。

**馬場雄司**（ばばゆうじ）――3章、コラム17、19
京都文教大学総合社会学部総合社会学科　教授
〔学位〕
修士（文学）名古屋大学大学院文学研究科　1982年
〔専門〕
文化人類学、民族音楽学、地域研究（タイ）
〔研究テーマ〕
1980年代から90年代はじめにかけて、南アジアから東南アジアにかけての地域（ネパール、ブータン、インド、中国雲南省、タイ、ラオス）において音楽・芸能の研究に従事。1990年から91年にタイ北部チェンマイ大学に留学時、タイ北部を中心に、特にタイ系民族の一つタイ・ルー村落の調査研究を行い、現在に至るまで断続的に調査を継続している。近年における開発と社会・文化の変化に関心をもち、儀礼と芸能の変化、社会変化の中の高齢者の役割、コミュニティの再編、文化復興と歴史の再構築などのテーマに関して研究を行ってきた。
〔主要著作〕
『職能としての音楽』（共編著　1991年　東京書籍）、『「音」のフィールドワーク』（共著　1996年　東京書籍）、『アジアにおける宗教の再構築』（共著　2010年　慶応大学出版会）、『ものと暮らしの植物誌』（共著　2014年　臨川書房）。

**平田晶子**（ひらたあきこ）――12章
日本学術振興会　特別研究員
東京外国語大学アジア・アフリカ言語文化研究所　ジュニア・フェロー（2018年4月より）
東海大学文学部　非常勤講師（文化人類学）
東京経済大学経済学部　非常勤講師（タイ語）
神田外語大学外国語学部　非常勤講師（タイ研究）
〔学位〕
修士（学術）東京外国語大学大学院地域文化研究科　2007年
〔専門〕
文化人類学、地域研究（タイ・ラオス）
〔研究テーマ〕

東北タイ・ラオスのモーラム、ラム歌謡を中心に東南アジア芸能の研究に従事。モーラム研究を通して、上座仏教の精神世界、芸能の師弟関係と運営の組織化、商品化と法的規制の関係などに関心を抱く。近年は、音楽的行為とジェンダーの関係、ICT導入による芸能活動の変化、また無形文化遺産に注目した現代舞踊法をめぐる著作権に関する調査も行っている。

〔主要著作〕

「ケーンの吹奏をめぐる「男らしさ」の創成――ラオスのラム歌謡と性別役割分業」（2017年『文化人類学』82巻3号）、From Shared Melodies to Consumed Melodies: The Emerging Concept of Privatizing Traditional Music Knowledge in the *Moo Lam* Music Region.（2017年 *Tai Culture: Interdisciplinary Tai Studies Series.*）、The Representation of Ethnicity as a Resource: An Understanding of *Luk Thung Molam* and Traditional *Molam* Music in Northeastern Thailand in a Globalization Epoch（2013年『年報タイ研究』）、「モーラム芸の伝承形態の変容――1970年代以降東北タイにみるモーラム事務所の運営と芸能者の選択を事例として」（2009年『年報タイ研究』）。

**平松秀樹**（ひらまつひでき）――1章、コラム7、16

京都大学東南アジア地域研究研究所 連携准教授

〔学位〕

M.A. チュラーロンコーン大学大学院比較文学科 2001年

博士（文学）大阪大学大学院文学研究科 2006年

タイ国仏教教理3級国家試験（ナックタム・トリー）合格 1996年

〔専門〕

比較文学・比較文化、地域研究（タイ）

〔研究テーマ〕

仏教およびジェンダーの観点から比較文学・比較文化研究（タイ・日）に従事。タイ現代文学を出発点に作品研究を行う。ラーマ6世文学作品におけるジャポニスムの影響研究を通して、『ミカド』『蝶々夫人』から現代のポピュラーカルチャーにいたるタイにおける日本文化受容の問題に関心を広げる。近年はタイ映画、テレビドラマの研究やタイのLGBT調査も行う。タイの僧院にて2年間僧籍に入りパーリ語・仏教教理・瞑想を学ぶ。

〔主要著作〕

「タイにおける日本文学・文化及びポップ・カルチャー受容の現状と研究――『ミカド』『蝶々夫人』から、ブライス、人形まで」（2010年『立命館言語文化研究』第21巻3号）、『交錯する知――衣装・信仰・女性』（共著 2014年 思文閣出版）、『海賊史観から見た世界史の再構築』（共著 2017年 思文閣出版）、『男色を描く――西鶴のBLコミカライズとアジアの〈性〉』（共著 2017年 勉誠出版）。

***福岡正太**（ふくおかしょうた）――8章、コラム6、あとがき

国立民族学博物館人類基礎理論研究部 准教授

〔学位〕

芸術学修士 東京藝術大学大学院音楽研究科 1991年

〔専門〕

民族音楽学、地域研究（インドネシア）
〔研究テーマ〕
インドネシアを中心に東南アジアの伝統音楽と芸能の研究に従事。ラジオ、レコード、音楽カセットテープなどのマスメディアの普及による西ジャワのスンダ人の伝統音楽の展開について調査研究をおこなってきた。東南アジア各地および日本の芸能の映像記録作成にもたずさわり、無形文化遺産の伝承における映像の活用可能性についても関心をもっている。
〔主要著作〕
『民族音楽学12の視点』（共著　２０１６年　音楽之友社）、『インドネシア芸能への招待――音楽・舞踊・演劇の世界』（共著　２０１０年　東京堂出版）、『芸術は何を超えていくのか?』（共著　２００９年　東信堂）、『現代インドネシアの地方社会――ミクロロジーのアプローチ』（共著　２００６年　ＮＴＴ出版）など。

**福岡まどか***（ふくおかまどか）――はじめに、序章、コラム8、11、12
大阪大学大学院人間科学研究科　教授
〔学位〕
修士（音楽）東京藝術大学大学院音楽研究科　１９９２年
博士（文学）総合研究大学院大学文化科学研究科　１９９８年
〔専門〕
民族音楽学、文化人類学、地域研究（インドネシア）
〔研究テーマ〕
インドネシアの舞踊・演劇を中心に東南アジア芸能の研究に従事。ジャワ島の仮面舞踊の研究を通して、芸の伝承、仮面の表現と舞踊との関係、演劇と物語世界などに関心を抱く。その後、ジャワ島の女形ダンサーの活動を調査し、芸術におけるジェンダー表現や身体表象に関心を広げる。近年は現代舞踊・現代演劇などの調査も行う。
〔主要著作〕
『ジャワの仮面舞踊』（２００２年　勁草書房）、『性を超えるダンサー　ディディ・ニニ・トウォ』（２０１４年　めこん）、『ジャワの芸能ワヤン　その物語世界』（２０１６年　スタイルノート）、『インドネシア上演芸術の世界』（２０１６年　大阪大学出版会）、*Indonesian Cross-Gender Dancer Didik Nini Thowok*（２０１８年　大阪大学出版会）。

**丸橋基**（まるはしもとい）――現地レポート
ワールドミュージックＣＤ・レコード専門店Plantation《プランテーション》（大阪・心斎橋）代表（２０００年より現在に至る）
大学卒業後の１９８０年代初頭より、北米、中南米、ヨーロッパ、中東、南アジア、東南アジアなど世界各地に音楽を求めて旅行・滞在を繰り返している。ロック、レゲエ、またダンドゥットなど世界各地のポピュラー音楽に魅せられ、新たなジャンルやグループを求めて自ら現地へ出かけて行く。街を歩きながら人々の文化に触れることを通して、音源資料の収集を行ってきた。
ニューヨーク、キングストン、リオデジャネイロ、イスタンブール、ジャカルタなどの都市文化に関心を抱く。東南アジアでは、インドネシア、マレーシア、シンガポール、ベトナム、ラオス、北タイなどを頻繁に訪れている。

**盛田茂**（もりたしげる）——２章
駒澤大学グローバル・メディア・スタディーズ学部 非常勤講師
東洋大学アジア文化研究所客員研究員（２０１８年４月より）
立教大学アジア地域研究所特任研究員（２０１８年４月より）
〔学位〕
修士（国際政治学）青山学院大学大学院国際政治経済学研究科 ２００６年
博士（映像芸術学）明治学院大学大学院文学研究科芸術学専攻 ２０１１年
〔専門〕
地域研究（シンガポール）
〔研究テーマ〕
小学校時代からの映画好きと大学時代よりの海外旅行熱が高じ、32年間のサラリーマン人生を終え、総合芸術である映画と見聞した各国の社会問題に横串をとおすべく大学院に戻る。特に、同国の影の側面とも言える「表現の自由」、「封印された歴史」、「言語政策」等の問題について、映画監督が如何なる主張を展開しているかに関心を持ち、２００６年より毎年、1～2か月シンガポールに滞在し彼らへの聞き取りを続けている。
〔主要著作〕
『シンガポールの光と影——この国の映画監督たち』（２０１５年 インターブックス）、『シンガポールを知るための65章』（共著 ２０１６年 明石書店）、『レジャー・スタディーズ』（共著 ２０１５年 世界思想社）。

**山本博之**（やまもとひろゆき）——７章、コラム10
京都大学東南アジア地域研究研究所 准教授
〔学位〕
修士（学術）東京大学大学院総合文化研究科 １９９５年
博士（学術）東京大学大学院総合文化研究科 ２００３年
〔専門〕
マレーシア地域研究／現代史
〔研究テーマ〕
マレーシア・サバ州を中心に、民族形成における混血者・越境者の役割の研究に従事。その後、対象地域をインドネシアとフィリピンに広げ、新聞・雑誌や大衆文化を通じて人々が自分たちの置かれた社会をどのように認識し構想しようとしているかに関心を広げる。近年は映画の調査も行う。
〔主要著作〕
『映画から世界を読む』（２０１５年 京都大学学術出版会）、*Film in Contemporary Southeast Asia: Cultural Interpretation and Social Intervention*（共編著 ２０１１年 Routledge）、『脱植民地化とナショナリズム——英領北ボルネオにおける民族形成』（２００６年 東京大学出版会）。

# 東南《とうなん》アジアのポピュラーカルチャー

## ――アイデンティティ・国家《こっか》・グローバル化《か》

発行日　2018年3月26日　第1刷発行

編　者　福岡《ふくおか》まどか　福岡正太《ふくおかしょうた》

著　者　井上《いのうえ》さゆり　ウィンダ・スチ・プラティウィ　金悠進《きむゆじん》　小池誠《こいけまこと》　坂川直也《さかがわなおや》　鈴木勉《すずきべん》　竹下愛《たけしたあい》
竹村嘉晃《たけむらよしあき》　津村文彦《つむらふみひこ》　馬場雄司《ばばゆうじ》　平田晶子《ひらたあきこ》　平松秀樹《ひらまつひでき》　福岡正太《ふくおかしょうた》　福岡《ふくおか》まどか　丸橋基《まるはしもとい》
盛田茂《もりたしげる》　山本博之《やまもとひろゆき》

発行人　池田茂樹

発行所　株式会社スタイルノート
〒185-0021
東京都国分寺市南町2-17-9 ARTビル5F
電話 042-329-9288
E-Mail books@stylenote.co.jp
URL https://www.stylenote.co.jp/

装　幀　Malpu Design（清水良洋）

印　刷　シナノ印刷株式会社

製　本　シナノ印刷株式会社

日本音楽著作権協会（出）許諾第1801535-801号



ISBN978-4-7998-0167-3　C1039